战术数据链

赵文栋　张磊　主编
彭来献　刘熹　徐正芹　副主编
徐任晖　王向东　参编

清华大学出版社
北京

内 容 简 介

本书全面系统地介绍了战术数据链的基本概念和工作原理,分类介绍了当前世界发达国家使用的各种典型的战术数据链,最后对战术数据链在武器协同、航迹处理及数据链的规划和作战培训等方面的应用进行了探讨。

本书图文并茂,讲解深入浅出,集理论与应用研究于一体,可供专业院校、国防工业科研装备部门、军事科研装备部门、军事指挥机关部门等方面的教学、科研、应用与管理人员阅读,对从事数据链装备研究的人员也具有重要的实用价值和参考价值。

本书封面贴有清华大学出版社防伪标签,无标签者不得销售。
版权所有,侵权必究。举报: 010-62782989,beiqinquan@tup.tsinghua.edu.cn。

图书在版编目(CIP)数据

战术数据链/赵文栋,张磊主编. —北京: 清华大学出版社,2019(2024.9重印)
ISBN 978-7-302-53366-5

Ⅰ. ①战… Ⅱ. ①赵… ②张… Ⅲ. ①军事—数据传输 Ⅳ. ①E919 ②TN919.1

中国版本图书馆 CIP 数据核字(2019)第 168200 号

责任编辑: 袁勤勇　常建丽
封面设计: 傅瑞学
责任校对: 梁　毅
责任印制: 宋　林

出版发行: 清华大学出版社
　　　网　　址: https://www.tup.com.cn,https://www.wqxuetang.com
　　　地　　址: 北京清华大学学研大厦 A 座　　　邮　编: 100084
　　　社 总 机: 010-83470000　　　邮　购: 010-62786544
　　　投稿与读者服务: 010-62776969,c-service@tup.tsinghua.edu.cn
　　　质量反馈: 010-62772015,zhiliang@tup.tsinghua.edu.cn
　　　课件下载: https://www.tup.com.cn,010-83470236
印 装 者: 三河市龙大印装有限公司
经　　销: 全国新华书店
开　　本: 185mm×260mm　　　印　张: 20　　　字　数: 475 千字
版　　次: 2019 年 9 月第 1 版　　　印　次: 2024 年 9 月第 7 次印刷
定　　价: 59.00 元

产品编号: 083854-01

前　言

战术数据链是一种在战场复杂的电磁环境下,传输和分发格式化消息的战术信息系统,是实现数字化战场实时、可靠、安全传输信息的重要工具。在数据链网络中,各种信息按照规定的格式,实时、自动、保密地进行传输和交换,实现信息资源共享,为指挥员提供整个战区统一、及时和准确的作战态势。作为当今军用信息化的一种核心技术,数据链技术从其登上军事舞台,就受到了世界各国的高度关注。

本书是在对现有的许多有关数据链的书籍、资料和文献整理的基础上,结合作者的实践经验和研究成果编写而成的。在内容安排上,首先对数据链的基本概念、体系结构、关键技术等给出了一个系统、全面的阐述,接着对数据链的典型应用及数据链的规划与作战培训进行了阐述。

第1章概述,主要论述了数据链的基本定义、特点、功能组成等理论体系,介绍了外军典型的数据链以及数据链的产生和发展过程。

第2章数据链消息格式与消息处理,主要介绍了什么是数据链消息格式及典型的J系列和K系列消息,并从消息解析、数据过滤等方面重点介绍了J系列消息处理的详细过程。

第3章和第4章分别介绍了Link 11和Link 16系统的组成、功能、网络结构、消息标准、性能特点等。

第5章武器协同数据链(协同作战能力)CEC,主要从基本原理、系统设计技术发展等方面进行了阐述。

第6章战场态势一致性技术与数据链航迹处理,主要介绍了美军数据融合模型及关键技术、互操作作战图族、Link 16的航迹统一技术和单一综合空情图等几个方面。

第7章Link 16相对导航与数据配准,主要介绍了相对导航的原理、体系结构、软件的功能、导航算法、精度及仿真等。

第8章战术数据链的规划管理与使用,主要介绍了数据组织应用、网络规划与管理、网络配置、数据交换规程及多链转发。

第9章战术数据链系统作战使用培训,主要介绍了美军数据培训系统及美军数据系统的实装训练。

本书由赵文栋、张磊完成总体规划和结构设计,彭来献、刘熹、徐正芹、徐任晖、王向东为本书调研和搜集整理战术数据链方面的资料付出了努力。

数据链技术及作战运用涉及知识面广,包括通信、导航、识别、武器等专业知识,由于作者水平有限,书中难免存在疏漏,敬请各位读者和专家批评指正。

作　者

2019年3月

目 录

第1章 概述 ·· 1
  1.1 战术数据链 ·· 1
    1.1.1 数据链的定义 ··· 1
    1.1.2 数据链的特点 ··· 4
    1.1.3 数据链系统的功能组成 ·· 5
  1.2 外军战术数据链系统概况 ·· 6
    1.2.1 Link 4 ·· 9
    1.2.2 Link 11 ··· 10
    1.2.3 Link 16 ··· 12
    1.2.4 Link 22 ··· 15
    1.2.5 可变消息格式 ·· 16
    1.2.6 俄罗斯数据链的建设情况 ·· 17
  1.3 美国海军陆战队典型的数据链及战术数据系统 ······································· 18
    1.3.1 数据链系统 ·· 19
    1.3.2 典型的战术数据系统 ··· 21
  1.4 战术数据链的发展 ·· 29

第2章 数据链消息格式与消息处理 ·· 30
  2.1 数据链消息格式 ·· 30
    2.1.1 概述 ··· 30
    2.1.2 J系列消息格式 ··· 30
    2.1.3 K系列消息格式 ·· 35
    2.1.4 应用层无连接可靠传输协议 ·· 47
    2.1.5 模型化消息格式和格式转换 ·· 53
  2.2 消息处理 ··· 56
    2.2.1 消息解析 ··· 56
    2.2.2 数据过滤 ··· 57
    2.2.3 统一航迹处理 ·· 60

第3章 Link 11系统 ·· 65
  3.1 系统组成 ··· 65
    3.1.1 战术数据系统 ·· 65
    3.1.2 加密设备 ··· 66

    3.1.3 数据终端设备 …………………………………………………… 66
    3.1.4 无线电系统 ……………………………………………………… 68
    3.1.5 Link 11 的数据通道 …………………………………………… 68
  3.2 传统 Link 11 的波形 ………………………………………………………… 69
    3.2.1 帧结构 …………………………………………………………… 70
    3.2.2 数据编码 ………………………………………………………… 71
    3.2.3 传输块的组成 …………………………………………………… 71
    3.2.4 操作模式 ………………………………………………………… 74
  3.3 单音 Link 11 波形 …………………………………………………………… 77
    3.3.1 单音 Link 11 波形的优点 ……………………………………… 77
    3.3.2 传输结构单元 …………………………………………………… 78
    3.3.3 操作模式 ………………………………………………………… 82
    3.3.4 产生八进制的传输符号 ………………………………………… 84
    3.3.5 单音调制 ………………………………………………………… 89
  3.4 Link 11 网络管理 …………………………………………………………… 91
    3.4.1 选择网络控制站 ………………………………………………… 91
    3.4.2 网络循环时间 …………………………………………………… 92
    3.4.3 网络效率 ………………………………………………………… 93
    3.4.4 报告余量 ………………………………………………………… 95
    3.4.5 战术 ……………………………………………………………… 95

第 4 章 Link 16 系统 ……………………………………………………………… 97
  4.1 概述 …………………………………………………………………………… 97
    4.1.1 背景 ……………………………………………………………… 97
    4.1.2 Link 16 的特点 ………………………………………………… 98
    4.1.3 Link 16 与 4A 号链和 Link 11 的比较 ………………………… 99
    4.1.4 JTIDS 体系结构的特点 ………………………………………… 101
    4.1.5 新能力小结 ……………………………………………………… 103
    4.1.6 美军装备计划 …………………………………………………… 106
  4.2 消息与接口 …………………………………………………………………… 107
    4.2.1 概述 ……………………………………………………………… 107
    4.2.2 N 系列消息 ……………………………………………………… 108
    4.2.3 J 系列消息 ……………………………………………………… 109
    4.2.4 端机输入消息 …………………………………………………… 115
    4.2.5 端机输出消息 …………………………………………………… 116
    4.2.6 复用周期 ………………………………………………………… 118
    4.2.7 数据传送块 ……………………………………………………… 118
    4.2.8 内部控制字 ……………………………………………………… 120

  4.2.9 话音发送/接收 ………………………………………………………… 120
  4.2.10 战术空中导航端口接口 ……………………………………………… 122
 4.3 联合战术信息分发系统射频信号 ……………………………………………… 123
  4.3.1 概述 ……………………………………………………………………… 123
  4.3.2 TDMA 和 JTIDS 网络 ………………………………………………… 123
  4.3.3 Link 16 消息 …………………………………………………………… 131
  4.3.4 时隙结构 ………………………………………………………………… 138
  4.3.5 JTIDS 射频信号 ………………………………………………………… 144
 4.4 Link 16 网络 ……………………………………………………………………… 150
  4.4.1 概述 ……………………………………………………………………… 150
  4.4.2 参与群 …………………………………………………………………… 151
  4.4.3 时隙分配 ………………………………………………………………… 156
  4.4.4 网络角色 ………………………………………………………………… 159
  4.4.5 入网 ……………………………………………………………………… 161
  4.4.6 定位与识别 ……………………………………………………………… 163
  4.4.7 回执/同意 ………………………………………………………………… 165
  4.4.8 中继 ……………………………………………………………………… 165
  4.4.9 通信安全 ………………………………………………………………… 169
  4.4.10 多网操作 ……………………………………………………………… 170
  4.4.11 范围扩展 ……………………………………………………………… 172
 4.5 Link 16 的操作使用 ……………………………………………………………… 174
  4.5.1 设计目标 ………………………………………………………………… 174
  4.5.2 平台识别、定位和状态 ………………………………………………… 175
  4.5.3 监视 ……………………………………………………………………… 175
  4.5.4 部队训练 ………………………………………………………………… 178
  4.5.5 对空指挥引导 …………………………………………………………… 178
  4.5.6 特殊功能 ………………………………………………………………… 179
  4.5.7 网络管理 ………………………………………………………………… 179

第 5 章 武器协同数据链（协同作战能力）CEC ………………………………… 181
 5.1 引言 ………………………………………………………………………………… 181
 5.2 CEC 简介 ………………………………………………………………………… 183
  5.2.1 基本原理 ………………………………………………………………… 183
  5.2.2 CEC 系统设计 …………………………………………………………… 184
 5.3 CEC 技术的发展 ………………………………………………………………… 188
  5.3.1 通用装备模块 …………………………………………………………… 188
  5.3.2 未来系统的 CEC 集成 ………………………………………………… 189
  5.3.3 高级 CEC 功能 ………………………………………………………… 190

5.4 本章小结 ·· 191

第6章 战场态势一致性技术与数据链航迹处理 ·· 193
6.1 引言 ·· 193
6.2 美军数据融合模型及关键技术 ·· 193
    6.2.1 数据融合概述 ·· 193
    6.2.2 数据融合模型 ·· 194
    6.2.3 多目标跟踪及关键技术 ·· 199
    6.2.4 数据融合系统评估 ··· 204
    6.2.5 数据融合的研究现状 ·· 205
    6.2.6 数据融合的应用情况 ·· 206
6.3 互操作作战图族 ··· 207
    6.3.1 概述 ··· 207
    6.3.2 NCW 与 FIOP ··· 207
    6.3.3 战场态势要素 ··· 209
    6.3.4 COP ·· 209
    6.3.5 CTP ·· 212
    6.3.6 SIP ··· 212
    6.3.7 战区 COP 的建立过程 ·· 212
6.4 Link 16 的航迹统一技术 ··· 214
    6.4.1 概述 ··· 214
    6.4.2 航迹消息 ··· 215
    6.4.3 航迹处理流程 ··· 217
    6.4.4 数据配准 ··· 217
    6.4.5 航迹质量与计算 ·· 221
    6.4.6 航迹相关/解相关 ··· 224
    6.4.7 报告职责 ··· 225
    6.4.8 航迹协调 ··· 225
    6.4.9 应用水平 ··· 226
6.5 SIAP ·· 228
    6.5.1 概述 ··· 228
    6.5.2 SIAP 面临的挑战 ·· 229
    6.5.3 SIAP 评估指标体系 ·· 231
    6.5.4 SIAP 的进展 ··· 232

第7章 Link 16 相对导航与数据配准 ··· 237
7.1 引言 ·· 237
7.2 相对导航原理 ·· 237

  7.3 相对导航体系结构 ………………………………………………… 238
  7.4 相对导航软件功能流程 …………………………………………… 239
  7.5 基本相对导航算法 ………………………………………………… 240
  7.6 相对导航的精度及仿真分析 ……………………………………… 243

第 8 章 战术数据链的规划管理与使用 ………………………………… 250
  8.1 数据链的组织应用与责任划分 …………………………………… 250
    8.1.1 概述 ………………………………………………………… 250
    8.1.2 战役指挥员 ………………………………………………… 250
    8.1.3 作战参谋 …………………………………………………… 251
    8.1.4 安全保密管理员 …………………………………………… 251
    8.1.5 网络规划管理员 …………………………………………… 251
    8.1.6 网络管理员 ………………………………………………… 252
    8.1.7 数据交换操作员 …………………………………………… 252
  8.2 网络规划与管理 …………………………………………………… 253
  8.3 网络设计 …………………………………………………………… 255
  8.4 网络规划 …………………………………………………………… 256
    8.4.1 规划约束 …………………………………………………… 257
    8.4.2 规划原则 …………………………………………………… 257
    8.4.3 规划输入与输出 …………………………………………… 257
    8.4.4 规划内容 …………………………………………………… 258
  8.5 网络配置 …………………………………………………………… 259
  8.6 网络管理 …………………………………………………………… 260
    8.6.1 配置管理 …………………………………………………… 260
    8.6.2 性能管理 …………………………………………………… 261
    8.6.3 故障管理 …………………………………………………… 261
    8.6.4 安全管理 …………………………………………………… 262
  8.7 数据交换规程 ……………………………………………………… 263
    8.7.1 网络管理 …………………………………………………… 264
    8.7.2 平台参数 …………………………………………………… 264
    8.7.3 平台状况 …………………………………………………… 264
    8.7.4 目标监视 …………………………………………………… 264
    8.7.5 电子战/情报 ……………………………………………… 268
    8.7.6 信息管理 …………………………………………………… 269
    8.7.7 指挥控制 …………………………………………………… 270
    8.7.8 战斗协同和管理 …………………………………………… 270
  8.8 多链转发 …………………………………………………………… 270

第9章 战术数据链系统作战使用培训 ··· 272
9.1 引言 ··· 272
9.2 美军数据链培训体系简介 ··· 272
9.3 美军数据链接口训练规程 ··· 277
9.3.1 引言 ··· 277
9.3.2 演习航迹 ··· 277
9.3.3 模拟航迹 ··· 280
9.4 美军数据链系统的实装训练 ·· 282
9.4.1 概述 ··· 282
9.4.2 作战管理实装训练 ··· 282
9.4.3 空中航迹数据管理的实装训练 ································ 285
9.4.4 面向目标航迹数据管理的实装训练 ························· 291
9.4.5 点数据管理的实装训练 ··· 296
9.4.6 情报航迹管理的实装训练 ······································ 300
9.4.7 数据链过滤器管理的实装训练 ································ 301
9.4.8 复杂的综合实装训练 ·· 302
9.4.9 简单的综合实装训练 ·· 306

第1章 概 述

1.1 战术数据链

喷气式飞机、导弹等高机动武器的出现和雷达等各种传感器的迅速发展和广泛应用，使得作战节奏加快，战场信息的种类不断增加，规模不断扩大，对信息的实时性要求日益迫切，传统的话音通信和文电传输手段已无法满足战场态势感知信息共享和对作战平台指挥引导的信息传输与处理的要求，需要采用数据通信和信息自动化处理的方式，实现指控系统、武器平台和传感器的无缝连接。

数据链是适应现代战争的需要和信息技术的发展而产生的一种用于在指挥控制系统、传感器和武器平台之间进行数据传输与交换的战术信息系统。它是一种以无线信道为主要传输媒介，以格式化信息的传输、处理为主要目的，在指挥控制系统、传感器、武器平台之间完成特定战役/战术协同所需的信息系统，是实现指挥控制系统与武器平台无缝隙连接的纽带，又是保障联合指挥的重要手段，对提高联合作战指挥能力、发挥武器平台效能具有重要作用。

我们通常所说的数据链是指战术数据链(Tactical Data Link，TDL)，美军称之为"战术数字信息链"(Tactical Digital Information Link，TADIL)，北大西洋公约组织(下文简称北约)和美国海军简称之为"链路"(Link)。例如，4号链可简称为 TADIL C 或 Link 4，11号链可简称为 TADIL A 或 Link 11，16号链可简称为 TADILJ 或 Link 16，22号链可简称为 TADIL FJ 或 Link 22，等等。

1.1.1 数据链的定义

美军参联会主席令(CJCSI6610.01B，2003-11-30)的定义为：战术数字信息链路通过单网或多网结构和通信介质，将两个或两个以上的指控系统和/或武器系统链接在一起，是一种适合传输标准化数字信息的通信链路，简称为 TADIL。

近年来，我军的相关研究人员从不同角度对"什么是数据链"进行过多种表述。一致认为：数据链是一种采用标准化通信链路，专用于数据传输与交换的战术信息系统；它以无线传输为主，在传感器平台、指挥平台和武器平台之间，按照统一规定的消息格式和通信协议，实时传输战场态势、指挥引导、战术协同、武器控制等数据，主要包括传输信道、通信协议和格式化信息。

根据数据链的定义可以看出，数据链是一种包含信息传输、交换与处理功能的战术信息系统，不单纯是一种通信系统，主要用于实时传输战场态势、指挥引导、战术协同、武器控制等数据；数据链以无线传输为主，采用标准化通信链路，实现传感器平台、指挥平台和武器平台之间的无缝连接；为了保证系统的互联互通，各种数据链都规定了其消息格式和通信协议，不同的数据链其消息格式和通信协议不同。

数据链系统传输的内容是战场态势、指挥引导、战术协同、武器控制等战场信息的编码数据，也就是格式化信息，是便于计算机自动识别与处理，但人不易识别的"数据代码"。终端计算机收到这些"数据"后，需要进行进一步的加工处理，并以声、光、电等形式表示出来，成为便于人们理解的"信息"，才能供指挥员/平台操作员决策使用。采用代码化的指控信息和战场态势信息传输，不仅可以高效地利用有限的带宽资源，更重要的是便于计算机的自动识别与处理，实现指控系统、传感器和武器平台的无缝连接。为了实现系统的互操作性，在数据链内部必须统一信息的编码方式和传输的消息格式。另一方面，有限的带宽资源不可能传输所有需要的信息，必须根据作战需求和可能的带宽资源规定传输的信息类型。数据链消息格式标准主要规范了传输的信息类型、编码方式和消息格式，是数据链系统的核心。

标准化是一切通信系统实现互联互通的基础，如因特网从物理层到应用层都制定了相应的通信协议标准。但是，因特网是一个开放的系统，不限定传输的信息类型，可用于传输各类业务，其传输层以下的协议并不关心高层传输的内容，各种不同的应用业务由相应的应用层标准确定。数据链用于带宽受限的战场环境下实时或近实时传输战场态势、指挥引导、战术协同、武器控制等数据，其消息格式标准规定了系统传输和处理的信息类型、编码方式和消息格式，传输信道和通信协议都可以针对特定的消息格式实现系统的优化设计。因此，我们强调它是一个标准化通信链路，与一般数字通信系统不同的是，它不仅具有标准化的传输信道和通信协议，而且传输的信息类型、信息编码和消息格式都基于特定的标准，通常用消息格式标准和传输信道区分不同的数据链。例如，美军4号链（战术数字信息链 C，TADIL C）传输的是 V 和 R 系列消息（美军标准 MIL-STD-6004，北约标准 STANAG 5504），其传输系统标准 MIL-STD-188-203-3 规定了无线传输设备的调制方式、纠错编码、数据帧结构、传输控制协议及设备接口特性；Link 11（TADIL A）传输的是 M 系列消息（美军标准 MIL-STD-6011，北约标准 STANAG 5511），其传输系统标准为 MIL-STD-188-203-1A 和 MIL-STD-188-212；Link 16 传输的是 J 系列标准（美军标准 MIL-STD-6016，北约标准 STANAG 5516），其传输系统统一采用联合战术信息分发系统（JTIDS）或多功能信息分发系统（MIDS）。值得一提的是 Link 11B，这是一个与具体传输信道无关的点到点传输数据链，传输信道可以是数字信道，也可以是模拟信道（外加标准的调制解调器），其传输标准仅定义了模拟信道的调制解调体制和数字信道的接口，将它归属于 Link 11 系列，是因为它传输的内容是 M 系列消息。本质上讲，我们都是用所传输的消息标准区分不同的数据链，一种消息标准代表了一个数据链。由于消息标准规定了数据链传输的内容和消息格式，因此，为了实现信息的高效传输，为每个消息标准设计了专门的传输波形、传输协议和专用传输设备。这样，每种数据链似乎都有其专用的传输系统，人们容易将不同的数据链等同于不同的传输系统。

随着数据链的发展和各种不同用途的数据链系统的出现，人们对数据链的认识也在不断发展和深入，在不同的时期、不同的文献中出现了多种不同的定义，给我们理解数据链的概念带来一定的困难，造成人们在对数据链概念的理解上出现了一定的混乱。下面简要分析外军几种典型的数据链的定义。

按照美国国防部的标准军事术语词典的定义，"数据链是为了发送和接收数据而在点与点之间建立连接的设施"。按照这个定义,任何用于传输数据的设施都可被称为数据链,无法体现战术数据链的特点,可以将这个定义看作广义上的数据链。通常讲的数据链特指"战术数据链",在美国也称之为 TADIL。美国国防部的标准军事术语词典同时给出了数据链和战术数字信息链的定义。对于战术数据链或者战术数字信息链,目前存在多种定义,主要有以下 4 种。

(1) 美国国防部的标准军事术语词典:战术数字信息链是经参谋长联席会议批准的、适合于传输数字信息的一种标准化通信链路。战术数字信息链采用一种或多种网络体系结构及多种通信手段,连接两个以上指控或武器系统,用于交换战术信息。

(2) 美军 Link 16 消息格式标准 MIL-STD-6016B:战术数字信息链是经参谋长联席会议批准的、适合于传输数字信息的一种标准化通信链路。不同的标准化消息格式和传输特性反映了不同数据链的特点。

(3) 美国国家电信术语标准:战术数字信息链是经参谋长联席会议批准的、适合于传输数字信息的一种标准化通信链路,不同的标准化消息格式和传输特性反映了不同数据链的特点。

(4) 英国联合条令与概念中心的联合条令手册(JDP2/01):战术数据链是一种采用格式化消息集和通信设施,适合于为指挥控制和武器引导而连接两个以上不同位置的相同或不同的计算机化战术数据系统,传输数字信息的标准化信息交互系统。

以上 4 种定义尽管在文字表述上有一些差异,但基本含义是相同的。战术数据链是一种适合传输数字信息的标准化通信链路,或者说是传输数字信息的标准化信息交互系统;美军强调必须是经过参谋长联席会议批准的,突出了标准化在数据链中的地位和参谋长联席会议的权威性;美国国家电信术语标准和美军 Link 16 消息格式标准的定义中强调了不同的数据链差异主要表现在其消息格式标准和传输特性的不同;美国国防部的标准军事术语词典的定义则强调了数据链可以采用一种或多种网络体系结构及多种通信手段,连接两个以上指控或武器系统,用于交换战术信息;英国联合条令手册将数据链定义为一种传输数字信息的标准化信息交互系统,强调了格式化消息集合,为指挥控制和武器引导而连接两个以上的战术数据系统,而且可以是不同的战术数据系统。

需要说明的是,美军 2002 年颁布的 Link 16 消息格式标准 MIL-STD-6016B 中,其标准名称中已经将 MIL-STD-6016A 的 TADIL 改为 TDL。但是,MIL-STD-6016B 中并没有给出"战术数据链"明确的定义,而是沿用原来的 TADIL 的定义,并且将 TADIL 和 TDL 混用,在 TADIL 的定义中又出现了术语"数据链"。从美军 Link 16 消息标准名称的变化看,尽管目前在名称上还存在一定混乱,但将来会逐步用"战术数据链"代替"战术数字信息链"。

在美军的《联合战术数据链管理规划(JTDLMP)》中,没有重新给出战术数据链的定义,却定义了 C^4I 战术数据链($C4I\ TDL$)。"C^4I 战术数据链是一种用于发送和接收战术数据而连接多个 C^4I 系统的链路,它由用于数据传输的不同单元组成,包括构成通信设备/媒体的物理层硬件或设备(如无线电台、数据通信协议等)、数据处理器、消息标准(如消息格式、数据元素、协议等)和用于数字信息端到端传输、接收及使用的操作规程"。可以看出,这个定义与前面的 4 个定义并不矛盾,更多地强调了数据链的组成。按照这个定义,C^4I战术数据链是一种连接C^4I系统的链路,所发送和接收的数据都是战术数据,其组成包括通信设备、消息处理器、消息标准和操作规程。为了强调消息标准和操作规程的重要性,消息标准和操作规程也纳入了数据链组成部分。

1.1.2 数据链的特点

作为一种采用标准化通信链路、专用于数据传输交换的战术信息系统,数据链的特点主要体现在计算机与计算机之间的数据交互、基于数字编码的信息结构和实时或近实时的信息交互3个方面。

(1) 计算机与计算机之间的数据交互。

为了实现指控系统、传感器和武器平台的无缝连接,数据链采用计算机可自动识别和处理的信息格式,使战术信息数据的采集、加工、传输、处理能自动完成,无须人工干预,从而形成信息处理的自动化,使"从传感器到射手的链接"成为现实。数据链传输的数据主要是计算机可自动识别和处理的采用面向比特的信息编码,这些编码人难以直接识别。终端计算机收到这些"数据"后,需要进行进一步的加工处理,并以声、光、电等形式表示出来,才能成为便于人们理解的"信息"。因此,数据链的数据交互主要表现为计算机与计算机之间的数据交互。

(2) 基于数字编码的信息结构。

为了便于计算机自动识别和处理,数据链的消息格式主要采用面向比特的信息编码,由数据元素字典统一定义各种不同编码的含义,由计算机自动完成编码的识别与翻译。采用基于编码的指控信息和战场态势信息传输,有利于计算机的自动识别与处理,实现指控系统、传感器和武器平台的无缝连接。

(3) 实时或近实时的信息交互。

数据链传输的战场信息大部分都有时效性的要求,这是由于紧密的战术链接关系需要时效性很强的战术数据交换来建立,如果不在规定的时间内完成传输,许多战术数据将失去其意义。因特网采用"尽力而为"的工作方式为用户提供服务,用户之间竞争使用网络传输资源,数据传输的时延难以保证。数据链系统一般都采用传输资源预分配的方式实现各节点、各类信息的有序传输,确保在规定的时限内完成信息的传输。

对于运动目标,目标的位置和状态(航向、航速)总是与时间相关联。因此,运动目标的位置与状态报告(航迹)信息的传输与处理必须确保信息的时空一致性,通过精确测定传输和处理延时,准确地估计目标的当前位置和状态。这要求数据链系统不仅要控制传输延时,还要能够精确地估计传输和处理延时,根据与目标发现时刻的时间差推算目标的当前位置和状态。保证时敏信息时空关联的一致性也是数据链系统的重要特征,在竞争使用网络资源的环境下难以保证时敏信息时空关联的一致性。

数据链采用统一制定的格式化消息标准,其传输的内容和数据格式都是确定的,为传输系统的优化设计提供了明确的设计需求。数据链系统传输信道的设计,通常是根据传输的消息格式综合考虑实际信道的传输特性、采用的信号波形、传输控制协议、组网方式等因素,实现系统的最优化设计,提高信息的传输效率和频谱资源的利用率。在组网控制协议设计上通常采用网络传输资源预分配的方式保证各类信息的有效传输,实现数据的有序传输,避免竞争传输资源带来的传输时延的不确定性。

1.1.3 数据链系统的功能组成

为了实现端到端的信息传输与处理,数据链系统从功能上主要由数据传输、组网控制、消息处理、网络管理、安全、保密和指控应用等设备或子系统组成,如图 1-1 所示。

根据不同作战平台的数据处理要求,数据链装备的形态可能会有所不同,如数据链组网控制设备可以和数据传输设备集成在一起,也可以将组网控制与数据链消息处理集成为单一设备。但是,为了实现端到端的信息传输与处理,任何数据链系统都必须具备数据传输、组网控制、消息处理、网络管理和指控应用等基本功能。数据链网络规划与设计系统用于生成数据链系统运行所必须的系统配置参数。为了保证传输信息安全、保密,数据链系统还必须配置完善的传输加密机制和安全防护系统。

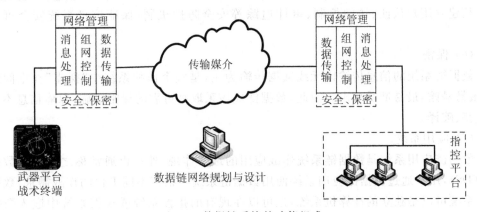

图 1-1 数据链系统的功能组成

（1）数据传输。

数据链的数据传输设备以无线数据传输信道为主,完成数字信息的远距离传输。数据链传输设备可以是传统的模拟信道通过外接数字调制/解调器构成,如美军 Link 11 的数据传输在已有的模拟无线信道上增加了一个用于数据传输的数据终端设备(DTS);也可以是专门用于传输数据链格式化消息的设备,如美军 Link 16 设备 JTIDS。专门用于传输数据链格式化消息的设备(数据链专用端机)可以根据所传输的消息格式的特点,有针对性地实现传输系统的优化设计,有效地提高信道的传输效率。

（2）组网控制。

数据链组网控制设备根据统一制定的组网控制协议,完成数据链的组网控制,实现数据链信息的有序传输。

（3）消息处理。

数据链消息处理设备完成数据链消息的编解码和消息的处理。在发送端,消息处理设备将非格式化的作战信息按照数据链消息格式标准转换为数据链格式化消息。在接收端,消息处理设备将接收到的数据链格式化消息根据应用平台的接口要求转化为非格式化的数据。同时,消息处理设备还要根据数据链消息处理要求,完成消息的合法性检验、应答等处理。不同类型数据链之间交互信息,消息处理设备还需要完成消息的编码转换。

为了保证监视类消息的时空一致性和航迹统一，消息处理设备需要完成监视类消息的时空一致性处理、航迹相关/解相关等处理。

(4) 网络管理。

为了保证数据链网络正常运行，安装数据链设备的各种指控或非指控平台上都需要具备数据链网络管理功能，用于完成数据链设备的参数配置和网络运行情况监测，及时发现和隔离网络故障，并提供网络拓扑视图、事件告警和动态配置网络等功能。

(5) 安全。

现代信息系统的安全要求不仅包括保证信息的保密性、完整性、可认证、可授权、可审计和不可抵赖等要求，还包括保护信息系统自身的安全要求。通过加密防止信息泄露只是信息系统安全性的一个基本要求，是信息系统保证信息保密性的一种手段。除此之外，为了保证信息的保密性、完整性、可认证、可授权、可审计、不可抵赖性和信息系统安全，系统必须建立用户认证、访问控制、审计追踪等安全防护机制，保证信息系统安全可靠地运行。

(6) 保密。

数据链系统的信息传输以无线数据传输为主，是整个作战系统中"裸露"在空间的环节，最易暴露，最易遭受攻击。因此，数据链应该采取高可靠的保密措施，保障信息不被敌方截获、破译。

(7) 应用系统。

数据链应用系统是数据链系统作战应用的最终体现，外军也通常称之为战术数据系统(TDS)，用户通过数据链应用系统使用数据链系统。根据不同平台的作战需求，数据链应用系统可以是独立的计算机系统，也可以在现有的指控系统或火控系统中嵌入数据链应用相关的软件。

(8) 数据链网络规划与设计。

为了保证数据链信息实时、可靠、有序地传输，数据链系统通过预先分配传输资源，避免了由于竞争传输资源而导致传输时延的不确定性，其组网控制协议一般采用轮询协议和TDMA协议。这要求数据链网络在运行前就要根据作战使用要求，为每个参与节点分配传输资源，指定各个节点的数据发送时机。数据链网络规划与设计系统主要用于将数据链信息传输需求转化为数据链网络运行所需的网络运行参数。

1.2 外军战术数据链系统概况

外军战术数据链的建设始于20世纪50年代，并首先装备于地面防空系统、海军舰艇，而后逐步扩展到飞机。美军20世纪50年代中期启用的"赛其"防空预警系统率先在雷达站与指挥控制中心间建立了点对点的数据链，使防空预警反应时间从10分钟缩短为15秒。随后，北约为"纳其"防空预警系统研制了点对点的Link 1，使遍布欧洲的84座大型地面雷达站形成整体预警能力。

20世纪50年代末期，为解决空对空、地(舰)对空的空管数据传送问题，北约还研制了点对多点、可进行单向数据传输的Link 4。随后，美军又相继发展了Link 4A和Link

4C。Link 4A 是一种半双工或全双工飞机控制链路,供所有航空母舰上的舰载飞机使用。Link 4C 是一种机对机数据链,是对 Link 4A 的补充,但这两种链路相互之间不能进行信息交互。

为了实现多平台之间的情报信息交换,美国海军 20 世纪 60 年代开发了可在多舰、多机之间完成数据交换的 Link 11,并得到广泛应用。越南战争后,针对战时各军种数据链无法互通,从而造成协同作战能力差的问题,美军开始开发 Link 16,实现了战术数据链从单一军种到三军通用的一次跃升。

针对现代战争各种作战方式的不同需要,产生了多种类型的数据链,各种数据链都有其特定的用途和服务对象。美国和西方各国在不同的历史时期,根据当时的技术水平和不同的作战用途开发了种类繁多的战术数据链,如用于传输格式化消息信息的 TADIL、用于传输图像情报和信号情报的公共数据链/战术公共数据链(CDL/TCDL)及传输导弹修正指令用于武器引导的精确制导武器专用数据链等。常用的战术数据链主要包括美军使用的 TADIL 系列(北约称之为 Link 系列)。20 世纪 50 年代以来,世界各国发展的数据链不少于百种,仅北约曾发展并赋予编号的数据链就有 10 余种,详见表 1-1。但由于政治、经济等各种因素,能普遍使用并沿用至今的数据链系统却为数不多。除了上面介绍的数据链外,还有一些用户较少或由上述数据链衍生的数据链现在仍在某些国家使用。

表 1-1 主要数据链系统

编 号	用 途	说 明	典型使用国家
Link 1	地—地	北约用于 NADGE(地面防空系统)的雷达情报数据传输	美国、英国、法国
Link 2	地—地	功能类似 Link 1,用于北约陆基雷达站间数据传输,停止发展	无
Link 3	地—地	类似 Link 14 的低速电报数据链,用于某些防空预警单位	美国、英国、法国
Link 4	空—地/空	北约标准空对地/空单向数据链	美国、英国、法国
Link 4A	空—地/海	美国称为 TADIL C,标准空对空、空对地双向数据链	美国、英国、法国
Link 4B	地—地	地对地单位间通过地面线路进行通信的数据链	美国、英国、法国
Link 4C	空—空	F-14 战斗机间空对空数据通信用数据链	美国
Link 5	海—地	与 Link 11 特性相似的舰对岸通信数据链,Link 11 曾被称为 Link 5A,北约已放弃发展	无
Link 6	地—地	陆基指管中心、武器系统等连接用,现主要用于导弹系统管制	美国、英国、法国、加拿大
Link 7	地—空	空中交通管制	法国
Link 8	舰—地	与 Link 13 相似的舰对岸通信数据链,Link 13 曾被称为 Link 8A,北约已放弃发展	无

续表

编号	用途	说明	典型使用国家
Link 9	地—地	防空管制中心/空军基地指挥拦截机紧急起飞用,北约已放弃发展	无
Link 10	海—海/地	北约部分国家海军舰船用数据链,功能类似 Link 11	英国、比利时、荷兰、希腊
Link 11	海—海/地 空—海/地	北约标准舰对舰用数据链,也可用于舰对空连接,美国称之为 TADIL A	美国、英国、法国、加拿大、日本、韩国、以色列、埃及、新加坡、澳大利亚、新西兰等
Link 11B	地—地	陆地单元使用的 Link 11,美国称之为 TADIL B	美国、英国、法国、加拿大
Link 12	海—海	美国海军 20 世纪 60 年代早期发展的 UHF 数据链,速率为 9600b/s,1965 年放弃发展	无
Link 13	海—海	由法国、德国、比利时 3 国于 1962—1964 年发展的舰对舰数据链,作为 Link 11 外的另一种选择,但 Link 13 于 1965 年海上测试成功后放弃,Link 10 以 Link 13 为基础发展	无
Link 14	海—海	低速单向电报数据链	美国、英国、法国、加拿大、日本等
Link 15	海—海	低速单向电报数据链,将数据从非 Link 11 装备舰艇送至 Link 11 数据链,速率为 75b/s,北约已放弃发展	无
Link 16	海—空—地	多用途保密抗干扰数据链,美国称之为 TADIL J	美国、英国、法国、加拿大、日本、澳大利亚、新西兰等
Link 22	海—海	由 Link 16 衍生的数据链	美国、英国、法国、加拿大
Link ES	海—海	Link 11 的意大利版本	意大利
Link G	空—地	类似 Link 4 的空对地数据链,由英国的 Farrant 公司开发,能以 VHF/UHF 频段传输数据和以 HF 频段传输话音,速率为 1200b/s	英国
Link R	海—地	用于英国皇家海军司令部与海上单位间的数据连接	英国
Link W	海—海	Link 11 的法国版本	法国
Link X	海—海	北约成员国家用的 Link 10 别名	英国、比利时、荷兰、希腊
Link Y	海—海	外销给非北约成员国家用的 Link 10	埃及、沙特阿拉伯、科威特、巴基斯坦、阿根廷、巴西等
Link Z	海—海	外销版 Link 14	
ATDL-1	地—地	陆基雷达站与防空导弹单位间传输战术数据用	美国、所有霍克与爱国者导弹使用国
SADL	地—空	态势感知数据链,主要用于地空协同,采用 EPLRS 电台作为传输信道	美国

1.2.1 Link 4

Link 4(TADIL C)是北大西洋公约组织(NATO)的称呼,指的是符合 MIL-STD-6004(北约标准为 STANAG 5504)标准的战术数据链,而美军称之为 TADIL C。Link 4 是一个非保密的数据链,用于引导作战飞机。这是一个采用时分操作的网络,工作在 UHF 频段,速率为 5000b/s,其主要特性见表 1-2。Link 4 系列有 Link 4A 和 Link 4C 两种不同的数据链。

Link 4A(TADIL C)是美军和北约现役的几种战术数据链的一种,在地—空、空—地以及空—空战术数字通信中起重要的作用。最初设计的 Link 4 是为了取代作战飞机引导中的话音通信。后来,对 Link 4 的功能做了进一步扩展,包括地空间的数字数据通信。20 世纪 50 年代后期开始装备,Link 4A 易于操作和维护,其可靠性也得到广泛认可,从未出现过严重的问题和长时间的通信中断。但是,Link 4A 的传输没有保密和抗干扰措施。

Link 4C 是一个战斗机与战斗机之间的数据链路,尽管与 Link 4A 并不能直接互通,但它可以作为 Link 4A 的补充,美军仅装备了 F-14 战机。但是,F-14 战机无法同时使用 Link 4A 和 Link 4C 进行通信。Link 4C 使用 F 系列报文并且具有一定的电子对抗能力,一个 Link 4C 网络最多可以包括 4 架战机。

根据美军计划,Link 16 将替代 Link 4A 空中拦截控制(AIC)和空中交通管制(ATC)的功能及 Link 4C 战斗机间操作的功能。然而,目前 Link 16 尚不能取代 Link 4A 的自动控制和着陆(ACLS)功能,将继续使用 Link 4A 实施飞机着陆控制。

表 1-2 Link 4 的主要特性

用　途	飞机控制、飞机状态和目标数据		
链路特性	单工、无加密、按址访问 单向或双向链路 速率为 1364b/s 或 2250b/s		
报文标准	MIL-STD-6004 或 STANAG 5504(NAT0 C) V 和 R 序列报文		
通信标准	MIL-Std-l88-203-3		
传输格式	开销比特	数据比特	开销比特
	V=33/R=17	V=34/R=37	V=3/R=2
	V 报文:70 比特/34 条信息 R 报文:56 比特/37 条信息		
传输信道	UHF 无线电台		
操作模式	① 精确航向指示; ② 空中交通管制; ③ 空中拦截控制 Link 4A 或 Link 4C; ④ 攻击控制; ⑤ 舰载机自动着舰		

主要用户	① 美海军陆战队——战术空中作战中心(TAOC)、F/A-18、EA-6B、海上空中交通管制和着陆系统(MAT—CALS); ② 美海军——航空母舰(CV)、导弹巡洋舰(CG)、导弹驱逐舰(DDG)、两栖通用攻击舰/-N 栖攻击船坞(LHA/LHD)、两栖指挥控制舰(LCC)、E-2C、F-14、F/A-18、EA-6B、ES-3、S-3 和 C2(注:美海军 TADIL C 的空中拦截控制(AIC)功能到 2005 年将由 TADIL J 替代); ③ 美空军——控制报告中心/控制报告单元(CRC/CRE)、E-3P 空中预警与控制系统(AWACS)(注:空中预警与控制系统的 TADIL C 只有发送功能)

1.2.2 Link 11

Link 11(TADIL A/B)是 NATO 的称呼,指的是符合 MIL-STD-6011(北约标准为 STANAG 5511)标准的战术数据链,而美军称之为 TADIL A。因此,Link 11 与 TADIL A 是同义词。此外,美军还有专门点到点传输的 11 号 B 数据链 TADIL B。TADIL B 没有专门的信道设备,可以利用话音通道(外加调制解调器)或数据通道建立点到点连接。

TADIL A/B(Link 11)能够在 HF 或 UHF 频段上完成数据通信,使用网络化通信和标准信息格式在飞机(TADIL-A)、陆基及舰艇(TADIL-B)战术数据系统(TDS)间交互数字信息,在大量的情报平台上用以搜集情报,包括通信情报系统和电子情报系统,其主要特性见表 1-3 和表 1-4。

表 1-3 Link 11 的主要特性

用途	实时交换电子战数据、空中、水上和水下的轨迹和点;传输命令、告警和指令
链路特性	单工,并行 网络中带有一个网络控制站 加密(KG-40) 速率为 1364b/s 或 2250b/s
报文标准	MIL-Std-6011 或 STANAG 5511 M 序列报文
通信标准	MIL-Std-188-203-1A
传输格式	每个报文 60 比特 | 6 个 EDC 比特 | 6 个 EDC 比特 | | 24 个数据比特 | 24 个数据比特 | 两帧中的每一帧都包括 6 个控制开销比特(检错和纠错)与 24 个信息比特
波形	常规 Link 11 波形(CLEW) 单音串行 Link 11 波形(sIEw) 多频 Link 11(MFL)
通信媒介	HF 或 UHF

续表

数据终端设备	AN/USQ_111(常规 Link 11 波形) MX512P(常规 Link 11 波形) AN/USQ_125(单音 Link 11 波形) AN/LISQ_120(多频率 Link 11)
北约名称	Link 11
用户	① 美海军陆战队——战术对空指挥中心(TACC)、战术空中作战中心(TAOC)、战术电子侦察处理与评估系统(TERPES); ② 美空军——空军空中作战中心(AOC)、空军控制和报告中心/控制和报告单元(CRC/CRE)、E-3 机载预警与控制系统(AWACS)、RC-135"联合铆钉"、C-130E Senior Scout、Senior Troupe、快速可部署综合指挥和控制(RADIC)、空军区域空中作战中心/防区空中作战中心(RAOC/SAOC)、U2 分布式通用地面站(DCGS)、冰岛防空系统(IADS)、波多黎各作战中心(PROC); ③ 美陆军——爱国者、战区导弹防御战术作战中心(TMD TOC); ④ 美海军——航空母舰(CV)、导弹巡洋舰(CG)、导弹驱逐舰(DDG)、导弹护卫舰(FFG)、两栖通用攻击舰/两栖攻击船坞(LHA/LHD)、两栖指挥控制舰(LCC)、核动力潜艇(SSN)、E2C、EP-3、ES-3、P-3C 和 S-3

表 1-4 Link 11B 的主要特性

用途	实时交换电子战数据、空中、水上和水下的轨迹和点;传输命令、指令和告警
链路特性	双工、串行、点对点 加密(KG-30、KG-84、KG-94A&KG-194A) 密钥设备(KYK-13&KOI-18) 速率为 600b/s、1200b/s、2400b/s、4800b/s 或 9600b/s
报文标准	MIL-STD-6011&STANG 5511 M 系列报文
通信标准	MIL-Std-188-212
传输格式	起始比特 9 | 标志比特 1 | 数据比特 8 | 标志比特 1 | … | 数据比特 8 | 标志比特 1 | 校验比特 8 每条报文 72 比特:24 个控制开销比特和 48 个信息比特
传输信道	多信道无线电台、有线
北约名称	Link 11B
用户	① 美海军陆战队——战术空中指挥中心(TACC)、战术对空中作战中心(TAOC)、海上空对空交通管制和着陆系统(MATCALS)、战术电子侦察处理和评估系统(TERPES); ② 美空军——空军空中作战中心(AOC)、空军控制和报告中心/控制和报告单元(CRC/CRE)、冰岛防空系统(IADS)、空军区域空中作战中心/防区空中作战中心(RAOC/SAOC)、U2 分布式通用地面站(DCGS)、快速可部署综合指挥和控制(RADIC)、自适应海上接口终端(ASIT)、Senior Troupe; ③ 美陆军——爱国者、前沿地域防空指挥、控制和情报(FAADC2I)、战区高空防御(THAAD)、战区导弹防御战术作战中心(TMD TOC); ④ 美海军——无; ⑤ 北约——CRC、AN/TSQ-73

Link 11 利用 HF 和 UHF 频段，为装备了 TDS 的舰艇、战斗机和岸基指挥所提供计算机间无线数据通信。舰队目前使用大量不同的数据终端系统(DTS)提供 Link 11 的功能，包括 AN/USQ-74、AN/USQ83、AN/USQ-120、AN/USQ-125 和其他的一些数据终端。新型通用舰载终端(CSDTS)的插卡可以提供所有旧的 Link 11 数据终端的功能，包括动态滤波多路、单音和卫星传输能力等。同时，也改进了多音 Link 11，可以在参与者之间同时运行四个并行通道。

1.2.3 Link 16

Link 16 是 NATO 的称呼，指的是符合 MIL-STD-6016 标准的战术数据链，而美军称之为 TADIL J(战术数字信息链 J)。因此，Link 16 与 TADIL J 是同义词。

Link 16 是一种相对较新的战术数据链，其传输信道为 JTIDS。逐渐在美国各军兵种、北约成员国和日本得到广泛使用。多年来，Link 11 和 Link 4A 支持的战术数据链信息交换的基本概念在 Link 16 中并没有根本的变化，而是对现有战术数据链的能力做了一些技术和使用上的改进，并增加了一些其他数据链缺乏的数据交互类型。Link 16 的重大改进包括抗干扰、增强安全性、增加数据速率(吞吐量)、增加信息交互量、减小数据终端体积，以便于战斗机和攻击机使用、数字化抗干扰保密话音、相对导航、精确参与者定位和识别以及增加参与者数量。表 1-5 是 Link 16 与 Link 11 和 Link 4 的功能比较。

Link 16 是美军国防部首选的用于指挥、控制和情报的战术数据链，使用 TDMA 体系结构和 J 系列消息格式标准。根据联合战术数据链管理计划(JTDLMP)，J 系列消息格式被指定为美国国防部首选战术数据链，交换的信息包括监视数据、电子战数据、任务分配和控制数据。属于 Link 16 家族的数据链还有 Satellite Link 16(SHF) 和 Link 22 (HF)，这两种数据链都具有超视距传输能力。

表 1-5 Link 16 与 Link 11 和 Link 4 的功能比较

数 据 链	Link 16	Link 11	4A 数据链	4C 数据链
监视/武器协调	是	是	否	否
对空控制	是	否	是	否
战机之间通信	是	否	否	是
保密数据	是	是	否	否
视距扩展	是(中继)	是(HF)	否	否
保密语音	是(2 路)	否	否	否
抗干扰	是	否	否	否
身份识别	是	有限	有限	有限
导航	是	否	否	否
数据转发	是	否	否	否
灵活的网络	是	否	否	否

能提供 Link 16 的功能端机包括两类：一个 JTIDS；另一个是多功能信息分发系统

(MIDS)端机。后者在北约国家也得到了广泛使用。JTIDS Ⅰ类端机用于预警机、地面防空指挥中心、大型指挥舰艇;JTIDS Ⅱ类端机大量用于作战飞机和舰艇;JTIDS Ⅲ类端机用于单兵、小型车辆和导弹引导。MIDS 是 JTIDS 的一种小型化端机,主要用于战术飞机。

美国海军舰队目前使用的是 AN/URC-107(V)型的 JTIDS 端机提供舰艇、飞机和岸基指挥所的 Link 16 业务。JTIDS 是一个具有信息分发、定位和识别综合功能的高级无线电系统。JTIDS 是一个多军兵种和多国使用的系统,美军已装备陆军、海军、空军和海军陆战队。

多功能信息分发系统小型化端机(MIDS/LVT)是 5 个国家的一个协作计划,是第三代 Link 16 系统,以满足美国及其盟国的需要。MIDS 采用新技术,以减小系统的体积和质量。

与目前使用的 Link 11 和 Link 4A 相比,使用 JTIDS 或 MIDS 数据终端的 Link 16 在数据链通信方面做了很大的改进,其主要特性见表 1-6。Link 16 目前尚不能够完全替代这些数据链,但可以将它作为更佳的选择。因为 JTIDS 使用 UHF 频谱(LX 频段),通过适当的中继平台才能实现超视距传输。此外,当前许多 Link 11 平台都没有配备 JTIDS。因此可以预料,在相当长的一段时间内,作战平台会同时使用 Link 16 和 Link 11。

表 1-6 Link 16 的主要特性

用途	实时交换电子战数据;点、线、空中、空间、水面、水下和地面轨迹;导航和识别;告警和指令信息				
链路特性	时分多址(TDMA)、扩频、跳频、加密(KGV-8) 速率为 28.8~238kb/s,取决于报文的封装格式 密钥设备:KYK-13 或 AN/CZY-10				
报文标准	MIL-STD-6016、STANAG 5516、STANAG 5616 J 系列报文				
通信标准	JTIDS MIDS				
消息格式	初始字(1 个字)				
	字格式	标识	字标识	报文长度指示器	数据	校验
	2	5	3	3	57	5
	扩展字(1~4 个字)				
	字格式	数据			校验
	2	68			5
	连续字(1~31 个字)				
	字格式	连续字标识	数据		校验
	2	5	63		5

续表

消息封装	标准双脉冲(STDP)					
	抖动	同步	精同步	报头	数据	传播保护
	双封装双脉冲(P2DP)					
	同步	精同步	报头	数据	数据	传播保护
	双封装单脉冲(P2SP)					
	抖动	同步	精同步	报头	数据	数据	传播保护
	4封装单脉冲(STDP)					
	同步	精同步	报头	数据	数据	数据	传播保护

传输格式	开销比特	数据比特	校验比特
	2～13	57～68	5

每条消息75比特：7～18个开销比特，57～68个信息比特

波形	JTIDS
端机 美军	JTIDS 2类端机(AN/URC-107)及MIDS小型化端机
端机 北约	MIDS小型化端机 STANAG 4175
北约名称	Link 16
当前用户	① 美空军——空中作战中心(AOC)、控制和报告中心/控制和报告单元(CRC/CRE)、E-3空中预警与控制系统(AWACS)、RC-135"联合铆钉"、E-8联合监视目标攻击雷达系统(JSTARS)、EC-130E机载战场指挥控制中心(ABCCC)、F-15A/B/C/D/E、F-16、U2分布式通用地面站(DCGS)； ② 美海军——航空母舰(CV)、导弹巡洋舰(CG)、导弹驱逐舰(DDC)、两栖通用攻击舰(LHA)、两栖攻击船坞(LHD)、核动力潜艇(SSN)、E2C、F-14D、部分F/A-18、EA-6B； ③ 美海军陆战队——战术空中作战中心(TAOC)、防空通信平台(ADCP)； ④ 美陆军——爱国者导弹系统，前沿地域防空指挥、控制和情报(FAADC2I)、战区高空防御(THAAD)、战区导弹防御战术作战中心(TMD TOC)、中-高空防御(HIMAD)、军团地空导弹(CORPS SAM)、联合战术地面站(JTAGS)； ⑤ 北约——"飓风"、E-3 AWACS、CRC
计划用户	① 美空军——区域空中作战中心/防区空中作战中心(RAOC/SAOC)、空中支援作战中心(ASOC)、战术空中控制组(TACP)、机载激光器(ABL)、冰岛防空系统(IADS)、OA-10、F22、F-117、联合攻击战斗机(JSF)、B-1、B-2、B52； ② 美海军——F/A-18、两栖指挥控制舰(LCC)、EP3、JSF； ③ 美海军陆战队——战术对空指挥中心(TACC)、F/A-18、JSF； ④ 美陆军——扩展的中程防空系统(MEADS)、AH-66； ⑤ 北约——EF2000、"阵风"(Rafale)战斗机

1.2.4 Link 22

Link 22 又称为 TADIL F 或北约改进型 Link 11(NILE)。Link 22 是一个多国开发的计划,主要目标是研发可通过中继进行超视距通信的保密、抗干扰的数据链,可在陆地、水面、水下、空中或空间各种平台间交换目标航迹信息,实时传递指挥控制命令与警报信息。

Link 22 混合了 Link 11 和 Link 16 的功能与特点,属于广义的 Link 16 系列,采用由 Link 16 衍生出的 F 和 F/J 系列报文标准(STANAG 5522)、时分多址(TDMA)体系结构、特殊的传输信道和协议以及特殊的操作规程。配备 Link 22 的单元叫作 NILE(改进型 Link 11)单元(NU)。NU 能够通过数据转发单元与配备其他战术数据链(如 Link 16)的单元交换战术数据。Link 22 能够在 UHF(225~400 MHz)和 HF(3~30MHz)频段使用定频和跳频波形。使用 HF 频段,能够提供 300 海里(1 海里=1852 米)的无缝覆盖;使用 UHF,覆盖范围仅限于视距;HF 和 UHF 都能够通过中继扩大覆盖范围。Link 22 的主要特性见表 1-7。

表 1-7 Link 22 的主要特性

用途	实时交换电子战数据、空中、空间、水面、水下和地面轨迹和点,在指挥控制系统之间传输命令、告警和指令
链路特性	时分多址(TDMA)或动态时分多址(DTDMA) 扩频、跳频、改进型 Link 11 链路级加密 速率 HF:500~2200b/s(跳频方式),1493~4053b/s(定频方式) 　　UHF:12.6kb/s(定频方式)
报文标准	STANAG 5522 F 系列和 F/J 系列报文(注:F/J 系列报文是在 J 系列报文基础上增加 2 个开销比特)
传输格式	每条消息 72 比特
通信标准	STANAG 44XX 草稿(HF) STANAG 44XX 草稿(UHF)
传输信道	在不同的网络上同时运用 HF 和 UHF
数据终端	AN/USQ-125(单音 Link 11 波形) AN/URC-107 或 MIDS(JTIDS 波形)
波形	UHF JTIDS 波形 HF 单音 Link 11 波形
用户	美海军——装备指挥控制处理器(C2P)的舰船; 北约部分成员国——加拿大、法国、德国、意大利、荷兰、英国、美国

在 Link 22 设计中,1 个 Link 22 单元最多可同时操作 4 个网络,每一个网络都工作在不同的信道上,作为超网的一部分,任一网络的任一参与者都可互相通信。

Link 22 系统由北约成员国使用,包括加拿大、法国、德国、意大利、荷兰、英国和美国在内的 7 个国家都参与了该计划,自 1996 年起开始研制,系统的集成、生产和加改装由各个国家负责,在2002—2009年开始逐步装备。

美海军2004年开始使用Link 22系统,是唯一打算使用Link 22的美国部队。然而,最初使用Link 22的平台不足美军平台的5%,海军计划在海面指挥控制平台上安装Link 22,以满足战术数据交换的超视距通信需求。Link 16和Link 22之间的转发功能以及Link 22的功能都将融入指挥控制处理器(C2P)中。美军其他部队可能在将来Link 11完全废除后采用Link 22。英国皇家海军和德国海军正通过研制多链路处理器对当前的战术数据链系统进行修改,为将来扩展到Link 22做准备。意大利海军2004年实现Link 22,系统安装在新航空母舰、Garibaldi航空母舰、Horizon护卫舰、多用途护卫舰和驱逐舰(DDG)上。

1.2.5 可变消息格式

为了确保战术指挥控制系统具有联合协同工作能力,1971年4月1日,参谋长联席会议备忘录SM-205-71制订了地面两栖军事行动计划(GAMO)。1978年3月7日,由参谋长联席会议备忘录SM-184-78制订的战术指挥控制系统的联合协同作战计划(JINTACCS)取代了GAMO计划,GAMO计划中的相关指令被考虑应用于JINTACCS计划中。JINTACCS计划最初制定了TADIL、JTIDS的数据和协议的标准,并制定了JTIDS的接口操作程序。

美军使用Link 16支持各武器平台之间的横向综合通信、导航和敌我识别。Link 16使用战术数字信息链J型作为数据格式,是一种用于交换面向比特信息的数据链。一开始设计TADIL J时,预想报文标准由固定的消息格式(FMF)和可变消息格式(VMF)组成,美国陆军是VMF的唯一用户。但是,随着VMF概念的发展,交换的信息量和潜在的用户数比开始预想的要大得多,潜在的用户包括各军兵种地面部队。同时,为了满足各系统之间信息共享的要求,VMF的设计作为一个子集脱离了TADIL J TIDP并发展成为一个独立的信息格式标准。VMF与J系列报文之间的关系如图1-2所示。VMF是美军旅和旅以下作战指挥系统(FBCB2)系统完成作战指挥控制的关键,随着美军FBCB2系统在部队的部署,陆军VMF数据链已初步形成。

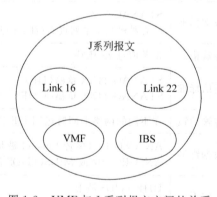

图1-2 VMF与J系列报文之间的关系

VMF标准是一种应用于各军兵种地面指挥控制系统中的信息格式标准。对于地面部队,无线信道的传输距离受地形、地物的限制,为了保证网路的覆盖性,通常需要多跳转发,难以像Link11和Link 16那样建立轮询或资源预分配的TDMA网络。另一方面,与作战飞机和海军舰艇相比,地面部队的通信手段更加多样化,通常采用TCP/IP实现多种信道的综合组网,在信息端到端的传输通路中可能包含多种不同的信道,要求消息格式能够适应各种信道的传输,难以为某种消息格式建立专用的传输信道。而可变消息格式是一种与传输信道无关的消息格式,在消息类型上综合考虑了各军兵种地面作战部队信息的传输需求,采用可变长结构,同一条消息的各个参数(或字段)可以灵活地组合,满足各军兵种各类战场信息的传输需要。因此,可变消息格式在地面部队战场信息系统中得到越来越广泛的应用。

VMF标准包括信息编码和消息格式两大部分,它是为带宽受限的战场环境近实时传输指挥控制代码信息而制定的一种可变长度的分组消息格式,具有报文长度可变、计算机可自动识别与处理、报文传输近实时性、适用于战场网络资源受限环境等特点。VMF报文目前主要应用于FBCB2系统,该系统可用于连接战术互联网及陆军战术指挥控制系统的其他组成部分,主要的传输媒介为分组无线网。分组无线网无线链路的特点为:①是带宽窄,传输时延大;②错误突发(无线链路易受干扰,存在多径衰落);③信道时变,通信行为随时间、地点的变化而变化。因此,一方面要求传输尽可能少的二进制代码,提高无线信道的信息传输效率,并要保证信息的近实时性与可靠性;另一方面要求所传输的信息类型应能满足多军兵种协同作战的需要,能够与战术数据链实现信息的转发,实现各军兵种之间的战场信息共享。为了适应战场网络带宽受限及无线链路的特点,VMF数据链标准采用了如下措施。

(1) VMF报文使用灵活的语法(主要为指示器字段)规定了报文文本的格式,这些语法(指示器字段)对于每个用户都是透明的。指示器字段允许用户只发送包含必要信息的字段,使报文的长度随有用信息的大小而改变,减小发送的数据量。

(2) 将报文的所有字段编为二进制代码,一方面可以减小发送的数据量,另一方面也便于机器对报文的识别。报文中的所有数据元素都由数据元素字典中的两个索引唯一地标识,这样报文数据单元便与一组由两个索引组成的数组一一对应起来,给用户提供了一个对数据单元字典的快速索引。编码方式及数据元素字典对用户也是透明的。

(3) 采用UDP传输,由应用层(47001协议)的分段/重组协议保证报文数据可靠地传输。

由于VMF报文传递的是机器可识别的二进制代码信息,并能在实际应用中根据报文内容调整报文的具体格式和报文长度,因此不仅有效利用了网络资源,同时也增强了报文的适应性和效能性,可以广泛应用于战术数字通信系统。

VMF是一个面向比特的数字信息格式标准,它包含了用于在带宽受限的战场环境近实时交换数据的可变长度消息格式。标准信息类型包括地面作战、战场勤务支援、火力支援、情报、海上、空中和特殊用途的信息。

1.2.6 俄罗斯数据链的建设情况

苏联于第二次世界大战之后首先发展了"蓝天"地空数据通信系统 АДМ-4。该系统工作在VHF频段,可控制3个批次的飞机,发射每条指挥电文都需1.5s,机载设备只接收信息,对地面台不作任何应答。调制方式为ASK,一共有20个信道,数据传输速率为72b/s。

20世纪60年代发展了蓝宝石系统 АДМ-1。作为第二代系统,蓝宝石和蓝天系统的工作频段相同,但可控制的飞机从3批提高到12批,对每个批次的飞机,控制命令的更新率有5s、10s或20s 3种。系统一共有40个信道,采用FSK调制,数据速率提高到

360b/s。

以后苏联发展了 46и6 系统。第一代 46и6 为 СПК-68,它与蓝宝石相比,技术体制有很大的变化。首先,它工作在 S 频段,地面台不再使用全向天线,而采用连续圆周扫描的定向波束天线。采用定向波束的结果,提高了系统抗干扰的能力和防窃听能力,然而却需要预先知道飞机相对地面台的方向,因而 СПК-68 系统需要有两次雷达 САЗО 配合,才能工作。为了进一步提高系统的传输可靠性和抗压制干扰的能力,地面台的发射功率提高到兆瓦级,与此同时,信号从连续波改为脉冲调幅信号。СПК-68 一共可引导 12 批飞机,有 20 个信道,对每个批次的飞机指挥电文的更新率为每 5s、10s 或 20s 一次。每条电文中相同的控制命令重复 5 次。数据传输速率提高到 19kb/s。

46и6 的第二代系统是 СПК-75。СПК-75 是在 СПК-68 基础上的改进型,它一反蓝天、蓝宝石和 СПК-68 只是地面台对空发射指挥命令,飞机不回传任何信息的工作方式,СПК-75 还要求飞机通过机载的 IFF 应答机 620Д 回传信息。当 СПК-75 需要飞机回传时,根据地面发出 3 比特的 ПБО 指令,可形成 8 种回传指令,相应的回传信息可以是飞机高度、弹药储量、准备程度及油量等,飞机的回传信号通过 IFF 通道传送。根据地面台天线的指向与回传信号的往返时间,СПК-75 地面台还可以测出飞机的方位与距离。

СПК-75 与 СПК-68 的工作频段相同,但信道增加到 31 个,可以引导的飞机数量从 12 批增加到 30 批,对每批飞机的指挥命令更新率仍为每 5s、10s 或 20s 一次。

可见,俄罗斯共发展了四代地空数据通信指挥引导系统,所能指挥的飞机批次一代比一代多,抗干扰能力、保密性和传输可靠性逐步提高。系统传输的数据速率也在上升,使用的频段也得到了扩展。这些变化都是为了更好地适应现代战争飞机和武器系统的发展。

1.3 美国海军陆战队典型的数据链及战术数据系统

美国海军陆战队是一个包括步兵、航空兵、炮兵、装甲兵在内的多军兵种合成的、具有综合打击能力的作战部队。为了充分发挥多军兵种协同作战能力,必须保证战场信息共享和指挥控制信息快速、可靠地传输。数据链必然成为战场的神经网络,是充分发挥各军兵种作战能力的根本保证。

美国海军陆战队的战场信息传输主要依托各种数据链系统,数据链装备的类型几乎包括美军各种数据链,是各类指挥控制系统的核心。其主要装备如下。

(1) Link 1:用于战术对空指挥中心、战术对空作战中心。

(2) Link 4:包括 Link 4 和 Link 4A,用于战术对空作战中心、对空引导和着陆系统、F/A-18、EA-6B 飞机。

(3) Link 11:包括 Link 11 和 Link 11B,用于战术对空指挥中心(TACC)、战术对空作战中心(TOC)、对空引导和着陆系统(MATCALS)和战术电子侦察处理与评估系统(TERPES)。

(4) Link 16:用于战术对空作战中心和防空通信平台 AN/MSQ-124。

(5) 陆军 1 号数据链 ATDL-1:用于战术对空作战中心。

为了保证海军陆战队各类作战平台效能的充分发挥,有效地实施战场指挥与控制,海军陆战队利用通用的数据链装备,根据其作战特点,装备了包括武器协同数据链、陆基数据链、全球指挥控制系统等多种专用数据链应用系统。

1.3.1 数据链系统

1. 武器协同数据链系统

武器协同数据链系统(CEC)主要用于武器控制和在各种平台之间交换原始的传感器数据,它的信息传输手段具有战术数据链的特征,如数据分发系统(DDS)。数据分发系统使用 UHF 的宽带传输信道,具有极高的信息传输速率。CEC 处理机通过数据分发系统在 CEC 平台及其处理机之间交换数据。经过 CEC 处理机处理的传感器信息提供给平台的战术数据系统(TDS)。平台的战术数据系统根据数据链系统协议,通过 Link 16、Link 11 或 Link 1,向所有数据链平台报告相关的信息(如航迹报告)。

CEC 使得网络中的参与者可以利用远程传感器的数据对威胁目标实施打击。多个作战平台可以利用 CEC 相互协作,一个平台对目标实施跟踪和解算,由另一个平台实施火力打击。海军陆战队将在其 AN/TPS-59(V)3 雷达系统中安装 CEC,陆军也将安装 CEC,用以支持爱国者导弹和战区高空防空(THAAD)的导弹系统。

2. 陆基数据链

陆基数据链(GBDL)是海军陆战队专用的战术数据链,主要用于为低空防空部队提供实时的空中态势和指挥控制信息的传输。陆基数据链连接各类地空导弹系统(如"毒刺""复仇者""轻型装甲防空车(LAAD)")及防空通信平台。轻型装甲防空车的加固型计算机通过 SINCGARS 实现信息的广播发送,所有位置报告信息都通过陆基数据链传输。在陆基数据链消息格式标准中,包括很小一部分适用于作战飞机、直升机和战术弹道导弹等固定长度的格式化消息。陆基数据链主要用于分发从警戒雷达接收的空情信息和从防空通信平台接收的 Link 16 信息,也可以传输指挥和目标标识、指派等信息。

3. 全球指挥控制系统

全球指挥控制系统(GCCS)包括信息格式标准、信息协议和通信体系结构。全球指挥控制系统通过一个公共运行环境下的各种不同的应用软件满足广泛的军事需求。这些应用系统包括

(1) 联合作战规划和实施系统(JOPES):它是一种综合信息处理系统,可以将国家指挥机构的战略决策转换成规划指南,以支持军事作战的实施。

(2) 全球侦察信息系统(GRIS):支持战区侦察请求的规划和调度,产生侦察信息并监视军事行动的实施。

(3) 撤退系统(EVAC):收集和显示美国本土以外的美国公民的情况。

(4) 燃料资源分析系统(FRAS):为特定的作战行动分析燃料供给需求。

(5) 资源与培训状态系统(GSORTS):维护各个部门的人员、设备和培训的状态。

(6) 战区分析和重规划图形处理套件(TARGET):提供了一套相关文档查询、分析、多媒体和电话会议工具,支持突发事件处理的规划。

(7) 联合可配置情报系统(JDISS):通过保密因特网协议路由器网(SIPRNet),支持国家、战区和战术情报的访问。

4. 联合海上指挥信息系统

在全球指挥控制系统作为国防信息基础设施公共操作环境(DIICOE)的开发阶段，联合海上指挥信息系统(JMCIS)提供了相关区域近实时、关联的空中、海上和地面航迹信息，构成全球指挥控制系统核心的业务。

5. 综合广播业务

综合广播业务(IBS)将替代目前的 UHF 卫星广播，支持全球、战区和本地用户的通用和专用情报传输。在综合广播业务投入使用之前，目前主要依靠"战术接收设备及相关应用的数据分发系统(TDDS)"、战术数字信息交换系统 B(TADIXS-B)、战术信息广播业务(TIBS)和"战术侦察与情报交换业务(TRIXS)"广播系统。

综合广播业务(IBS)计划重点将多种情报广播系统综合成一个系统，并且将多种战术终端和接收机合并成一个联合战术终端系列。联合战术终端最多支持 8 个信道，每个用户自己决定自己的需求。系统将同时具有单向广播与双向通信功能。综合广播系统采用战术信息广播业务(TIBS)修订版本 E 作为统一的公共数据格式。指挥员战术终端(CTT)、多用途高级战术终端(MATT)和战术接收设备(TRE)计划都将过渡到联合战术终端(JTT)。同时，联合战术终端也是临时解决办法，最终将统一到公共综合广播业务模块。

近期的解决方案包括开发 TDDS 和 TIBS 之间的接口，用于双向交换数据。在集团军一级的综合处理设备(IPF)上建立一个网关，用于 TRIXS 和 TIBS 之间的数据交换。在战区范围内设立网关，用于将 TIBS 数据发往 TDDS。

中期，M22 战术网(MTN)将综合进 TDDS，成为综合广播系统的一部分。TDDS、TIBS、TRIXS、TADIXS-B 已经转换成 TIBS 版本 E 信息格式，尽管综合广播系统不直接接入 Link 16 和 VMF 数据链，采用一个网关就可以将综合广播系统信息转发到 Link 16 和 VMF 数据链。

在不久的将来，综合广播系统将采用多种通信手段，采用 UHF 卫星广播传输高优先级的信息，支持目标指示、威胁报警和威胁防止等信息的传输，采用 SHF 卫星广播系统支持路由信息的交互。

将与综合广播系统相连的海军陆战队的战术数据系统包括情报分析系统(IAS)、技术控制分析中心(TCAC)、战术空中指挥中心(TACC)、战术空中作战中心(TAOC)、联合警戒目标攻击雷达(JSTARS)公共地面站和战术电子侦察处理与评估系统(TERPES)。

6. 海军战术指挥与控制系统

海军战术指挥与控制系统采用面向比特的信息格式，主要用于在海军陆战队战术指挥、控制和情报系统之间交换信息。目前采用的仍是一种将淘汰的信息格式，将在近期内替换成可变消息格式。

海军战术指挥与控制系统的主要使用部门包括：战术对空指挥中心、战术对空作战中心、数字通信终端 AN/PSC-2、对空引导和着陆系统(MATCALS)、指挥控制个人计算机(C2PC)、情报分析系统(IAS)和火力支持协调中心(FSCC)。

7. 水上目标指示

水上目标指示(OTG)是一个美国海军专用的信息格式，主要用于在水上目标指示(OTH-T)和 OTH-T 支持系统之间交互信息。它是战术指挥信息交换系统办公室

(OTCIXS)和战术指挥数据交换系统(TADIXS)中战术数据处理机(TDP)之间交互信息的主要信息格式。OTG 的信息格式以文本格式为主,按照指定的消息格式规则构造消息。OTG 消息的传输采用 SIPRNet,为联合海上指挥信息系统(JMCIS)提供各种战术信息。

联合海上指挥信息系统是海军提出的,主要目的是将大量不同的支持自动数据处理的硬件和软件过渡到一个简化的公共硬件和软件平台。它符合全球指挥与控制系统的标准,仅使用其中的子集。分布在世界各地的具有侦察和情报收集能力的部队将实时信息通过 SIPRNet 传输。

海军陆战队通过战术作战(TCO)接口接入全球指挥与控制系统和联合海上指挥信息系统,从而具有战场规划与实施能力及实时的信息交互能力。

8. 点到点数据链

点到点数据链(PPDL)主要用于将 AN/TPS-59 雷达数据传输到海军陆战队防空通信平台(ADCP)AN/TSQ-124。首先从雷达计算机的 RS-232 接口获取数据,作为战术弹道导弹报文通过无线数据电台将数据发送到海军陆战队防空通信平台。每个战术弹道导弹报文给出了一个战术弹道导弹的轨迹,包括 71 个字段,共计 58B。

9. 侦察与控制数据链

侦察与控制数据链(SCDL)主要用于联合警戒目标攻击雷达的 E-8 飞机和战术地面站。联合警戒目标攻击雷达飞机通过侦察与控制数据链向陆军和海军陆战队公共地面站(CGS)AN/TSQ-179 分发它的运动目标指示(MTI)和合成孔径雷达(SAR)数据。网络采用 TDMA 体制,可以动态调整时隙分配和信息优先级,也可以为公共地面站提供上行链路用于向 E-8 飞机传送雷达业务请求信息。海军陆战队在车载的小型公共地面站上安装了侦察与控制数据链。

1.3.2 典型的战术数据系统

美国海军陆战队使用的战术数据系统及数据链系统见表 1-8。图 1-3 是美军海军陆战队战术数据系统及数据链连接示意图。

表 1-8 美国海军陆战队使用的战术数据系统及数据链系统

使用机构	战术数据系统	武器系统	数据链
作战中心	TCO/C2PC		USMTF、VMF
	IAS		USMTF、IBS、VMF
	TCAC		USMTF、IBS、VMF
	MEWSS		VMF
	TPCS/RREP		VMF
	TRSS		VMF
	EPLRS		EPLRS
	JSTARS/CGS		ASAS、SCDL、TACFIRE、IBS、VMF

续表

使用机构	战术数据系统	武器系统	数据链
火力协调中心	AFATDS	火炮、迫击炮	VMF、EPLRS
火力支援协调中心	AFATDS	火炮、迫击炮	VMF、EPLRS
火力引导中心	AFATDS	火炮、迫击炮	VMF、EPLRS
前沿观察哨	DCT、TLDHS	火炮、迫击炮	MTS、VMF
战术空中指挥中心	AN/TYQ-101	飞机、萨姆导弹	Link 1,11,11B,16,TRIXS,TDDS,TRAP1,TADIXS-B1 TIBS,IBS
	AN/TYY-2	飞机	USMTF、VMF
战术对空作战中心	AN/TYQ-87	飞机、萨姆导弹	TIBS、USMTF、IBS
	AN/TYQ-23	飞机、萨姆导弹	Link 1,4,11,11B,16,ATDL1
	AN/TPS-59		PPDL、CEC
防空通信平台	AN/MSQ-124	"毒刺"导弹	Link 16、GBDL、PPDL、IBDL
低空防空	车载防空导弹	"毒刺"导弹	GAU-12 GBDL、VMF
	复仇者"毒刺"发射架	"毒刺"导弹	GAU-12 GBDL、VMF
	"毒刺"导弹分队	"毒刺"导弹	GAU-12 GBDL、VMF
直接空中支援中心	AN/TSQ-207	飞机	USMTF、VMF
	KC130/UYQ-3A	飞机	
战术对空控制部	数据通信终端 自动数据通信终端	飞机	MTS、TACFIRE、VMF
前沿对空引导哨（地面）	数据通信终端 近距离空中支援系统 ACASS	飞机	MTS、TACFIRE、VMF
前沿对空引导哨（机载）	F/A-18D	飞机	Link 16
	AH-1W/Z	飞机	VMF
空中管制与着陆系统	AN/TSQ-131		Link4A、11B、VMF
战术电子侦察处理与评估系统	AN/TSQ-90D	电子战	Link 11,11B、TIBS、IBS、VMF
作战飞机	FA-18A/B/C	空对空/地面	Link4A、VMF、CDL、Link 16
	AV-8B	空对空/地面	MTS、VMF、Link 16
	EA-6B	空对地	Link4A、MATT、VMF、Link 16
	AH-1W/Z	空对空/地面	VMF
	UH-1N/Y	空对地	VMF
	MV-22		VMF

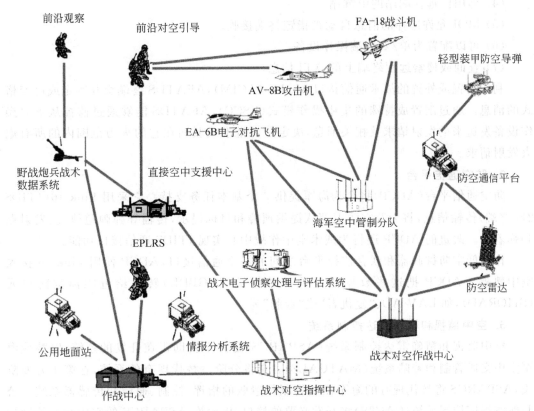

图 1-3 美军海军陆战队战术数据系统及数据链连接示意图

1. 高级野战炮兵战术数据系统

高级野战炮兵战术数据系统(AFATDS)自动提供发射计划、战术发射指挥、炮兵连火力协同、发射指挥中心(FDC)以及火力支持协同中心(FSCC)等能力,采用 VMF 实现信息的传输。

AFATDS 帮助指挥人员改进战术计划和对武器操作的控制。海军陆战队通过 AFATDS 完成支撑武器火力,包括火箭炮、迫击炮以及海面火力支持的计划和协同。AFATDS 自动把支撑武器装备集成到演习计划,提供战场、目标分析、作战单元状态等信息,同时完成目标毁伤评估和传感器操作。

AFATDS 工作站是 AFATDS 系统的主要部件,它接收、发送、编辑、显示和处理炮火支持请求,并存储这些数据,以方便炮火指挥和协同。一个全范围的火力支持、机动控制、协同措施和地理状况都显示在 AFATDS 工作站上。AFATDS 运行在现存的或计划通信体系结构(有线或战役无线电台网)中,以帮助指挥人员自动递送武器火力的协同信息。其主要功能如下。

(1) 快速火力计划和调度。

(2) 通过数字消息传输完成信息的快速分发。

(3) 在炮兵目标智能模式(ATI)下执行目标复制检查。

(4) 可用作远程端站的中继站。
(5) MOI 允许选择的消息自动被指定终端接收。
(6) 可以配置为单/双终端操作设备。
(7) 查询或搜索远程终端上的 ATI 信息。

利用内置或外置的战术通信接口 Modem(TCIM)，AFATDS 终端交互固定或可变格式的消息。通过配置成特殊的集中操作模式(FSCC)，AFATDS 能够通过监控从下属操作设备发送来的发射请求及相关消息，决定是否批准或驳回在它的火力范围内的所有炮火发射请求。

2. 防空通信平台

防空通信平台(ADCP)将会为海军提供 3 个基本任务支持。它采用 Link 16(JTIDS 2H 终端)传输信息，将为低空防卫部队提供预警和目标提示，传输导弹弹道轨迹、发射点和弹着点。改进的 ADCP 还将为战术空中作战中心实现 JTIDS 通信接口功能。

作为低空防御武器和联合监控平台之间的一个通信接口，ADCP 使用 Link 16 接收空中轨迹。ADCP 把这些数据通过地面数据链路(GBDL)转发给近距离空防单元(SHORAD)，如 LAV-AD、"复仇者"或"毒刺"等。

3. 空中监视和精确雷达控制系统

空中监视和精确雷达控制系统(ASPARCS)是海军资助正在开发的系统，以替代海军空中交通管制和着陆系统(MATCALS)。它将分阶段替代现有的系统，在第 1 开发阶段，ASPARCS 将替代现有的海军控制管制特遣队的指挥、控制、通信和传感器系统。公共航空指挥控制系统(CAC2S)将开发必要的接口，以允许 ASPARCS 的空中交通管制功能与 CAC2S 兼容和可互操作。数字信息将从一个系统传递到其他系统；在第 2 开发阶段，ASPARCS 的通信、指挥、控制和传感器功能将被替换成 CAC2S；开发的最后阶段将完全把 ASPARCS 融合到 CAC2S 中。

ASPARCS 的信息传输主要依靠 Link 4A 和 Link 11B。

4. 公共航空指挥控制系统

计划采用公共航空指挥控制系统(CAC2S)作为通用装备替代海军对空指挥和控制系统中各个机构的指挥控制装备(包括 TACC、TAOC、DASC、MATCD 和 LAAD COC)。采用通用的加固结构、硬件和软件模块，用单个核心软件支持海军对空指挥控制系统的所有单元，并将海军对空指挥控制系统中每个不同的机构所需的功能裁减成专用的硬件和软件模块。

所有海军对空指挥控制系统机构中的公共的功能，包括飞行指挥和控制计划需求，将构成 CAC2S 的核心软件。根据具体节点所要求的功能，可配置和选择各种专用功能。每个节点都由 4 个子系统构成：处理和显示、通信、传感器和数据、基础设施(如加固设施、运载工具、电源、环境控制单元等)。

CAC2S 将利用各种数据链实现战场信息的传输，包括 Link 1、Link 4A、Link 11、Link 11B、Link 16、Link 22、ATDL-1，支持的信息格式包括 GBDL、PPDL、USMTF、IBS 和 VMF，除内部或外部的语音通信外，还提供局域网和广域网传输能力。

5. 低空武器系统

低空武器系统（CLAWS）用于近期提供中程地空导弹，以支持海军空地特遣队行动。CLAWS 的空中警戒雷达 AN/TPS-59 将数据传送到战术空中作战中心，由战术空中作战中心把数据转发给防空通信平台 AN/MSQ-124，防空通信平台通过陆基数据链 GBDL 将轨迹数据传送到发射单元。CLAWS 主要采用陆基数据链 GBDL 实现信息传输。

6. 数据自动通信终端

数据自动通信终端（DACT）是一种便携的战术数据接入设备，包括固定 M-DACT 和非固定 D-DACT 两种形式。DACT 可以通过战术电台、网络或有线链路接收、存储、显示、修改和发送数字地图，交互透明图层、消息、报告、位置等信息。DACT 使用嵌入的 GPS 接收器在电子地图上显示自己的位置信息并向其他单元发送这些数据。

DACT 将支持指挥和控制、机动、火力支持、情报、对空作战和战场勤务的 VMF 报文。DACT 管理的信息包括其他单元的位置、用户指定点坐标、预定义格式消息和自由的文本信息。DACT 会为连排长、先头观察者、侦察小队长、巡逻队长等提供数字通信能力。

DACT 采用 VMF 报文实现信息传输，支持 Mil-STD-188-220 标准和以太网标准协议。

7. 直接空中支援中心

直接空中支援中心（DASC）是在其配置地区的高级空中支援机构。DASC 处理实时的直接空中支援请求，协调飞机的部署及其他支援火力，包括各种火炮和海军地面，并提供在指定控制区域中的飞机的引导控制。

DASC 采用 EPLRS 传输信息，采用的信息格式为 USMTF 和 VMF。

8. 情报分析系统

情报分析系统（IAS）是一个全源情报融合中心，它自动实现了情报的收集、处理、产生和多源关键战术情报的分发。

IAS 收到的信息被自动处理、存档、分类和分发到不同的数据库。这些数据库提供了一个全局的态势图。通过操作平台可以规划情报的收集、处理和显示。通过文字处理，图形和数据库管理系统编程提供管理支持。

IAS 收到的信息为决策者显示全源数据。数据分发采用战术 HF、VHF、UHF 或卫星。信息源包括 USMTF 字符报文、联合业务图像处理系统（JSIPS）、联合全球情报通信系统（JWICS）、联合可配置情报支持系统（JDISS）和语音。

9. 情报操作员平台

情报操作员平台（IOW）是一个单一、便携的情报平台，用于营和中队规模的情报支持，或为监视侦察情报组（SRIG）提供支持。数据链信息的传输格式包括 USMTF、VMF、OTG 和 IBS。

10. 海军远征军情报分析系统

海军远征军情报分析系统（MEF-IAS）是一种用于指挥要素可移动配置，包括两个独立的加固机箱，安装在高机动型轮式车 HMMWV 上。另外 8 个工作站通过局域网连接。信息传输格式采用 USMTF、VMF、OTG 和 IBS。

11. 联合侦察目标攻击雷达系统公共地面站

联合侦察目标攻击雷达系统(JSTARS)公共地面站(CGS)配有地面站终端、JSTARS工作站和用于接收和处理移动目标指示器、固定目标指示器和合成孔径雷达数据的通信设备。数据传输采用的数据链包括 SCDL、ASAS、AFATDS、TACFIRE 和 VMF。

12. 海军空中管制与着陆系统

海军空中管制与着陆系统(MATCALS)为远征的飞机场和远程登陆区域提供持续不断的、全天候的自动空中交通管制服务。

MATCALS 通过 Link 11B 交互空中航迹信息,通过 Link 4 实现对飞机的着陆控制,支持 VMF 报文的传输。

13. 移动电子战支援系统

移动电子战支援系统(MEWSS)是情报和电子战通用传感器系统(IEWCS)中的海军陆战队单元。它使用通用子系统截取单信道电台和低截获概率信号实现通信情报的收集,为作战单元提供指示和报警,并可以与美国陆军的 IEWCS 平台连网。MEWSS 将支持 HF 和 SINCGARS 语音通信,并具有 VHF ECM/ESM、UHF ECM/ESM、SHF ESM 的截取能力。

移动电子战信息的传输通过专用的装备控制数据链 MECDL 系统实现。

14. 多源关联系统

多源关联系统(MSCS)通过提供一个自动的空中、地面和海上信息关联功能支持战术对空指挥中心(TACC),这些信息从多种信息源获取并以多种格式报告。TACC 与作战和情报部门的通信采用多种数据链和专用通信系统,信息格式包括 Link 1、Link 11、Link 11B、Link 16、战术侦察情报交换系统(TRIXS)、战术数据分发系统(TDDS)、战术信息广播系统(TIBS)、战术接收设备及相关应用系统(TRAP)、战术数字信息交换系统 B (TADIXS B)和 ASCII 等消息格式。

MSCS 自动从格式化报文中提取信息,产生航迹、特殊点和辐射源。它包括 3 个主要的功能模块。数据处理模块维护数据库,完成数据的关联,向操作者提供接近实时的综合情报,并控制 MSCS 的运行。通信处理器包括安全处理器,保证数据在一定的安全等级上分发。显示模块格式化 MSCS 信息,提供地面和空中的态势显示。

MSCS 将是支持战术对空指挥中心的综合广播业务(IBS)的接入点。

15. 替代型机载直接空中支援中心

计划用替代型机载直接空中支援中心(RAMDASC)替代 AN/UYQ-3A 的机载直接空中支援中心 DASC。RAMDASC 将作为公用对空指挥与控制系统 CAC2S 的一个组成部分,是支持海军对空指挥控制系统 MACCS 的各种功能的通用硬件和软件模块。它支持的数据链信息传输格式包括 TIBS/TRAP、IBS、USMTF、VMF2 和 Link 16。

16. 战术作战/指挥和控制个人计算机

战术作战(TCO)/指挥和控制个人计算机(C2PC)工作站是一种装备系列,它们能够对在海军空地特遣队每个指挥中心和每个指挥位置的作战中心(COC)提供自动化的支持。TCO/C^2PC 支持营、团、师一级的地面作战部队,空军的中队、大队和联队,营和大队一级的作战勤务部门,以及海军远征军(MEF)和海军远征分队(MEU)级别的指挥机关。

TCO/C²PC 工作站在每个作战中心内通过局域网进行连接，它们也通过一个广域网与友邻部队、下属单位和上级机关连接。TCO/C²PC 工作站与情报分析系统（IAS）相连，以接收情报信息，它还和增强型位置报告系统（EPLRS）相连，以获得友军的位置和状态信息。

TCO/C²PC 具有 MTF 报文和 VMF 报文的产生和验证能力，实现报文的自动转发。其使用的数据链包括 USMTF、EPLRS、VMF 和 SIPRNet。

17. 战术对空指挥中心

战术对空指挥中心（TACC）用于海军空地特遣队（MAGTF）航空兵的作战中心。战术对空指挥中心是一个 JTIDS 的指挥与控制单元，将参与监视、武器协同以及话音数据的交换。

战术对空指挥中心是海军对空指挥控制系统（MACCS）中的一个高级的机构，它负责全局的监控和协同，在海军陆战队负责的区域内对战术对空作战的控制。TACC 支持 3 种基本的功能：指挥、作战和规划。

指挥功能由战术对空指挥员使用，可以直接与上级、友邻和下属指挥机构通信，通过实时显示监视战斗的发展，并可与相应的联络官和飞行参谋协调。

TACC 的作战功能保证对空命令（ATO）的有效执行。监控各个战机，记录起飞时间、任务、武器状态、飞机的数目、类型、任务的结果和恢复时间等信息。这种实时的态势感知用于作战行动的决策，包括决定飞机进行更高优先级的任务或者可以让负责地面警戒的飞机紧急起飞。

TACC 的规划功能产生飞行任务的命令。根据飞机、机组人员、弹药、燃料等情况综合考虑空中支援请求的调度，生成一个飞行的调度计划。也可以根据需要，满足海军陆战队以外的空中支援请求。

战术对空指挥中心使用的数据链包括 Link 11、Link 11B、Link 1、Link 16、VMF、USMTF、TIBS、TRE、TRAP 和 OTG。

18. 战术对空作战中心

战术对空作战中心（TAOC）用于对空引导、管理、监视、探测、识别、跟踪和航迹报告。它能够提供辅助导航、引导，以及对友军飞机的有效控制。

TAOC 包含区域防空作战设备（AN/TYQ-87）、1~4 个战术对空作战模块（AN/TYQ-23）、一个三维对空搜索雷达（AN/TPS-59）、一个两维对空搜索雷达（AN/TPS-63）、一个防空通信平台（AN/MSQ-124）、移动发电机、通信和辅助设备。每个战术对空作战模块提供 4 个操作台，每个操作台能够执行系统初始化、监控、武器控制、空间管理、电子战和通信。

接收的情报信息在战术对空作战中心融合，航迹信息通过数据链路与友军、受控的飞机和地空导弹部队等进行实时交互。战术对空作战中心可以不装备雷达，由连接到战术对空作战模块的光纤或者无线链路提供传感器和敌我识别数据。

TAOC 在它的配置地域内，通过数据通信或者语音控制地空导弹攻击和控制战斗机的拦截行动。TAOC 从受控战斗机和地空导弹部队接收到的航迹信息通过数据链路报告给其他参战的单位。

在战术对空指挥中心完全失效的情况下,战术对空作战中心将担负起战术对空指挥中心的职责。

战术对空指挥中心使用的数据链包括 Link 1、Link 11、Link 11B、Link 4、Link 16、ATDL-1、VMF、USMTF、IBS。

19. 战术电子侦察处理与评估系统

战术电子侦察处理与评估系统(TERPES)用于处理、分类、分析、显示和关联由 EA-6B 飞机截取和记录的数字电子战支援(ES)和电子攻击(EA)数据。

电子情报(ELINT)中经过处理的数据提供给 MAGTF 的空战和地面战部队,用于确定敌军的电子威胁的程度并确定相应的作战计划。电子战支援数据提供给特定的部门用于辐射源的识别。

战术电子侦察处理与评估系统使用的数据链包括 Link 11、Link 11B、USMTF、VMF、IBS。

20. 技术控制分析中心

技术控制分析中心(TCAC)是半自动的通信情报(SIGINT)系统,这个系统将能截获、处理、分析和分发由情报报告传送的 SIGINT。

TCAC 使用 USMTF 实现数据传输,并将过渡到 VMF 和集成广播服务(IBS)消息标准。

21. 战区战斗管理核心系统

战区战斗管理核心系统(TBMCS)用来对飞机的任务做计划,安排飞机的种类,通过分发飞行任务指令消息安排任务。在接收到飞行任务指令消息之后,机组人员执行任务计划并且产生一个单位飞行的调度方案。

TBMCS 采用 UNIX 工作站作为其软件运行环境,并通过局域网实现各设备的互联。TBMCS 核心应用包括地图、图表、网络管理、消息服务、安全管理、告警服务、地址服务、办公室管理、在线支持和电子邮件的应用。

战区战斗管理核心系统(TBMCS)在 2001 年代替 CTAPS,虽然 VMF 已经列入 TBMCS 的计划,但是还没有在海军陆战队系统中进行装备。

22. 单元作战中心

单元作战中心(UOC)计划将使得用于建立战斗作战中心(COC)的配置和装备实现标准化。UOC 也能提供对地面战斗、飞行战斗和战斗勤务保障提供指挥和控制的功能。

UOC 计划将提供一个机动的战术 COC 和一个后方指挥中心。UOC 具有为指挥员提供优化本单位及与其他指挥机关之间指挥、控制信息流的能力。UOC 将能以显示通用作战图(COP)和通用战术图(CTP)的形式改进态势感知和提高显示信息的能力。UOC 将对战术作战提供一个机动的 COC 操作设施(OPFAC)。

23. 通用作战环境消息处理器

通用作战环境消息处理器(CMP)是一个表驱动的软件程序,它能准备、接收、分析和确认美军消息文本格式(USMTF)和可变信息格式(VMF)。CMP 有两个主要的功能:

使得用户能够接收、分析、确认、记录日志，从 USMTF 或者 VMF 中提取信息；创建、编辑、存储、预览、打印、选路以及发送消息。CMP 也支持从外部文件导入消息或利用微软的 Outlook 软件准备 CMP 消息。

1.4 战术数据链的发展

鉴于数据链系统不可替代的地位和作用，发达国家军队都非常重视数据链建设，将其作为主要作战平台必备的电子信息装备，予以优先发展。

目前，美军已形成以 Link 4、Link 11 和 Link 16 为代表的数据链体系，具备较强的作战保障能力。现阶段，美军主要大力发展 Link 16，目标是统一消息标准，提高数据传输速率，采用多种传输手段扩大覆盖范围，形成通用数据链系统，于 2030 年前后将逐步取代目前的各种数据链系统。

前面介绍过，Link 22 也属于 Link 16 系列，其 F 和 F/J 系列消息标准与 Link 16 的 J 系列标准具有很强的兼容性。

21 世纪以来，美军重点发展 Link 16（J 系列消息格式）端机和平台，其他系列数据链基本停止发展。过去，为了实现装备不同数据链的各类作战平台之间的互联互通，大型作战平台或指挥控制平台需要装备多种数据链端机。美国海军也计划逐步淘汰 Link 4 系统，Link 11 系统也不再继续扩大使用范围。随着消息格式和端机的统一，总的端机数量在 2010 年前后开始出现下降趋势。

作为总结，图 1-4 给出了美军典型数据链系统的发展过程。

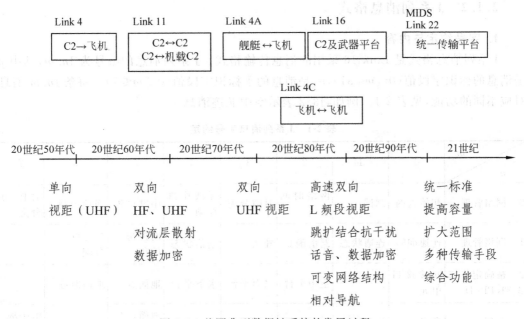

图 1-4 美军典型数据链系统的发展过程

第 2 章　数据链消息格式与消息处理

2.1　数据链消息格式

2.1.1　概述

数据链消息格式是指在数据链内部为保证相关系统之间信息交换而制定的信息排列规范。一般来说,数据链中传输的格式化消息主要是面向比特的,即利用一定的比特序列表示上下文内容。

面向比特的消息格式主要包括固定消息格式、可变消息格式两种类型。固定消息格式中所包含数据的比特长度是固定的,并由特定的标识符识别各种消息的类型,如 Link 11/11 采用的 M 系列消息格式、Link 4A 采用的 V 和 R 系列消息格式以及 Link 16 采用的 J 系列消息格式均属于固定消息格式;可变消息格式中所包含数据的比特长度是可变的,它通过特定指示器字段控制相关的数据字段或字段组是否发送,或是否重复发送,使消息的长度随有用信息的大小而改变,如美军 VMF 数据链采用的 K 系列消息格式就属于可变消息格式。

下面介绍分别以美军广泛使用的 J 系列消息格式和 K 系列消息格式对固定消息格式和可变消息格式加以说明。

2.1.2　J 系列消息格式

1. 字号约定与内容

J 系列消息格式是 Link 16 采用的消息传输格式。J 系列消息的编号为 $Jn.m$,其中 n 是消息的标识字段值($0 \leqslant n \leqslant 31$),$m$ 是消息的子标识字段值($0 \leqslant m \leqslant 7$)。每条 $Jn.m$ 消息对应不同的功能,见表 2-1。例如,J3.2 表示空中航迹消息。

表 2-1　J 系列消息字号约定

n \ m	0	1	2	3	4	5	6	7
0—网络管理	初始入网	测试	网络时间更新	时隙分配	无线中继控制	中继再传	通信控制	时隙再分配
1—网络管理	连通询问	连通状态	路由确立	确认	通信状态	网控初始化	参与群分配	
2—精确定位与识别(PPLI)	间接接口单元		空中平台	水面平台	水下平台	地面点	地面航迹	
3—监视	参考点	紧急点	空中航迹	水面航迹	水下航迹	地面点/航迹	空间航迹	电子战产品

续表

n \ m	0	1	2	3	4	5	6	7
5—反潜战					声音方位/范围			
6—情报	情报信息							
7—信息管理	航迹管理	数据更新请求	相关性	指示器	航迹标识符	敌我识别/选择识别特征管理	过滤器管理	联系
8—信息管理	单元指示器	任务相关改变						
9—武器协调与管理	指挥	交战协调						
10—武器协调与管理			交战状态	移交		控制单元报告	配对	
12—控制	任务分配	无线引导	精确飞行航向	飞行航线	控制单元变更	目标/航迹相关	目标分类	目标方位
13—平台/系统状态	飞机场状态		空中平台和系统状态	水面平台和系统状态	水下平台和系统状态	地面平台和系统状态		
14—控制	参数信息		电子战控制协调					
15—威胁告警	威胁告警							
17—其他信息	目标位置的气象条件							
28—使用国家	美国陆军	美国海军	美国空军	美国海军陆战队	法国1	法国2	美国国家安全局	英国1
29—使用国家		英国2		西班牙1				
30—使用国家	德国1	德国2	意大利1	意大利2	意大利3	法国陆军	法国空军	法国海军
31—其他	二次消息管理	二次消息						
RTT—往返计时	RTT寻址询问	RTT广播询问	RTT回复					

注:4、11、18~27还没有应用,16给美国海军保留,29、30给国际保留。

2. 报头字

在每个时隙开始都应发送35比特的报头,然后跟随一条或多条消息。报头不是消息结构的一部分,但包含的信息适用于该时隙的所有消息。报头包括时隙类型、中继发送指示器或类型变更、保密数据单元序列号(SDU)和源航迹号(STN)字段。SDU 序列号字段由传输终端提供,STN 字段由主机系统提供用于标识该时隙的消息始发者。J 系列报头格式和各字段说明分别见表 2-2 和表 2-3。

表 2-2 J 系列报头格式

7	6	5	4	3	2	1	0	9	8	7	6	5	4	3	2	1	0
源航迹号															RI / TM	时隙类型		
15															1	3		

4	3	2	1	0	9	8	7	6	5	4	3	2	1	0	9	8
保密数据单元序列号																
16																

表 2-3 字段说明

数 据 要 素	比特位置	比特数	描述
时隙类型	0~2	3	标识封装结构、格式类型和纠错编码
中继发送指示器(RI)	3	1	时隙类型设为固定格式时,用于标识一个消息是否为中继消息
类型变更(TM)	3	1	时隙类型设为自由文本时,用于变更消息的封装结构
源航迹号	4~18	15	始发消息的单元地址
保密数据单元序列号	19~34	16	在消息解密过程中使用的数据

3. 消息构造

对于 J 系列格式化消息,每个字由 75 比特构成,其中包含 5 比特的校验字段。字的类型分为 3 种:初始字、延长字和继续字。一条消息由一个初始字开始,后面跟随一个或多个延长字,延长字后面可跟随一个或多个继续字。一条 J 系列消息最多由 8 个字组成。J 系列消息字结构见表 2-4。

(1) 初始字:初始字确定了消息的基本数据,并确定初始字之后的延长字和继续字的总数。每个初始字包括 2 比特字格式、5 比特消息标识、3 比特消息子标识和 3 比特消息长度、57 比特信息数据和 5 比特奇偶校验字段。消息长度字段的数值,表示后序延长字及继续字的总数。

(2) 延长字:延长字包含消息中常用的附加数据。延长字不需要在每个报文中发送;但是,如果发送延长字,必须在初始字之后发送。

(3) 继续字:继续字包含消息中的扩展数据,它根据交换协议和信息交换要求选择数据。继续字可跟在初始字之后发送。但是,如果发送延长字,继续字必须在延长字之后传送。

表 2-4 J 系列消息字结构

4 3 2 1 0 9 8 7 6 5 4 3	2 1 0	9 8 7	6 5 4 3 2	1 0
	消息长度	消息子标识	消息标识	字格式
	3	3	5	2

9 8 7 6 5 4 3 2 1 0 9 8 7 6 5 4 3 2 1 0 9 8 7 6 5
消息数据
57

4 3 2 1 0	9 8 7 6 5 4 3 2 1 0 9 8 7 6 5 4 3 2 1 0
校验	→
5	

每个字的前两位是字格式标识(WF)，用于表明这个字是初始字、延长字，还是继续字。标识如下。

- WF ＝00 初始字
- WF ＝10 延长字
- WF ＝01 继续字

4. 数据元素字典

数据元素字典采用两级索引方式实现，主要由 DFI(数据域标识符)、DUI(数据使用标识符)和 DI(数据项)组成。每个数据元素都由一组由 DFI 和 DUI 号码组成的数字唯一标识。DFI 是数据元素字典的一级分类索引，在它的下面有多个 DUI，一个 DUI 包含多个 DI(即数据元素的具体取值)。数据元素提供了消息内容的二进制编码。数据元素字典的一般数据结构如图 2-1 所示。

例如，攻击武器类型的 DFI 编码为 6237，DUI 编码为 001，其数据项有 8 个，用 3 个比特进行编码。攻击武器类型的数据元素结构如图 2-2 所示。

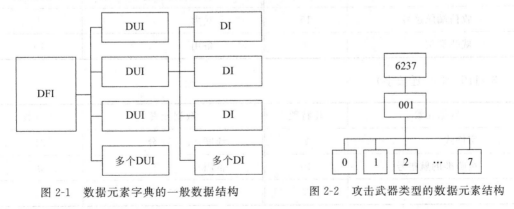

图 2-1 数据元素字典的一般数据结构   图 2-2 攻击武器类型的数据元素结构

攻击武器类型的编码见表 2-5。

表 2-5 攻击武器类型的编码

编码	意义	说明
0	无报告	表示不发送具体数据
1	未知	表示不了解攻击武器类型
2	空对地导弹	
3	核生化武器	
4	地对水面导弹	
5	地对空导弹	
6	空空导弹	
7	飞机	

5. J 系列消息结构举例

下面以 J15.0 威胁预警消息为例说明 J 系列消息的字描述。

J15.0 消息标题：威胁预警。

1) 用途

J15.0 威胁预警消息用于向被威胁的友方作战平台发送威胁预警信息,包含威胁类型、威胁形势、位置/相对位置、高度和速度信息。

2) J15.0I(初始字)

数据元素	比特数	数据元素	比特数
字格式	2	演习指示器	1
标识	5	威胁形势	3
子标识	3	备用	1
消息长度	3	有威胁的航迹号	19
收信端航迹号	15	兵力	4
威胁类型	4	备用	10

3) J15.0E0(延长字)

数据元素	比特数	数据元素	比特数
字格式	2	纬度、0.0051 分	21
被瞄准的航迹号	19	备用	3
备用	3	经度、0.0051 分	22

4) J15.0C1(继续字)

数据元素	比特数	数据元素	比特数
字格式	2	高度	13
继续字标识	5	环境/类别	3
速度	11	空间/空中/水面/水下/陆地平台型号	12
航向	9	备用	12
备用	3		

5) J15.0 发送/接收规则

(1) 发送规则。

① 当敌威胁取消时,应只发送 J15.0I 字,即威胁形势数据元素设为 5(取消)。

② 当敌威胁出现时,应使用 J15.0I 字。如果已知与威胁相关的其他附加信息,则 J15.0E0 字或 J15.0C1 字可以和 J15.0I 字一起发送。

(2) 接收规则。

接收方不应过滤 J15.0 消息。

2.1.3　K 系列消息格式

1. 可变消息格式的消息分类

可变消息格式定义为 K 系列消息格式,每条消息的编号方式为 $Kn.m$,其中 n 代表 K 系列的功能区域指示器(FAD),为 0~15 的整数;m 代表 K 系列的消息号,为 0~127 的整数。K 系列消息的编号方式如图 2-3 所示。表 2-6 为 K 系列消息格式中的消息名称与消息用途。

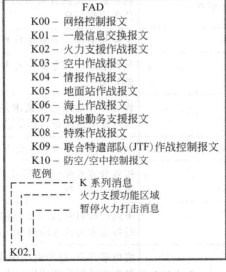

图 2-3　K 系列消息的编号方式

表 2-6 K 系列消息格式中的消息名称和消息用途

序号	消息编号	消息名称	消息用途
K00 - 网络控制报文			
1	K00.1	网络监视	收集与提供网络状态的信息
2	K00.2	系统协调报文	建立系统协调参数
3	K00.3	安全报文	搜集和提供网络安全信息,并对安全威胁做出响应
K01 - 一般信息交换报文			
4	K01.1	自由文本	提供非结构化格式信息
5	K01.2	单位番号查询/回答	验证、请求或分发一个部队番号或部队名称
6	K01.3	信息请求报文	用于指挥员请求信息要素、报文、报告,或其他用于作战规划与控制相关的紧急信息
7	K01.4	地理参照数据	传送地图标定和资料信息
K02 - 火力支援作战报文			
8	K02.1	火力校验	根据目标代码或对所有目标,命令暂停火力或继续打击目标
9	K02.2	数据注册	发送修改或删除根据弹着点或定时试射获取的校准数据
10	K02.3	火力支援气象数据	分发火力支援气象数据
11	K02.4	呼叫火力	请求火力支援
12	K02.5	炮击报告	报告敌方炮击效果、敌方火力单元的方位、弹坑分析信息
13	K02.6	观察哨任务更新	向观察员提供有关火力请求和/或后续调整的观察员任务更新信息
14	K02.7	测量控制点	定位和描述一个测量参考点或测量位置
15	K02.8	火力调度	按特定的火力方案在火力支援部队之间传输火力任务的分配
16	K02.9	目标数据	作为对一次性情报请求或常规的情报请求的回应,报告目标信息或把目标信息传送给火力支援部队
17	K02.10	火力计划/取消火力计划	取消火力计划或建立火力计划
18	K02.11	弹药清单	报告分装式弹药、半固定弹药以及火箭/导弹的弹药状况和存储位置
19	K02.12	开火命令	下达向待召唤火力计划的目标开火的命令,或下达执行特定火力任务的命令
20	K02.13	任务许可	将要求开火、近距离空中支援、医疗后送等请求是否得到准许通知给其他指挥中心

续表

序号	消息编号	消息名称	消息用途
21	K02.14	通知观察员	将火力任务的最初数据发送给观察员
22	K02.15	火力支援协调方案	定义、修改或删除火力支援的协同方式
23	K02.16	结束任务、监视	指示任务终结,提供目标的监视数据及火力任务的精确信息
24	K02.17	指挥和控制(C2)系统火力任务处理	为火力支援单位或其他指挥控制系统提供战术性火力指导
25	K02.18	火力单位状况	增加、修改或删除关于火力部队的状态的信息
26	K02.19	目标查询/常规信息请求	要求查询目标文件的一次请求,或当某指定区域特定目标适合马上进攻或计划开火时要求不断发送这些特定目标的信息,或删除前面提出的请求
27	K02.20	测量控制点信息请求	为现有测量控制点的文档提供搜索标准,并检索出符合搜索标准的控制点
28	K02.21	火力许可请求	火力支援部队请求向目标开火的许可
29	K02.22	后续调整	调整目标区域的弹着点、摧毁任务或启动注册的打击任务
30	K02.23	火力计划命令	指导火力计划的估算,通报进攻发起时间
31	K02.24	正在进行中的任务通告	通报相关单位火力任务正在执行,或火箭/导弹空警区域已经建立
32	K02.25	任务结束通告	通报相关指挥中心任务已经完成
33	K02.27	请求近距离空中支援	请求立即或按原计划进行近距离空中支援
34	K02.28	近距离空中支援任务战场毁损评估(CASBDA)报告	在近距离空中支援任务完成后报告战斗损伤评估
35	K02.31	拒绝任务请求	告知任务的请求方预定的或紧急的近距离空中支援任务的请求未被批准
36	K02.32	批准近距离空中支援请求	通知指挥控制机构预定的或紧急的近距离空中火力支援任务的请求已被批准
37	K02.33	近距离空中支援飞行人员飞行前指示	向飞行人员简要说明近距离空中支援任务的基本情况
38	K02.34	飞机空中待命	飞行员或飞行队长通知飞行控制部门:飞机已经到达指定的飞行控制站
39	K02.35	飞机飞离初始点	飞行员或飞行队长通知飞行控制部门:飞机已经离开初始位置,准备执行空中支援任务
40	K02.36	飞机任务更新	确认、更新或改变飞行任务
41	K02.37	观察哨就绪状态报告	允许前方观测员、火力支援小组或雷达报告位置,以说明观测员或雷达已经准备战斗

续表

序号	消息编号	消息名称	消息用途
42	K02.38	机载火力任务	请求和控制陆军航空兵火力支援部队的火力支援资源
43	K02.39	火力支援任务计划	定义、修改或删除火力支援计划
44	K02.40	加农炮/迫击炮开火命令	为加农炮/迫击炮的发射命令发送发射参数
45	K02.41	部署火力部队命令	指导火力部队前往战场或在战场内转移
46	K02.42	火力计划分配数据	为执行火力计划,指导火力资源的分配
47	K02.43	火箭/导弹的弹药效果数据	发送火箭/导弹的类别及其所有弹药效果的数据
48	K02.44	目标要素数据条目	增加或减少目标数据信息
49	K02.45	火箭炮/导弹发射架发射命令	向火箭/导弹发射器下达发射命令
50	K02.46	火箭炮/导弹作战状态更新	发送火箭/导弹发射部队的作战状态
51	K02.47	发射架配置更新	增加、更新或删除火力部队预定资源的装置,或具体说明火力单位资源在给定时间范围内的火力任务时间表
52	K02.48	指挥员指导火力单位	增加、更新或取消指挥官对火力部队的位置、弹药配制、弹药供应定额,或确定弹药供给的临界量等方面的指导
53	K02.49	指挥员指导火力任务	增加、更新或取消指挥官对当前或计划中的火力任务的执行准则
54	K02.50	指挥员指导目标获取	为非野战炮火目标获取部门修改指挥员的传感器目标跟踪准则,或者指导雷达的搜索参数和优先搜索区域
55	K02.51	火力支援回答/备注意见	回复已收报文,内容有误差反应、补充指示、目标符号数据、不明报文类型和请求目标延伸时间
56	K02.52	增强型光纤制导导弹单位参与状况	在参与任务过程中为连指挥部和指挥与控制单位提供有关火力部队和排长车辆的情况
57	K02.53	增强型光纤制导导弹单位战备状态与控制	允许控制和报告增强型光纤制导导弹部队的内外情况和模式
58	K02.54	榴弹炮通信初始化数据	向配备信息处理机的榴弹炮发送通信初始化数据,以使它能与其他榴弹炮、前沿观察哨及指挥与控制系统通信联络
		K03 - 空中作战报文	
59	K03.2	初始机载炮火火力控制雷达(FCR)交战报告	提供机载初始 FCR 交战信息
60	K03.4	请求攻击支援	请求飞机参与紧急的或预定的攻击支援任务
61	K03.6	无线电求救信号报文	提供危急信息,使接收者实施救援或提供紧急支援

续表

序号	消息编号	消息名称	消息用途
\multicolumn{4}{c}{K04 – 情报作战报文}			
62	K04.1	现场/友方报告	报告对当前计划及作战可能产生直接重要影响的事件或情况的有关重要信息，同时提供一种方式，使友方前进观测哨或巡逻/侦察部队能快速报告有关实体活动的情报摘要
63	K04.2	地面路线报告	报告地面路线的军用情况
64	K04.3	障碍物报告	报告障碍物的类型、位置、对部队运动的影响，迂回旁路的位置、安全走廊和障碍物附近的敌方活动情况
65	K04.4	机载 FCR 报告	本报文提供机载炮火火力控制雷达发现的目标布阵信息，以便在机载炮火系统中进行交换
66	K04.5	电子情报描述报文	提供对电子情报事件报文报告的电子情报（ELINT）联络的说明
67	K04.6	电子情报评估报文	提供对电子情报事件报文报告的 ELINT 联络的评估意见
68	K04.7	电子情报事件报文	提供紧急的作战 ELINT 和参数信息
69	K04.8	实体发送预警报文	通知友方单位，报文发送者已经发现激光、雷达或导弹发射的位置/方位线的信息。此报文为紧急激光/雷达预警和导弹发射预警提供证据
70	K04.9	桥梁报告	报告或证实桥梁的种类及状况，以便为其通行能力或破坏情况提供证据
71	K04.10	初始虚造干扰、入侵、人为干扰和电磁辐射干扰（MIJI）报告	报告在战术无线电网络和电子设备上首次发生虚造干扰、入侵、人为干扰和电磁辐射干扰（MIJI）的情况
72	K04.11	请求机动远程雷达任务	请求实施机动远程雷达（ROTHR）监视
73	K04.12	机动远程雷达状态报告	提供关于机动远程雷达系统的当前状况、使用情况和完成任务情况的具体信息
74	K04.13	基本天气报告	基本天气报告用于提供日常天气的观测资料和预定时段内的天气预报
75	K04.14	预报气象数据	提供预报的天气信息
76	K04.15	观察到的气象信息和影响	提供来自非气象观察站的天气信息及其效应
\multicolumn{4}{c}{K05 – 地面战作战报文}			
77	K05.1	位置报告	提供友方部队的位置数据
78	K05.2	核、生物、化学进攻报告 1	发送观测哨有关核、生物或化学攻击的基本数据的初始报告
79	K05.3	核、生物、化学进攻报告 2	发送有关核、生物、化学攻击的评估数据，该数据是对一份或多份第一次报告处理的结果

续表

序号	消息编号	消息名称	消息用途
80	K05.4	核、生物、化学进攻报告3	发送核、生物、化学攻击后预期会出现的污染和危险区域的紧急警告
81	K05.5	核、生物、化学进攻报告4	发送核、生物、化学的监测结果
82	K05.6	核、生物、化学进攻报告5	发送核、生物、化学实际污染区域有关情况的信息
83	K05.7	核、生物、化学进攻报告6	发送生物或化学攻击的详细信息
84	K05.8	基本风向、风速报告	发送风向风速信息,为友方部队提供核辐射微尘沉降预测信息
85	K05.9	化学顺向报告	发送化学顺向信息。该信息每6小时发送一次,内容是预报化学危险区域（CHA）预测程序所需的最近6小时,或未来6小时以上,每两小时一次,连续3次的气象数据
86	K05.10	实际影响顺向报告	发送核爆炸后预测核辐射微尘沉降区域所需的最近6小时或未来6小时以上的实际影响顺向数据
87	K05.11	打击预警	发送友方部队需要的信息,使其采取安全措施,防范对其实施常规和核爆炸的影响
88	K05.12	准备就绪状态	陈述目前的准备状态,或指示从时间和备战的角度达到具体的准备状态
89	K05.13	威胁预警报文	通知部队、指挥官和全体人员,弹道导弹、飞机或核、生物、化学攻击即将来临
90	K05.14	态势报告	用于报告及定义战术级战场态势,主要用于下属部队向其上级司令部报告,必要时也可向其友邻部队呈交
91	K05.15	野战命令	这是指挥官和参谋使用的标准化信息格式,用于发布计划/命令,以达到使作战行动协调一致的目的,也可用于发布零星或预警命令（预告）
92	K05.16	地面布雷报告	报告地雷区布设作战行动
93	K05.17	图层	提供一种发送和接收图层信息的方式
94	K05.18	面向任务保护姿态	建立并报告以任务为导向的保护姿态
95	K05.19	实体数据报文	提供补充态势感知信息
96	K05.20	执行表	用于传达指挥员/编队领导执行作战任务的具体计划
K06 - 海上作战报文			
97	K06.1	战术数据链/雷达描述	用于显示与航迹号的一一对应关系,这些航迹号信息来源于各种战术数据链和远程雷达系统,其中多达5个航迹号（与多达100个事件相关）信息来源于远程雷达系统,并且每一次这7种类型的战术数据链都可以在一份报文中报告

续表

序号	消息编号	消息名称	消息用途
98	K06.2	事件定位报文	用于交换有关某一联络点的位置和其他战术信息
99	K06.3	回声报文	发布低频主动发射的时间表、回声源舰艇的位置和回声数据
100	K06.4	机动阵列状态（MAS）报文	提供有关机动阵列的信息
101	K06.5	声响情报事件评估报文	音响情报评估事件报文专用于描述声响实体
102	K06.6	声响情报事件发现报文	报告敌方、中立方或友方声响实体的发现和参数
103	K06.7	平台描述报文	作为美国海军指挥、控制、通信、计算机和情报处理的结果，报告平台及其有关特征
104	K06.8	4-WHISKEY 报文	交换 4-WHISKEY 舰艇编队数据
105	K06.9	Screen KILO 报文	为执行标准区停泊条令交换舰艇编队数据
K07 - 战地勤务支援报文			
106	K07.1	请求医疗后送	请求地面或空中支援，以撤离友方及/或敌方伤亡人员
107	K07.2	伤亡报告	报告医疗伤亡情况
108	K07.3	后勤报告	用于报告单个或多个部队的主要作战装备状况
109	K07.4	人员状况	该报文用于报告单个或多个部队的人员状况或人员注册情况
110	K07.5	敌战俘/拘押人员撤离 请求/回应	俘获部队用该报告请求撤离敌战俘及平民拘押者，并请求撤离部队发电核实撤离时间和地点
111	K07.6	指挥员同意项目单/基本需求项目单行动报文	通知物资和人员单位，某军种级指挥官已经指示同意并且/或者修改/设立基本需求项目单（BRIL）
112	K07.7	医疗单位情况报告	说明医疗单位的情况，包括当前和预计的关于位置、病员负荷、设备及必要给养方面的信息
113	K07.8	殡葬事宜情况报告	提供情况报告，说明殡葬单位的能力和/或亡故人员的抢救及后送状况
114	K07.9	补给点状况报告	标识一个补给点的位置、运行时间、库存清单和清单
115	K07.10	请求紧急再补给	主动提出紧急补给请求
116	K07.11	请求紧急再补给回应	提供对紧急再补给请求的回应
117	K07.12	任务管理报文	请求、分配和跟踪战勤支援任务
K08 - 特殊作战报文			
118	K08.1	预置给养报告	用于在特殊作战中报告友方预置给养场所
K09 - 联合特遣部队（JTF）作战控制报文（待定）			
K10 - 防空/空中控制报文			
119	K10.1	敌方飞机观测报告	提供即时简要的敌方飞机观测报信息
120	K10.2	低空防空（LAAD）损毁评估报告	提供低空防空作战后的毁伤评估信息

2. 通用描述格式

为了满足各类信息的传输需要,同时又尽可能减少报文的长度,VMF 报文采用可选参数的方式根据不同的传输要求构造不同长度的报文,如暂停火力命令可以表示成

暂停火力=暂停类型,命令,[目标号,]URN,[有效时间,[发射台消息序号,]][URN,实体 ID 序号,时间]

其中,[]中的内容是可选项,在 VMF 中利用特定的"出现指示"比特表示相应的字段是否出现。

K 系列消息由一个 FAD(功能区域指示器)编号和消息编号唯一标识。可变消息格式使用消息标题、消息功能、索引编号、DFI/DUI(数据域标识符/数据使用域标识符)、DUI 名称、比特长度、数据类型、分组码、重复码、解释和消息规则描述了可变消息的通用格式。表 2-7 描述了可变消息格式的通用格式。

表 2-7 可变消息格式的通用格式

消息编号:(K$n.m$ 或 KE$n.m$)

消息标题:(消息名称)

消息功能:(消息目的)

索引编号	DFI/DUI	DUI 名称	比特长度	数据类型	分组码	重复码	解释

处理规则:(消息处理方法)

(1) 消息标题给出了消息的名称。

(2) 消息功能描述了消息的用途以及达到的目的。

(3) 索引编号是对消息中出现字段的编号采用多级编号的方式表示字段所属的组和组的嵌套。

(4) DFI/DUI 的数值用来唯一确定该字段对应的数据元素。这些数值提供了对数据元素字典的一个快速索引。

(5) DUI 名称是该字段对应的数据元素名称。

(6) 比特长度标识该字段对应的数据元素长度。

(7) 数据类型用来标识该字段是强制字段,还是可选字段,M 表示该字段是强制字段,X 表示该字段是可选字段。

(8) 两个及两个以上连续的有一定关联关系的字段可被定义成组。分组码表示该字段属于的组,用符号 GN 表示。G 表示组,N 表示组编号(例如,G1 表示消息中的第一个 G 组,等等);组也可以嵌套(例如,G3/G4,最左边的组表示嵌套组的最高层,最右边的组表示嵌套组的当前最低层)。

(9) 重复码表示了组的重复码,用 RN(M) 表示。R 组是相关字段的可重复性组合,N 表示消息中的第 N 个 R 组,括号内的 M 表示相关字段的最大可重复次数;R 组也可以

嵌套(例如,R2/R3,最左边的组表示嵌套组的最高层,最右边的组表示嵌套组的当前最低层)。

(10) 解释用来对该字段的使用进行具体说明。

(11) 处理规则规定了消息的特定功能、用途、消息内使用数据组和数据元素的条件、系统默认值、预期响应以及消息使用的特殊考虑。

3. 语法规则

消息语法主要由 FPI(字段出现指示器)、FRI(字段重复指示器)、GPI(组出现指示器)和 GRI(组重复指示器)4 个指示器确定。

FPI 的值为 0 时,后继的数据字段不出现;FPI 的值为 1 时,后继的数据字段出现。

FRI 的值为 0 时,后继的数据字段不重复;FRI 的值为 1 时,后继的数据字段重复。

GPI 的值为 0 时,后继的数据组不出现;GPI 的值为 1 时,后继的数据组出现。

GRI 的值为 0 时,后继的数据组不重复;GRI 的值为 1 时,后继的数据组重复。

在每一个可变消息中,指示器字段都是强制出现的,但指示器的值却是可变的,因此可变消息格式消息在实际传输过程中其可变性体现在以下方面:一是消息参数可变,即不同功能区域和不同类型的消息其指示器的个数和位置都不一样,不同的消息描述定义了不同的消息格式;二是参数的内容是可变的,指示器取不同的值决定了其后继字段或组是否出现,同时也决定了各字段或组在消息中的位置;三是消息长度可变,由于上述两方面的影响,可变消息可以只传输携带了有用信息的字段,因此针对不同的信息,同一条可变消息格式描述的消息在传输中可以有不同的长度。当接收到消息数据后,一旦确定消息功能区域编号和消息编号,消息中各数据字段的位置和所占比特数便可以确定,接收方便可以根据消息数据内容,通过 DFI/DUI 快速索引查数据元素字典找到对应的数据元素。在实现中应用可变消息格式接口操作程序将其还原为消息内容。

4. 索引编号

索引号的用途如下:

(1) 作为行编号,表示报文内每一信息字段的数值位置。

(2) 根据语法和"出现指示符(FPI 或 GPI)""重复指示符(FRI 或 GRI)"要求的重复规则及重复编码,直观表示报文内信息字段的分层结构。

编号规则如下:

(1) 当遇到一个"出现指示符"时,其相关的字段、指示符或多个指示符与字段组成的组将保留其父级"出现指示符"的索引号,并额外增加一级以数字 1 开头的数字标识,此数字用小数点与"出现指示符"的索引号隔开(若"出现指示符"为 6,那么后面第一个字段或"出现指示符"就是 6.1)。

(2) 当遇到"重复指示符",而前面没有"出现指示符"时,此"重复指示符"的编号如同出现在"出现指示符"后面一样处理(相当于"重复指示符"前面有一个"出现指示符")。

(3) 如果在组出现指示符 GPI 后面碰到一个重复字段(FRI 开头)或组(GRI 开头),相当于重复指示符前面有一个"出现指示符",额外再增加一个以 1 开头的索引号,与上级索引号用小数点隔开(即如果组出现的指示符是 6,那么后面的字段重复指示符 FRI 或组重复指示符 GRI 将是 6.1.1)。

5. 处理规则

为了实现可变消息结构的一致性，在消息的处理规则中采用分支（case）和条件（condition）语句对消息的功能和消息内数据元素、数据组的出现条件做了严格的描述，以防止产生不合法的消息。在处理规则中规定了每条消息的具体功能、使用目的以及消息中数据组和数据元素的使用条件，另外还对使用本消息时系统的默认值、接收系统的预期响应以及需要特别注意的情况都做了明确的规定，主要包括以下内容。

（1）CASE 和条件语句：指定报文出现的条件和构造规则，主要作用包括：

一是严格清晰地定义每个可变消息的构造规则；

二是描述每条消息的不同用例以及在对本消息的基本处理、默认值、合法条目及特殊条件等不同操作使用情况下消息内各元素间的条件关系；

三是有些消息可以完成多种功能，对于此类消息，通常采用多种用例的方式。每种用例及条件说明都明确定义了本消息的一种用途及用于此目的时消息内元素间的关联关系及组织结构。

（2）默认值：只有当接收系统的默认操作与接口有关时，才会定义默认值。

（3）预期的响应：说明预期的回答，与这个消息的 CASE 及条件语句有关。

（4）特殊考虑：前 3 项无法定义的例外情况。

（5）最小实现：说明最小实现。

6. K 系列消息举例

下面以 K02.1 火力校验报文为例说明 K 系列消息结构，报文描述见表 2-8。

消息编号：K02.1

消息标题：火力校验

消息用途：按照目标号实施开火或停火

表 2-8 VMF 报文字段描述举例（火力校验报文 K02.1）

索引编号	参考 DFI/DUI、DUI 名字	比特	类型	分组码	重复码	判决、解释等
1.	4057 001 暂停火力类型	3	M			
2.	4001 001 暂停火力/继续打击命令	3	M			
3.	4014 002 FPI（字段出现指示器）	1	M			
3.1	4003 001 目标号码	28	X			
4.	4014 002 FPI（字段出现指示器）	1	M			
4.1	4004 012 URN（单元参照号）	24	X			观察员 ID
5.	4014 001 GPI	1	M			G1 的 GPI。暂停火力有效时间
5.1	792 404 有效　　时	5		G1		
5.2	797 403 有效　　分	6		G1		
5.3	380 403 有效　　秒	6		G1		

续表

索引编号	参考 DFI/DUI、DUI 名字	比特	类型	分组码	重复码	判决、解释等
5.4	4014 002 FPI(字段出现指示器)	1	M	G1		
5.4.1	4085 027 发射者报文序列号	7		G1		
6.	4014 001 GPI	1	M			G2 的 GPI。单位 ID 参考分组
6.1	4004 012 URN	24		G2		发送方 ID
6.2	4046 004 单位 ID 序列号	32		G2		
6.3	4019 001 月　日	5		G2		
6.4	792 001 时	5		G2		
6.5	797 004 分	6		G2		
6.6	380 001 秒	6		G2		

7. VMF 报文的构造

报文数据中每个字段的长度由数据元素字典决定。VMF 报文数据的每个字段都用二进制的八位组表示，每个报文都被单独编码，当一个报文的所有字段都被编码后，最后一个八位组若有剩余比特，将用 0 填充。表 2-9 为 VMF 报文数据的结构举例。

表 2-9　VMF 报文数据的结构举例

字 段 名	长度/bits	值/Dec	值/Bin	字段分段	八位组值/bin	八位组值/hex	字节编号
暂停火力类型	3	0	000	xxxxx000			
暂停火力/继续打击命令	3	1	001	xx001xxx			
FPI	1	1	1	x1xxxxxx			
目标号码(AB0031)	28	65(A)	1000001	1xxxxxxx xx100000	11001000	C8	0
		66(B)	1000010	10xxxxxx xxx10000	10100000	A0	1
		31	00000000011111	111xxxxx 00000011 xxxxx000	11110000 00000011	F0 03	2 3
FPI(观察员 ID)	1	0	0	xxxx0xxx			
URN(单元参照号 ID)	24	NA	0				
GPI(有效时间)	1	0	0	xxx0xxxx			
FPI	1	0	0	xx0xxxxx			
GPI(单位 ID 参照分组)	1	0	0	x0xxxxxx			
(零填充)	1	0	0	0xxxxxxx	00000000	00	4

表 2-9 中的前 4 栏给出了各字段的描述，即字段所占比特数和字段的值。最后 3 栏给出了 VMF 报文数据的物理编码。在第 5 栏字段分段中，将每个字段的二进制值用八位组表示出来。每个字段的每一比特被放在特定的位置，而字段的最低有效位(LSB)位于八位组中尚未编码的最低有效位上。字段的下一个 LSB 位于八位组中下一个尚未编码的 LSB 上，如此重复，直到字段中的所有比特都被编码为止。在字段的所有比特编码完成之前，若一个八位组被填满，将继续对剩余比特进行下一个八位组的编码，从第一个字段和八位组开始，不断重复，直到对所有字段的编码完成。字段分段中的 X 用来表示与正在编码的字段无关的比特。八位组值是将后继字段的比特合成后用二进制表示的完整的八位组。最后一栏从 0 开始对所有八位组进行了编号。

根据 VMF 报文语法，当 FPI 或是 GPI 的值为 0 时，其后续的字段不出现，因此在表 2-9 中，后面的 FPI 及 GPI 的值为 0，其后续的字段没有在表中列出来。

8. 可变消息格式消息的传输

Link 11 和 Link 16 的传输信道的设计完全针对其所传的消息格式，实现了数据链消息的高效传输，最大程度地提高战场频谱资源的利用率。但是，Link 11 和 Link 16 的组网控制协议要求节点之间视距可达。而可变消息格式主要用户是各军兵种地面部队，受地形地貌的限制，视距传输距离近，难以满足战场信息传输的连通性要求。另一方面，地面部队可用的通信手段多，可以通过多种信道的综合组网满足战场信息的传输要求。因此，可变消息的传输必须适应各种传输信道。

目前，地面部队的信息传输主要采用基于 TCP/IP 互联的战术通信网，而以光纤传输为主的有线网络中，通常认为信道传输具有较高的可靠性，报文的丢失都是由于网络拥塞造成的。而在无线网络中，除了网络拥塞外，还有其他多种因素可能导致分组丢失，如突发传输错误（无线链路易受干扰，多径衰落）、信道时变和节点的移动与频繁切换。同时，无线信道过大的传输延时也可能导致 TCP 分组丢失。因此，在无线分组网中，即使在网络不拥塞的情况下，也可能存在较大的分组丢失率。而目前的 TCP 拥塞控制机制认为包的丢失是由拥塞引起的，这导致 TCP 超时并启动拥塞控制算法，降低发送窗口的大小，减少连续发送分组的数目，降低了网络的传输效率。因此，当 TCP 应用于移动环境下时，网络通信的性能将严重下降，通常认为 TCP 不适合用于 Ad Hoc 网络。另一方面，大量的战场信息（如指挥控制命令）又需要保证可靠的端到端传输，而 UDP 又无法保证可靠的端到端传输。为此，美军提出了一种应用于无线分组网环境的应用层无连接可靠传输协议标准 MIL-STD-2045-47001C，为无线分组网提供了一种端到端可靠传输机制。需要说明的是，MIL-STD-2045-47001B 以前的版本都只支持基于 UDP 的数据报传输，2002 年推出的 MIL-STD-2045-47001C 不仅支持基于 UDP 的数据报传输，也可以跨越 UDP 和 IP 层，直接调用 MIL-STD-188-220C 标准的 Intranet 层提供的数据报服务。

战场无线链路环境下，对信息的实时性和准确性要求比较高，VMF 报文承载的主要是指挥控制信息和态势感知信息，因此 VMF 报文传输既要保证实时性，又要保证可靠性。参照 ISO OSI 模型，也可以采用一个分层通信模型说明 VMF 报文的传输交换。VMF 报文服务与其他通信层的交互如图 2-4 所示，VMF 报文服务的用户通过 VMF 报文服务层发送和接收报文内容，以实现与其他节点上对等实体间的报文内容交换。VMF

报文服务通过将 VMF 报文内容转变成 VMF 报文数据并与其他对等实体进行报文数据的交换,实现报文内容的发送和接收。VMF 报文数据经由低层通过各种传输媒介实现对 VMF 报文数据的透明发送和接收。VMF 报文业务通常使用由低层提供的应用层服务接收和发送报文数据,报文数据就在应用层协议数据单元(PDU)的 VMF 报文中。

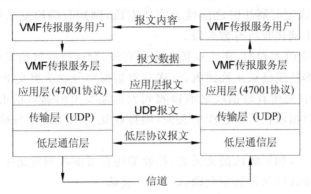

图 2-4 VMF 报文服务与其他通信层的交互

VMF 传报服务层的主要功能是将报文内容按照 VMF 语法及数据构造程序转换成 VMF 报文数据,并将数据交给 47001 协议层封装成应用层 PDU(协议数据单元);接收端传报服务层接收到去除应用层首部后的报文数据,将其转换成 VMF 报文内容。

VMF 报文服务层相对于用户来说,看到的是具体的报文内容,而对于 47001 协议层,则表现为已编码后的二进制代码序列。

2.1.4 应用层无连接可靠传输协议

MIL-STD-2045-47001C 是一个应用层无连接可靠传输协议标准。该标准通过在应用层增加可靠传输和分段/重组(S/R)机制,实现无线分组网中战场信息的可靠传输。

1. S/R 协议发送端处理

发送端将所有从应用层接收的长度超过 MSS(最大报文段长度)的数据包进行分段,并给每个段加上一个分段/重组首部,给该次数据传输分配一个序列号,并将其复制到各段首部中,然后各信息段从段号为 1 的段开始依次发送,同时根据报文的长度(划分的段数)设立重传定时器。当一个报文的所有段完全发送完毕后,正常情况下,应该在一定的时间内收到确认消息。确认报文又分为完全确认和部分确认。如果接收端正确接收到一个报文的所有段,则发送一个完全确认,表示已正确接收这个报文的所有段;否则,发送一个部分确认,指示哪些段已被正确接收。如果发送端收到一个部分确认报文,则说明报文的部分段丢失,发送端根据确认的内容重传丢失的段。若发送端重传定时器超时还未收到一个确认报文,则可能是确认报文丢失了(也可能是所有报文段都丢失了,但全部丢失的概率很小),发送端将发送确认请求给接收端,询问段确认状态。接收端收到确认请求后会重发确认报文(部分确认或完全确认)。若确认请求没有得到响应,则源端将重发确认请求。若 N 次发确认请求都没有得到响应,则源端将放弃本次数据传输,并给上层进程或应用送一个错误指示。

2. S/R 协议接收端处理

当接收到一个数据报的第一个段后,接收端根据第一个段携带的报文段数可以估计出接收完所有数据段所需的时间,设立接收定时器,并根据正确接收的报文段情况向发送端发送完全确认或部分确认。

(1) 如果在接收定时器超时之前接收完所有段,则接收端给发送端发送一个完全确认,告诉发送端已正确接收所有数据段。

(2) 如果接收定时器超时,还没有接收完所有段,则接收端将给发送端发送一个部分确认,告诉发送端哪些段已被正确接收,发送端将根据部分确认报文重传丢失的段。

(3) 如果在接收完所有数据段之前接收到发送端发出的确认请求,则表明发送端已发完所有数据段,数据段在传输过程中丢失,则接收端应该发送部分确认,请求发送端重传丢失的数据段。

发送确认报文后,如果确认报文丢失,接收端还有可能收到发送端发出的确认请求报文,此时应该根据接收情况发送完全确认或部分确认。

3. 协议报文首部格式

应用层的 PDU 结构见表 2-10。

表 2-10 MIL-STD-2045-47001C 标准应用层协议数据单元

字 段 名 称			说 明
版本号			4 比特长。表示 47001 协议所用的版本。目前版本号为 2
[数据压缩类型]			2 比特。表示消息数据部分的压缩算法,目前可用的算法包括 LZW 算法和 LZ-77 算法
[发送者地址]	[部队编号]		24 比特,用于唯一标识一个军事单位。在报头中,部队编号与部队名称字段二者只能出现一个
	[部队名称]		用于唯一标识一个军事单位。最长 448 比特,可由 64 个 7 比特组组成,每个 7 比特组代表一个 ANSI ASCII 字符
[接收者地址]	[部队编号]		接收者地址可以是人、单位,也可以是信息处理平台。如果没有接收者地址,则广播发送。
	[部队名称]		
[信息平台地址]	[部队编号]		可以有多个接收者地址和信息平台地址,但是接收者地址和信息平台地址的总和不能超过 16 个
	[部队名称]		
一个或多个消息处理组(最多16个)	[报头长度]		16 比特,用于表示报头的长度
	用户消息格式		4 比特,指示用户传输的信息类型。目前支持 J 系列、K 系列、二进制文件、标准文电和 XML 等 9 种格式,可进一步扩展
	[标准版本号]		4 比特,指示相应标准的版本号
	[消息标识]	功能域 FAD	4 比特,用于标识 K 系列的功能域
		消息编号	7 比特,标识 K 系列功能域中的消息编号。FAD 字段与消息编号联合起来便唯一标识了一种 VMF 消息的格式
		消息子类型	7 比特,用于标识 K 系列消息的特殊类型

续表

字段名称		说　　明
一个或多个消息处理组（最多16个）	［文件名］	最大448比特，每个字符为7比特ASCII字符，它表示了包含应用层协议数据单元用户数据部分的文件名称。用特殊字符(1111111)作文本结束标识符
	［消息大小］	20比特，所传输消息的字节数。消息数据部分长度必须是8比特的整数倍，不足的补0。当存在一个以上的消息处理组时，必须使用该字段
	消息用途指示	2比特，用于说明消息的用途，包括作战、训练、仿真和测试
	重传指示	1比特，用于指示消息是否为重传的消息
	消息优先级	3比特。指示一条消息的相对优先权。优先权的大小依次是紧急命令、速报、立即、优先和普通
	密级	2比特。用于指示消息的密级，分别为无密级、秘密、机密和绝密
	［控制与发布字段］	最大224比特，32个字符，主要用于描述消息的访问权限和发布限制
	［发送者时间］ 年	7比特
	［发送者时间］ 月	4比特
	［发送者时间］ 日	5比特
	［发送者时间］ 时	5比特
	［发送者时间］ 分	6比特
	［发送者时间］ 秒	6比特
	［扩展］	12比特，消息编号。在同一时刻发送多个消息时，必须用该字段区分消息
	［消息有效期］ 年	7比特
	［消息有效期］ 月	4比特
	［消息有效期］ 日	5比特
	［消息有效期］ 时	5比特
	［消息有效期］ 分	6比特
	［消息有效期］ 秒	6比特
	［应答请求］ ［机器应答请求］	1比特，指示是否要求机器应答
	［应答请求］ ［操作员应答］	1比特，指示是否要求操作员应答
	［应答请求］ ［操作员回执］	1比特，指示是否要求操作员给回执

续表

字 段 名 称			说　　明
一个或多个消息处理组（最多16个）	[响应数据]	年	7 比特
		月	4 比特
		日	5 比特
		时	5 比特
		分	6 比特
		秒	6 比特
		[扩展]	12 比特，消息编号。在同一时刻发送多个消息时，必须用该字段区分消息
		收到/处理	3 比特，收信方用二进制码指示对接收到的消息的处理情况
		[无法执行的原因]	3 比特，指示收信方无法处理某一特定消息的原因。无法执行主要指由于客观原因无法执行消息要求的操作，如通信、弹药、燃料等问题
		[无法处理的原因]	6 比特，指示收信方或信息接收者无法处理某一特定消息的原因。无法处理是指由于消息本身出现编码错误（消息生成或传输错误）而无法解释或无法做相关的处理
		[回复扩充]	最大长度可达 350 比特。在必要的情况下，提供字符型数据作为收信方对一条消息回复的扩充
	[参考消息数据]	[部队编号]	24
		[部队名称]	不大于 448 比特
		年	7 比特
		月	4 比特
		日	5 比特
		时	5 比特
		分	6 比特
		秒	6 比特
		[扩展]	12 比特，消息编号
	[安全参数]		4 比特，用于指定加密算法或其他安全参数
	[密钥标识]	密钥标识长度	3 比特，用于说明密钥标识(ID)的长度，长度为 1～8 字节
		密钥标识	小于 64 比特，用于标识密钥
	[初始加密数据]	数据长度	4 比特，用于表示初始数据的长度，数据的长度为：1×64～15×64 比特
		初始数据	小于 1024 比特

注：[参考消息数据] 说明：用于参考已存在的消息，这些消息与应用层协议数据单元的用户数据部分的消息有关，由部队编号、部队名称和时间联合标识已存在的消息。参考消息数据可以任意多（多组参考消息数据），用于参考多个已存在的消息

续表

字段名称			说明
一个或多个消息处理组（最多16个）	[密钥特征]	特征长度	8比特，用于表示密钥特征的长度。密钥特征的长度为 1×64～256×64 比特
		[密钥特征]	不大于 16384 比特。每一个发送者、接收者和信息地址都应该指定一个密钥特征，最多可以为每个消息指定 17 个密钥特征
	[认证数据A]	[认证数据A长度]	7比特，用于表示认证数据的长度。认证数据的长度为 1×64～128×64 比特
		[认证数据A]	数字签名，最多 8192 比特
	[认证数据B]	[认证数据B长度]	7比特，用于表示认证数据的长度。认证数据的长度为 1×64～128×64 比特
		[认证数据B]	数字签名，最多 8192 比特
	要求带签名的应答		1比特。如果为1，则表示应答消息需要加上签名
	[安全填充]	填充长度	8比特，指示填充数据的长度，为 0～255 字节
		填充数据	最多 2040 比特。该字段用于分组加密算法，在加密前将用户数据的大小凑成分组大小的整数倍

4. S/R 协议首部格式及其 PDU

1) S/R 协议首部格式

S/R 协议的通用首部格式如图 2-5 所示。

源端口			目的端口	
类型	HLEN	P/F	序列号	

图 2-5 S/R 协议的通用首部格式

其中，

源端口：16 比特，标识了源端的高层进程。

目的端口：16 比特，标识了收端的高层进程，该端口号固定为 1624。

类型：3 比特，标识了首部类型，即收端确认的类型。其编码见表 2-11。其中放弃请求/放弃确认用于终止当前的数据传输。

表 2-11 类型字段编码

Bits	000	010	100	110	001	101	011	111
二进制值	0	2	4	6	1	5	3	7
解释	端到端确认请求	不要求端到端确认	部分确认	完全确认	放弃请求	放弃确认	确认请求	未定义

HLEN：12 比特，以 32 比特字为单位，用于标识 S/R 首部总长。

P/F：要求接收端立即响应，1 比特。

序列号：由发端分配的 16 比特二进制码用于标识该段所在的一次数据传输。

2) 分段后的数据段格式

分段后的数据段格式如图 2-6 所示。

源端口				目的端口	
类型	HLEN		P/F	序列号	
段号				末段号	
数据部分					

图 2-6 分段后的数据段格式

其中，

段号：用于标识该段在序列号指定的数据传输中的位置。

末段号：用于标识总段数。

3) 端到端确认请求 PDU 格式

端到端确认请求 PDU 格式如图 2-7 所示。

源端口				目的端口	
类型	HLEN		P/F	序列号	
最近发送段号				填充	

图 2-7 确认请求段格式

4) 部分确认 PDU 格式

部分确认 PDU 格式如图 2-8 所示。

源端口				目的端口	
类型	HLEN		P/F	序列号	
起始段号			比特映射		填充

图 2-8 部分确认 PDU 格式

其中，比特映射字段中的各比特用于标识一次数据传输中的哪些段已被接收单元正确收到。一个比特位为 1 表示该段已被正确接收。二进制"0"表示该段尚未被正确收到。这些比特位都与起始段号相关。该字段的第一（最高位）比特对应起始段号，总是置为"0"（起始段号以前的段已正确接收，起始段号是第一个尚未正确接收的段）。该字段的末（最低位）比特应置为二进制"1"，表示末段已正确收到（最后一个正确接收的段）。该字段可以 32 比特为增量进行扩充。那些为将该字段填充到 32 比特的整数倍而增加的未用比特位应置为"0"。

5) 完全确认 PDU 格式

完全确认 PDU 格式如图 2-9 所示。

源端口				目的端口
类型	HLEN		P/F	序列号

图 2-9 完全确认 PDU 格式

5. S/R 协议 MSS(最大段长)

跨多个子网传输的 IP 数据报长最好小于 576B,这样便可保证中间的路由节点或网关进行 IP 分段,因此传输的最大段长 MSS 可定义为

$$MSS = MMTU - (SH + UDP + IP)$$

其中,MMTU 指最大消息传输单元的大小,SH(12) 为分段/重组协议首部长,UDP(8) 为 UDP 首部长,IP(60) 为 IP 报文首部长。MSS 的取值为 496B。

2.1.5 模型化消息格式和格式转换

1. 模型化消息格式

目前,美军现有指挥控制系统依赖于不同的数据链,其开发存在的主要问题是缺少顶层设计,各种系统自成体系,为系统之间的信息共享带来很大困难,甚至造成各种信息源数据不一致。同时,现有体系结构的设计通常采用非形式方式描述,造成实现上的歧义。为此,美军在联合技术体系结构(JTA)和陆军数字化总计划中都强调了信息建模和数据交换标准,强调数据标准化应基于模型的方法,其主要目的是为跨越界面的信息共享提供基础。

数据链作为传输格式化信息的主要手段,必须满足未来战场各种作战平台的需要。而目前没有一种数据链系统可以满足所有作战平台的要求,同时,在不同的数据链系统之间建立信息流的完全无缝隙连接也相当困难。尽管美军目前仍然规定以 Link 16 战术数据链 J 系列消息格式作为互联的基础,同时也明确指出它只是一个现有系统的消息格式,不是基于模型的消息格式,无法满足未来指控系统信息交换的需要。随着越来越多的各类指控系统逐渐采用逻辑数据模型,数据链的消息格式必须逐渐过渡到基于模型的消息格式。

1) 美军计划

美军指控系统的信息建模主要借鉴了民用信息系统相关技术和成熟的标准,并根据军用的特殊性制定了部分专用标准。整个指控系统模型包括 3 个部分。

行为模型(Activity Models):主要用于描述系统的需求、相应的行为及所生成的信息之间的关系。

数据模型(Data Models):主要描述实体、数据元素及实体间的相互关系。它也是建立统一数据库的基础。

对象模型(Object Models):主要定义信息处理需求。它是面向对象系统实现的基础。

为了提供权威的国防部数据标准源,美军建立了国防数据字典系统(DDDS)和相关的数据模型标准 DoD 8320.1,系统开发者使用这些资源作为数据元素字典的主要源。数据格式的编码和信息处理将遵循严格的语法和语义,系统的描述和实现严格采用面向对象的技术。美军 C2 系统的核心数据模型将使用 IDEF 1X 标志和模型描述跨越所有 C2 子功能领域所需的核心数据,并采用一种通用方式描述战术 C2 信息。

为了适应指挥自动化系统建设的需要,美军国防信息系统局(DISA)的联合信息工程

组织(JIEO)与标准协调委员会(SCC)等部门将联合制定数据链信息标准向 DoD 8302.1 兼容的过渡策略。首先根据统一的数据模型和相关的数据元素标准建立统一的数据元素字典。消息格式将为数据的封装建立相关的文法。统一的数据字典将最大可能地减少信息的表示，并使各种不同表示方法之间的转换算法标准化。

2) 美军建议采用的标准

(1) 行为模型。
- IEEE 1320.1:1998, IEEE Standard for Functional Modeling Language-Syntax and Semantics for IDEF0.

(2) 数据模型。
- FIPS PUB 184, Integration Definition for Information Modeling (IDEF1X), December 1993.
- DoD Manual 8320.1-M-1, DoD Data Standardization Procedures, April 1998.
- Defense Data Dictionary System (DDDS).
- IEEE 1320.2-1998, IEEE Standard Conceptual Modeling Language-Syntax and Semantics for IDEF1X97 (IDEFobject).

(3) 对象模型。
- Open Management Group (OMG) Unified Modeling Language (UML) Specification, Version 1.3, June 1999.
- XML Metadata Interchange (XMI), Version 1.1, ad/99-10-22, 25 October 1999.
- XML Metadata Interchange (XMI), Version 1.1-Appendices, ad/99-10-13, 25 October 1999.

2. 格式转换

目前，当美国海军陆战队与陆军通信时，使用 K 系列消息格式，与联合通用数据库(JCDB)进行交互，而与海军其他兵种通信时，使用美军信息文本格式(USMTF)与海军战术数据库管理系统(TDBM)进行交互，因此要求海军陆战队能进行不同消息格式的转换，这将大大增大操作员的负担，并影响消息的准确性与实时性。针对各指挥控制系统所用的数据链都有不同的消息格式及消息语法的特点，为了提高各指控系统间的协同工作的能力，美军计划使用可扩展标识语言(XML)作为中介进行消息格式的转换，以满足各种数据链的信息交互需求。

XML(eXtensible Markup Language,可扩展标识语言)是由 W3C 于 1998 年 2 月发布的一种标准，它是 SGML(Standard Generalized Markup Language,标准通用标识语言)的一个简化子集，它继承了 SGML 大部分的丰富功能，以一种开放的自我描述方式定义了数据结构，在描述数据内容的同时能突出对结构的描述，从而体现出数据之间的关系。当用户需要与不同的数据源进行交互时，XML 解决了数据的统一接口问题，但 XML 并没有定义数据文件中数据出现的具体规范，而是在数据中附加标记表达数据的逻辑结构和含义，这就使得 XML 成为一种程序能自动理解的规范。总的来说，XML 具有以下特点。

(1) 具有良好的数据存储格式,可以让两个不同的应用程序都按自己的专有格式存储数据,同时让程序间能相互通信。XML 可以使不同来源的结构化的数据很容易地结合在一起。

(2) 简单且具有可扩展性,十分具有弹性,但又不失统一的标准。用户可以根据需要自定义标记格式,创造一套标记语言。

(3) 便于网络传输。XML 格式的数据从服务器发送出去后,数据的显示及数据的再次处理可以交给客户端个性化实现,减轻了服务器的负担,简化了服务器与客户端的交互。

VMF 数据链与其他数据链进行交互时,数据可能来自不同的数据库,并且都具有不同的消息格式,如 K 与 J 系列消息的转换、K 与 M 系列消息的转换,或是 K 系列与 USMTF 消息之间的转换。用户可以通过 XML 进行交互。VMF 数据链与其他数据链进行交互时消息通用格式转化方案如图 2-10 所示。

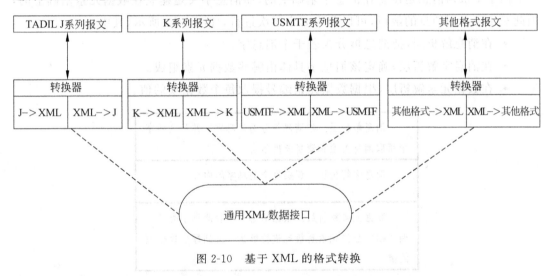

图 2-10 基于 XML 的格式转换

图 2-11 以 J 和 K 系列的消息格式转换为例,说明消息格式转换的一般流程。

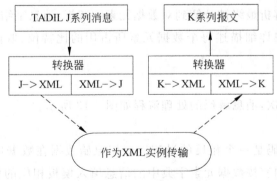

图 2-11 J 和 K 系列消息的转换流程

2.2 消息处理

本节主要介绍 J 系列消息处理的一般过程。

2.2.1 消息解析

消息解析主要完成消息的编码、解码。J 系列消息由一个或多个固定长度的消息字组成。消息字分为初始字、延长字和继续字,其中初始字是必须出现的,而延长字和继续字根据需要出现。每个消息字除了在头部使用一定长度的比特位用以描述消息标识、子标识和字类型外,其余比特位都由指定的数据元素组成。每个消息使用的数据元素,以及数据元素的取值、存储方法、相互关系已在消息格式标准中进行了定义。

由于 J 系列消息是建立在消息字基础上的,而消息字又是建立在数据元素基础上的,因此对于 J 系列消息的解析,可以分为 3 个层次进行,如图 2-12 所示,其中:

- 在消息解析层,把消息拆分为若干个消息字。
- 在消息字解析层,确定该消息字具体由哪些数据元素组成。
- 在数据元素解析层,根据数据元素编号提取每个数据项的值。

```
┌─────────────────────────────────────────┐
│ 消息解析层:把消息拆分为消息字,并从初始字 │
│ 中获取消息类型和消息长度信息              │
├─────────────────────────────────────────┤
│ 消息字解析层:识别每个消息字的内容         │
├─────────────────────────────────────────┤
│ 数据元素解析层:根据消息类型和消息字类型   │
│ 调用相应数据元素解析包进行解析,得到每个数据项 │
│ 的值                                    │
└─────────────────────────────────────────┘
```

图 2-12 解析 J 系列消息的 3 个层次

这样,对消息的解析最终被分解到对数据元素的解析,消息字结构描述数据元素的有序组成,数据元素字典详细描述每个数据元素所占用的比特位、取值范围和每种取值的意义。

1. 消息解码

根据上述 3 个层次,消息解码的处理流程如图 2-13 所示。

2. 消息编码

消息的编码和解码是一个相反的过程。根据原始数据在数据库中取相应的消息模板,将待编码的数据内容按数据元素字典中的信息填入模板相应的位中。消息编码的流程如图 2-14 所示。

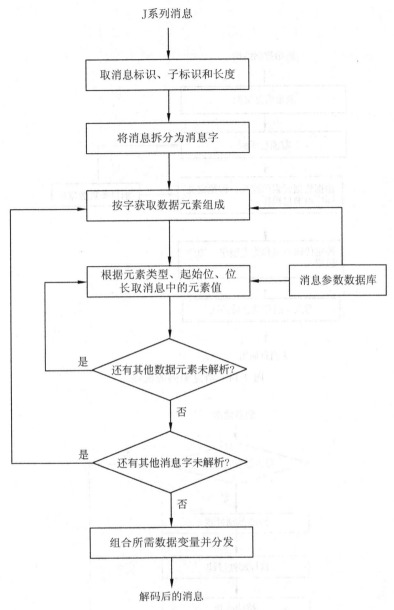

图 2-13 消息解码的处理流程

2.2.2 数据过滤

收到 J 系列消息后或发送 J 系列消息前,需要根据当前设置的数据过滤器进行数据过滤,具体处理流程如图 2-15 所示。

其中,环境类别过滤、目标属性过滤、特殊过滤和地理区域过滤的处理流程如图 2-16～图 2-19 所示。

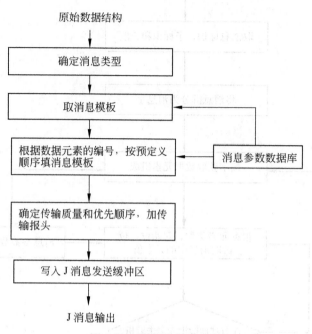

图 2-14 消息编码的流程

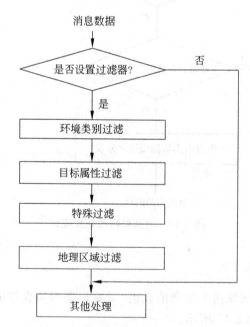

图 2-15 数据过滤的具体处理流程

第 2 章 数据链消息格式与消息处理

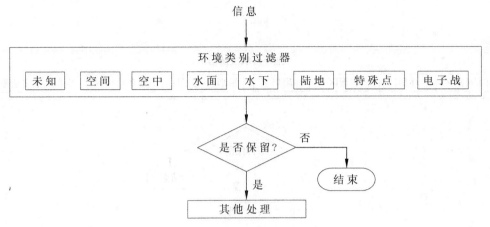

图 2-16 环境类别过滤流程

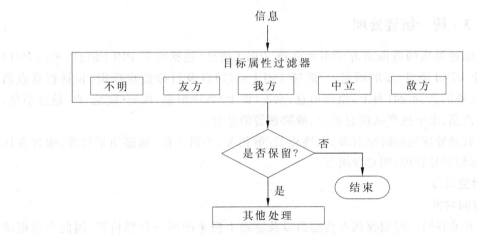

图 2-17 目标属性过滤流程

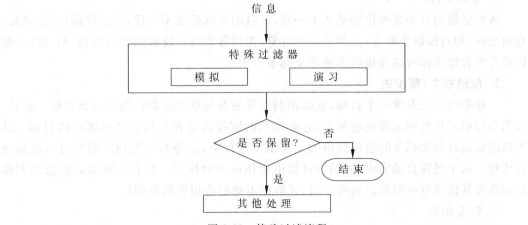

图 2-18 特殊过滤流程

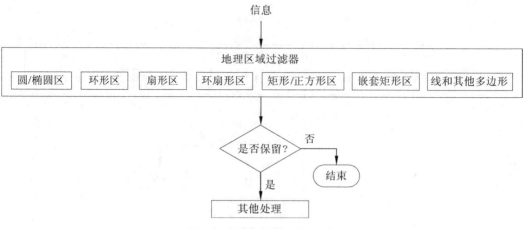

图 2-19 地理区域过滤流程

2.2.3 统一航迹处理

统一航迹处理的数据来源于本地航迹、PPLI 消息(包括空中 PPLI 消息、水面 PPLI 消息、水下 PPLI 消息、陆地固定点/航迹 PPLI 消息)以及目标监视数据(包括特殊点消息、空中轨迹消息、水面(海上)轨迹消息、水下(海上)轨迹消息、地面(陆地)点/轨迹消息、空间监视消息、电子战产品信息消息、威胁预警消息等)。

统一航迹处理包括时空对准、航迹相关/解相关、平滑外推、航迹质量计算、报告责任管理、目标编识号管理、相对导航等。

1. 时空对准

1) 时间对准

由于并非在同一时刻收到各传感器以及链路上报来的同一目标位置,因此在数据融合时需要将目标位置外推到同一时刻。

2) 空间对准

各传感器的各军兵种传输格式不一致,各自的坐标系也不一样(包括经纬度、极坐标、直角坐标、相对栅格坐标等)。为了便于计算,需将各坐标系统移到大地坐标,形成统一航迹后再将大地坐标转换为接收系统的坐标系。

2. 航迹相关/解相关

一旦参与单元发现一个目标,它必须判断其他参与单元是否已报告过该目标。而且,每当参与单元接收到远端航迹报告,它必须判断该报告是否是目前已经跟踪的目标。这些判断是通过称为相关的过程做出的。在相关过程中,航迹要与其他所有邻近的航迹进行比较。这个过程自动完成,但是也可以由操作员手动执行。只有在相关过程已经判断目前没有其他单位在报告该航迹之后,才能把本地航迹报告给数据链。

1) 航迹相关

在着手使两条航迹相关时,适用的通用规则包括

(a) 位置——两条航迹离得越近,相关性越强。对于空中航迹,位置的比较还包括高

度比较。

(b) 敌我识别/选择性识别特征——公共 IFF/SIF 数据提供很强的相关比较。虽然模式Ⅱ代码通常对一架飞机是唯一的,但有时同一模式Ⅱ代码也可分给多架飞机。

(c) 运动——假如接收航迹与本地航迹以几乎相同的航向和速度运动,则它们具备极大的相关性。

(d) 其他数据——如航迹的身份、平台、任务、具体类型以及可信度等。

在不超过两分钟的间隔时间内,参与单元会对每条具有报告责任的航迹进行自动相关检查。当参与单元收到一个新的远端航迹时,就会自动把这条航迹与参与单元的本地航迹进行相关检查。

一旦发现相关时,系统自动把两条航迹的数据合并成一条航迹,根据预先的优先选择准则保留数据。本地定位数据一定要保留,即使当丢弃本地目标编识号时。

2) 解相关

解相关是相关的反过程。在两条航迹相关之后要定期检查,确定相关条件还是否适用,如果不适用,那么这两条航迹就会解相关。

只要两条航迹被分开超过某一距离,就会发生两条航迹的自动解相关。该距离是可选择的,通常是限制相关的距离加上诸如 10% 的误差。例如,如果在 20 千米处限制相关,那么自动解相关距离可能就是 22 千米。如果本地航迹具有不同于远程航迹的非零模式Ⅱ IFF 代码,那么就会自动发生解相关。

在解相关后,给一个新的目标申报本地航迹,参与单元使用新的目标编识号加以报告。

3. 平滑外推

接收到目标位置进行数据融合时,其他传感器或 JTIDS 链路报告的与其相关目标航迹需要外推到同一时刻。外推时要根据目标的前一周期的速度、加速度、位置、高度、外推时刻计算,如图 2-20 所示。

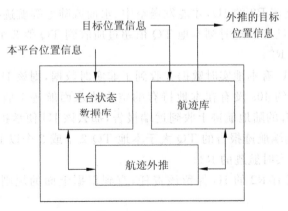

图 2-20 航迹外推

4. 航迹质量计算

航迹质量(TQ)是由发送航迹的单元确定对所报告的航迹位置信息可靠性的度量。

量值为0～15，0表示非实时航迹，1～15表示位置数据可靠性的不同程度，15为最高可靠度。

位置信息的可靠性用于表示每个 TQ 值关联的"位置精度"。与每个 TQ 值关联的位置精度定义为：在报告时刻，实际定位的航迹点有 0.95 的概率落入的区域(km^2)。

所设计的 TQ 算法是为了确保所报告的 TQ 能精确地反映报告单元的最佳位置精度估值(在 0.95 概率)，位置精度值与关联的每个 TQ 值对应。TQ 计算至少要考虑下列因素。

(1) 报告航迹的跟踪传感器设计精度。
(2) 在所报告的航迹上自最后一次传感器数据更新后过去的时间。
(3) 最新计算的航迹速度。
(4) JTIDS 终端提供的本单元当前地理位置质量。

JU 不可在传感器输入期间人为地增加 TQ。当符合下列任何条件时，将 TQ 字段设为 0，以非实时航迹报告。

(1) 航迹数据来源于非 TDS 或未装备 Link 16 的平台。
(2) 航迹数据已被非实时数据链接口的另一系统中继。

航迹质量的计算方法及分级表示见 6.4.5 节"航迹质量与计算"。

5. 报告责任管理

报告责任的目的是确保一个(也只有一个)参与单元把目标报告给数据链。通常，这个参与单元具有那个目标航迹的最好数据，尽管这并不能给予保证。一般认为报告参与单元"具有报告责任"，称为报告责任参与单元。报告责任参与单元通过自动定期更新保持现有的航迹。报告责任是保持清晰和明确战术图像的关键。

对于空中、水面或陆地航迹，其报告责任由所有报告航迹的指挥控制参与单元自动执行。R2 规则如下。

(1) 第一个报告某航迹的 JU 具有该航迹的 R2。
(2) 只有具有航迹 R2 的 JU，才能发送空中、水面或陆地等航迹报告。
(3) 如果一个 JU 在发送时刻本地 TQ 值超过所收到 TQ 值 2 个或 2 个以上数值，该 JU 便承担该航迹的 R2。
(4) 如果一个 JU 有本地实时数据并收到了非实时数据，则该 JU 便承担 R2。
(5) 如果 JU 大约 40s 没有在本地持有的空中或水面航迹上收到远端报告，或大约 120s 没有在本地持有的陆地航迹上收到远端报告，那么该 JU 便承担 R2。
(6) 当收到的远端航迹报告的 TQ 大于本地 TQ 2 个或 2 个以上数值，则该 JU 将放弃空中、水面或陆地实时航迹的 R2。
(7) 在航迹上具有 R2 的 JU 保留该责任，直到根据上面的规则放弃，或直到跟踪航迹被丢弃。

1) 目标发现

本平台传感器发现某目标后，首先与所有远程航迹进行航迹相关处理，如果与所有远程航迹均不相关，说明该航迹在链路上没有报告过，则给航迹分配一个目标编识号，通过数据链路进行报告；如果本地航迹与远程航迹相关，且本地航迹质量比远程航迹质量高 2

级,则通过数据链路报告;否则不作处理。

发现新目标后的处理流程如图 2-21 所示。

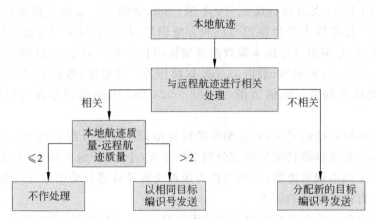

图 2-21　发现新目标后的处理流程

2) 报告责任转移

承担航迹报告责任的单元,必须检查接收到的远程航迹,判断是否进行报告责任转移,流程如图 2-22 所示。

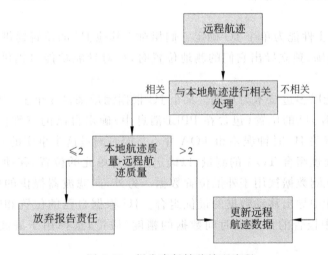

图 2-22　报告责任转移处理流程

放弃报告责任后,本地航迹库仍需更新,若本地航迹质量上升,满足报告责任转移条件,则可重新承担报告责任。

6. 目标编识号管理

编识号为在链路上的信息和指令提供共用的编号,表示所有的 JU 和/或战术信息报告,如航迹。战术信息报告包括分配到所有在链路上交换的航迹、方位线和固定点的编识号。编识号分配给 JU 称为平台编识号。在消息中,发送数据的 JU 用平台编识号标识,接收数据的 JU 用接收平台编识号标识,航迹用目标编识号标识。

Link 16 用 15 位表示平台编识号(即平台的地址),共 32 768 个编识号。数值 0 保留作为"无报告"。数值 1~32 765 作为分配给不同平台的编识号,数值 32 766 为广播地址,数值 32 767 作为网络管理器的通用地址或别名(不同网络管理的实际单元地址)。

Link 16 用 19 位表示目标编识号,共 524 288 个编识。数值 0 保留作为"无报告"。数值 1~32 765 保留作为平台编识号或我方编识号,其中平台编识号是指装有数据链端机的平台地址,我方编识号是指未装数据链端机的我方平台编号,或已确定是我方且具有重要战术意义的点/区域编号;数值 32 766 保留作为广播地址;数值 32 767 保留作为网络管理的通用地址或别名。数值范围 32 768~524 287 内的编识号作为目标编识号(航迹号)。

根据每个链路系统的要求,连续编号的目标编识号块应分配给每个用于报告战术信息的系统。每个系统再将其编号块细分到下属单元(平台)。每个单元(平台)分配的目标编识号块应大于其本地航迹数,以便当报告职责变更导致部分编识号被其他单元使用时,该单元仍然具有报告航迹的能力。

始发于某个单元并在链路中报告的战术信息,包括空中航迹、水面航迹、水下航迹、陆地航迹、空间航迹、方位或固定点,应使用划分到系统或单元的目标编识号。每个系统应确保不使用相同的编识号报告两个不同的航迹,不分配多个编识号给同一个航迹。每个系统可以建立自己的标准,用于航迹初始化、编识号的分配及批号与目标编识号的映射处理,并使用编识号在链路中报告。

7. 相对导航

Link 16 的同步性能为单个 JU 确定它们相对于其他 JU 的位置提供了基础。当两个或多个 JU 具有精确、独立导出它们的测地位置时,相对导航功能可提供所有 JU 精确地测地位置数据。

相对导航功能以多边技术为基础。某个 JU 根据测量来自 3 个 JU PPLI 消息的到达时间(TOA)和发射 JU 的位置(包含在 PPLI 消息中)确定自己的三维位置。但是,多边技术的精确度受有关 JU 时钟误差和 TOA 并不是同时测量这个事实的影响。因此,通过一个递归滤波器处理组合 TOA 的测量,以确定出自身单元的位置、移动和校正时钟。对于移动 JU,航位推测数据被用于外推位置数据。另外,向滤波器提供的航位推测数据用于从连续位置估计中导出移动数据的最优组合。JU 根据自己的位置和时间数据及其他 JU 在 PPLI 消息中报告的位置和时间数据的精度(质量)选择用于滤波器处理的 TOA 测量。

Link 16 相对导航的原理及误差分析见第 7 章。

第 3 章 Link 11 系统

Link 11 也称为战术数字信息链 A(TADIL A),它采用网络通信技术和一种标准的消息格式(M 系列消息)进行空中、地面以及舰载战术数据系统之间的数字信息交换。Link 11 的数据通信既能在高频(HF)进行,又能在超高频(UHF)进行。当工作在 HF 频段时,Link 11 可以提供从发射点到 300 海里之间的全方位无缝覆盖。当工作在 UHF 频段时,Link 11 可以提供大约 25 海里舰对舰或 150 海里舰对空的全方位无缝覆盖。

3.1 系统组成

Link 11 有许多不同的配置形式。图 3-1 表示的是一个典型的 Link 11 的系统配置,包括计算机系统、加密设备、数据终端设备(DTS)、无线电设备、天线耦合器及天线。系统通常还包括一个外部的频率标准。

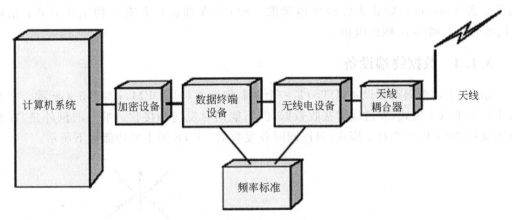

图 3-1 Link 11 系统的组成

其中的计算机系统称为战术数据系统(TDS)。机载装置称为空中战术数据系统或 ATDS,舰艇上的装备称为海军战术数据系统或 NTDS。加密设备或密码器称为 Key Generator-40Alpha (KG-40A)。

3.1.1 战术数据系统

美国海军现役战术数据系统(图 3-2)计算机包括 AN/UYK-7 和 AN/UYK-43。早期的 CP-642A/Bs 已经或不久将被取代。这些 TDS 计算机看上去会有所不同,但它们在 Link 11 中的作用是相同的,即

- 向入网单元提供战术数字信息。
- 恢复并处理入网单元接收到的战术数字信息。

运行于 TDS 计算机上的软件除了维护战术数据库外,还有许多其他功能。例如,管理显示器,跟踪定位的及时更新,响应操作员的输入和查询,以及控制所有外设的输入输出。所有 TDS 软件都必须经过严格的测试鉴定。

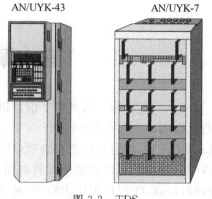

TDS 计算机与数据终端设备之间的接口被称为 TDS 接口,它是由 DTS 控制的。KG-40A 加密设备在 TDS 计算机与 DTS 之间,仅完成数据的加解密,不影响这一接口的其他操作。

TDS 接口既有并行的,也有串行的。这是为兼容两种波形体制而形成的,下面两章将详细介绍这两种波形体制。并行 TDS 接口有 24 条输出数据线和 26 条输入数据线。多出的两条输入数据线对应 DTS 向每个输入字附加的两个比特,用来指示数据的错误状态。

图 3-2 TDS

3.1.2 加密设备

美军 Link 11 使用的加密设备是 KG-40A,它对系统中战术数据流中每 24 比特提供通信加密(ComSec),防止未经授权地读取。KG-40A 加密设备有 4 种工作方式:密码 A1、密码 A2、密码 B、明码电报。

3.1.3 数据终端设备

Link 11 的数据终端设备(DTS)是一个调制解调器(MODEM),如图 3-3 所示。它通常工作于半双工模式,发送或者接收数据,但不能同时发送和接收。唯一的例外是,在系统测试时,它工作于全双工模式,可以同时收发数据。DTS 的主要功能如下所示。

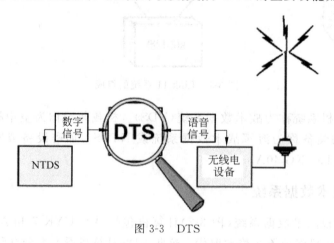

图 3-3 DTS

- 检错与纠错(EDAC)。
- 音频信号的产生。
- 数-模转换。

- 模-数转换。
- 链路控制协议。
- TDS 接口控制。

DTS 是 Link 11 系统的核心,除了将 TDS 数据编码调制为音频信号外,它同时产生和识别控制网络运行的协议信号。

1. 检错与纠错

DTS 从 TDS 计算机上请求并接收战术数据,数据格式为 24 比特的字。另外,它还要再增加 6 比特的 EDAC 码,也称为汉明比特(Hamming bits)。这 6 比特的数值是基于原先的 24 比特数字特殊组合后的奇偶校验。EDAC 或汉明比特允许对接收数据的每个字进行检错,可以定位和纠正单个比特错误。

2. 音频信号的产生

新生成的 30 比特的字用于对 15 个内部产生的音频单音进行相位调制。这 15 个相位调制的音频单音与多普勒校正单音一起组合成一个合成的音频信号,这一音频信号可以采用 HF 或 UHF 广播设备进行传输。

3. 链路协议控制

除了对 TDS 的数据进行编码,DTS 也生成并识别控制链路传输类型和数目的协议数据。这些协议字段包括传输起始与终结的指示码,以及下一发送单元的编码。

4. TDS 接口控制

与 TDS 相连的接口是由 DTS 控制的。DTS 会发信号通知何时它有输入数据及何时它要输出数据。接口的操作由来自 DTS 的外部中断控制,由中断编码指明中断的目的。

本质上讲,TDS 由 DTS 控制。当 DTS 识别到一个输出请求时,例如收到它自己的 PU 号时(轮到它发送数据),它就产生一个准备发送的中断,接着 TDS 提供所需的发送数据。当 DTS 识别到一个输入请求时,例如识别到一个起始码时,它就产生一个准备接收的中断。当 DTS 识别到一份数据报告的结尾时,它就产生一个接收结束的中断。只有在 DTS 通知到后,TDS 计算机才能提供和接收数字信息。

5. 工作模式

Link 11 的 DTS 有 6 种运行模式。
- 网络同步。
- 网络测试。
- 轮询。
- 短广播。
- 广播。
- 无线电静默。

网络同步(NS)或叫作 Net Sync,用于初始建立通信连接;网络测试(NT)用于连通性检测,以及检验或设置线路的信号电平;轮询(RC)是操作 Link 11 网的正常模式;广播是各站点在需要时由人工启动的数据发送(不受轮询的控制),又可以分为一次发送一个数据帧的短广播(SBC)和由多个短广播组成的广播(BC)。BC 的终止也是人工控制,并非所有数据终端设备都支持广播和短广播模式;无线电静默禁止 DTS 的全部输出,但仍然允许接收数据。

DTS 操作员可以通过输入参数的方式完成选择网络运行模式、设置本设备为主站还是从站、调制到哪个边带、设定数据速率和自己的 PU(Participating Unit)号等操作。

3.1.4 无线电系统

Link 11 的发信机和接收机为网络中广泛分布的单元提供点对点的连接,主要包括两类设备:一类为 HF 频段(2~30MHz);另一类为 UHF 频段(225~400MHz)。当网内各单元距离在 25~300 海里时,采用 HF 组网;当单元间的距离小于 25 海里时,用 UHF 组网。

Link 11 无线电系统需求包括
- 在发送与接收间快速切换。
- 音频带宽大于语音带宽。
- 在发送数据到达前必须启动发射机。
- AGC 的处理和释放时间必须快。
- 输入为 0dBm。
- 严格的相位抖动和处理时延。

3.1.5 Link 11 的数据通道

为了交换 Link 11 的战术信息,需要建立发送端 TDS 计算机至接收端 TDS 计算机之间的数据通路。

图 3-4 所示是多音体制下数据的发送。24 比特的消息数据由 KG 加密并送至 DTS。在 DTS 中添加 6 比特的汉明码用于检错与纠错。最终的 30 比特用 15 个 Link 11 的音频单音进行相位调制,再加上未经移相的 605Hz 多普勒单音构成一个合成信号。由此产生两个信号:USB 和 LSB。在 HF 通信中,两者都作为调幅载波的独立边带输入无线电设备进行传输。在 UHF 通信中,USB 信号通过一个调频载波输入无线电设备进行传输。

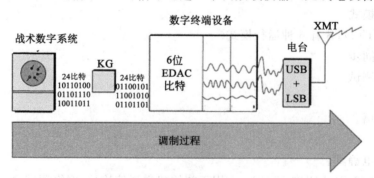

图 3-4 发送数据流程

为了完成数据发送,操作员的所有输入和开关位置必须正确,包括
(1) TDS 中操作员输入必须正确。

(2) TDS、KG 和 DTS 之间的电缆连接必须正确,且 KG 不能处于告警状态。

(3) 所在舰船的地址必须正确输入到 DTS。

(4) 音频信号必须正确地连接到无线电设备。

(5) 无线电设备须设置为用于数据业务并设置正确的频率。

(6) 天线耦合器通道间必须保持适当的频率间隔。

一旦信号发射出去,就应该能被另一单元接收。图 3-5 表示的是接收过程中的数据流。天线接收发射信号并送入无线电接收机。在 HF 中,从载波解调出 USB 和 LSB 两个边带。在 UHF 中,从载波解调出单个信号(USB 边带)。解调后的音频信号输入给 DTS,15 个数据单音根据相位解调为 30 比特的数据。对这 30 比特数据,通过检查 6 位 EDAC 比特可以判断 24 位数据比特中是否有错,并在 24 比特之后附加 2 比特的错误状态指示。最后,这 24 比特在 KG 中进行解密,与表示错误状态的 2 比特一同传入 TDS 计算机。

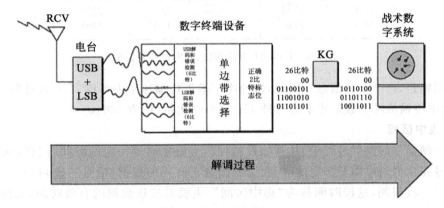

图 3-5 接收数据流程

为了完成数据接收,操作员的所有输入和开关位置必须正确。正确接收数据的条件包括

(1) 天线耦合器信道间必须保持适当的频率间隔。

(2) 无线电设备须设置为用于数据业务并设置正确的频率。

(3) 发信机必须处于通信范围内,信号不能被阻塞、干扰或有其他形式的衰减。

(4) 音频信号必须正确连接到 DTS,输入为 0dBm。

(5) DTS 应开启多普勒校正,并选择正确的边频带。

(6) TDS、KG 和 DTS 之间的电缆连接必须正确,且 KG 不能处于告警状态。

(7) 在 TDS 的 PU 列表上正确地输入 PU 号。

3.2 传统 Link 11 的波形

Link 11 的波形体制分为两种:传统的 Link 11 波形(CLEW)和单音 Link 11 波形(SLEW)。本节介绍 CLEW,3.3 节介绍 SLEW。

Link 11 音频信号由数据端机(Data Terminal Set,DTS)产生,该信号既包含控制网络的协议信息,又包括战术计算机间共享的实际数字信息。协议或是信号结构中的异常会影响网络操作和接受信息的有效性。

3.2.1 帧结构

Link 11 音频信号被分为两类:前导信号和数据信号,所有信号都划分成帧,每一帧的时间长度取决于数据速率。

1. 帧长

Link 11 支持两种帧长,如图 3-6 所示,由可用数据速率决定。典型的速率是快速率和慢速率。快速率以每秒 75 帧的速度传送(每帧约 13.33ms),而慢速率以每秒约 45.45 帧的速度传送(每帧 22ms)。

数据速率	帧长/ms	间隔	帧/s	数据速率/(b/s)
Fast	13.$\overline{33}$	9.$\overline{09}$	75	2250
Slow	22.0	9.$\overline{09}$/18.$\overline{18}$	45.$\overline{45}$	1364

图 3-6 Link 11 支持的快、慢两种速率传输

数据帧包含 30 比特信息。因此,快速率下数据传输速率为每秒 75×30 比特(2250b/s),慢速率传输情况下数据速率为每秒 45.45×30 比特(约为 1364b/s)。

2. 集中区间

在一帧信号的发射过程中,从开始发射到信号稳定需要一定的时间,同样,从停止发射到信号完全消失也需要一定的时间。因此,真正有用的数据(信号稳定)是在一帧时间中的中间一段时间,这段时间称为"集中区间",也就是发送数据的有效时间,如图 3-7 所示。快速率的集中区间为 9.09ms,而慢速率支持两种集中区间:9.09ms 和 18.18ms,我们将慢速率短集中区间记为 1364S,慢速率长集中区间记为 1364L。

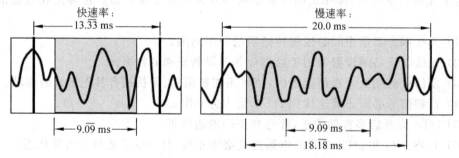

图 3-7 集中区间是帧中间信号稳定的一段

慢速率长集中区间可以处理两倍长的信号,因此增加了 3dB 的信噪比。

3. 前导码

前导码是一个双单音音频信号,由 605Hz 和 2915Hz 两个单音组成。605Hz 单音称为多普勒单音,用于校正多普勒频偏;2915Hz 单音称为同步音,每一帧移相 180°,使得接收机可以准确地判定帧的边界。

605Hz多普勒单音的功率必须比2915Hz单音高6dB,在前导码中,2915Hz和605Hz单音幅度是其正常值的两倍(四倍功率),这样可以保证前导码在背景噪声中更容易识别,并且这两个单音的功率与数据帧中16个单音的功率大致相等。

4. 数据帧

数据帧是一个16单音组成的音频信号,单音频率是55Hz的奇次谐波,如图3-8所示。这些单音中15个用来编码二进制信息,相位在一帧中是不变的。在帧结尾,相位变为新值并在下一帧中保持不变;第十六单音是605Hz单音,和前导码帧一样,605Hz单音的能量比其他单音高6dB,单音相位连续,在整个传输过程中,605Hz单音没有相位偏移。

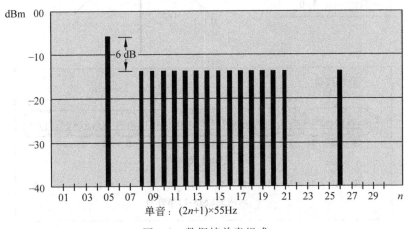

图3-8 数据帧单音组成

3.2.2 数据编码

Link 11信号中的信息采用差分正交相移键控(DQPSK)调制方式。一个帧内中的每一个单音都有特定的相位,这个相位仅在帧之间发生变化。相位的变化量或相位差确定了2b的信息编码,共有4种不同的相位差45°、135°、225°和315°,分别对应2b编码:00、01、10、11。

如图3-9所示,这4个相位分别是4个象限的中心,任何一个相位差如果落在某个象限,便被判决为代表该象限的那个特定值。

显然,系统编码可以容忍相位不超过44°的偏差,而不使信息出错,当相位偏差超过45°但少于135°时,将导致相位落在相邻象限,从而引入1b错误。

3.2.3 传输块的组成

数据的一次传输由前导码、相位参考帧、控制码、地址码、开始码、从站停止码、控制停止码、消息数据帧和加密帧组成。

1. 前导码

前导码在前面已经介绍过了,它由605Hz和2915Hz两个音组成,2915Hz单音在每一帧的结束偏移180°。传输总是以5个前导帧作为开始。

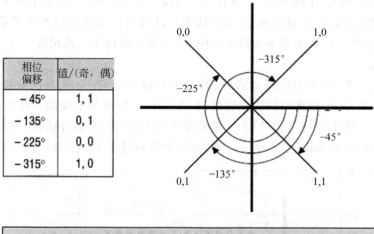

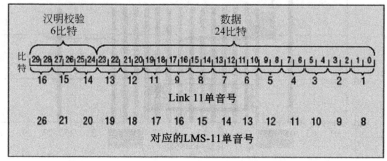

图 3-9 数据编码

2. 相位参考帧

紧跟在前导码之后的帧是相位参考帧。它为随后的每个数据音提供参考相位。相位参考帧的各个单音的相位和随后帧中相应单音的相位之差定义了该单音相位的偏移。

一次传输中只有一个参考相位。后面的每个数据帧又作为其后数据帧的参考相位。

3. 控制码

显然,链路的控制操作是由控制码完成的。每一帧中 15 个数据单音可以编 30b 信息(每个单音 2b)。控制码是一个特殊的 2 帧序列。需要说明的是,控制码并没有附带汉明编码比特,控制码的编码可纠正 4 个比特错误,一帧中有 4 个比特仍然可以正确识别出控制码。

Link 11 控制码包括开始码、从站停止码、控制停止码和 PU 地址码。地址码为 30b,用 10 位八进制表示,一共有 62 个参与单元(PU)地址码,对应八进制表示的 PU 号为 01~76。

4. 地址码

在中心控制站(NCS)呼叫时,地址码紧随相位参考帧,中心控制站报告时,地址码紧随控制停止码。地址码给出了下一个要传输报文的 PU。当确认收到地址码为自己的地址码时,DTS 向 TDS 发送一个准备传输中断,通知 TDS 准备发送数据。

图 3-10 列出了八进制的 62 个地址码。细读这个地址码,会发现一个参与单元的地

址的第一帧是另外一个参与单元的第二帧。例如,第 23 号参与单元地址码的第一帧为 72546 73223,它同时也是 40 号参与单元地址码的第二帧。当存在这种关系时,我们称之为兄弟参与单元。

地址	帧1		帧2		帧3	帧4		帧5	
01	05712	14101	65315	66447	40	42745	06040	72546	73223
02	16136	24302	37526	33551	41	47057	12141	17653	15664
03	13624	30203	52633	55116	42	54673	22342	45060	40772
04	34274	50604	77254	67322	43	51161	36243	20375	26335
05	31566	44705	12141	01765	44	76531	56644	05712	14101
06	22342	74506	40772	54673	45	73223	42745	60407	72546
07	27450	60407	25467	32234	46	60407	72546	32234	27450
10	70571	21410	76531	56644	47	65315	66447	57121	41017
11	75263	35511	13624	30203	50	32234	27450	04077	25467
12	66447	05712	41017	65315	51	37526	33551	61362	43020
13	63355	11613	24302	03752	52	24302	03752	33551	16136
14	44705	71214	01765	31566	53	21410	17653	56644	70571
15	41017	65315	64470	57121	54	06040	77254	73223	42745
16	52633	55116	36243	02037	55	03752	63355	16136	24302
17	57121	41017	53156	64470	56	10176	53156	44705	71214
20	61362	43020	75263	35511	57	15664	47057	21410	17653
21	64470	57121	10176	53156	60	23427	45060	07725	46732
22	77254	67322	42745	06040	61	26335	51161	62430	20375
23	72546	73223	27450	60407	62	35511	61362	30203	75263
24	55116	13624	02037	52633	63	30203	75263	55116	13624
25	50604	07725	67322	34274	64	17653	15664	70571	21410
26	43020	37526	35511	61362	65	12141	01765	15664	47057
27	46732	23427	50604	07725	66	01765	31566	47057	12141
30	11613	62430	03752	63355	67	04077	25467	22342	74506
31	14101	76531	66447	05712	70	53156	64470	71214	10176
32	07725	46732	34274	50604	71	56644	70571	14101	76531
33	02037	52633	51161	36243	72	45060	40772	46732	23427
34	25467	32234	74506	04077	73	40772	54673	23427	45060
35	20375	26335	11613	62430	74	67322	34274	06040	77254
36	33551	16136	43020	37526	75	62430	20375	63355	11613
37	36243	02037	26335	51161	76	71214	10176	31566	44705

图 3-10　Link 11 地址码

5. 开始码

开始码(图 3-11)紧随相位参考帧,是一个两帧的值,表明一个数据报告的开始。DTS 识别出开始码以后,向 TDS 的计算机发起一个"准备接收"中断,通知 TDS 将有新的数据到达。

帧1:	7450604077
帧2:	5467322342
	八进制

图 3-11　开始码

如果在呼叫开始之后的 15 帧内,网络控制站(NCS)的 DTS 没有接收到开始码,则 NCS 将第二次轮询这个参与单元。在一个传输块中有 5 帧前导码、1 帧相位参考码、2 帧开始码,15 帧中初始建立块占了 8 帧。为避免回应被下一个呼叫干扰,从站的 DTS 必须在接收和确认它的地址之后的 7 帧之内开始回应。在实际使用中,从站 DTS 通常在确认自己的地址之后的 3 帧内回应。

6. 从站停止码

从站停止码(图3-12)表明参与单元数据报告的结束。DTS 收到从站停止码后,向 TDS 计算机发出一个"接收结束"中断,通知 TDS 数据接收结束。值得注意的是,只有识别出完整的 2 帧停止码,才能确认为接收到停止码。在向 TDS 计算机发出"接收结束"中断之前,停止码的第一帧会当作数据传输给 TDS 计算机。

7. 控制停止码

控制停止码(图3-13)只有 NCS 使用,表明 NCS 自己报告的结束,紧随其后的是下一传输单元的地址。从站的 DTS 收到控制停止码后,向 TDS 计算机发出一个"接收结束"中断,通知 TDS 数据接收结束。同样,只有识别出完整的 2 帧停止码,才能确认为接收到停止码。在向 TDS 计算机发出"接收结束"中断之前,停止码的第一帧会当作数据传输给 TDS 计算机。

帧1:	7777777777
帧2:	7777777777
	八进制

图 3-12 从站停止码

帧1:	0000000000
帧2:	0000000000
	八进制

图 3-13 控制停止码

8. 消息数据帧

开始码和停止码之间是 TDS 计算机发出的消息数据。这 48 比特的 M 系列(M-Serial)消息数据以两个 24 比特帧的形式输出,即 A 帧和 B 帧。DTS 加 6b 的检错/纠错码(EDAC),也称为汉明码。接收端检错/纠错码用于检测 24b 数据中可能出现的错误,并在一定范围内纠正错误。检错/纠错码随后被剥离,而纠检错的状态在额外 2b 中随 24b 数据一起传送给计算机。

9. 加密帧

开始码之后的第一帧事实上是由 KG-40 产生的,称为信息指示器(MI)。当加密数据消息第一帧的时候,将 MI 传送给 DTS;当加密第二个信息帧的时候,将第一个消息帧传送给 DTS。按照这种方式,数据由 TDS 通过 KG 到 DTS 形成一个管道。

3.2.4 操作模式

MIL-STD-188-203A(TADIL A 的并行多音标准)给出了 5 种模式,分别是网络同步、网络测试、轮询、广播和短广播。在 DTS 上选择操作模式。

1. 网络同步

网络同步传输的是一个连续的前导码序列,由操作员手动发起并持续到操作员手动结束,通常作为验证单元间射频连通性的第一步。网络测试传输的结构如图 3-14 所示。

2. 网络测试

网络测试传输以前导码帧和一个相位参考帧开始,随后是 21 个字的重复测试图案,这些形成控制码的字在这个图案上交替出现。第一次,字 1 和字 2 形成一个开始码(74506 04077,54673 22342);下一次,字 21 与字 1 成对形成 PU34 的地址码(25467 32234,74506 04077),字 2 与字 3 成对形成 PU42 的地址码(54673 22342,45060 40772)。

图 3-14 网络测试传输的结构

按照这样 21 字的重复方式,总共产生 21 个控制码,如图 3-15 所示。

数据	解码	值	控制码
1	74506	04077	Start
2	54673	22342	42
3	45060	40772	72
4	46732	23427	27
5	50604	07725	25
6	67322	34274	74
7	06040	77254	54
8	73223	42745	45
9	60407	72546	46
10	32234	27450	50
11	04077	25467	67
12	22342	74506	06
13	40772	54673	73
14	23427	45060	60
15	07725	46732	32
16	34274	50604	04
17	77254	67322	22
18	42745	06040	40
19	72546	73223	23
20	27450	60407	07
21	25467	32234	34

图 3-15 网络测试字的生成与控制码

网络测试模式用于测试单元之间连通性,同时测试信号以 0dBm 传输给 DTS,也可以用于设置 DTS 音频输入输出的电平。网络测试还可用于校验 DTS 的控制码识别电路。

3. 轮询

轮询是 Link 11 的正常工作模式。在轮询模式,指定一个单元为 NCS。其他单元为从站或 PU。NCS 的 DTS 控制轮询的次序,每个 PU 在被呼叫时传输其数据,而在其他时间,PU 接收网络中其他成员的报告。

如果一个 PU 没有回应对他的呼叫,NCS 将自动第二次轮询这个 PU。如果它仍然没有回应,NCS 将按照顺序轮询下一个单元。当一个轮询序列或是网络周期完成后,NCS 报告它自己的信息。这样,网络中不同成员间相互交换战术信息。DTS 的操作一旦启动,便会自动运行下去。

　　轮询模式下的传输类型包括 NCS 呼叫(轮询)、从站应答、NCS 报告(带信息的轮询)。图 3-16 为这些传输的帧结构。图 3-17 为轮询模式工作示意图。

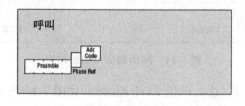

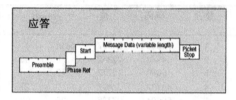

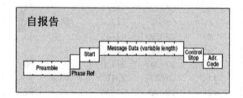

图 3-16　轮询模式的 3 种传输类型

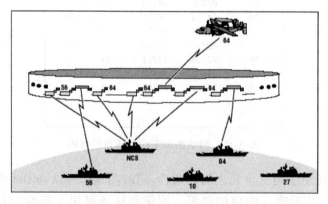

图 3-17　轮询模式工作示意图

4. 广播

　　广播(或称为长广播)网络模式由一系列连续的短广播组成,中间由两帧的静默时间分隔。广播的发送帧结构如图 3-18 所示。广播由操作员在 NCS 或从站手动发起,并且手动停止。

5. 短广播

　　短广播是一种网络运行模式,由一个站点广播其数据,其他站点处于接收状态。短广播由操作员在 DTS 手动启动。短广播的发送帧结构如图 3-19 所示。

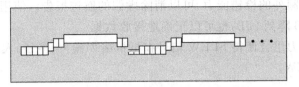

图 3-18 广播的发送帧结构

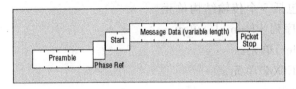

图 3-19 短广播的发送帧结构

6. 无线电静默

无线电静默是指不发送任何信号。处于无线电静默状态的 PU 会接收网络中其他成员的数据,但在被轮询时不响应。

3.3 单音 Link 11 波形

3.3.1 单音 Link 11 波形的优点

单音 Link 11 波形(SLEW)的信号采用 1800Hz 的单音传输。

与传统的 Link 11 波形(CLEW)相同,音频信号可以调制在 HF 或 UHF 频段上传输。传统的 Link 11 信号在 HF 频段上传输时,独立边带(ISB)模式可以产生上边带和下边带,并且可以将上下边带组合起来形成分集信号。DTS 的边带选择设置为自动,将 3 种方式中的最优解码值发送给 TDS。

在 HF 频段传输单音波形时,电台设置为单边带模式,而不是独立边带(ISB),习惯上采用上边带传输。

与 CLEW 相比,SLEW 具有以下优势。

(1) 增加传输功率:CLEW 运行时,传输功率分散到两个边带,每个边带又分散到 16 个单音,在每个携带信息的数据单音上仅有总传输功率的 1/38。而在 SLEW 操作时,所有能量都被集中在单一边带的单音,所有发射功率都集中在信号中携带信息的部分。数据部分功率的增加使 HF 频段通信的范围更大。

(2) 自适应信号处理:SLEW 信号包含一个已知序列的周期性重传,使得 DTS 持续地调整均衡系数补偿时变的信道失真(如多径等),DTS 在每个消息后与信号重新同步。对典型的 70~120 海里的多径信道,与 CLEW 相比,SLEW 在接收端可获得大约 20dB 的处理增益。

(3) 更高的容错率:不像 CLEW 信号仅可纠正单个比特错误,SLEW 信号通过一个强大的纠正错编码算法可以纠正多个比特错误,通过传输符号的交织抵抗突发错误。随后的奇偶校验提供额外的检错能力,可以消除虚假的航迹报告。使用 SLEW 的 Link 11,即使信噪比由 12dB 降到 5dB,也可以正确地接收数据。

以上特性的强力组合使得 SLEW 信号在抵抗诸如噪声、多径、人为干扰、频偏等干扰方面大大优于 CLEW。

3.3.2 传输结构单元

SLEW 的传输包括 5 个传输结构单元。

(1) 同步(前导序列 Preamble)单元。
(2) 报头(Header)单元。
(3) 消息结束(EOM)单元。
(4) 数据(Data)单元。
(5) 重复插入探测序列(RP)。

如图 3-20 所示,在整个 SLEW 传输中,每个传输结构单元后面都有一个 RP。每个类型的传输结构单元都包含特定数目的传输符号。一个传输符号是一个八进制数(3b),用来调制 1800Hz 单音的相位。

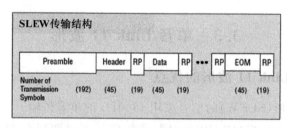

图 3-20 一个 SLEW 传输结构

这 5 个类型的传输结构单元的功能如下。

(1) 同步单元:也称为前导序列,表示一次传输的开始。SLEW 前导序列包含 192 个传输符号。

(2) 报头单元:也称为报头字段,紧随同步单元,由 45 个传输符号组成。一个 PU 发送报头单元表明数据报告的开始,接收端的 DTS 接收到报头单元,向 TDS 发起"准备接收"中断。NCS 发送的报头单元则给出了下一个要传输的 PU,也表明了 NCS 报告的开始。

(3) 数据单元:也称为数据字段,紧随报头单元,也包含 45 个传输符号。在一次数据报告传输中可以包含不同个数的数据单元,每个数据单元都包含一个来自 TDS 的 M 系列消息的编码。

(4) 消息结束单元:也称为消息结束字段,包含 45 个传输符号。这个单元表明了报告的结束,并使接收端的 DTS 向 TDS 发起一个"结束接收"中断。

(5) RP:一个特殊的传输符号序列,包括 19 个预定义的传输符号。在报头单元、数据单元和消息结束单元之后都有一个 RP,它使得 DTS 可以持续地补偿信道失真,该过程称为自适应均衡。

1. 同步单元

前导码是一个特殊的符号序列,包括 192 个传输符号,如图 3-21 所示,每个传输符号为一个八进制数(或 3b)。这个预定义的传输符号序列功能类似于 CLEW 的前导码。

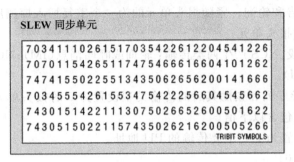

图 3-21 SLEW 同步单元

(1) 用于调整电台的自动增益控制,以适应不同强度的信号。
(2) 表示 SLEW 传输的开始。
(3) 为测量和校正多普勒频移提供一种手段。
(4) 确定 SLEW 符号判决的判决门限。
(5) 初始化 DTS 的自适应均衡功能。

2. 报头单元

报头单元也称为报头字段,长度为 33 比特,划分为 4 个区域和一个空闲比特,如图 3-22 所示。

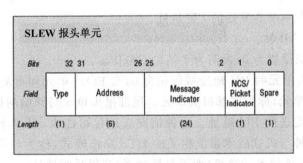

图 3-22 33 比特 SLEW 报头单元

可设置区域包括传输类型标识(1 比特)、地址(6 比特)、消息标识(MI,24 比特)和主从站标识(1 比特)。空闲字段(Spare)固定设置为 1。

(1) 第 32 比特是传输类型标识位,当它的值为 0 时,传输为轮询(即呼叫);当它的值为 1 时,传输为一个报告。

(2) 第 26～31 位是 6 比特的 PU 地址。对一个 NCS 的传输而言,这是下一个要传输的 PU 的地址(即被呼叫的 PU);对从站的报告而言,这是正在传输的 PU 的地址。

(3) 第 2～25 比特的消息标识(MI)字段为消息标识帧,或称为加密帧,来自 KG-40A 保密机。

(4) 第 1 比特是主从站标识位,指明传输单元是主站,还是从站。当主从站标识位为

1时,本单元为从站;为0时,本单元为主站(网络控制站)。

(5)第0比特为空闲位,固定设置为1。

SLEW的报头单元标识了3类Link 11发送操作:①NCS轮询或呼叫;②从站应答;③NCS自身报告和轮询。紧随报头单元的为一个重复插入探测序列。

1) NCS传输的报头单元

在轮询呼叫阶段,NCS产生两类传输:轮询或呼叫消息(IM);NCS自身报告,或称为带消息的轮询(IWM)。

一个IM由前导序列和紧随其后的传输类型设置为0的报头单元组成,如图3-23所示,其他可设置区域包含以下值。

(1) PU地址设置为下一个要传输的PU地址。

(2) MI域为全0。

(3) 主从站标识设置为0,表示为一个主站的传输。

一个主站(NCS)自身报告(IWM)包含前导序列和紧随其后的传输类型设置为1(表示为报告)的报头单元,如图3-24所示。可设置区域包括以下3部分。

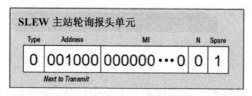

图3-23 主站轮询的报头单元

图3-24 NCS自身报告报头单元

(1) 地址域为下一个要发送的PU地址。

(2) MI域包含MI帧。

(3) 主从站标识设置为0,表明为主站(NCS)传输。

如果IWM报头单元的PU地址域仅包含0,在EOM单元和重复插入探测序列后面紧跟着第二个报头单元,称为尾部报头单元。尾部报头单元与开始的报头单元相同,只不过它包括下一个要发送的PU地址。这种情况应该尽可能少,仅用于兼容机载Link 11系统的定时。有一种与机载战术系统相关的DTS操作模式,称为计算机寻址方式,在这种操作模式下,DTS从战术计算机(而不是控制者)获得呼叫地址。

2) 从站传输的报头单元

从站仅产生一种传输类型,也只有一种报头单元类型,如图3-25所示。传输类型域设置为1,表明是一个报告;PU地址为自己的地址;MI域为MI帧;主从站标志置为1,表明为从站的传输。

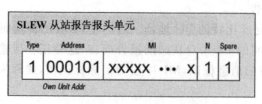

图3-25 从站报告报头单元

3. 消息结束单元

一个 SLEW 传输以消息结束(EOM)单元为结束标志,告诉 DTS 消息传输结束。有两类不同的 EOM,如图 3-26 所示。

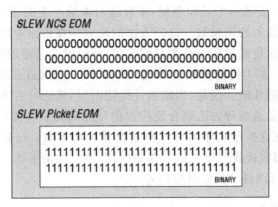

图 3-26 EOM 单元

(1) NCS EOM 单元:与"控制停止码"类似,所有比特都设置为 0。NCS EOM 结束 NCS 的 IWM 传输。

(2) 从站 EOM 单元:与"从站停止码"类似,所有码都设置为 1。从站 EOM 结束每个从站的传输。

4. 数据单元

数据单元的内容为来自 TDS 的 48 比特消息。一个报告中数据单元的个数取决于交换的数据量。Link 11 的 M 系列报文长度为 48 比特,因此一个 SLEW 数据单元中的比特数也是 48 比特,每个 SLEW 数据单元正好包含一个 M 系列报文。

为了匹配 SLEW 的数据传输,美国海军战术数据系统(NTDS)或机载战术数据系统(ATDS)设备接口已经预留了数据传输定时。在 CLEW 传输中,消息分为两个 24 比特的帧,并且作为 A 帧和 B 帧顺序传输。无论产生什么样的音频波形,在 DTS 的定时控制下,消息数据总可以在 24 比特的帧中获取。对 SLEW 传输,A 帧和 B 帧级联成 48 比特数据,加上纠错编码后作为单个 SLEW 数据单元传输。接收数据以相应的方式被解码并分成 2 个 24 比特的数据帧,后面附加 2 个错误状态比特,形成 26 比特帧一个接一个地传输到 TDS。

5. 重复插入探测序列

重复插入探测序列(RP)是在 SLEW 各个传输单元中间插入的一个已知符号序列,如图 3-27 所示。接收端的 DTS 使用 RP 调整均衡算法的系数,连续地补偿信道失真。

图 3-27 重复插入探测序列

与传统 Link 11 波形相比，Link 11 单音信号的一个重要改进就是引入了自适应均衡算法，可以自动补偿信道失真，特别是对多径。

有下列两种均衡技术。

（1）预设置均衡：发送一个已知序列，接收端与本地产生的序列进行比较，利用这两个序列的差异设置算法的均衡系数。这种方法的缺点是在传输中断后必须重新设置均衡系数。而且因为在一次传输过程中系数是固定的，所以时变信道的适应性不好。

（2）自适应均衡：基于传输数据连续地调整系数。当信道误差性能在一定范围内，自适应均衡具有良好的性能。但是，当信道性能很差时，算法可能无法收敛。

常用的解决办法是这两种方法结合使用。前导序列提供已知序列，作为初始设置均衡算法的一部分，根据这些已知序列可以初始设置均衡系数。传输开始之后，DTS 切换到自适应均衡算法，每次接收到重复插入探测序列，调整均衡系数。在每个数据单元之后调整均衡系数，DTS 可以自动补偿时变信号。

3.3.3 操作模式

与 CLEW 相同，SLEW 同样也有 5 种操作模式，分别是网络同步、网络测试、轮询、短广播和广播。无线电静默有时也可以算作是一种操作模式。

1. 网络同步

SLEW 的网络同步（Net Sync）是一系列的 NCS 自身呼叫，如图 3-28 所示。前导序列之后是包含自身单元地址的报头单元，报头单元之后是一个重复插入探测序列。传输之间的间隔为 200ms。启动网络同步后，一直重复发射网络同步信号，由 DTS 操作员手动终止。

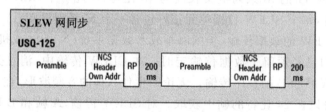

图 3-28　SLEW 的网络同步

2. 网络测试

SLEW 网络测试是一个包含 180 个数据单元的报告序列，如图 3-29 所示。这些数据单元都编码为十六进制 5A5A5A5A5A5A，报头单元的 MI 域被设置为 0。网络测试由操作员手动启动和终止。

3. 轮询

轮询是 Link 11 网络的正常工作模式。在轮询模式下，从站响应主站的轮询，向全网广播自身报告，通过这种方式实现全网内的战术数据分发。在每一轮循环中，NCS 发送其自身数据。SLEW 轮询操作的发送类型与 CLEW 相同，分别为 NCS 呼叫、从站应答和 NCS 带轮询的报告（IWM），如图 3-30 所示。

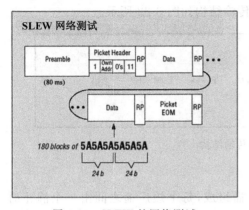

图 3-29　SLEW 的网络测试

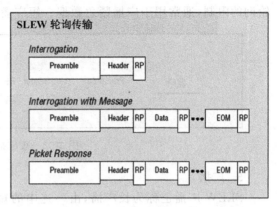

图 3-30　SLEW 轮询的 3 种传输类型

1) NCS 呼叫

NCS 呼叫传输的单元序列包括前导序列、报头单元和重复插入探测序列。报头单元中的"主从站标识"为 0，表示传输单元为 NCS。地址字段给出下一个要传输的 PU。

2) 从站应答

从站应答中的单元序列包括前导序列、报头单元、重复插入探测序列、多个消息数据单元及其后的重复插入探测序列、从站 EOM 单元和重复插入探测序列。

报头单元中的"主从站标识"为 1，表示传输单元为从站。报头单元也包含了传输单元自身的地址。

3) NCS 带轮询的报告

正常的 NCS 带轮询的报告（IWM）中的单元序列包括前导序列、报头单元、重复插入探测序列、多个消息数据单元和其后的消息数据单元、NCS 的 EOM 单元和重复插入探测序列，如图 3-31 所示。

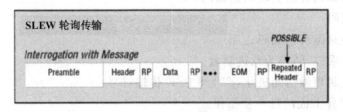

图 3-31　NCS 带轮询的报告

报头单元中的"主从站标识"为 0，表示传输单元为 NCS 站。报头单元的 PU 地址域给出下一个传输的 PU 单元。

IWM 也有另外一种可选的形式：前导序列、报头单元、重复插入探测序列、多个消息数据单元和其后的消息数据单元、NCS 的 EOM 单元、重复插入探测序列、尾部报头单元、重复插入探测序列。当前面的报头单元为空时，EOM 之后附加一个尾部报头单元。下一站 PU 的地址包含在尾部报头单元中。

4. 短广播

SLEW 短广播是一个单元向全网广播一个数据报告，由 DTS 操作员手动发起，不受轮询的限制,通常用于广播紧急数据。短广播的传输结构如图3-32所示。

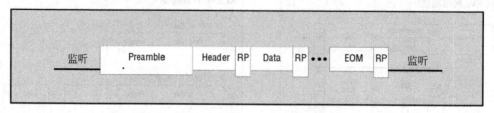

图 3-32　短广播的传输结构

5. 广播

SLEW广播也称为长广播,由一连串的短广播组成,每个短广播之间由一个静止时间单元隔开。在这段静止时间中,电台保持发射状态。广播由DTS操作员手动发起和终止。广播的传输结构如图3-33所示。

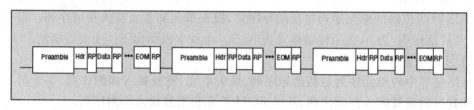

图 3-33　广播的传输结构

3.3.4　产生八进制的传输符号

将信息比特转换为传输符号需要以下6步。

(1) 在数据后面增加12比特CRC检错编码。

(2) 用卷积编码算法实现纠错编码。

(3) 交织编码。

(4) 对比特对做灰色编码。

(5) 比特对乘二,转换为八进制数。

(6) 对八进制数做伪随机化,产生8-PSK传输符号。

下面详细解释上面的每一步操作。

图3-34以表格的方式从左至右给出了将信息比特转换为八进制传输符号的步骤。比特数在每个传输单元中是固定的。值得注意的是,并非每个传输单元类型都要经过传输处理的每一步。

1. 产生循环冗余校验码

在一次传输中,在33比特报头数据和48比特加密的M系列消息的后面添加12比特CRC码。这些编码对每个单元是独立计算的。加了12比特CRC校验之后,报头单元变为45比特,数据单元变为60比特。

SLEW中循环冗余校验码(CRC)的生成多项式为:$x^{12}+x^{10}+x^8+x^5+x^4+x^3+1$。

类型	描述	CRC	解码	交织	格雷码	x2	随机化	符号数
Sync	192 tribits Fixed Pattern	NO	NO	NO	NO	NO	NO	192
Header	33 bits	YES +12 → 45	YES 1:2 → 90	YES	YES	YES	YES	45
Data	48 bits	YES +12 → 60	YES 2:3 → 90	YES	YES	YES	YES	45
EOM	90 bits NCS: Zeroes PKT: Ones	NO	NO	N/A	N/A	YES	YES	45
RP	19 tribits	NO	NO	NO	NO	NO	YES	19

图 3-34 从数据比特到传输符号的转换

CRC 的计算可以使用 12 比特的反馈移位寄存器实现,如图 3-35 所示。

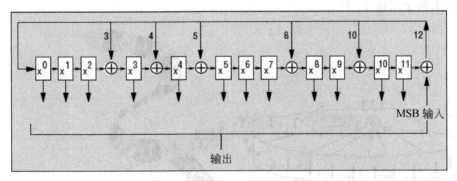

图 3-35 CRC 的计算

2. 纠错编码

当报头单元和数据单元添加了 12 个 CRC 比特形成新码字之后,再对新码字作纠错编码。SLEW 使用全咬尾比特卷积块(FTBCB)编码方式。

纠错编码将 45 比特的报头单元转换为 90 比特。报头单元编码算法的码率为 1∶2,也就是说,原来的 1 比特成为 2 比特编码。纠错编码将数据单元的 60 比特转换成为 90 比特,数据单元编码算法的码率为 2∶3。报头单元和数据单元的编码过程分别如图 3-36 和图 3-37 所示。

尾部比特填充算法在寄存器中将数据的头尾连接起来,即最后一个比特与第一个比特相邻。两个编码函数都有一个严格的长度限制(7 比特),也就是说,7 个比特同时运算。首先,编码以第一个比特和随后的 6 比特产生头两个输出比特,数据随后右移一位,第二个比特移入寄存器中,并且产生下两个输出比特。这样,移入 1 比特输出 2 比特的过程一直持续到整个比特流处理完成。

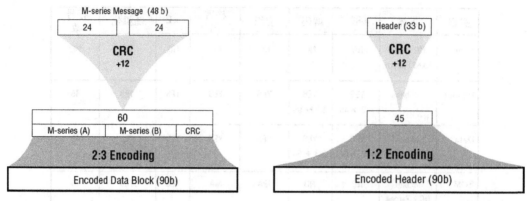

图 3-36　报头单元的编码过程　　　　图 3-37　数据单元的编码过程

报头单元的编码通过 7 比特数据的特定位置比特异或和交织完成,参与异或的比特位置用(133 171)表示,如图 3-38 所示。八进制的 133 为二进制的 1011011;八进制的 171 为二进制的 1111001。它们分别表示 7 个数据比特的 b_0、b_1、b_3、b_4 和 b_6 比特异或产生一个比特 T_1 和 7 个数据比特的 b_0、b_3、b_4、b_5 和 b_6 比特异或产生一个比特 T_2。数据每右移一位,产生两个比特 T_1 T_2。

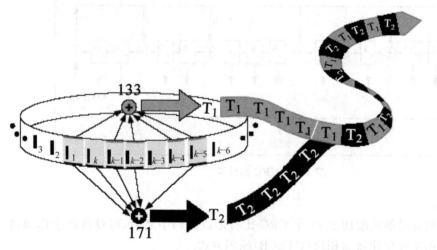

图 3-38　报头单元纠错码的编码算法

报头单元的编码过程如下。

(1) 将需要被编码的二进制数首尾连接。用图表示出来就是第 1 个比特跟在第 k 个(即最后一个)比特之后。这张图的突出部分是一个 7 位的移位寄存器,最初它包含的比特标号为 1、k、$k-1$、$k-2$、$k-3$、$k-4$ 和 $k-5$。这 7 比特首先参与运算。对 1~45 的报头单元说为 1、45、44、43、42、41 和 40。

(2) 按照八进制数 133(1011011) 表示的比特位置,将相应比特异或产生第一个输出比特。也就是说,将比特 1、$k-1$、$k-4$ 和 $k-5$ 异或,输出结果标记为 T_1。

(3) 按照八进制数 171(1111001) 表示的比特位置,将相应比特异或产生第二个输出比特。也就是说,将比特 1、k、$k-1$、$k-2$ 和 $k-5$ 异或,输出结果标记为 T_2。

(4) 将第二比特移入寄存器并计算下一个编码对。

(5) 重复过程(2)~(4),直到处理完所有比特,这样便将包含 33 比特数据和 12 比特 CRC 校验的 45 比特转换为 90 比特的编码,这个比特流由 T_1、T_2、T_1、T_2 的序列表示。

接收到报头单元时,原来的数据被接收判决。作为解码过程的一部分,可以纠正部分错误。可被纠正的错误数目取决于码距。错误与正确码字的距离越远,得到纠正的可能性越大。

对于数据单元的编码,数据编码的算法码率为 2:3,这就是说,每 2 比特数据产生 3 个编码比特。这个码率是通过丢弃产生的第 4 个比特产生的,这种方法称为带取舍的尾部比特填充分组码,用八进制(163,135)表示,也就是二进制的 1110011 和 1011101。与报头编码过程类似,区别在于丢弃第 4 个比特(T_2 比特)。数据单元编码如图 3-39 所示。

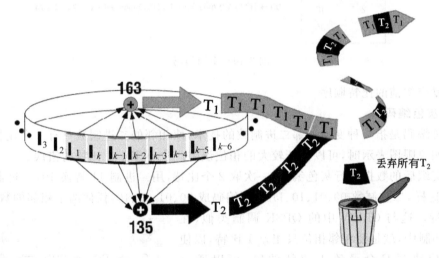

图 3-39 数据单元编码

3. 交织编码

接下来就是将编码数据交织。这个技术通过重新进行比特排序,使邻近的比特在传输中不相邻。交织编码在报头单元和数据单元中使用,而在 EOM 单元中不使用,因为这些比特常常是相同的。

很多与 Link 11 通信有关的问题,如衰落、多径和突发噪声等,都会导致突发错误。因此,SLEW 的编译码函数设计必须考虑能够处理随机错误。在传输前交织编码数据和在接收后解交织可以使突发的信道错误在时间上弥散开,使得比特错误呈现出随机特性,从而在突发噪声信道或周期衰落信道环境下可以使用纠随机错的循环卷积码。

SLEW 中的交织函数如下式所示。

$$y = [(n-1) \times 17] \bmod 90 + 1$$

其中,n 是原来的比特位置,y 是交织后的比特位置,如图 3-40 所示。

在接收端,利用公式:

$$n = [(y-1) \times 53] \bmod 90 + 1$$

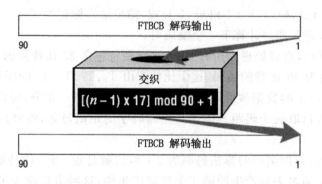

图 3-40 交织编码

即可恢复交织前的比特顺序。

4. 灰色编码

灰色编码是指一种变换相邻二进制数的技术，使相邻的二进制数只有一个比特不同。当使用四象限图表示时，可以保证较大的相位误差产生不多于 1 比特的错误。

对交织后的数据进行灰色编码，一次取 2 个比特，用二进制 11 替换 10，二进制 10 替换 11。这样，二进制数 00、01、10、11 分别编码成 00、01、11、10，任何两个相邻的数仅相差一个比特。这与 CLEW 中的 QPSK 调制类似，在 QPSK 调制中，就是使相邻相位只相差 1 比特，以使一个相位错误只会导致 1 比特的错，可以通过 CLEW 帧的汉明编码校正。

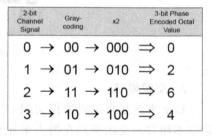

5. 将两比特转换为八进制数

为产生八进制数，一次取两比特二进制数，灰色编码后乘 2，如图 3-41 所示。

6. 八进制数的随机化

图 3-41 将两比特二进制数转换为八进制数

产生传输符号的最后一步是将八进制数随机化为 8 个可能值的一个。在前面乘以 2 之后，八进制的值限定在 0、2、4、6 中的一个。通过与一个伪随机数（可以是 0~7 中的任意一个）异或，将这些值转换为 8 个可能值中的一个。

采用一个移位寄存器产生伪随机数，操作过程如下。

(1) 用十六进制数 BAD 初始化这个特别的移位寄存器，二进制表示为 1011 1010 1101。

(2) 移位 8 次：将 MSB 的值与第 1、4、6 比特异或，结果放到 LSB 中。

(3) 将最低 3 比特加到 QPSK 八进制中。

(4) 160个符号之后,将移位寄存器重设为BAD重新开始。

随机化的技术产生一个长度为160个符号的周期性相位随机图案,用于报头单元、数据单元、EOM单元和RP中,但并不用于前导序列中。换句话说,除了192个传输符号的前导序列外,相位随机化用于所有的传输单元。

3.3.5 单音调制

频率为1800Hz的单音通过移相8个不同的相位完成调制,称为8PSK调制,相移值由八进制的传输符号决定。

符号的输出速率为每秒2400个符号,每个符号的传输时间为1/2400s(0.416667ms)。1800Hz波形的周期为0.55555ms,一个符号的传输时间恰好是3/4个波形周期。

1. 8PSK调制

每个八进制数与8个相位中的一个对应,即0～360°每隔45°一个间隔,如图3-42和图3-43所示。

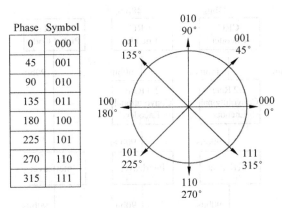

图3-42 8PSK调制

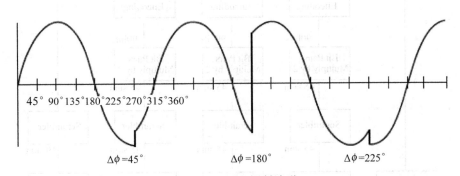

图3-43 8PSK调制波形

2. 信号滤波

因为符号传输时间小于1800Hz载波的一个周期,传输信号的频谱会展宽。因此,在信号传输时必须考虑消除码间串扰(ISI)。同样,接收端的信号也必须滤波,防止ISI。

3. 信号定时关系

192 个符号的前导序列持续 80ms,恰好等于传输 6 个 CLEW 帧的时间：5 个前导帧和一个相位参考帧。

报头单元、数据单元和 EOM 单元的 45 个符号,加上各个单元后面的 19 个符号的重复插入探测序列,总共 26.67ms,恰好是传输两个 CLEW 帧（一个完整的控制码或是 Link 11 M 系列消息）的时间。因此,无论采用哪个波形建立网络连接,都不需要改变 TDS 的接口定时关系。单音 Link 11 的信号定时关系如图 3-44 所示。

符号	发送时长/ms
前导序列	192	80
报头、数据、EOM	45	18.75
重复插入探测序列	19	7.92

图 3-44 单音 Link 11 的信号定时关系

4. 信号传输小结

每种 SLEW 单元都以不同的方式处理,如图 3-45 所示。

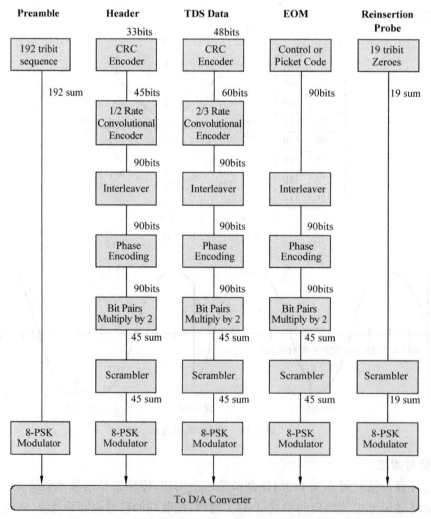

图 3-45 每个 SLEW 传输单元经过不同的传输处理过程

(1) 前导同步序列不做处理。它是一个事先定义好的符号序列。

(2) 报头单元做全部处理：检错码(CRC)、码率为1∶2的纠错码、灰色编码、乘二和随机化处理。

(3) 数据单元做全部处理，纠错编码的码率为2∶3。

(4) EOM单元是由0或1组成的图案，交织和灰色编码不起作用。比特对乘二并随机化。

每个重复插入探测序列都是事先定义好的八进制序列，仅需随机化处理。

3.4 Link 11 网络管理

网络管理是一项关于网络计划、监控和调整任务、功能、参数及入网单元的活动。网络管理的目的在于为执行作战战术提供所需的连通性和吞吐量。因此，网络管理是一项始于网络启动，并一直持续到网络终止的协调性活动。

3.4.1 选择网络控制站

网络控制站(NCS)是Link 11网络的中心控制器，这项功能不需要设置等级或者权力。对任何站而言，必须保持与NCS的连通性。如果一个单元不能识别自己的地址，它将无法传输。如果NCS不能辨认一个单元的起始码，NCS将阻塞这个单元的回应并再发送一个建立请求。

单元间通信的程度称为连通性。理想的连通性是所有单元之间都能准确、完整地交换战术信息。连通性会因设备性能、射频信号的传播特性和通信距离等因素而降低，选择NCS是网络管理中最重要的事情，必须保证所选择的NCS能够与所有的单元较好地保持连通。

装备性能和位置是确定NCS首先要考虑的两个因素。NCS应该有最好的Link 11系统并处于与其他所有单元通信的最佳位置。

1. 装备选择

网络管理员应该了解所有单元的装备情况，注意对TDS有直接影响的故障报告，以及任何表明TDS性能降低的报告。如果将一个性能较差的单元(如接收敏感度较低)指派为NCS，那么这个单元对网络的危害将远远大于其他单元。

例如，性能较差的单元被指定为NCS，它可能接收不到PU对呼叫的有效响应，15帧之后第二次轮询这个PU，这个PU仍然按初始响应工作。由于这个NCS并未收到PU的回应，因此认为没有需要通信的单元。由于选择作为NCS的单元性能较差，因此将严重影响网络的运行。从某种角度上说，天线、耦合、收发信机和DTS的性能决定了系统的传输性能。

2. 位置选择

NCS应该位于一个可以接收网内每个单元射频信号的位置，与所有其他单元保持直接连接。HF水面和空中的通信范围约为300英里，UHF的水面通信范围约为25英里，水面至空中的通信距离可以扩展至150英里。利用一个具有UHF中继能力的平台，可以扩展 UHF 的水面通信范围,如图 3-46 所示。

3.4.2 网络循环时间

对网络循环时间(NCT)的一种度量是: NCS 对所有 PU 完成一次轮询所需的时间,这是网络的 NCT。另一种 NCT 的度量是:PU 获得报告机会的平均时间,这是 PU 的 NCT,由网络中的每个 PU 计算并报告。网络中各个 PU 计算的数值不同,与整个网络的 NCT 也不同。

只有一种情况:一个 PU 计算的 NCT 与其他单元计算的 NCT 一致,即每个单元在一次循环中只被访问一次。但是,如果一个单元在每次

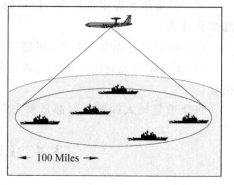

图 3-46 选择 NCS 位置的考虑

循环轮询中被访问两次,它计算出的 NCT 约为其他单元报告的计算值的一半,这将明显小于轮询所有单元所需的实际时间。

影响 NCT 的因素包括

(1) 轮询的 PU 数。
(2) 响应首次呼叫的 PU 数。
(3) 响应第二次呼叫的 PU 数。
(4) 对前两次呼叫都不响应的 PU 数。
(5) 每个 PU 发送的数据量。

为了及时响应命令并保持显示信息的精确性,每个 PU 都应尽可能多地发送信息。NCT 决定了 PU 的发送频率,减小 NCT 将使网中的每个 PU 都拥有更频繁的发送机会。

操作者或网管员只能通过控制网络变量减小 NCT。这些网络变量包括

(1) 轮询的 PU 地址数。
(2) 每一个单元报告的数据量。

影响 NCT 的其他因素包括开销,例如前置码、相位参考帧和控制代码。因为它们管理着网络的功能,所以不能改变。

保证所有 PU 对它们的首次呼叫的响应可以使 NCT 最小化。如果需要,可以从轮询序列中删除不响应初始呼叫的 PU。这样,只需减少 NCS 访问的 PU 数和(或)限制数据交换量,就可以减小 NCT。一个 PU 不需被呼叫也可以接收数据。

同样需要注意的是,每个虚假的 PU(不响应呼叫的 PU)将使链路 NCT 增加 0.6s。如果一个 PU 因为修理或重新配置设备而脱离网络,从轮询序列中清除它的号码,直到它做好重新加入网络的准备。如果一架飞机计划加入链路,在激活它的 PU 号之前需等待至飞机已经起飞,或确定它已处于作战区域。

减少发送数据量的一个方法是让 PU 启动 TDS 的特定的航迹过滤器。另一种方法是,确保消除所有重复航迹标记。

识别和隔离网络异常也可以提高网络效率。需要注意的两个网络异常的典型例子是,由 NCS 超时和扩充的 PU 传输数据造成的网络阻塞。

3.4.3 网络效率

对于一个包含给定 PU 数目的网络,如果每个单元交换的数据量为定值,则存在一个最小的网络循环时间。这个最小 NCT 假设每个 PU 响应对它的首次呼叫,并且可以计算得出。MIL-STD-188-203-1A 标准规定,在高数据率下,接收-发送的转换时间为 1~3 帧。假设转换时间为两帧,图 3-47 显示了开销帧数量的计算。

Callup		Response		NCS Report	
Switching	2	Switching	2	Switching	2
Preambles	5	Preambles	5	Preambles	5
Phase Ref	1	Phase Ref	1	Phase Ref	1
Address Code	2	Start Code	2	Start Code	2
		Crypto	1	Crypto	1
		Stop Code	2	Stop Code	2
				Address Code	2
Totals	10		13		15

图 3-47 开销帧数量的计算

对每个参与轮询的 PU,都有 23 帧的开销。除此之外,每次循环都将有 15 帧用于 NCS 自己的报告(比呼叫多 5 帧)。对 PU 的网络轮询(N)的总开销(O),可用下面的公式表示。

$$O = 23 \times N + 5$$

D 代表每次循环中所有 PU 发送数据帧的总数,即数据交换量,因此传输帧的总数为 $O+D$。数据百分比可以简单表示为

$$\%\text{Data} = [D/(O+D)] \times 100$$

图 3-48 描绘了%Data 与 N 的关系,其中 N 从 1 增至 21,D 值平均为 150 帧。

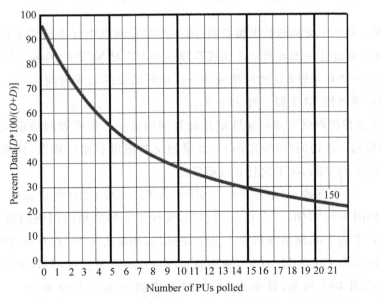

图 3-48 %Data 与 N 的关系

注意，当 PU 数增加时，%Data 减小。这是因为数据在发送的总帧数中所占比例越来越小。相反，PU 数减少，%Data 增加。

在高数据率时，每秒传 75 帧。用总帧数除以 75，便将这一总数转换为 NCT：

$$NCT = (O+D)/75 = (23 \times N + 5 + D)/75$$

通过将不同的 N 和 D 值代入等式，产生的 NCT 分别为 1s、2s……时，可以在同一坐标轴上对每个固定的 NCT 画出 %Data 与 N 的关系曲线，如图 3-49 所示。

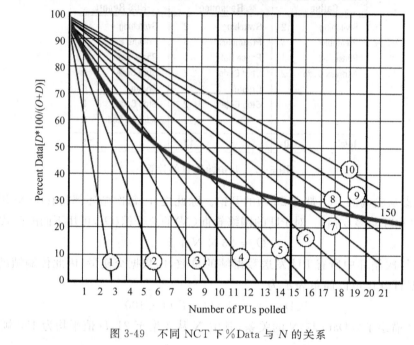

图 3-49 不同 NCT 下 %Data 与 N 的关系

了解网络循环中交换的数据帧总数（或一个给定网络中每次循环交换的平均数），网络管理员可以通过这一图表测定添加或移除一个 PU 对 NCT 的影响。例如，总的数据容量为 150 帧，一个有 6 个 PU 的网络完成一次循环需要的最少时间为 4s。同样容量具有 3 个 PU 的网络可使 NCT 降至略大于 3s。

图 3-47 也使得网络管理员能够定量计算网络效率。将有效网络定义为其中的每一 PU 立即回应每一次访问（两帧之内）。如果报文数据没有比特错误，任何网络的效率都可由最小 NCT 与实际 NCT 之比迅速确定。

%效率 = (最小 NCT/实际 NCT) × 100（无比特错误）

例如，由图 3-49 可知，一个有 10 个 PU，交换 150 帧数据的网络的最小 NCT 为 5s。如果实际 NCT 为 10s，网络就以 50% 的效率运行；如果实际 NCT 为 8s，网络就以 62.5% 的效率运行；如果实际 NCT 为 5s，网络就以 100% 的效率运行，但这并不意味着 %Data 为 100%。由图 3-49 可知，效率为 100% 时对应的 %Data 大约为 40%。一个有 10 个 PU，交换 150 帧数据的网络将剩余 60% 的时间用于开销帧上。

注意,这种效率度量方式与网中的 PU 数无关,也与数据交换量无关,但是它假设数据不含比特错误。

考虑到报文数据中存在比特错误的可能性,网络管理员可以比较最高效网络的%Data 与实际网络的%Data。%Data 的 LMS-11 测量法考虑了比特错误。

$$\%效率=(实际 \%Data/理论 \%Data)\times 100$$

例如,一个轮询 5 个 PU 并交换 150 帧数据的网络的理论%Data 为 55%。当实际%Data 为 45% 时,网络效率约为 82%。

3.4.4 报告余量

图 3-50 显示了 D 取几个不同的值时,%Data 与 PU 个数的关系。固定 PU 个数,比较这些曲线,网络管理员可以考虑当交换的数据量增加或减少时,NCT 将如何变化。例如,如果他现有的网络包含一个 NCS 外加 3 个 PU,并以 100% 的效率交换 100 帧数据,那么他的 NCT 约为 2.5s(在 2s 与 3s 的 NCT 曲线之间)。如果他想将 NCT 维持在 5s 内,则他有 150 帧的报告余量。

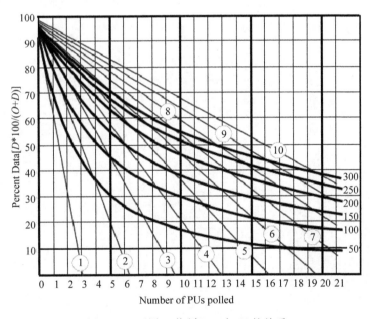

图 3-50 不同 D 值%Data 与 N 的关系

3.4.5 战术

网络管理的目的是为保障战术行动提供必需的网络联通性及吞吐量。网络管理员必须具备把这些战术需求转化为网络操作需求的能力。

规划网络时,网络管理员不但要考虑网内哪些设备单元可以发送数据,还要考虑网内每台设备单元的网络接入频率、有效性需求及所预留的报告资源。例如,网络管理员必须在战场信息的重要性与设备单元数据的间断性传输带来的网络循环周期变长,效率变低之间做出权衡取舍。或者在另一个方面,为了使网络设计简单,中心站可以轮询一个正处理无线电静默状态的设备单元,但同时系统将因提供一次无效的响应机会而付出 0.6s 的代价。网络管理员的工作主要是在给定的情况下,对他可以采取的多种选择做出迅速的权衡分析,并对这些选择所产生的结果及收益进行判断。

第 4 章 Link 16 系统

4.1 概 述

Link 16 是一种新型的战术数据链,北约多军兵种都开始在作战中引入 Link 16。1994 年,美国海军开始在舰艇和飞机部署使用 Link 16。Link 16 并没有明显地改变多年来由 Link 11 和 Link 4 所支撑的战术数据链信息交换的基本概念。相反,Link 16 在数据上和作战使用上改善了现有战术数据链的能力。本章总结将这种新型链路引入战场对数据链能力的改进,你将了解到消息结构的扩展和波形的改进所带来的结果。你还将看到如何将 Link 16 与现有数据链进行比较。假设你对现有 Link 11 和 Link 4A 的使用已有基本的了解。

4.1.1 背景

Link 16 的目的与 Link 11 和 4A 号链相同:在作战部队之间交换实时战术数据。尽管 Link 16 的目标与这些数据链相同,它同时还具有这些数据链所不具有的数据交换能力,系统作了明显的改进,如无核心结点、抗干扰、通信的灵活性、传输与数据安全分离、增加参与者数量、增加数据容量、网络导航特性和保密话音。

Link 16 使用联合战术信息分发系统(JTIDS)。JTIDS 表示 Link 16 的通信单元,包括 2 类终端软件、硬件、射频设备以及所产生的大容量、保密、抗干扰波形。JTIDS 与 Link 16 的关系如图 4-1 所示。北约成员中,JTIDS 对应的术语称为多功能信息分发系统

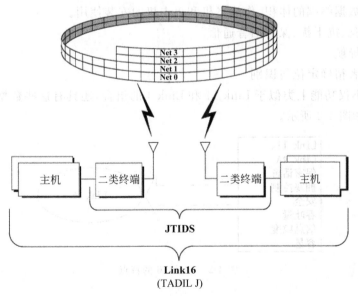

图 4-1 JTIDS 与 Link 16 的关系

(MIDS)。本指南中所有 Link 16 的内容同样适用于美国海军及其他军兵种和北约的作战使用。美国海军计划与所有装备 Link 16 的其他军兵种实现互操作。

在 JTIDS 2 类端机和 J 系列消息标准出现之前,美军的 Link 16 采用 JTIDS 1 类端机和临时消息标准。IJMS 表示 JTIDS 临时消息标准,根据这个早期的临时标准,称之为 1 类端机的早期 TADIL J 端机实现了消息格式化处理。这些 1 类端机主要用于美国空军和北约的 E-3 飞机。它们支持有限的 JTIDS 能力,与 Link 16 并不完全兼容。

美国空军 2 类端机在实现 JTIDS 协议的同时,也实现了 1 类端机的 IJMS 协议。因为它可以实现 IJMS 和 J 系列消息格式的转换,可以支持两种格式。美国海军 2 类端机不支持两种格式,无法处理 IJMS 消息。现在,我们讲的 Link 16,都是指满足 MIL-STD-6016 标准(J 系列消息标准)的战术数据链。

与目前的 Link 11 和 4A 号链相比,使用 JTIDS 的 Link 16 传输性能得到极大的改进。但是,在相当一段时间内,Link 16 并不会完全取代已有的数据链,而是作为一种更好的手段。因为 JTIDS 仅使用 UHF 频段,在没有转发平台的条件下,Link 16 传输仅局限于视距传输。进一步讲,大量装备 Link 11 的平台并不会马上换装 Link 16。可以预见,Link 16 装备以后的至少 20 年,战场上将同时使用 Link 11 和 Link 16。多链互操作问题是数据链组织运用的一个重大课题。

4.1.2 Link 16 的特点

Link 16 包括许多对 Link 11 的改进特性,如

(1) 抗干扰。
(2) 提高安全性。
(3) 提高数据速率(吞吐量)。
(4) 提高信息交互的数量/粒度。
(5) 减小数据终端的体积,作战飞机和攻击机的安装使用。
(6) 数字化、抗干扰、保密话音通信。
(7) 相对导航。
(8) 参与者精确定位与识别。

Link 16 不仅功能上类似于 Link 11 和 Link 4 的组合,还具有这些数据链所不具有的技术和能力,如图 4-2 所示。

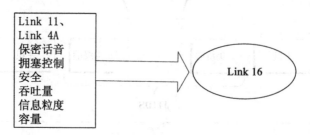

图 4-2 Link 16 的特点

4.1.3 Link 16 与 4A 号链和 Link 11 的比较

Link 16 从功能上讲等价于一个带有话音功能的改进的 Link 11 加上 4A 号链的对空指挥引导。下面从体系结构、能力和数据速率等方面比较这 3 个数据链。

1. 体系结构

Link 11 使用一种轮询协议和网络化体系结构。一个网络是一个有序的会议,其参与者拥有相同的信息需求或类似的功能。网络运行在一个控制器的控制下,控制器控制网络的访问,维护电路秩序。

Link 11 网络通常按照一个称为轮询呼叫的协议运行,当参与单元(PU)被网控站点名时,才能发送其需要报告的数据。发送完毕,参与单元恢复为接收模式,由其他参与单元逐个发送数据,直到所有参与单元至少发送一次数据,一个周期才结束,然后重复下一个周期。轮询所有单元,使其至少有一次机会发送所有需要报告的数据,所需的时间称为网络周期时间。在任何时间,一个参与单元在一个 Link 11 网上要么发送数据,要么接收数据。

4A 号链采用一种"命令-响应"协议和时分复用(TDM)原理在一个频点上实现多路复用,如图 4-3 所示。对于点对点通信,它为每个信道设备指定一系列离散的时间间隔。这样,一个控制器可以在相同的频点上独立控制多个飞机。任意时刻,一个 4A 号数据链单元在一个点到点电路上处于发送、接收和空闲状态之一。

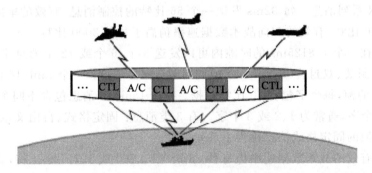

图 4-3 4A 号链采用的"命令-响应"协议

Link 16 采用时分多址(TDMA)原理,这是 JTIDS 端机的基本功能。TDMA 体系结构采用时间交错实现多个同时运行的通信网。所有 JTIDS 单元(JU)预先分配了一组发送数据和接收其他单元数据的时隙。每个时隙长度为 $1/128$s 或 7.8125ms。

为了提高频率资源的使用效率,Link 16 采用了"栈"网的网络架构设计,即在同一时隙,在不同的网内以不同的频率发送数据,从而以频分的方式实现了多网及时隙资源的冗余使用。JTIDS 有 51 个可用频率。在一个时隙内,频率不是保持不变,而是根据预先设置的伪随机数快速变化(每 $13\mu s$ 更换一次),称之为跳频技术。每个网分配一个编号,确定一个特定的跳频图案。有 128 个可用编号,编号 127 保留用于说明层叠网配置。在任意时隙,一个单元可以在 127 个可能的网络中发送或接收。JTIDS 单元根据端机初始化时注入的指令,在预先指定的时间和网络上自动发送和接收数据,如图 4-4 所示。

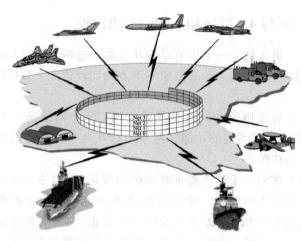

图 4-4　JTIDS 的 TDMA 网络

2. 数据交换

Link 11 的数据划分为 24 比特的帧，2 帧构成一个 Link 11 消息。用于 Link 11 交换信息的消息称为 M 系列消息。在快速数据模式下，每 13.33ms 传输 24 比特数据，即每秒 75 帧，或 1800 比特。通常人们认为是每秒 2250 比特，包括每帧 6 比特用于检错和纠错。

4A 号链消息交换划分为控制消息和飞机应答消息。控制消息为 V 系列消息，飞机应答消息为 R 系列消息。每 32ms 发送一个 56 比特的控制消息，有效的单向战术数据速率为每秒 1750 比特，有效的双向战术数据速率稍高于每秒 3000 比特。

Link 16 在一个 7.8125ms 的时隙内可以发送 3 个、6 个或 12 个消息字，取决于其封装方式：标准封装、双封装(Packed-2) 或四封装(Packed-4)。一个 Link 16 消息字类似于一个 Link 11 的帧，每个字包含 70 比特数据。一个 Link 16 消息包含不同个数的字，甚至可以大于 40 个字，通常为 1、2 或 3 字。有 3 类消息：固定格式、自由文电和可变格式。Link 16 上交换的固定格式消息称为 J 系列消息。

Link 16 有效的战术数据速率为每秒 26 880、53 760 或 107 520 比特，具体取决于数据封装方式，美国海军一般不使用四封装结构。通常认为的数据速率为每秒 28 800、57 600 或 115 200 比特，这包括了每个字 5 比特的校验位。如果考虑 Reed-Solomon 纠错码的附加比特，速率应该为每秒 59 520、119 040 和 238 080 比特。

从技术上讲，所有这些速率都是对的，比较不同数据链的速率应该是战术信息的交换速率。对于 Link 16，这取决于数据是否编码和采用什么封装方式。在标准封装下，每个时隙未编码的信息为 450 比特；双封装下为 900 比特；四封装下为 1800 比特。相同的时隙，如果带 Reed-Solomon 编码，标准封装下，战术信息为 210 比特；双封芯封装下为 420 比特；四封芯封装下为 840 比特。每时隙战术信息比特数乘以每秒时隙个数就可以得到平均数据速率。

由于 JTIDS 增加了数据速率，与 Link 11 相比，在相同的时间内 Link 16 可以传输更多的数据。基于此，Link 16 J 系列消息标准的设计者在 J 系列数据元素中增加了很多目前 Link 11 无法交换的数据元素，J 系列消息报告的战术信息是 Link 11 的 2～3 倍。然而,作战需要的 Link 16 的数据和美国海军平台目前实现的,估计仅比目前实现的 Link 11 的数据多 50%。

对于双封装,每 1/128s 传输 420 数据比特(6 个 70 比特消息字),可得每秒接近 54kb/s 的战术数据速率。但是,该速率是瞬时速率。采用多网技术,还可以进一步增加 JTIDS 的网络容量。统计分析表明,可以配置接近 20 个不同的网络,而不会相互干扰。此外,还可以在相同的时隙同时发送,接收端只处理第一个接收到的发送信号(最近单元发送的信号)。

与 Link 11 相比,Link 16 实际战术数据交换速率的提高程度并不像简单的对比那样多。有多种原因。首先,每个网络都要拿出一部分时隙用于 Link 11 不具备的功能,如对空指挥引导和话音。其次,为了满足中继的需要,分配给战术数据的时隙个数需要增加 1 倍。再者,并非所有分配到的时隙总是在使用。最后,为了支持必须发送的数据,端机自动调整消息封装的密度。无须感到意外,对于全网单跳转发的 Link 16 网络和美国海军通常使用的双封装结构,Link 16 的战术信息交换速率大概也就是 Link 11 的 4 倍。

有时也需要按照每秒比特数估计 Link 16 的系统容量。粗略估计,按照每秒实际使用的时隙个数(最大 128)乘以每个时隙发送的比特数(225 或 450),再乘以运行的网络个数。更实际的考虑,以上用的数据还应该考虑到容量减小的因素,如数据的转发、封装结构的变化、未用的时隙,有时某些时隙还可能只分配给单个网络。

目前还在继续研究增加容量的技术,如数据压缩,以及尽可能利用四封装结构。但是,不管估计的系统容量有多大,单个端机的吞吐量最大也就是每秒钟 128 个时隙都发送。

4.1.4 JTIDS 体系结构的特点

Link 16 通信性能的改善主要是由于 JTIDS 独特的体系结构。

1. 无中心节点

中心节点是指为维护通信必须的一个单元,如 Link 11 的网控站(NCS)就是一个中心节点,若网控站瘫痪,链路就瘫痪。而 Link 16 没有中心节点,时隙预先分配给每个参与者,无论每个参与者是否真正参与,都不会影响链路的正常工作。Link 16 中与中心节点最类似的是网络时间基准(NTR)。网络的启动和新入网单元的同步与入网确实离不开网络时间基准,但网络建立以后,即使没有网络时间基准,也可以保持运行数小时。

2. 安全性

加密包括对消息的加密和传输加密。消息加密使用 KGV-8 保密机,按照为消息加密(MSEC)指定的密码参数实施加解密。传输保护(TSEC)由另外的密码参数保证,包括控制 JTIDS 的传输波形。JTIDS 传输波形的一个重要特性是跳频,而跳频图案由网号和传输保护的密码参数确定。这种瞬时改变载频扩展了信号的频谱,使得其难以检测和干扰。传输保护的密码参数还用于确定信号中的跳时时间长短和一个预先确定的伪随机噪声图案,在信号发送前,先与该伪随机噪声混合。Link 16 消息和传输加密见表 4-1。

3. 网络参与群

一个网络的 JTIDS 时隙可以分配给一个或多个网络参与群(NPG)。一个网络参与群由其功能定义,也可以说是由其传输的消息类型所确定。美国海军使用的网络参与群包括

(1) 监视。

(2) 电子战。

(3) 网络管理。

(4) 武器协同。

(5) 对空指挥引导。

(6) 战斗机对战斗机。

(7) 保密话音。

(8) 精确参与者定位与识别(PPLI)及状态。

表 4-1 Link 16 消息和传输加密

密码参数	安全保护
MSEC	消息数据加密
TSEC	JTIDS 波形加密 a) 跳时 b) 伪随机噪声 c) 跳频图案

这样将网络划分成功能组,各 JTIDS 单元仅参与与其功能相关的参与群。可以想象,在大多数作战中,美国海军的指挥控制单元(如舰艇、E-2C 等)将加入除"战斗机对战斗机"以外的其他所有参与群。

4. 层叠网

只要为每个网络分配不同的跳频图案,相同的时隙就可以分配给多个网络。跳频图案由传输保护的密码参数和网号确定。具有相同的传输保护密码参数和消息加密密码参数的一组网络称为层叠网。

每个时隙,各单元可以在某个网上发送或接收数据。为了使用层叠网结构,各个网的参与者必须相互隔离。层叠网十分有利于对飞机指挥引导,各个控制单元独立指挥引导各自的飞机,如图 4-5 所示。层叠网也可以用于话音通信,对于 2 个话音参与群,每个都可以提供最大 127 个话音电路。

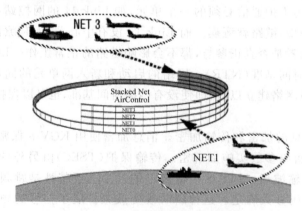

图 4-5 层叠网结构与对空指挥引导

4.1.5 新能力小结

Link 16 的 J 系列消息战术信息报告能力是 Link 11 M 消息的 2～3 倍,增大了消息的某些字段,提高了报告数据的精度,还定义了一些新的功能。主要改进或变化的领域包括

(1) 编址。
(2) 航迹号。
(3) 航迹质量。
(4) 航迹标识。
(5) 友方状态。
(6) 增加测量的粒度。
(7) 线和区域。
(8) 地理坐标定位。
(9) 相对导航。
(10) 电子战。
(11) 陆地点和航迹。

1. 编址

对每个参与者(或称 JTIDS 单元)都分配了一个唯一的地址。在 Link 16,每个单元的地址为 5 位八进制数(15 比特),表示范围为 00001～77777,而 Link 11 单元的地址只有 3 位八进制数(7 比特),最大只有 177。为了保证多链通信,指挥控制单元地址只能分配 00001～00177。Link 16 的地址 00001～00177 等价于 Link 11 的地址 001～177。这个范围内的地址只能分配给一个单元,即 Link 11 单元或 Link 16 单元。Link 16 的非指挥控制单元(如战斗机),只能使用 00200～77776,地址 77777 用于唯一标识 Link 16 的管理者。

2. 航迹号

Link 16 的航迹号采用 19 比特编码,理论上可以表示 $2^{19}=54\,288$ 个航迹。实际使用中,00000、00077、00177 和 07777 这 4 个航迹号不能用于目标编号。其中,航迹号 00000 保留作为无报告;航迹号 00177 表示团体地址,不能用于单个单元的地址;00077 和 07777 为非法航迹号。因此,实际使用中最多可标识 524 284 个航迹。

Link 16 的 19 比特的航迹号采用 5 位字母/数字表示,可表示为 AADDD。其中,D 为 3 比特数字,范围为 0～7;A 为字母或数字,用 5 比特表示,表示范围为 0～7 或 A～Z(不包括 I、O)。在战术终端显示上,I 和 O 容易与数字 1 和 0 混淆,因此在航迹标识上不使用 I 和 O。这样,8 个数字加上 24 个字母,共计 32 个字母/数字,正好用 5 比特表示。Link 16 的航迹号范围为 00001～77777 或者 0A000～ZZ777。Link 11 为 4 位数字,其航迹号范围为 0001～7777,最多可标识 4092 个航迹。Link 11 采用航迹池模式使用航迹号,就是多个 Link 11 单元可以共享一些公共的航迹号(航迹池),但 Link 16 的 TDMA 体系架构无法实现将一些航迹号放在一个池子里,不能像 Link 11 那样采用航迹池模式。所以,Link 16 需要更大的航迹编号空间,便于为每个 Link 16 单元永久或半永久地分配

合适的航迹号段。

为了便于航迹号的分配,不区分 Link 11 的航迹号 0200~7777 和 Link 16 的航迹号/地址 00200~07777。例如,0200 和 00200 是相同的航迹号,不能同时指定为不同的航迹,也不能将其同时指定为 Link 11 的航迹和 Link 16 的单元(平台编识号)。

3. 航迹质量

Link 16 使用航迹质量(TQ)值的范围为 0~15,每个航迹质量值定义为特定的位置精度范围,最高航迹质量值要求高于 50 英尺(1 英尺=0.3048 米)的精度。Link 11 最高的航迹质量值为 7,质量为 7 的航迹精度可能低于 3 海里。

4. 航迹标识

Link 16 的航迹标识(ID)报告能力大大扩展,其报告的航迹带有详细的标识,包括平台、是否活跃、特定的类型和国籍,另外增加了"中立"标识,"未知假想敌"改为"可疑方"。Link 11 航迹标识只有 3 个字段:标识、基本说明和身份说明。

5. 友方状态

Link 16 可以更详细地报告友方飞机状态,包括下列 Link 11 没有的内容:装备状态、准确的弹药清单、雷达和导弹通道、可用燃料、武器能力、到达站点的估计到达时间(ETA)和估计离开站点的时间(ETD)。在 Link 16,一个单元还可以报告其特定的舰载导弹,如 SM-2(ER)、战斧 TLAM C 等。

6. 增加测量的粒度

粒度是对数据链中报告的数据项的精确程度的一种度量。Link 16 在粒度方面的主要改进包括航迹位置、空中航迹速度、高度和方位等方面。

7. 线和区域

Link 16 消息可以报告多线段折线及各种不同大小和形状的区域,如图 4-6 所示。而 Link 11 无法报告多线段,它的区域也只局限于有限大小的圆形、椭圆形、正方形或长方形。

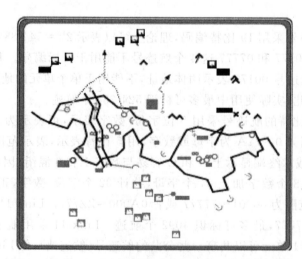

图 4-6 Link 16 可以报告各种形状和大小的走廊和区域

8. 地理坐标定位

Link 16 消息使用纬度、经度和高度实现三维地理坐标系，在显示器和数据库许可的范围内，它可以报告世界范围内的任何位置，如图 4-7 所示。Link 11 使用笛卡儿坐标系，仅局限于报告距离报告单元有限范围内的航迹。

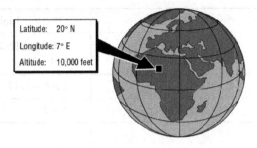

图 4-7 Link 16 采用三维地理坐标报告目标位置

9. 相对导航

相对导航（RELNAV）是 JTIDS 端机的一种自动的功能，它测量发送信号的到达时间并且把它们和所报告的位置相关联，用于确定平台间的距离，该信息也用于网络中的端机维持同步。自动相对导航在所有的 JTIDS 端机上连续不断地工作，提供的信息使得网络中的端机保持同步。可以使用相对导航数据提高一个单元的定位精度。并且，如果两个或多个单元有精确的、独立的地理位置数据，相对导航就能为网络中的所有单元确定精确的地理位置。这样，所有单元就都可以连续地维护其他单元的精确地理位置了。

而 Link 11 位置不是地理位置，每个单元报告自己相对于预定原点（数据链基准点 DLRP）的位置。在 Link 11 上维护位置主要依靠正确接收报告单元相对于 DLRP 的位置。

10. 电子战

Link 16 可以交换更多的电子战（EW）参数信息并实施更大范围的电子战控制。电子战单元在自己的网络参与群上交换参数数据和命令，并且在监视网络参与群上交换电子战产品信息。

11. 陆地点和航迹

Link 16 消息增加了目前 Link 11 没有的陆地航迹类型。在 Link 11 上报告的一些特殊点在 Link 16 上作为陆地点报告，而其他的则作为参考点报告。陆地点用来描述物理实体，如坦克或建筑物，而参考点用于理论模型，如航路点或航站，如图 4-8 所示。陆地航迹就是移动的陆地点。

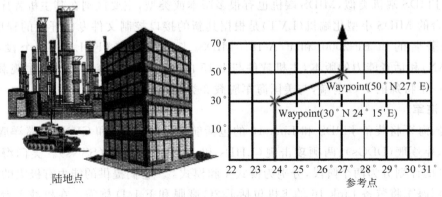

图 4-8 Link 16 的陆地点和参考点

表 4-2 是 Link 16 与 Link 11 信息交换的比较。

表 4-2　Link 16 与 Link 11 信息交换的比较

数据链	Link 11	Link 16
地址空间	3 位八进制（7 比特） 001～176	5 位八进制（15 比特） 00001～77777
航迹编号	0200～7777	00200～ZZ777
航迹质量等级	0～7	0～15
航迹识别	身份 基本说明 身份说明	身份 平台 指定类型 是否活跃 国籍
状态信息	有限的	详细的
位置粒度	500 码	32 英尺
空中速度粒度	28dmh	2dmh
线和区域	否	是
地位范围	512 海里×512 海里	世界范围
相对导航	有限的	详细的
电子战	有限的	详细的

4.1.6　美军装备计划

与装备 Link 11 和 4A 号链的平台相比，Link 16 将装备到更多的平台。

已经开发了多种类型的 JTIDS 端机，主要区别是主机接口和协议。1999 年以后，新安装的 Link 16 都采用 MIDS 端机，它是在 2 类端机基础上进一步减小尺寸和降低成本，能够与 JTIDS 的保密波形互操作。

与 JTIDS 端机类似，MIDS 端机也有很多版本或类型，主要区别在其主机程序。用于北约平台的 MIDS 小型化端机（LVT）是根据其新的接口控制文件专门开发的程序，这些平台最著名的如 EF-2000 和 F/A-18。MIDS/飞机数据链（FDL）是一个没有塔康（TACAN）和话音能力的版本，主机软件与 F-15 的 2 类端机兼容。美国海军舰载 MIDS 端机有一个特殊的 I/O 前端，与美国海军舰载 2 类端机的主机兼容。

1. 海军

美国海军将装备 JTIDS 和 Link 16 的包括航空母舰（CVs 和 CVNS）、巡洋舰（CGs、CGNs）、驱逐舰（DDGs）、两栖攻击舰（LHDs 和 LHAs）和潜艇（SSNs）。美国海军舰载 Link 16 的计划分为两个阶段，分别为模式 4 和模式 5。它们提供的能力有极大的差别。

美国海军将装备 Link 16 的飞机包括 E-2C 鹰眼和 F-14D 雄猫。在机载平台上加装 Link 16 要加装 JTIDS 2 类端机，还要升级任务计算机的软件。因为该软件升级需要支持

J 系列消息标准提供的全部功能,因此它作为模式 5 加装所有飞机。

在 F/A-18 大黄蜂上的 Link 16 功能将由 MIDS 端机提供。其他平台,如 EA-6B 和 EP-3B 飞机,也在考虑加装 Link 16,但还没有明确的计划。

2. 海军陆战队

美国海军陆战队采用 AN/URC-107(V)9 2 类端机加装大功率放大器组(HPAG),支持战术对空指挥中心(TACC)、战术对空作战中心(TAOC)和防控通信平台(ADCP)。主机与端机之间的接口为 MIL-STD-1553。TACC 和 TAOC 的 JTIDS 接口安装在 AN/TYQ-82 机箱上,机箱内置了 2 类端机。海军陆战队的 F/A-18 C/D 飞机将安装 MIDS 端机。

3. 陆军

美国陆军使用 JTIDS 2M 类端机(2 类端机的改进型)。该端机的重量小于 88 磅(1 磅=0.4536 千克),是由 GEC-马可尼公司生产的。它是专门为陆军地面作战而设计的,用户速率低于 8kb/s,在非干扰环境下要求连通性为 85%,在干扰环境下要求连通性为 70%。

运行作战软件的处理机为摩托罗拉 29MHz 的 68030 CPU,并带有一个由 Rockwell-Collins 公司生产的通用信号处理器和接收机/发射机用的接收机/合成器模块。美国陆军 JTIDS 2M 类端机到主机的接口不是 MIL-STD-1553 总线,而是一个 CCITT X.25 接口的变种,该接口被称为 PLRS JTIDS 混合接口。

4. 空军

美国空军模块化指挥引导单元(MCE)和 E-3A 飞机中采用带有大功率放大器组(HPAG)的 2 类端机,安装在 F-15 上的端机不使用大功率放大器组。E-3A 飞机上的主机和端机之间的接口是波音专用的串行数据总线,而不是 MIL-STD-1553 接口。

4.2 消息与接口

在 Link 16 战术系统间完成信息交换涉及一些处理器。本章解释这些处理器间的数据流,总结数据流传送遵循的标准。如果您对如何从战术系统计算机获得数据,到实际在网络上传送信息的处理器整个流程的具体细节不感兴趣,那么可以跳过本节,只知道这个过程涉及了多个步骤,需要一些中间计算机即可。

4.2.1 概述

在战术系统之间,通过 Link 16 交换的信息由 J 系列消息格式定义;舰艇上 TDS 和 C2P 之间的专用接口由 N 系列消息格式定义;C2P 或机载任务计算机与 1553B MUX 总线上的 JTIDS 端机间的接口,由终端输入消息(TIMs)与终端输出消息(TOMs)定义。端机中接口单元(IU)部件上运行的用户接口控制程序(SICP)用于接收终端输入消息和终端输出消息数据。

端机内部还有一些其他处理器,包括数字数据处理器(DDP)和明文处理器(PTP)。端机内这些处理器之间的信息传输通过共享的全局存储器实现。运行于接口单元的

SICP 和运行于 DDP 的网络接口控制程序(NICP)之间的数据交换是由数据传送块(DTBs)定义的。NICP 与 PTP 间的信息交换通过全局存储器中的内部控制字(Housekeeping Words)实现,如图 4-9 所示。

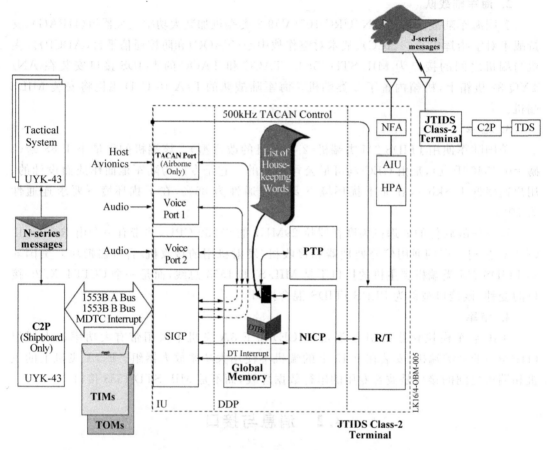

图 4-9 JTIDS 系统各组件间各接口的信息交换

4.2.2 N 系列消息

模式 4 的 C2P 从战术系统输入的信息是 Link 11 消息格式和 4A 号链消息格式,C2P 把这些消息中的数据重新格式化,生成 Link 16 的 J 系列消息,其信息处理能力和数据精度受现有的 Link 11 及 4A 号链消息格式限制。

而模式 5 的战术数据系统(TDS)与模式 5 的 C2P 之间的 N 系列消息交换包含的是规范化战术数据,与最终传输或接收数据的具体链路无关。因而,模式 5 的配置是 Link 16 的全面、完整的实现。

采用规范化消息完整实现的 Link 16,提高了航迹的位置、空中航迹速度、高度和方位的粒度。具体有如下方面的改进。

(1)全球任何地方的地理位置报告。

(2)扩展的电子战参数数据和更大范围的控制。

(3) 报告直线及各种大小和形状的区域。

(4) 对友军飞机状态更为详细的报告,包括装备状态、准确的弹药清单、雷达和导弹通道、可用燃料、武器能力、估计到达站点的时间(ETA)和估计离开站点的时间(ETD)。

4.2.3 J 系列消息

和其他战术数据链一样,Link 16 以特殊的格式化消息传递信息。消息格式由一些字段集组成,每一字段由规定数量的比特组成,这些比特按照预先定义的模式编码传送特定的信息。Link 16 参与单元在 Link 16 上交换的消息为 J 系列消息。

J 系列消息格式采用消息标识与子标识区分每个消息格式。消息中 5 比特的标识定义了 32 种不同格式,3 比特的子标识又可以将每个格式最多分为 8 种子类。这样,由标识与子标识可以定义 256 种消息格式。在这种消息系列中,有一些消息类似于 M 系列消息,用于报告友军状态、监视、电子战及武器部署。还有一些消息类似于 V 系列和 R 系列消息,用于对空指挥引导。

J 系列消息的编号为 J$n.m$,其中 n 是消息的标识字段值($0 \leqslant n \leqslant 31$),$m$ 是消息的子标识字段值($0 \leqslant m \leqslant 7$)。每条 J$n.m$ 消息对应不同的功能。例如,J3.2 表示空中航迹消息。J 系列消息格式见表 4-3。

表 4-3 J 系列消息格式

序号	n	m	消息名称	用 途
1	0—网络管理	0	初始入网	用于发送入网信息,通常由 NTR 发送
2		1	测试	用于端机测试和性能评估
3		2	网络时间更新	用于将系统时调整到标准时
4		3	时隙分配	用于为端机动态地分配时隙
5		4	无线中继控制	用于分配或取消分配给一个 JTIDS 端机的配对时隙无线中继功能,并控制中继功能参数
6		5	再传播中继	用于请求所有接收到消息的 JU 中继与 J0.5 消息在同一个时隙的消息
7		6	通信控制	用于启动和终止指定的发送,以及控制通信和请求网络管理操作
8		7	时隙再分配	为 JU 提供从时隙共享池中请求占用时隙的百分数,并发布其他 JU 的请求
9	1—网络管理	0	连通性查询	用于询问被寻址 JU 的直接或间接连通性,以支持路由的建立,主要用于地面至地面的通信
10		1	连通性状态	用于发布源 JU 的直接或多级连接
11		2	路由建立	用于为中继端/目的端建立一条路由
12		3	确认	用于参与地对地通信的 JU 应答要求机器应答/执行的消息

续表

序号	n	m	消息名称	用途
13	1—网络管理	4	通信状态	用于JU报告它的直接通信者到其他直接通信者和到指定网络控制站之间的连接质量
14		5	网络控制初始化	为端机提供一组所需的初始化参数,使其能有效地参与一个已经建立的在动态网络管理器控制下的网络
15		6	需求链路参与群分配	用于指定的网控站,为一个被寻址的JU分配与PG号相关的目的端地址(目的端平台编识号),以形成需求链路的参与群
16	2—精确定位与识别(PPLI)	0	间接接口单元	当从Link 11转发网络参与状态、识别位置信息时,用于向Link 16上的参与单元/报告单元提供信息
17		2	空中平台	用于在JTIDS网络提供所有空中JU的信息。空中JU提供网络参与状态、识别、位置信息和相对导航信息
18		3	水面平台	用于在JTIDS网络提供所有水面JU的信息。水面JU提供网络参与状态、识别、位置信息和相对导航信息
19		4	水下平台	用于在JTIDS网络提供所有水下JU的信息。水下JU提供网络参与状态、识别、位置信息和相对导航信息
20		5	地面点	用于在JTIDS网络提供所有陆地固定点/航迹JU的信息。陆地固定点JU提供网络参与状态、识别、位置信息和相对导航信息
21		6	地面航迹	用于在JTIDS网络提供所有陆地机动JU的信息。陆地机动JU提供网络参与状态、识别、位置信息和相对导航信息
22	3—监视	0	参考点	用于交换地理参考的战术信息
23		1	紧急点	用于提供需要搜索和营救的紧急事件的位置和类型
24		2	空中航迹	用于交换空中航迹信息
25		3	水面航迹	用于交换水面航迹信息
26		4	水下航迹	用于交换水下航迹信息
27		5	地面点/航迹	用于交换陆地固定点/航迹的战术监视信息
28		6	空间航迹	用于交换空间和战术导弹航迹
29		7	电子战产品	用于交换根据电磁源得出的战术信息

续表

序号	n	m	消息名称	用途
30	5—反潜战	4	声音方位/范围	用于报告水下声回波的方位和距离
31	6—情报	0	补充消息	用于交换补充信息,包括威胁信息。补充信息主要指本地推断的信息
32		0	航迹管理	用于发送对链路报告的航迹实施管理所需的信息。管理命令包括丢弃航迹、报告环境类别和目标属性冲突、变更环境类别和目标属性、变更警报状态以及变更目标强度
33		1	数据更新请求	用于请求参与链路的单元本地产生的战术信息
34		2	相关性	用于解决多名问题,并确定被保留的目标编识号和被丢弃的目标编识号
35		3	指示器	用于向所寻址的单元发送地理位置信息。用于发送不是航迹的地理点坐标,并用文本方式说明相关属性
36	7—信息管理	4	航迹标识符	用于发送与某航迹号对应的特殊标识号,主要用于不同数据链(如 Link 1、ATDL 1、Link 11 与 Link 16 等)之间的航迹关联
37		5	敌我识别/选择识别特征管理	用于发送 IFF/SIF 信息或一个参考航迹的特殊编码。通过节点之间交互、清除或更新 IFF/SIF 数据,可以获得最新的信息
38		6	过滤器管理	用于报告过滤器定义、过滤器描述和过滤器删除。过滤器定义报告描述了过滤器实现所需的参数;过滤器描述报告指出了一个系统当前执行的过滤器参数;过滤器删除报告请求取消当前执行的过滤器
39		7	关联	当自动或人工判别两个或多个航迹号存在关联关系时发送本消息。若关联关系不存在时,应该终止关联。关联不是相关,是指两个航迹号存在一定的关系,如导弹航迹与导弹发射架、电子战支援数据来源的航迹号等
40	8—信息管理	0	单元标识符	用于在终端参与群分配时,网控站向一个终端发送与特定航迹号关联的单元标识符,也可用于向网控站报告终端的标识符
41		1	任务相关改变	用于增加、删除或改变一架指定的飞机或飞机的飞行行动的任务相关器

续表

序号	n	m	消息名称	用途
42	9—武器协调与管理	0	指挥	用于传输威胁报警条件、警报状态和武器调整命令,引导武器系统进行防空/空中支援作战和反潜作战
43		1	交战协调	提供两个或多个单元协同作战的手段,从而更有效地引导交战,降低资源浪费概率
44		2	交战状态	提供指定的航迹号与目标航迹号的交战状态
45		3	交接	用于指挥引导单元之间交接对飞机和远程引导飞行器/导弹的指挥引导权
46	10—武器协调与管理	5	控制单元报告	用于识别正在控制航迹的 Link 16 单元,并提供任务相关器和/或话音呼叫信号(如果有话音)
47		6	配对	用于指示一个友方航迹和另外一个航迹或固定点之间的一个配对关系(不是交战状态)
48		0	任务分配	指挥控制单元用来分配任务、指定目标,并向非指挥控制单元的平台提供目标信息。规定非指挥控制单元必须采用应答/执行行为确认该消息
49		1	无线电引导	控制单元用来专门向在网中运行的空中单元传输无线电引导信息和具体的无线电引导值。提供空中目标拦截、导航和空中交通管制的引导向量
50		2	精确飞机航向	控制单元用于完成需要精确控制任务飞机位置的作战行动,如地面引导的武器投放、自动着舰、空中运输投放和遥控飞行器
51	12—指挥引导	3	飞行航线	控制单元用来向空中单元提供多边飞行路径信息
52		4	控制单元变更	在把一架飞机交接到新的控制机构之前,向该飞机提供新的控制机构信息;战术飞机也可使用该消息启动与一个新的控制单元的控制过程,或在响应控制单元变更指令时,影响控制单元的变更;指挥控制单元也可以使用该消息启动对飞机的控制
53		5	目标/航迹相关	正在实施控制的指挥控制单元用来: ① 将一个目标和一个航迹进行相关; ② 解除一个目标和一个航迹的相关; ③ 将多个目标和一个航迹进行相关

续表

序号	n	m	消息名称	用途
54	12—指挥引导	6	目标分类	① 在非指挥控制单元之间交换目标和跟踪信息； ② 向指挥控制单元或在非指挥控制单元之间传送传感器数据； ③ 在非指挥控制单元之间，或从非指挥控制单元向指挥控制单元传送非指挥控制单元的交战状态； ④ 在非指挥控制单元之间实施控制
55		7	目标方位	非指挥控制单元使用极坐标交换目标报告，包括距离、方位、仰角、速率和误差数据
56	13—平台/系统状态	0	飞机场的状态	用于报告机场、跑道、机场设施和航母飞行甲板的工作状态
57		2	空中平台和系统状态	报告空中平台的当前状态，包括载弹量、燃油、工作状态和平台系统的状态
58		3	水面平台和系统状态	报告水面平台的当前状态，包括载弹量、工作状态和平台系统的状态
59		4	水下平台和系统状态	报告水下平台的当前状态，包括工作状态和平台系统的状态
60		5	地面平台和系统状态	报告陆地平台的当前武器和装备状态
61	14—控制	0	参量信息	交换电磁辐射源的参量信息
62		2	电子战控制/协调	用于电子战参与者之间协调电子战行动
63	15—威胁告警	0	威胁告警	向被跟踪的友方平台提供威胁告警，包括威胁类型、威胁态势、位置/相对位置、高度和速度
64	17—其他信息	0	目标位置的气象条件	提供当前目标区域的气象条件
65	28—使用国家	0	美国陆军	用途在相应的美国陆军文件中规定
66		1	美国海军	用途在相应的美国海军文件中规定
67		2	美国空军	用途在相应的美国空军文件中规定
68		3	美国海军陆战队	用途在相应的美国海军陆战队文件中规定
69		4	法国1	用途在相应的法国文件中规定
70		5	法国2	用途在相应的法国文件中规定
71		6	美国国家安全局	用途在相应的美国国家安全局文件中规定
72		7	英国1	用途在相应的英国文件中规定
73		20	文电消息	提供通过数据链传送字符数字文电的手段

续表

序号	n	m	消息名称	用途
74	29—使用国家	1	英国2	用途在相应的英国文件中规定
75		3	西班牙1	用途在相应的西班牙文件中规定
76		4	西班牙2	用途在相应的西班牙文件中规定
77		5	加拿大	用途在相应的加拿大文件中规定
78		7	澳大利亚	用途在相应的澳大利亚文件中规定
79	30—使用国家	0	德国1	用途在相应的德国文件中规定
80		1	德国2	用途在相应的德国文件中规定
81		2	意大利1	用途在相应的意大利文件中规定
82		3	意大利2	用途在相应的意大利文件中规定
83		4	意大利3	用途在相应的意大利文件中规定
84		5	法国陆军	用途在相应的法国文件中规定
85		6	法国空军	用途在相应的法国文件中规定
86		7	法国海军	用途在相应的法国文件中规定
87	31—其他	0	空中密钥更换管理	为了KGV-8空中密钥更换,交换密网管理信息
88		1	空中密钥更换	用来发送新的加密变量
89		7	无报告	当发送的消息不需要全部数量的RS码字时,发射时隙的剩余部分用该消息填充
90	RTT—往返计时	0	RTT寻址询问	用于JTIDS端机使用主动同步过程实现与系统时间同步。向一个指定端机询问,指定端机用RTT应答消息响应
91		1	RTT广播询问	用于JTIDS端机使用主动同步过程实现与系统时间同步。RTT-B不寻址具体的端机,任何满足指定时间质量等级要求的端机都用RTT应答消息响应
92		2	RTT应答	用于支持JTIDS端机的主动同步过程,在响应RTT-A或RTT-B询问时,提供到达时间(TOA)数据

在舰载系统中,C2P从战术系统接收N系列消息的规范化数据,产生J系列消息。在机载系统中没有C2P,任务计算机直接处理J系列消息。C2P还具有另一种功能,在Link 11与Link 16间转发数据,如图4-10所示。

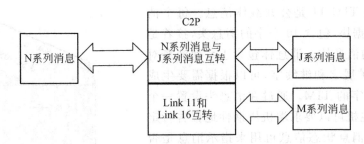

图 4-10 基于 C2P 的消息格式转换

4.2.4 端机输入消息

端机输入消息(TIMs)通过 MIL-STD-1533B 数据复用总线从主机发送到端机接口单元(IU),如图 4-11 所示。在机载平台上,任务计算机作为主机;在舰载平台上,C2P 是主机。主机作为总线控制器,发出命令控制数据传送。

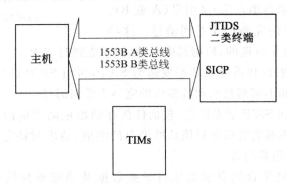

- 初始化数据块
- 公共载体消息
- J 系列目标数据
- 平台状态
- 外部时钟参考

图 4-11 主机通过 TIM 给 JTIDS 端机 IU 发送信息

已经定义了 30 种端机输入消息(TIM),用以主机向接口单元上运行的 SICP 发送数据。除了战术计算机或任务计算机发出的数据,TIM 还包含命令字与状态字。命令字由总线控制器发出,状态字由接口单元发出,用于响应命令字。

主机可以在任何时候向接口单元发送 TIM,但主机也对 TIM 的发送进行了限制,这样任何类型的 TIM 的更新速度不会超过 20ms 一次。另外,主机将 J 系列消息作为公共承载消息,采用 TIM 2 到 TIM 11 发送,如图 4-12 所示,传输频率限制在每 50ms 发送 10 次。

TIM 1 向 SICP 发送初始化数据块。数据块的编号为 1~63。每个块包含 32 个 16 比特的字。第一个字是校验和,第二个字标识传送的数据块及其长度,剩下的字(第 3~32 个)包含端机初始化信息。

TIM 2 到 TIM 11 是公共载体消息。每个消息生成一个数据块,包含 10 个字的消息头,接着是 5～120 个字的消息体。消息体包含 J 系列消息对应的初始字、扩展字和继续字,可以根据需要生成最多 10 个 32 字的 TIM。通过在消息头设置一个回送标识号,主机可以要求端机周期性地报告特定消息的状态。消息状态信息可用来指示消息是否已被发送,以及接收过程所处的状态等。

TIM 12 在美国海军中没有使用。

TIM 13 和 TIM 14 提供了另一种方式向 SICP 传送数据,用以传送传感器目标数据和对某监视航迹的交战意图。每个 TIM 都包含一个回送标识、一个消息存在时长的指示、主机定义的航迹标识、消息长度(2～4 个 J 系列消息字)及组号(A 或 B)、不带消息头和校验位的完整的 J 系列消息。这些TIM 对公共载体消息是可选的,使用其中一种,但不能同时使用。

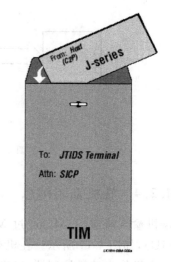

图 4-12　主机通过 TIM 2 到 TIM 11 向端机发送 J 系列消息

TIM 15 将空中平台和系统的状态发送给 SICP,再由 SICP 进行发送。它包含一个回送标识、校验指示和不带消息头和校验位的完整 J 系列消息。

TIM 16 可用来向 SICP 请求信息,包括任何存储地址的当前内容。TIM 16 还可用来设置时间;提供主机对需要操作员确认的消息的响应;请求对特定时隙的预先通知;指定特定的网络号及网络参与群。

TIM 17 用于主机平台的导航系统将导航数据及地理坐标传送给 SICP。至少每 250ms 提供一次推航数据,尽可能提供地理坐标。

TIM 18 从主机向 SICP 传递外部时间基准测量值。这种 TIM 在它定义的时间标记的一秒内发送。

TIM 19 到 TIM 28 未使用。

TIM 29 通过发出主机已完成当前 MUX 周期(复用总线周期)输出消息请求的信号控制 MUX 端口的访问过程。发送 TIM29 会对 SICP 产生"MUX 数据传送完成中断"(MDTCI)。

TIM 30 传送由主机到 SICP 的时钟同步数据,仅当导航数据中的时间标记无效时才使用它。

4.2.5　端机输出消息

端机输出消息(TOM)用于端机 SICP 通过 MIL-STD-1553B 总线向主机传送数据,如图 4-13 所示。已定义的 TOM 有 30 种。

除从 JTIDS 网络收到的 J 系列消息外,TOMs 还包含端机状态信息、性能统计数据和操作员改变控制设置的确认信息。在测试中使用的数据存放在可选的磁带机上,它们通过 TOM 21 到 TOM 27 传送到主机。TOM 还可用以表示最多 10 个消息的发送及接

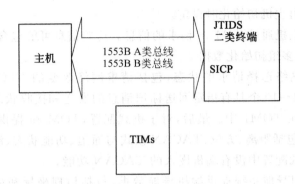

- 状态信息
- 接收消息
- TACAN数据
- 数据记录

图 4-13　在 JTIDS 端机 IU 中的 SICP 使用 TOM 发送信息到主机

收状态,这些消息是由主机用回送号标识的。

SICP 用 10ms 的时间将其 TOM 写入缓冲区。主机需要一定的时间从缓冲区中读取这些 TOM,读完后,写一个 TIM 29 通知 SICP。

TOM 1 的每个 MUX 周期都发送系统状态。该消息包括消息写入的时间、上一周期生成的接收消息计数器(16 比特的字)、用于磁带记录的 16 比特字计数器、初始化状态和运行状态,以及由 TIM 16 改变的控制设置的确认信息。此外,TOM 1 还包含交付 SICP 发送的前 3 个 JTIDS 消息的发送与接收应答的回送状态,这 3 个信息带有指定的回送标识。TOM 29 中包含第 4 个到第 10 个请求的状态信息。最后由 TOM 1 报告 3 个 NPG 消息计数缓冲区状态、2 个目标分类缓冲区状态、预先时隙通告请求状态、复合消隐状态、转发禁止状态、主机 NPG 过滤器状态、当前时间质量值等。

TOM 2 到 TOM 20 与 TOM 1 一起用于将网络收到的消息传送到主机,如图 4-14 所示。端机按照 TIM 1 初始化时设置的指令实施消息过滤。满足过滤条件的消息被重组成一些数据块,包含 5 个字的报头,接着是 5~120 个字的消息数据。消息体包含 J 系列消息定义的初始字、延长字和继续字,TOM 根据需要最多可包含 32 个字。SICP 为了对数据进行排序,要复制报头信息,产生报头/消息、报头/消息……这样的序列。

消息数据包含 J 系列消息的初始字、延长字和继续字。在 TOM 1 中有以 16 比特字为单位的总数计数值。

TOM 21 到 TOM 27 支持磁带记录功能。SICP 有一个 700 个字大小的缓冲区用来缓存记录数据。

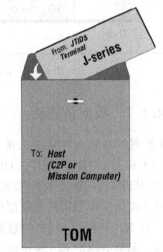

图 4-14　TOM 2 到 TOM 20 用于将端机接收的 J 系列消息传送到主机

数据的内容和格式由主机初始化时设定。

TOM 28 提供主机通过 TIM 16 请求的信息。这些信息可能包含特定存储单元的内容、多组状态信息或多组初始化数据。

TOM 29 提供网络选择请求的状态,包括请求网络改变的 NPG 和请求的网络号。TOM 29 还包括第 4~10 个具有指定回送标识消息的发送和接收状态,前 3 个需要回送报告的消息的状态在 TOM1 中。最后,对于机载配置,TOM 29 提供了战术空中导航系统(TACAN)数据,包括距离、方位、TACAN 模式与通道、功能状态、测距频度、测方位频度及自检结果。舰载配置中没有端机嵌入的 TACAN 功能。

TOM 30 为主机导航系统提供端机导航数据,包括地理坐标和相对坐标的纬度、经度、高度和速度。TOM 30 还包含位置质量、高度质量、方位角质量以及速度质量。

4.2.6 复用周期

TIM 和 TOM 的交换在复用周期内循环进行,TIM 可在复用周期内的任何时候发送到接口单元上的 SICP。但是,为了避免主机和 SICP 的访问冲突,系统对 TOM 缓冲区的访问是受控的,由一个称为"复用数据传输完成中断"(MDTCI)的中断信号控制。该中断以后的 10ms 用于 SICP 更新 TOM 缓冲区,TOM 1 每次都要更新,其他 TOM 缓冲区只在需要时更新。10ms 间隔以后,主机可以根据需要以任意长的时间读取数据。主机读取完毕,写 TIM 29 发出读取完成信号,导致产生新的 MDTCI,开始下一个复用周期。每个周期的时长不等,但最少是 20ms,如图 4-15 所示。

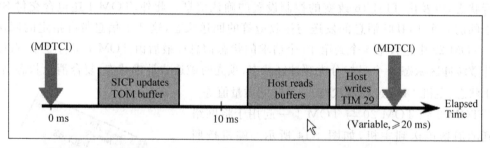

图 4-15 主机与 SICP 间数据与状态信息的交换过程

4.2.7 数据传送块

J 系列消息包含在从主机送往 SICP 的 TIM 中,这些消息必须送往数字数据处理器(DDP)中运行的 NICP 程序。DDP 中的全局存储器就用于该用途,SICP 和 NICP 通过明文总线(PTB)访问该全局存储器,这两个程序中交换的信息都在数据传送块(DTB)中。

从 SICP 发往 NICP 的数据传送块包含要发送的消息、初始化数据、状态信息或导航数据。从 NICP 传给 SICP 的数据传送块可能包含接收的消息、回送消息、导航数据、消息状态等。另外,NICP 每 12s 生成一个完整的状态报告,报告不但有测量的质量值,还包括一些记录表格,记录表格包含成功及不成功的发送、接收、回送和测试消息。图 4-16 是 SICP 和 NICP 间通过全局存储器的 DTB 交换信息示意图,J 系列消息仅是交换信息的一部分。

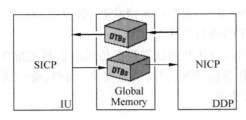

图 4-16　SICP 和 NICP 间通过全局存储器的 DTB 交换信息示意图

数据传送块从 NICP 到 SICP 的传送采用两组指针及缓冲区。其中，SICP 和 NICP 各有一组，包含 5 个指针和 5 个缓冲区。若某缓冲区空，则指向那个缓冲区的指针置"0"。若缓冲区中有数据，则对应的指针指向缓冲区的起始位置。每个 7.8125ms 时隙结束时都产生"时隙结束"中断，NCIP 在中断后立即读写其数据。NICP 写完向 SICP 发送的数据并设置指针后，向 SICP 产生一个数据传送中断（DTI）。即使 NICP 没有数据发送给 SICP，也要产生该中断。SICP 接受中断后读取缓冲区，然后使用另一组指针和缓冲区向缓冲区写入给 NICP 的数据传送块。

每个时隙都会发生一次时隙结束中断和一次数据传送中断，两种中断共同控制 NICP 与 SICP 间有序的双向信息传输，如图 4-17 所示。通过对数据传送中断进行计数，SICP 可以维护一个时隙计数器。

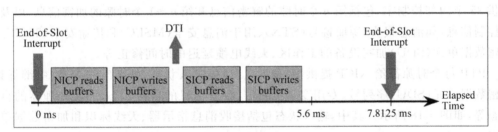

图 4-17　时隙结束中断与数据传送中断控制 NICP 和 SICP 间的数据交换示意图

1. 发送消息数据传送块

SICP 的发送消息数据传送块包含一个或多个 70 比特字的 J 系列消息数据，及相应的描述性信息。该描述性信息指定了消息的结构类型（固定格式、可变格式或自由文电），说明消息是否需要编码，还包括消息发送的时机、消息的优先权级别、消息的有效期，以及是否需要对消息采取特殊处理，如接收/执行处理中的确认。每个发送的消息都会连同其传送过程的错误统计回送给 SICP。

2. 接收消息数据传送块

NICP 的接收消息数据传送块包括消息体、数据块错误和丢失计数以及描述性信息。这里的描述性信息包括到达时间（TOA）、接收消息使用的天线、消息的结构类型、消息是否编码、消息是否转发，以及该消息发送单元的航迹号。

3. 状态数据传送块

NICP 每 12s 向 SICP 提供一份状态报告，详细报告上一个间隙时间发送的消息数量、发送的 RTT 询问数量、收到的回复数量、接收错误的数量、未应答消息的数量、回送失败的数量、干涉保护设施状态(IPF)、加密状态、转发状态,以及收发信机、明文处理器(PTP)和密文处理器(CTP)的自检状态(BIT)。

SICP 也提供状态报告。SICP 的状态数据传送块包括主机接口的活跃状态和每个话音通道状态。话音通道状态包括网络号、消息安全、编码、通道速率、封装方式、分配的话音端口,以及通道的活跃情况。

4. 导航数据 DTBs

导航功能支持惯性、非惯性和纯 TOA 系统。由 SICP 向 NICP 提供推航系统的导航数据,包括本地地理参考坐标(北、西、上)的纬度、经度、高度、速度、相对于正北方向的北轴方向、相对于上次数据的速度元素的变化,同时还提供导航系统与天线 A 和天线 B 的位置关系。

导航是 JTIDS 端机的一个重要功能,NICP 为 SICP 提供了广泛的导航数据。这项功能需要一些 DTB 支持。NICP 提供了关于相关栅格和地球表面的位置和速度,还提供航向修正、倾斜修正、偏离角度、风和水的运动、相关导航 Kalman 滤波器的状态、位置质量、时间质量等。

4.2.8 内部控制字

明文处理器(PTP)通过明文总线访问全局存储器。NICP 每个时隙都为明文处理器提供 35 个内部控制字,包括第 n 个时隙的解密信息和第 $n+1$ 个时隙的加密信息,以及传输控制信息,如消息报头、源航迹号(STN)、用于消息安全(MSEC)和传输安全(TSEC)的加密数据单元(SDU)加密设备的工作区、天线电缆延迟的时间修正等。

PTP 每个时隙都给 NICP 提供 18 条消息,包括输入状态、外部时间参考、中继标识、加密数据单元(SDU)序列号、专用变量更新号、收发信机的自检状态、明文处理器的自检状态等,如图 4-18 所示。其中,输入状态包括接收消息指示器、天线标识和加密数据单元状态。

NICP 和 PTP 之间的信息交换是基于 DDP 发出的时隙结束中断信号严格控制的,如图 4-19 所示。在每个时隙里,NICP 在 5.6ms 的中断时间里从 PTP 中读取 18 个字,并且为 PTP 写入 35 个控制字。中断发生 5.6~7.8ms 后,PTP 读取 NICP 写入的 35 个控制字,并且为 PTP 写入 18 个字。PTP 在第 $n+1$ 个时隙将第 n 个时隙中接收到的数据写入全局存储器,NICP 在第 $n+2$ 个时隙在全局存储器中读取数据。

4.2.9 话音发送/接收

Link 16 包括 2 条保密话音通道,或者叫端口,速率都是 16kb/s。此外,端口 1 能够连接一个速率为 2.4kb/s 或 4.8kb/s 的外部声码器。这样,系统可以支持 Reed-Solomon 编码的话音。然而,美国海军舰艇平台上只实现了速率为 16b/s 的无纠错编码的话音。音频信号在端机的 IU 中数字化,由 PTT 协议控制各话音通道。需要说明的是,数字化话音即使未加纠错编码,但仍然是加密的,因此也是安全的。

数字化的话音数据在 SICP 和两个数字话音端口间的传输通过全局存储器的多个缓冲区实现。与无纠错数字数据的要求一样,SICP 为每一个话音端口提供两个传送缓冲区

图 4-18　实现 NICP 和 PTP 之间通过内部控制字的信息交换

图 4-19　时隙结束中断信号控制的 NICP 和 PTP 之间的信息交换

和两个接收缓冲区,每个缓冲区的最大容量是 450 比特。一接到 PTT 命令,话音端口就从全局存储器中获取发送缓冲区的地址,然后开始将数字话音数据装入缓冲区。当缓冲区装满后,设置一个标志通知 SICP,如果 PTT 信号依然存在,就开始装载第二个发送缓冲区。SICP 读取数据,并且在数据发送块中将数据交给 NICP 发送。当第二个缓冲区也装满时,话音端口通知 SICP,并切换回第一个缓冲区。

在 PTT 信号撤销前,一直不停地在两个缓冲区间来回切换,这种机制通常称为双缓冲。撤销 PTT 信号后,话音端口切换到接收处理。

当 SICP 接收到 NICP 发送来的话音消息后,将接收到的数字数据存储到第一个话音接收缓冲区,并将该话音端口设置一个标志,空闲的话音端口可以接收数字话音数据。SICP 不停地在两个缓冲区中来回切换,直到没有数据或本地发送 PTT 信号。

数字化的话音音频信号通过全局存储器送往 SICP,作为文本消息输出到网络。NICP 从网络接收到的话音消息传送给 SICP,SICP 通过全局存储器将数字化话音数据传送到话音端口,变换成音频信号,如图 4-20 所示。

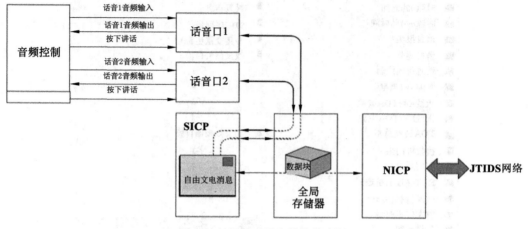

图 4-20 JTIDS 话音的传输流程

实际经验表明,JTIDS 话音在最大 10% 差错率的情况下是可懂的,而编码数据允许 50% 的差错率。因此,即使 JTIDS 数据功能可用,话音功能也可能不可用。

4.2.10 战术空中导航端口接口

机载平台使用的战术空中导航(TACAN)是 JTIDS 端机的一个功能。在机载平台中,JTIDS 端机替代了 ARN-118 战术空中导航系统。端机的战术空中导航端口为航电系统主机、收发信机和数字数据处理器(DDP)提供了接口,如图 4-21 所示。

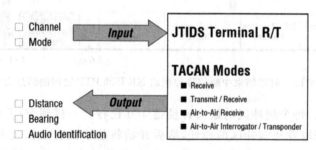

图 4-21 JTIDS 端机的战术空中导航功能示意图

在机载平台中,收发信机的战术空中导航设备通常使用一个 500kHz 的串行通道时钟,串行输入输出通道与该时钟同步。对于输入信道,需要输入接收/发送模式、信道调谐信息、零距离刻度信息。输出信道输出方位、距离、测距频度,还输出一种战术空中导航站识别信息的音频摩尔斯码。如果未接通道时钟,或是 TACAN 通道设置为 0,则战术空中导航端口可以采用专门的控制面板(SACP)输入控制信息。由 SICP 将这些控制面板的输入写入全局存储器的 TACAN 缓冲区。

战术空中导航端口从收发信机（R/T）接收到的信息写入航电系统主机的全局存储器中，包括距离、方位模式与通道、状态、里程表读数、测距频度、测方位频度和自检信息。战术空中导航功能的控制信息来自 SICP，由操作员在单独控制面板上设置，包括空中导航模式、通道和测距设备（DME）的校准数据。测距设备的校准数据包括天线 A、B 的延迟和操作员需要的信息识别。当端机设置为数据静默时，战术空中导航仍继续工作。

4.3 联合战术信息分发系统射频信号

4.3.1 概述

本节介绍 JTIDS 通信系统的 TDMA（时分多址）原理（包括时隙、时隙组、重复率），与网络体系结构配套的通用数据结构（如固定消息格式、自由文电、报头、Reed-Solomon 编码和 RTTs 等），以及在一个时隙里如何对载波上的编码数据进行调制的技术（CCSK、CPSM、脉冲、跳频）。

4.3.2 TDMA 和 JTIDS 网络

JTIDS 网络使用 TDMA 通信体制。这种体制把时间划分为时隙，并设置多个同步的时隙组，每个时隙组使用的时隙和其他时隙组的时隙在时序上是交织的；在每个时隙组里，分配给每个网络用户特定的时隙用来传送或接收数据。这种 TDMA 体制构成了 Link 16 通信的框架。

1. 时元、时隙、时隙组

JTIDS 端机把一天 24h 分成 112.5 个时元，每个时元 12.8min。每个时元又进一步被划分为 98 304 个时隙，每个时隙 7.8125ms，如图 4-22 所示。时隙是访问 JTIDS 网络的基本单元。网内每个 JTIDS 单元(JU)被分配一定的时隙完成一定的功能。在一个时隙里，每个 JU 被指定是收，还是发。

每个时元里的时隙依次被分成 A、B、C 3 个组。每一组包括 32768 个时隙，编号为 0-32 767，这些编号称为时隙索引（每个时元有 $3 \times 32\,768 = 98\,304$ 个时隙）。例如，A 组的时隙定义为 A-0 到 A-32767。为方便起见，每个时元里的时隙交替命名，即每组的时隙与其他组的时隙是交织的，循环产生下列重复的序列。

A-0,　　　　B-0,　　　　C-0,
A-1,　　　　B-1,　　　　C-1,
A-2,　　　　B-2,　　　　C-2,
…
A-32767,　　B-32767,　　C-32767

每个时元都以时隙 C-32767 结束，下一个时元继续重复。

注意，时元里每个组的时隙数目是 2 的幂，这不是巧合，而是缘于计算机的二进制特性，Link 16 正是使用这些计算机产生和处理数据链消息的。

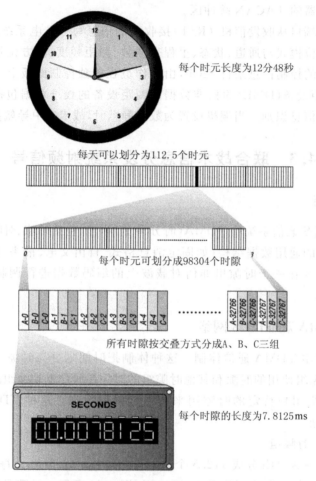

图 4-22 JTIDS 的时元、时隙组和时隙

2. 重复率

时隙组中的时隙个数的对数称为重复率(Recurrence Rate Number,RRN)。重复率从另一个角度表明在一个时隙组中有多少个时隙,并且由于时隙是均匀分布的,也可以说是 JU 接入 JTIDS 网络的频率。在一个时元内为某个用户分配的时隙个数 n 一定是 2 的整数次幂,即 $n=2^k$,$k \leqslant 15$,即为重复率。例如,A 组里有 32768 个时隙,每 3 个时隙出现一次;如果将 A 组中的时隙数减半,则为 16384 个时隙时,每 6 个时隙间隔出现一次,它的 RRN 值为 14,如果再次减半时,则每 12 个时隙间隔出现一次,它的 RRN 值为 13。

RRN 值和两个间隔之间的时隙数以及时间的关系见表 4-4。由于 3 个组交错分配时隙,同一组内相邻时隙的发送间隔为 3 个时隙,两个时隙之间的间隔时间等于两个间隔之间的时隙数乘以 7.8125ms。

3. 帧

Link 16 要求尽可能地实时传输,而每个时元 12.8min 这种间隔显然太长,不易控制,因此定义了一种更小、更好处理的时间间隔,这就是 JTIDS 网络里使用的基本重复单

表 4-4 重复率与每时元时隙个数、时隙间隔的关系

RRN	No. Slots per Epoch	Slot Interval (slots)	Slot Interval (time)	
15	32768	3	23.4375	
14	16384	6	46.8750	
13	8192	12	93.7500	ms
12	4096	24	187.5000	
11	2048	48	375.0000	
10	1024	96	750.0000	
9	512	192	1.50	
8	256	384	3.00	
7	128	768	6.00	
6	64	1536	12.00	s
5	32	3072	24.00	
4	16	6144	48.00	
3	8	12288	1.6	
2	4	24576	3.3	min
1	2	49152	6.4	
0	1	98304	12.8	

元,叫作帧。每个时元分为 64 帧,每帧持续 12s,含有 1536 个时隙:A、B、C 组各有 512 个时隙。每一组中的时隙从 0~511 编号,在一个重复周期里交替出现,如 A-0,B-0,C-0;A-1,B-1,C-1,…,A-511,B-511,C-511。只要链路正常运行,帧就一个接一个地重复出现。因此,帧经常用从 A-0 到 C-511 的环表示,如图 4-23 所示。

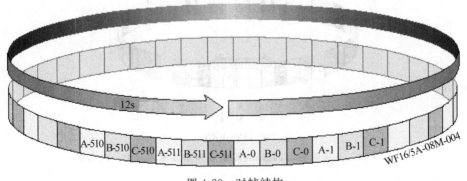

图 4-23 时帧结构

由于每个时元含有 64 帧,因此每个时元包含的时隙数除以 64 即为每帧包含的时隙数。RRN 值为 15 表示每个时元包含 32 768 个时隙,则每帧包含 512 个时隙。由于每个时元内 3 个组的时隙是交织的,因此每组里相邻的两个时隙之间的发送间隔是 3 个时隙,

而不是 1，见表 4-5。

表 4-5 重复率与每时帧时隙个数、时隙间隔的关系

RRN	No. Slots per Frame	Slot Interval		
		(within set)	(within interleaved sets)	(time)
15	512	1	3	23.4375
14	256	2	6	46.8750
13	128	4	12	93.7500
12	64	8	24	187.5000
11	32	16	48	375.0000
10	16	32	96	750.0000 ms
9	8	64	192	1.50
8	4	128	384	3.00
7	2	256	768	6.00
6	1	512	1536	12.00 s

4. 时隙集

JTIDS 网络中的每个端机分得若干个时隙，称为时隙集（Time Slot Block，TSB），每个端机最多可以分配 64 个时隙集。TSB 用 3 个变量表示：组（A、B、C）、起始索引序号（0～32 767）和重复率，记为 G-s-r，如图 4-24 所示。其中，G 表示组，取值为 A、B 或 C；$0 \leqslant s \leqslant 32\ 767$，为起始索引号；$0 \leqslant r \leqslant 15$，为重复率，表示分配的时隙在组 G 中，起始位置为 s，时隙个数为 2^r，在组内的时隙间隔为 2^{15-r}。时隙集中的时隙可表示成 $s+n2^{15-r}$。因此，我们约定，$0 \leqslant s < 2^{15-r}$。在时隙集的分配中最常使用的 RRN 的值为 6、7、8，在一个时元内分配的时隙个数分别为 64、128 和 256，时间间隔为 12s、6s 和 3s。

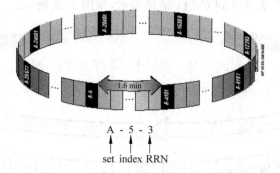

图 4-24 基于时隙组、起始时隙索引和重复率的时隙分配方式

例如，时隙集 A-2-11 表示时隙集从 A 组的 A-2 开始，间隔为 $2^{15-11}=16$，即每隔 16 个时隙取一个时隙，得到以下序列：A-2，A-18，A-34，A-50，A-66，…，A-498，可以用表达式（2+16n），$n=0,1,2,…,31$ 表示。同样，时隙集 B-2-11 包含了以下序列：B-2，B-18，B-34，B-50，B-66，…，B-498。可以看出，尽管时隙集 A-2-11 和时隙集 B-2-11 具有相同

的起始索引和 RRN，但得到的时隙不同，它们是互斥的。

时隙集 A-7-11 表示时隙集从 A 组的 A-7 开始，每隔 16 取一个时隙，得到以下序列：A-7，A-23，A-39，A-55，A-71，⋯ A-503，可以用表达式 $(7+16n)$，$n=0,1,2,\cdots,31$ 表示。可以看出，时隙集 A-2-11 和时隙集 A-7-11 也不会得到相同的时隙，它们也是互斥的。

显然，因为时隙的间隔为偶数（2^{15-r}），若一个时隙集的起始时隙索引是偶数，那么此块中所有的成员都是偶数；若一个时隙集的索引是奇数，那么此块中所有的成员也都是奇数。

现在考虑时隙集 C-7-11 和 C-7-10，从 RRN 值可以清楚地知道 C-7-10 包含 C-7-11 的一半值。由于时隙是均匀分布的，从 C-7-11 中每隔一个位置取一个值就构成了 C-7-10，如下：

C-7-11：C-7，C-23，C-39，C-55，C-71，⋯
C-7-10：C-7，C-39，C-71，C-103，C-135，⋯

有相同的组标识和起始时隙索引、不同重复率的不同时隙集不是互斥的。RRN 小的时隙集是 RRN 大的时隙集的子集。

时隙以树形结构相互关联。例如，时隙集 A-0-15 包含了 A 组的每个时隙，A-0，A-1，A-2，A-3，⋯。如果把这个时隙集一分为二（RRN=14），得到两个子集 A-0-14 和 A-1-14。时隙集 A-0-14 包含的时隙为 A-0，A-2，A-4，A-6，⋯，时隙集 A-1-14 包含的时隙为 A-1，A-3，A-5，A-7，⋯。如果这些时隙集继续一分为二（RRN=13），时隙集 A-0-14 再分成子集 A-0-13 和 A-2-13，时隙集 A-1-14 分成子集 A-1-13 和 A-3-13。继续分裂可以看出时隙集 A-5-12 中的时隙也包含在时隙集 A-1-13，A-1-14 和 A-0-15 中，如图 4-25 所示。

在分配时隙集时，它们之间的相互关系非常重要。假设把时隙集 B-196-7 分配作为某个参与者的发送时隙，B-4-9 分配给另一个参与者作为发送时隙，如果时隙集不是互斥的，那么两个参与者就会在相同的时隙同时发送，导致发送冲突。

显然，不同组的时隙集之间不会有冲突。问题是，如何确定同组里的两个时隙集是否有冲突。所谓冲突，就是指两个时隙集的交集不为零。

假设同组里的两个时隙集 $G\text{-}S_0\text{-}r_0$ 和 $G\text{-}S_1\text{-}r_1$，$0 \leqslant S_0 < 2^{15-r_0}$，$0 \leqslant S_1 < 2^{15-r_1}$。假设 S_0 大于 S_1。所谓冲突，就是存在时隙属于这两个时隙集的交集，即存在 n_0 和 n_1，满足 $S_0 + n_0 2^{15-r_0} = S_1 + n_1 2^{15-r_1}$，所以，$S_0 - S_1 = 2^{15-r_1}(n_1 - n_0 2^{r_1-r_0})$，得 $2^{15-r_1} | (S_0 - S_1)$。因此，如果两个时隙集 $G\text{-}S_0\text{-}r_0$ 和 $G\text{-}S_1\text{-}r_1$ 存在冲突，则必有 $2^{15-r_1} | (S_0 - S_1)$。

反之，假设同组里的两个时隙集 $G\text{-}S_0\text{-}r_0$ 和 $G\text{-}S_1\text{-}r_1$，S_0 大于 S_1，满足条件 $2^{15-r_1} | (S_0 - S_1)$，则存在整数 k，$S_0 = S_1 + k 2^{15-r_1}$，即时隙 $G\text{-}S_0$ 也属于 $G\text{-}S_1\text{-}r_1$。

根据上面讨论，可以得到，假设 S_0 大于 S_1，两个时隙集 $G\text{-}S_0\text{-}r_0$ 和 $G\text{-}S_1\text{-}r_1$ 存在冲突的充要条件是 $2^{15-r_1} | (S_0 - S_1)$。

(1) 若重复率相同，即 $r_0 = r_1$，则 $S_0 - S_1 < 2^{15-r_1}$；

(2) 若 S_0、S_1 分别为奇数和偶数，则 $(S_0 - S_1)$ 为奇数。

因此，可以得到下列结论：

(1) 起始位置不同，重复率相同，不存在冲突；

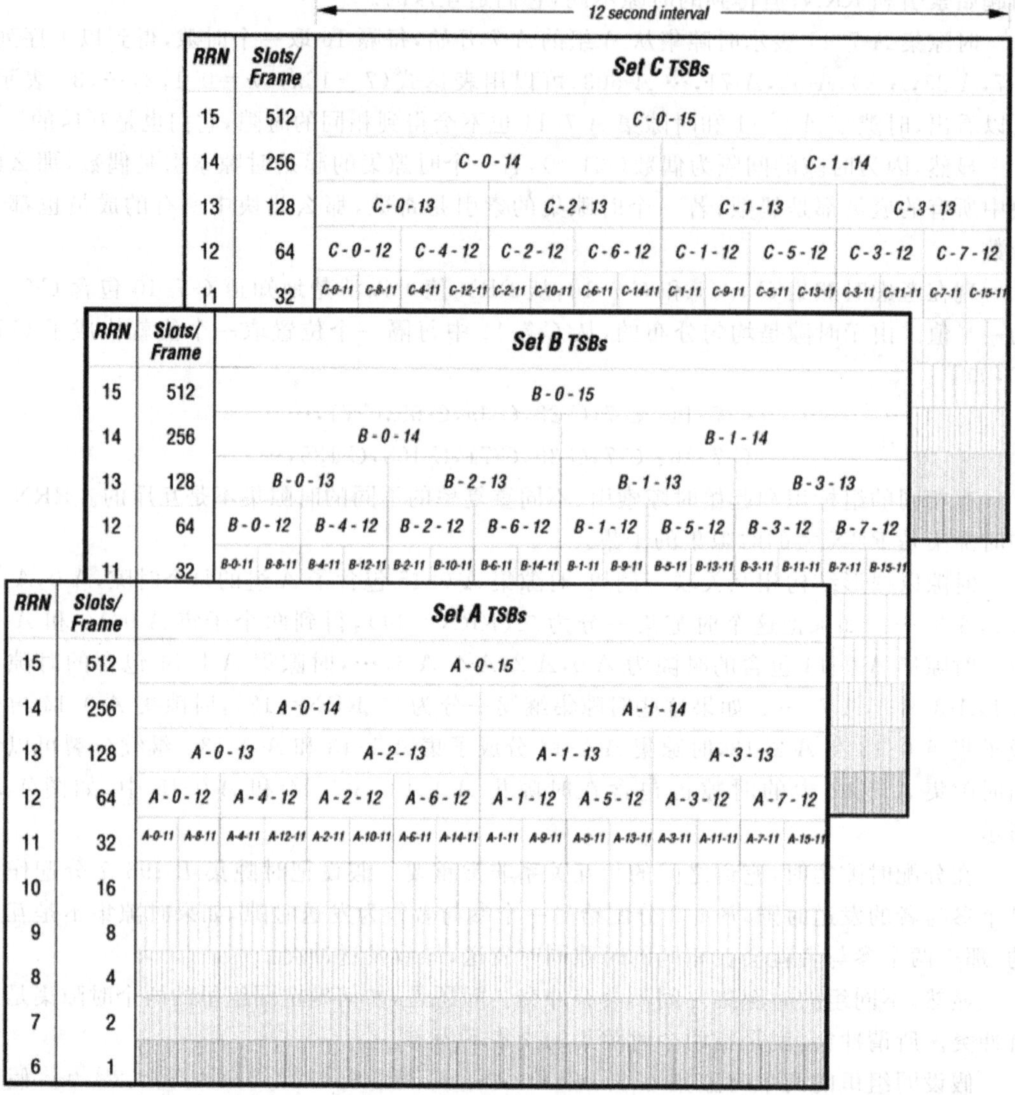

图 4-25　时隙分配的树形结构

(2) 起始位置分别为奇、偶的不存在冲突。

例 1：时隙集 $A\text{-}7\text{-}12$ 和 $A\text{-}3\text{-}13$ 是互斥的吗？

第 1 步　令 $S_0=7, S_1=3, r_0=12, r_1=13$；

第 2 步　计算 $\dfrac{7-3}{2^{15-13}}=1$；

结论：结果是整数，有交集，不互斥。

例 2：时隙集 $C\text{-}7\text{-}10$ 和 $C\text{-}2\text{-}13$ 是互斥的吗？

互斥，索引值一个是奇数，一个是偶数。

例 3：时隙集 $B\text{-}5\text{-}9$ 和 $B\text{-}7\text{-}11$ 是互斥的吗？

第 1 步　令 $S_0=7, S_1=5, r_0=11, r_1=9$；

第 2 步　计算 $\frac{7-5}{2^{15-9}} = \frac{1}{32}$；

结论：结果不是整数，时隙集之间没有交集，互斥。

到目前为止，我们讨论的都是单网结构。在 JTIDS 端机设置为通信模式 1（串扰保护设备正常设置）或者模式 2 时，其网络体系结构就是这种单网结构。在模式 2 里只使用 969MHz 的频率，所有消息都使用一个单网的时隙。

一群互相交换消息的用户组成一个网络，JTIDS 单网把每个 12.8min 的时元分成 98 304 个时隙，以上讨论的时隙结构针对单个 JTIDS 网络，如图 4-26 所示。

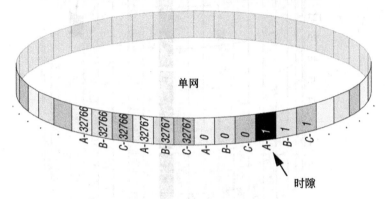

图 4-26　JTIDS 单网时隙结构

5. 层叠网

层叠网可以由一些单网络"堆积"而成，如图 4-27 所示。层叠网中的时隙是同步的，一个网络的时隙与另一个网络里的对应时隙严格一致。因此，在层叠网里每个时元都包括 98304 个时间片，127 个单网的时隙边界是对齐的，堆叠成层叠网，类似于 98304 个时间片拼成的一个圆柱体。

层叠网结构使得一些网络参与群能在同一时隙独立地交换信息，而不影响其他参与群。7 比特网号允许层叠网最多可形成 128 个单网。在这些网号中，预留 127 用以指示层叠网配置，剩余的网络从 0 到 126 编号。在层叠网配置中，操作员在操作中要选择使用哪一个网，每个网有唯一的跳频图案。尽管在理论上一个层叠网可以包含 127 个网络，但是统计研究表明，在同一地域同时运行 20 个网络就会导致通信质量下降。

6. 同步

要建立一个同步网络，必须指定一个端机提供时间参考，这个端机叫作网络时间基准（NTR）。这个指定端机维护的时钟被称为 JTIDS 网络的系统时间。作为参考，这个时钟定义了时隙的开始和结束，保证了层叠网的时间片对齐。NTR 周期性地发送入网（net entry）消息，协助网内其他端机同步，使之获取系统时间。

JTIDS 端机自动同步的功能分两步实现：第一步为粗同步，当成功接收到一条入网信息时即达成粗同步；第二步为精同步，端机与 NTR 成功地交换环回定时消息（RTT）就实现了精确同步。此后，每个端机维护系统时间的精度的测量值，即时间质量（QT）。通过周期性地发送环回定时信息以及测量接收到 PPLI 消息的到达时间（TOA）不断调整其

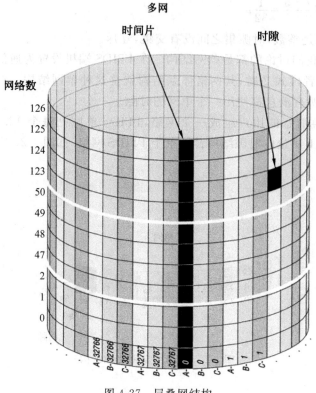

图 4-27 层叠网结构

系统时间。

7. 时隙的构成

Link 16 网络接入的基本单元是时隙,每个时隙是 7.8125ms。在每个 12s 的帧里,512 个时隙平均分配给 A、B、C 3 个组,每个平台在一个时隙里要么发射,要么接收。因此,每个时隙都是一个传输机会。时隙构成包括

- 抖动。
- 同步。
- 时间精同步。
- 消息头和数据。
- 传播延时。

数据在一个时隙里以一系列携带消息的脉冲符号包的形式传输。一个脉冲符号包长 $13\mu s$,其中载波调制信号 $6.4\mu s$,随后是 $6.6\mu s$ 的空载时间。时隙开始为一段延迟或空载时间,这期间不传输脉冲符号包,称作抖动。各时隙中的抖动长度并不相同,而是一个伪随机值,由传输加密(TSEC)的密码参数(cryptovariable)确定。抖动使得干扰机不知道什么时间开始发射干扰信号,有利于信号的抗干扰,也增加了信号截获的难度。

紧随抖动时延后面的是两组预先确定的脉冲符号包,称为同步信息和时间精同步信息,接收者利用这些预先确定的图案识别传输的信号,并与之同步。接下来是传送的消息部分,包含报头信息和数据信息。时隙结构如图 4-28 所示。

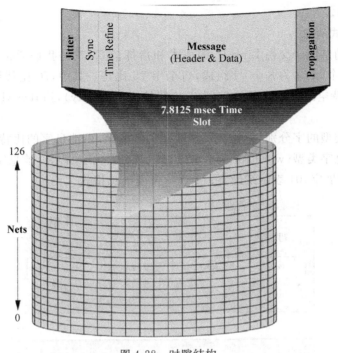

图 4-28 时隙结构

时隙的最后一部分是传播保护时间,用于信号的传播延时。传播保护时间依赖于所设定的网络传输距离,正常范围为 300 海里,扩展范围为 500 海里。

总之,JTIDS 的 TDMA 体制把时间分成时元、帧和时隙,时隙是网络接入的基本单位。每秒有 128 个 7.8125ms 的时隙。一个 Link 16 单元(JU)在每个时隙里要么发送,要么接收。带信息编码的脉冲在时隙中发送,并且在同一时隙里可以有多个端机发送。

4.3.3 Link 16 消息

Link 16 消息在 JTIDS 网络的 TDMA 时隙内收发。每条消息包括消息头和消息数据。消息头不算消息结构的组成部分,而且对于 IJMS 和 JTIDS 是相同的。消息头用于说明数据类型和标识发送端的源航迹号。

共定义了以下 4 种类型的消息。
- 固定格式。
- 可变格式。
- 自由文电。
- 环回定时(round-trip timing)。

固定格式消息用来交换 J 系列消息;可变格式消息提供了一种更通用的方法,以可变的长度交换各种类型的用户消息;自由文电用于交换文本消息,数字语音也以自由文电格式传输;环回定时消息用于同步。

这些消息中包含的数据均为固定长度,由 3 个字构成 225 比特的数据块。这些数据块以不同密度封装在一个时隙里:标准封装(1 个数据块)、双封装(两个数据块)和四封装(4 个数据块)。

1. 固定格式消息

固定格式消息用于交换 Link 16 的战术和指挥信息，就是我们通常所指的 J 系列消息，由一个或多个(最多为 8 个)字组成，每个字 75 比特。其中，70 比特用于数据，4 比特用于校验，1 比特空闲。比特 70~74 为 5 比特校验位(parity)，JTIDS 只使用其中的 4 比特，1 比特空闲。

定义 3 种类型的字分别为初始字、扩展字和继续字，由消息字的比特 0 和比特 1 两个比特组成的消息字类型(word format)字段标识，如图 4-29 所示。消息字类型 00 表示初始字；10 表示扩展字；01 表示继续字；11 表示可变消息格式。

固定格式的消息结构

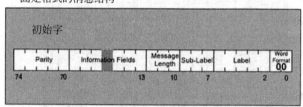

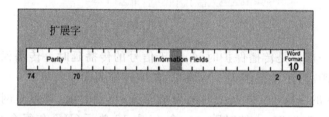

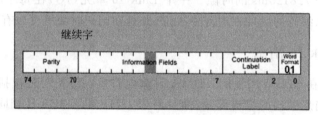

图 4-29 JTIDS 固定格式消息的结构

固定格式消息由一个初始字、一个或多个扩展字和一个或多个继续字组成。如果字数不足以装满一个传输块，端机就用无报告(No Statement，NS)字填充。主机的消息适配功能尽可能使端机插入的 NS 字的个数最少。

2. 校验

固定格式消息必须进行校验编码。消息头的第 4~18 比特包含源航迹号，与 3 个字块的共 210 个数据比特一起计算出长 12 比特的校验值，校验码的生成多项式为 $1+x^{12}$。每个消息字的第 71~74 比特位用于存放校验码，第 70 比特空闲，3 个字共计 12 比特。

3. 检错与纠错

固定格式消息还必须进行检错和纠错编码，采用里德-所罗门(Reed-Solomon，RS)编码。消息中每 15 比特数据添加 16 比特检错纠错编码,将 15 比特有效数据变成消息中的 31 比特。里德-所罗门编码最多能够检测和纠正 8 位错误,一般用(31,15)表示这个编码算法。RS 编码把 75 比特序列转换为 75/15×31＝155 比特序列,再 5 个比特一组,构建 31 个符号。这样,RS 编码就把 75 比特的 Link 16 的字转换为 31 个符号的 RS 码字。

4. 可变格式消息

与固定格式消息一样,可变格式消息也由若干个 75 比特的字组成,但可变格式消息的内容和长度不是一成不变的,消息中的功能域可能跨越字的边界。消息内的信息能自我标识功能域及其长度。美国陆军采用可变格式消息在 JTIDS 网络上传输 ATDL 消息,可以满足陆军原先依靠 TADIL-B 实现的信息交换需求。

5. 自由文电消息

自由文电消息不依赖任何消息标准,没有格式规范,使用数据字的所有 75 比特,也就是所有的 3 字块的 225 数据比特。

自由文电消息不进行校验,可以使用也可以不使用 RS 纠错编码。当使用 RS 编码时,数据的 225 比特映射为 225/15×31＝465 比特传输;当不使用里德-所罗门编码时,所有的 465 比特都可用于传数据,但只使用其中的 450 比特。这样,时隙分配就可以和标准的线路速率兼容,线路速率为(2400b/s、4800b/s 等),见表 4-5。Link 16 的话音也采用自由文电消息格式传输。

表 4-6 自由文电消息的时隙支持标准的串行线路速率

RRN	Slots/Frame	Slots/Sec	Bits/Slot	Bits/Sec
13	128	10-2/3	255(R-S encoded)	2400
			450(unencoded)	4800

6. 消息封装

消息字按照 3 个字、6 个字或 12 个字一组进行传输。如果字数不够形成一组,端机就用无报告字(NS)填充。3 个字一组称为标准(STD)格式;6 个字一组称为双封装格式;12 个字一组称为四封装格式。

7. 消息头

消息头标明随后的消息是固定格式、可变格式或自由文电,标识消息是否编码,以及使用的是哪种封装格式,还可以标识加密数据单元(SDU)的序列号和源端的航迹号,如图 4-30 所示。P/R 比特为类型变更比特,表示封装或中继的相关信息,具体含义见消息头和数据脉冲的相关介绍。消息头也参与 3 个字一组的校验位的计算。

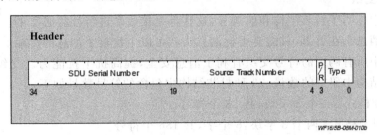

图 4-30 消息头的结构

消息头有 35 比特，用(16,7)的 RS 编码算法，把 35 比特转换为 $35/7 \times 16 = 80$ 比特，也是 5 比特一组，构成有 16 个符号的 RS 头码字。图 4-31 给出了 Link 16 的消息字变换为 JTIDS 符号标准封装的处理过程，数据依次经过校验、RS 编码并转换为 5 比特符号。

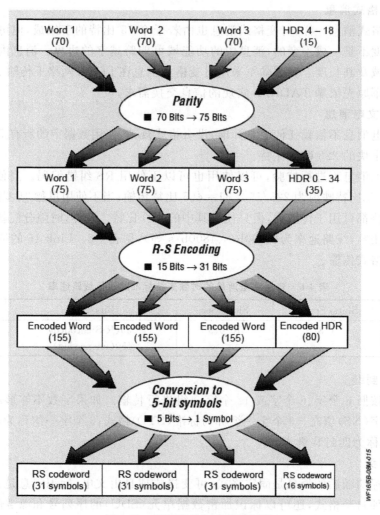

图 4-31　JTIDS 的标准封装过程

8. 符号交织

消息头中标明了封装结构和航迹号，这些都是接收端进行校验必需的。因此，如果干扰机能发现消息头在哪里，只需要干扰消息头就可以干扰整个消息的传输。

将消息中所有码字的符号交织有利于消息安全，提高抗干扰能力。交织的符号数量依赖于封装结构中码字的数量。3 种封装结构中包含的符号数量如下。

（1）标准格式：一个 3 字块，共 93 个符号。

（2）双封装格式：两个 3 字块，6 个字，共 186 个符号。

（3）四封装格式：12 个字，共 372 个符号。

对于每种封装格式，消息头的 16 个符号和数据符号一起按照预定顺序交织，如图 4-32 所示。

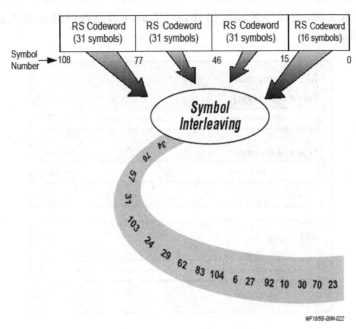

图 4-32　消息数据和消息头的符号交织处理

9. 环回定时消息

前述 JTIDS 网络的时间片通过一个称为网络时间基准(NTR)的 JTIDS 端机对齐。为了在 JTIDS 网络上接收和发送数据，端机必须与网络同步。

系统时间的获取和维护称为同步。实现该功能的是一类特殊的消息，即环回定时消息(Round-Trip Timing, RTT)。该消息不同于其他消息，端机在一个时隙内发送一条询问并接收一条回复。而对于其他消息，端机可以在一个给定的时隙内发送或接收，但不能既发送又接收。

初始的 RTT 消息交换实现端机与网络同步，后续的 RTT 消息交换使得端机进一步提高系统时间的测量精度，即所谓的时间质量(Time Quality)。每个端机在网络内报告它的时间质量，端机内部维护一张表，表中记录着视距范围内有最高时间质量的邻居端机。端机通过查询表中的条目选择下一次 RTT 询问消息发送对象。

10. RTT 询问消息

RTT 询问消息(RTT-I)可以指定目的地址(RTT-A)，也可以是广播(RTT-B)。RTT-A 包含一个消息头，该消息头中标明的目的地址为报告最高时间质量的那个端机。RTT-A 在 NPG-2 用一个专用时隙传输，由指定目的地址的端机回复。

另一方面，RTT-B 包含询问者的时间质量。它没指定具体的接收者，时间质量高于源端的端机都可以回复。RTT-B 在 NPG-3 发送，通常配置为一个层叠网结构，网络编号与时间质量参数值 0~15 对应。端机在网络编号等于自己时间质量的网上接收询问和回复；对于发送询问的端机而言，它们发送询问使用的网的网号由它们期望接收端机的时间质量确定,这个时间质量值通过查询内部表获得。

RTT 询问与消息头非常相似,如图 4-33 所示,包含 35 比特,使用 RS 编码,但后面不加数据,符号也不交织,按顺序传输。另外,RTT 询问消息在时隙的开头就开始传输,没有延时时间或空载时间。

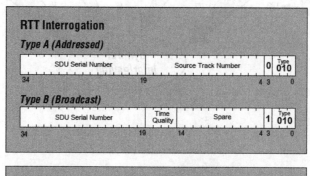

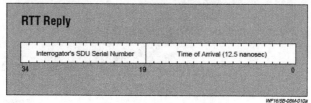

图 4-33 RTT 询问和回复消息

11. RTT 应答

RTT 询问在时隙开始时发送,而 RTT 应答按(RTT-R)照接收端机的时钟在时隙开始后 4.275ms 开始传输,时隙内均不加抖动。应答包含接收端机测量的询问消息最后一个符号的到达时间(TOA)。TOA 为天线接收到的时间,不包括接收端机的信号处理时延,以 1.25ns 为单位报告,如图 4-34 所示。

询问端机利用接收端机报告的 TOA 和自己测量的应答消息 TOA 计算信号传输延时和时钟偏差,修正自己的系统时钟。例如,假设询问端机的系统时间比应答端机慢,相当于它的时隙边界推迟了 E。时钟误差 E 的大小可以根据以下 3 条信息计算。

（1）回复中报告的询问 TOA,记为 TOA_i。

（2）询问端直接测量的回复 TOA,记为 TOA_r。

（3）已知的回复发送延时,4.275ms。

通过和一个系统时间精确度较高的单元交换 RTT 消息,可以提高自己系统时间的精度。

显然,信号的传输延时等于两个端机之间的距离除以光速 c,可以假设询问和应答的传输延时相同,记为 t_p。如果两个端机之间精确同步,没有时间上的偏差,则传输延时等于测量的到达时间 TOA。通过测量传输延时,可以得到两端机之间的距离。若端机之间存在时间偏差 E,则需要通过测量和交换询问到达时间 TOA_i 和应答到达时间 TOA_r 计算时间偏差 E 和传输延时 t_p,如图 4-35 所示。

第 4 章　Link 16 系统

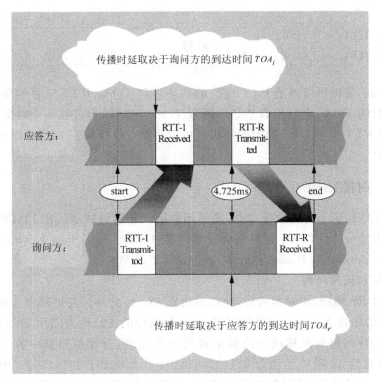

图 4-34　RTT 询问与应答消息的发送

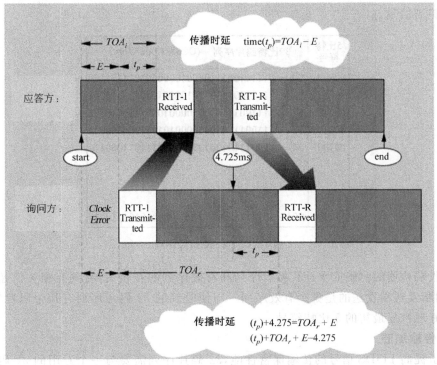

图 4-35　RTT 询问与应答的定时关系

由 $\begin{cases} TOA_i = t_p + E \\ TOA_r = t_p - E + 4.275 \end{cases}$ 解得 $\begin{cases} E = \dfrac{TOA_i - TOA_r + 4.275}{2} \\ t_p = \dfrac{TOA_i + TOA_r - 4.275}{2} \end{cases}$

发出询问的端机可以测量 RTT 应答的到达时间 TOA_r，RTT 应答的端机测量 RTT 询问的到达时间 TOA_i，并在应答消息中携带 TOA_i。这样，通过在一个时隙内发送 RTT 询问，并接收 RTT 应答，发出询问的端机就可以得到 TOA_i 和 TOA_r，从而求解时间误差 E 和传播延时。

4.3.4 时隙结构

为了在无线信道上传输数字信息，必须用数据调制射频载波。在 JTIDS 载波上编码数字数据的方法分为两部分：循环编码位移键控（Cyclic Code Shift Keying，CCSK）和连续相移调制（Continuous Phase Shift Modulation，CPSM）。

1. CCSK 和码片序列

数据经过 RS 编码，映射为符号，交织后进入 CCSK 处理。先把每个 5 比特的符号用一个 32 比特的序列表示。为了避免混淆，这个序列中的比特称为码片（chip）。由初始 32 码片（32-chip）序列每向左移动一位就生成另一个序列，这样就得到一族 32 码片序列。指定为 S0 的初始 32 码片序列为 01111100111010010000101011101100。因为 5 比特符号能表示 0~31 的数值，所以有 32 码片序列，如图 4-36 所示。这些码片序列也叫作符号包，用 S0~S31 标记，分别表示 32 比特直接序列扩频码的相位，这些扩频码用来生成 JTIDS 扩谱信号。

5比特符号	32比特码片序列　(CCSK Code Word)
00000	S0 = 01111100111010010000101011101100
00001	S1 = 11111001110100100001010111011000
00010	S2 = 11110011101001000010101110110001
00011	S3 = 11100111010010000101011101100011
00100	S4 = 11001110100100001010111011000111
⋮	
⋮	
⋮	
11111	S31 = 00111110011101001000010101110110

图 4-36　CCSK 码片序列

接收端检测的时候依次计算接收序列和有效序列的互相关，直到互相关值超过一定门限，判断发送端发送的是哪个有效序列。即使收到的 32 码片序列有几个码片错误，也能够很好地恢复最初的 5 比特符号。

2. 传输加密

为了提高 JTIDS 信号的传输保密性能，32 码片序列需要与一个专用的 32 码片伪随机噪声（PN）序列"异或"，得到的码片序列就是传输符号（transmission symbol），如图 4-37 所示。PN 码由传输加密(TSEC)密钥确定,并不断变化。最后传送出去的数据看起来像不相关的噪声。

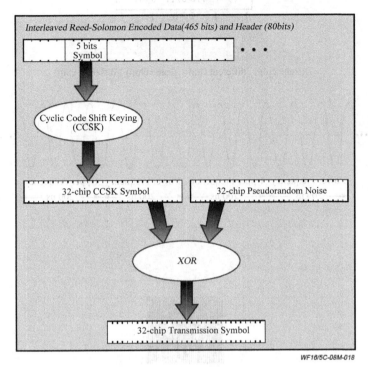

图 4-37 传输符号的产生

3. 载波调制

载波频率用连续相移调制(Continuous Phase Shift Modulation,CPSM),调制信号为传输符号的 32 码片序列,速率为 5Mb/s,每个码片的持续时间 $T=200$ns,调制后的信号带宽为 3MHz。

调制使用两个频率 f_0 和 f_1,假设 $f_1 > f_0$。为了保证相位连续,f_0 和 f_1 应满足在每个码片的持续时间 T(200ns)内频率周期正好相差半个波长,即 $f_1 - f_0 = 1/2T$,$f_1 = f_0 + 2.5$MHz。这样,在 200ns 周期的末尾,即两个频率的切换点,波形的相位是连续的,如图 4-38 所示。

这两个频率用来表示码片值的改变,而不是码片的绝对值。如果第 n 个码片与第 $n-1$ 个码片的值相同,则该 200ns 使用低的频率 f_0,如果不同,则使用高的频率 f_1。CPSM 技术也称为相位连续的二元频率键控(FSK)调制。

频率为 f_0 的信号在 200ns 内有整数个完整周期;而对于频率为 f_1 的信号,在 200ns 内有整数个再加半个周期。用整个 32 码片序列调制载波所需的时间为 $200 \times 32 = 6400$ns,也就是 $6.4\mu s$。一个码片序列称为一个脉冲。

4. 单脉冲和双脉冲

单脉冲符号包包含一个已调载波的 $6.4\mu s$ 脉冲,已调载波之后是 $6.6\mu s$ 的空载时间,一个完整符号包的持续时间为 $13\mu s$,正好等于跳频的驻留时间,即在每个频点上正好发

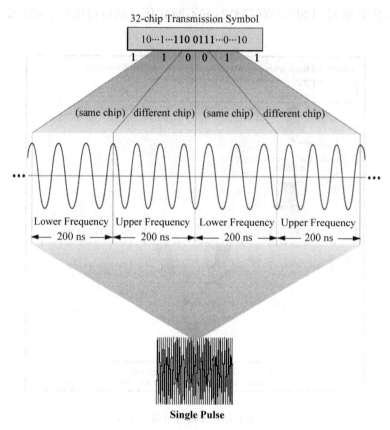

图 4-38　JTIDS 连续相移调制

送一个脉冲。

双脉冲符号由两个单脉冲组成，这两个单脉冲是用相同的传输符号调制的。双脉冲周期为 $26\mu s$。尽管两个脉冲包含相同的信息，但每个脉冲使用的频率不同，如图 4-39 所示。

JTIDS 的射频载波频率有 51 个，每 $13\mu s$ 跳频一次。跳频使 JTIDS 信号很难定位，具有低截获概率(LPI)，还可以增强链路的可靠性。双脉冲传输的数据不仅输出两次，并且在两个不同的载波频率上，这使得人为干扰的难度加倍，而且不容易受到多径干扰。

5. 同步脉冲

时隙开始是作为抖动的空载时间，随后是同步部分，包含固定模式的 16 个双脉冲符号。这 32 个脉冲在 8 个不同的载频上传输，总的传输时间是 $13 \times 32 = 416\mu s$。

6. 时间校准脉冲

时隙的时间校准部分包含 4 个双脉冲 S0 符号。传输时间校准脉冲的总时间是 $13 \times 8 = 104\mu s$。

7. 消息头和数据脉冲

时隙的消息头和数据部分的封装方式可以有 3 种选择：标准(3 words)、双封装(6 words)和四封装(12 words)。标准封装总是用双脉冲结构传输。双封装可以用单脉冲和

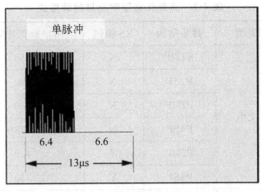

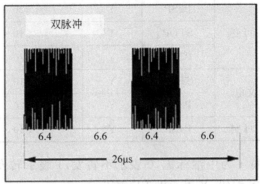

图 4-39 单脉冲和双脉冲结构

双脉冲结构的任何一种传输。四封装总是用单脉冲结构传输。这样，JTIDS 数据有 4 种封装方式。

- 标准双脉冲(STD-DP)。
- 双封装单脉冲(P2SP)。
- 双封装双脉冲(P2DP)。
- 四封装单脉冲(P4SP)。

为了保证可靠传输，消息头总是采用双脉冲封装，保证一定的传输冗余；但每个时隙，数据的封装可以不同。消息头中的类型字段(type)和类型变更比特(P/R)给出了数据封装格式，见表 4-7。

对于自由文电，P/R 表示封装格式为单脉冲或双脉冲，0 表示为双脉冲，1 表示为单脉冲；而对于固定/可变消息格式，P/R 表示是否转发，$r=0$ 表示不转发，$r=1$ 表示转发。

我们知道，J 系列消息字的长度为 70 比特，传输时每个消息字增加 5 比特的校验位，报头为 15 比特。传输时 3 个字为一组，包括用户发送的 3 个消息字和端机添加的 15 比特校验位，共计 225 比特。每个时隙根据时隙的封装结构，分别可以传输 93、186 和 372 个符号，即 465、930 和 1860 比特。如果做校验和 RS 编码，465、930 和 1860 比特中真正的用户数据只有 210、420 和 840 比特。

类型为 0 和 1 时，自由文电不做 RS 编码，单封装一个时隙可传输 465 比特的用户数据，但为了与标准的 2400b/s 和 4800b/s 线路速率相兼容，实际只传输 450 比特。

表 4-7 消息头类型字段与封装格式

类型	P/R	数据类型	封装结构	RS编码	用户数据比特数	传输比特数
0	0	自由文电	STDP	N	450	450
0	1		P2SP	N	900	900
1	0		P2DP	N	900	900
1	1		P4SP	N	1800	1800
2	0		P2DP	Y	420	930
2	1		P4SP	Y	840	1860
3	r	固定/可变	P2SP	Y	420	930
4	r		STDP	Y	210	465
5	r		P2DP	Y	420	930
6	0	自由文电	STDP	Y	210	465
6	1		P2SP	Y	420	930
7	r	固定/可变	P4SP	Y	840	1860

表 4-7 中，P/R 比特 r 为中继标志，0 表示不转发，1 表示转发；RS 编码表示是否做 RS 编码，N 表示不做 RS 编码，Y 表示做 RS 编码。

为了更清楚地讲解不同封装结构的数据容量，下面进一步讨论时隙结构，分别介绍消息头和数据。但实际传输时，消息头和数据符号是交织在一起的，可以不区分时隙结构中的消息头和数据部分。

8. 标准双脉冲

标准双脉冲(STD-DP)结构时隙的消息头和数据部分由 109 个符号交织而成，可以表示 465 比特未编码信息或 225 比特编码信息。如前所述，标准的消息头和数据部分由 3 个 75 比特数据字和一个 35 比特消息头组成，分别用 RS 编码变换为 465 比特和 80 比特。每 5 比特一组，数据部分生成 93 个 32 码片传输符号，消息头部分生成 16 个 32 码片传输符号，数据和消息头符号进行交织。传送 109 个双脉冲符号所用的总时间为 2.834ms。

STD-DP 时隙结构包含可变长度的抖动、3.354ms 的符号传输时间和变长的传播时延保护。其中 3.354ms 传输的符号包括用于同步和精同步的符号、消息头和 225 比特编码的 Link 16 消息数据。实际上，消息头和数据是交织在一起的，如图 4-40 所示。

9. 双封装单脉冲

双封装单脉冲(Packed-2 Single Pulse, P2SP)结构时隙的消息头和数据部分由 16 个双脉冲消息头符号和 186 个单脉冲数据符号组成。消息头和数据符号交织，分别代表 35 比特消息头数据和 450 比特已编码的 Link 16 消息数据(或 930 比特未编码的自由文电数据)。对于 P2SP 结构的时隙，用于传输消息头和数据的总时间是 2.834ms，与 STD 结构相同，尽管消息头信息仍然冗余传输，但数据只传输一次，因此可传的数据量是 STD-

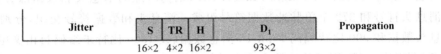

图 4-40 STD-DP 时隙结构

DP 结构的两倍，但抗干扰能力较弱。

P2SP 时隙结构包含可变长度的抖动、3.354ms 的符号传输时间和变长的传播时延保护。其中 3.354ms 传输的符号包括用于同步和精同步的符号、消息头和 450 比特编码的 Link 16 消息数据。消息头以双脉冲冗余传输，而数据只以单脉冲传输一次，如图 4-41 所示。

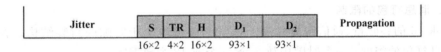

图 4-41 P2SP 时隙结构

10. 双封装双脉冲

双封装双脉冲（Packed-2 Double Pulse, P2DP）结构时隙的消息头和数据部分由 202 个交织的双脉冲符号组成：16 个属于消息头，186 个属于数据，数据可以是 450 比特编码的 Link 16 消息字（6 个消息字），也可以是 930 比特未编码的自由文电数据。对于 P2DP 结构的时隙，用于传输消息头和数据的总时间是 5.252ms。在时隙开始没有抖动时间，这样就可以腾出时间传输冗余的数据。也就是，在时隙的开始立即开始传送。

P2DP 时隙结构没有抖动，5.772ms 传输的符号包括用于同步和精同步的符号（0.52ms）、消息头（0.416ms）和 450 比特编码的 Link 16 消息数据（4.836ms）。剩余时间（2.0405ms）用于传播时延保护，如图 4-42 所示。

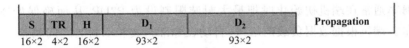

图 4-42 P2DP 时隙结构

与 P2SP 相比，P2DP 采用双脉冲发送，提高了数据发送的可靠性，但没有抖动时间，传播时延保护时间也减小了。因此，抗截获能力和传输距离都有所下降。

11. 四封装单脉冲

四封装单脉冲(Packed-4 Single Pulse,P4SP)结构时隙的消息头和数据部分由 16 个双脉冲消息头符号和 372 个单脉冲数据符号组成。消息头和数据符号交织,分别表示 35 比特消息头数据和 900 比特编码 Link 16 消息数据(或 1860 比特未编码自由文电数据)。对于 P4SP 结构的时隙,用于传输消息头和数据的总时间是 5.252ms,与 P2DP 结构相同,如图 4-43 所示。P4SP 结构没有预留抖动延时,而且数据只传输一次,在所有结构中吞吐量最大,但抗干扰能力最弱。

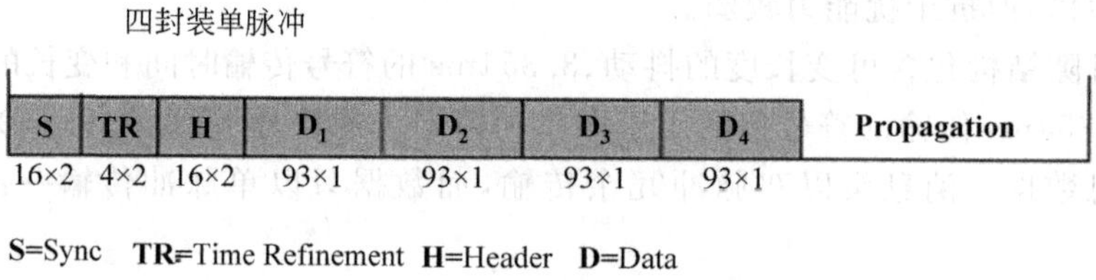

四封装单脉冲

S	TR	H	D_1	D_2	D_3	D_4	Propagation
16×2	4×2	16×2	93×1	93×1	93×1	93×1	

S=Sync　TR=Time Refinement　H=Header　D=Data

图 4-43　P4SP 时隙结构

12. 消息打包的限制

Link 16 的吞吐量、通信距离和抗干扰(AJ)强度取决于时隙的封装结构。吞吐量取决于消息打包的密度:一个时隙中放 3 个、6 个或 12 个数据字。

通信距离有正常通信距离和扩展通信距离之分。正常的通信距离为 300 海里,所有封装的结构都可适用于正常通信距离。扩展的通信距离为 500 海里,仅 STD-DP 和 P2SP 能够适用。在扩展距离模式,需要延长信号传播延时保护时间,因此用于抖动的空载时间随之变短。由于时隙的结构设计依赖于通信距离,所以网络内所有单元必须设定相同的通信距离参数。在扩展通信距离下将失去一些抗干扰能力。

除其他因素外,Link 16 发射信号的抗干扰强度主要依赖时隙开始时间的变化(抖动)和冗余(两倍脉冲)。抗干扰余量值随传输吞吐量的增加而减小,P4SP 能提供最高的吞吐量,但其抗干扰余量最小。设计端机时尽量采用 STD 封装结构,以获得最高的抗干扰余量。一旦报文负载过重,端机就会自动牺牲抗干扰余量,以满足吞吐量要求。

端机按照 STD-DP、P2SP、P2DP 和 P4SP 顺序依次选择使用的封装结构。最大封装限制(upper packing limit)是端机初始化时设置的一个参数,限制端机可以选择的封装结构的范围。换句话说,最大封装限制表明在任意时隙情况下可以牺牲多少抗干扰余量。然而,主机可以使用 TIM 消息指定某个时隙突破这个限制。

美国海军通常在端机初始化时把最大封装限制设为 P2DP,从而确保始终保留一些抗干扰余量。端机根据数据负载的增减,自动在标准封装和双封装之间调整。

4.3.5　JTIDS 射频信号

JTIDS 射频信号使用 UHF 频段,通常是视距(LOS)传输。舰对空视距通常为 150 海里,空对空视距通常为 300 海里。但舰对舰视距只有 25 海里。因此,Link 16 为了保证战斗群内部的联通必须采用转发器。

1. JTIDS 通信模式

端机通常使用3种通信模式。

模式1：正常的JTIDS工作模式，包括跳频、消息安全（MSEC）和传输安全（TSEC）处理。

模式2：无跳频模式。所有脉冲定频发射，在时隙使用上没有和平时期的使用限制。

模式4：无跳频模式。取消了一些通信安全处理，使得端机作为常规数据链使用。

模式1是正常工作模式；模式2和4在容量和性能上有所弱化；模式3是无效模式，不能在2类终端上使用，并且不符合北大西洋公约组织标准化协议（NATO STANAG）的JTIDS标准。实际上，模式4在NATO STANAG中被称作模式3。

2. Lx 频段

JTIDS使用的Lx频段频谱为950～1150MHz，如图4-44所示。民用的和军用的空中导航系统，包括民用测距设备（DME）和军用TACAN装备也都使用这个频段，在这个频段每1MHz分配一个信道。

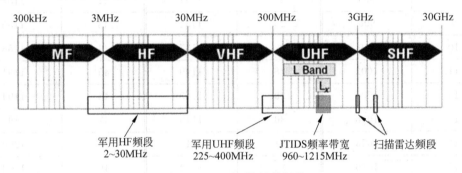

图 4-44　JTIDS 使用的频段

3. JTIDS 频率

JTIDS工作在950～1215MHz的Lx频段，实际工作的中心频率为969～1206MHz的51个频点，频点之间相隔为3MHz，见表4-8。从969～1206MHz共有80个可用频点，但1011～1050MHz（14个频点）和1068～1110MHz（15个频点）的两个子频段已经被敌我识别系统（IFF）占用了，因此JTIDS实际可使用的频点为51个。选择模式1通信时，每个脉冲根据一个伪随机模式选择不同的频率发射。伪随机模式由网号和TSEC密钥决定。选择模式2通信时，所有脉冲都使用969MHz定频发射。

4. DME

DME是一种民用导航系统。它由一个机载询问器和地面应答器（transponder，异频雷达收发机）组成。询问器工作在1025～1150MHz频段，频率间隔为1MHz，共126个信道可供选择，发射速率为30脉冲对/s。应答器工作在962～1024MHz和1151～1213MHz两个频段，也是126个信道。飞机驾驶舱中的一个指示器显示发-收时间，并换算成海里。DME地面应答器通常同VHF全向测距（VOR）发射机安装在一起，用来同时向飞机提供距离和方位信息。VOR工作在JTIDS的频率之外，它的频率范围为108～118MHz。

表 4-8　JTIDS 载波频率

Frequency Number	Frequency (MHz)	Frequency Number	Frequency (MHz)	Frequency Number	Frequency (MHz)
0	969	17	1062	34	1158
1	972	18	1065	35	1161
2	975	19	1113	36	1164
3	978	20	1116	37	1167
4	981	21	1119	38	1170
5	984	22	1122	39	1173
6	987	23	1125	40	1176
7	990	24	1128	41	1179
8	993	25	1131	42	1182
9	996	26	1134	43	1185
10	999	27	1137	44	1188
11	1002	28	1140	45	1191
12	1005	29	1143	46	1194
13	1008	30	1146	47	1197
14	1053	31	1149	48	1200
15	1056	32	1152	49	1203
16	1059	33	1155	50	1206

5. TACAN

TACAN 是一种军用导航系统。它可以同时提供测距和测向功能。TACAN 地面单元发射 DME 信标用于测距,同时其天线方向图为一个心形主瓣加 9 个旁瓣,天线方向图不停旋转用于测向。天线方向图每秒旋转 15 次,产生一个 15Hz 大粒度定向信号。9 个旁瓣也是每秒旋转 15 次,产生一个 135Hz 精确定向信号。军用飞机将接收的信号转化为可视化的方位和距离视图。

在美国和其他一些国家,测距和测向导航系统通常将 VOR 站和 TACAN 站共同配置在一起,以形成一个 VORTAC 站。VORTAC 是一个通用(军用和民用)导航系统。两个站同时操作,提供 3 种服务:VOR 方位、TACAN 方位和 TACAN 距离(等同于 DME)。

机载的 JTIDS 端机集成了 TACAN 功能,提供了 TACAN 询问和应答处理,替代了原有的 AN/ARN-18 TACAN 设备。JTIDS 端机的 TACAN 功能工作在最低的搜索和跟踪速率上。消隐脉冲(blanking pulses)使得 JTIDS 的 TDMA 信号和 TACAN 信号不会同时发射。

6. 敌我识别系统

空中交通管制雷达信标系统（ATCRBS）/敌我识别（IFF）系统使用中心频率为 1030 MHz 和 1090 MHz 周围的两个子频带。地面上的询问器工作在 1030 MHz，每秒发送 400 个脉冲对；接收来自飞机上的应答信号时工作在 1090 MHz，对身份、高度和其他一些对于识别飞机身份所必要的信息进行脉码调制。

7. 模式选择信标系统 IFF

模式选择信标系统（模式 S）IFF 由信标雷达和地-空-地数据链系统组合而成，用于替代空中交通管制雷达信标系统（ATCRBS）。它向后兼容 ATCRBS，使用同样的问/答频率。

模式 S 除了可以询问监视与高度信息外，还多了数据链功能。模式 S 的地址代码空间大小超过 1600 万，足够允许每一架飞机都有唯一的身份编码，已经被美国近 150 个机场安装使用，并且准备提供可靠的通信服务和密集流量情况下的准确监视功能。它有选择询问、单扫描询问、全呼询问、检错纠错、单脉冲射束剖分等功能。

JTIDS、IFF、TACAN 和 DME 的发射机使用相同的频段。在这个频段上，DME 和 TACAN 每 1 MHz 分配一个信道，JTIDS 每隔 3 MHz 设置一个频点，如图 4-45 所示。为了防止 JTIDS 信号干扰 ATCRBS/IFF 的频带，JTIDS 端机发射机上都装有专用的陷波器。

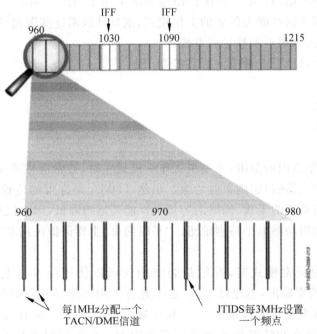

图 4-45　JTIDS、IFF、TACAN 和 DME 的发射机工作频率

8. 干扰

在 JTIDS 的工作频段内，有可能对 JTIDS 端机造成干扰的信号主要包括 IFF 询问器、AIMS 应答器、TACAN 询问器和内置的 TACAN 功能，以及附近的舰载或机载

TACAN 询问器的信号,要求 JTIDS 端机必须在这种干扰环境下能稳定运行。机载 TACAN 干扰环境中大约有 60 个工作在搜索模式的询问器和 540 个工作在跟踪模式的询问器。这些干扰信号均匀分布在整个 TACAN 频段,并且位于相对峰值信号电平的 -42dBm 处。典型的地面信标干扰环境中,每一个地对空信道都发射一个信标,发射速率为 3600 脉冲对/s,50 个信标信号的功率大约为 -60 dBm。

9. JTIDS 辐射要求

为了防止端机发射的射频信号干扰其他系统的正常运行,必须严格限制脉冲功率谱和带外辐射特性。脉冲功率谱在中心频率为轴的 3MHz 带宽内没有严格限制,但它必须在正负 3MHz 处衰减 10dB、正负 6 MHz 处衰减 25dB、正负 15MHz 处衰减 60dB。带外辐射特性包括宽带噪声、旁带起伏、谐波和其他的寄生辐射,必须控制在 -65dBm/kHz 以下。

10. 干扰保护设施

由于 JTIDS 信号可能会对国家航空导航和飞行安全系统形成干扰,因此 JTIDS 端机都安装了干扰保护设施(IPF)监控端机的发射。IPF 主要监控的内容包括:端机的带外辐射、对 IFF 子频带的辐射、错误的跳频图案、错误的脉冲长度、过高的收/发热噪声、高功率放大器(HPA)工作和时隙占空因子。任何指标超过限制,IPF 都会自动禁止端机的发射。

端机有两套保护措施:第一种保护措施保证工作于模式 1 的端机符合"平时约束",对于模式 2 和模式 4 这些能力较弱的工作模式,则自动取消这些限制;第二种保护措施自动监测端机的发射,确保不干扰导航系统。

操作者通常通过以下 3 种 IPF 设置控制 IPF。

(1) 正常模式。

(2) 演习越权。

(3) 作战越权。

11. 正常模式

在陆地 12 海里以内的范围,当端机工作于模式 1 时,通常应该将 IPF 设置成正常模式,并且对端机的发射强制实施平时约束。虽然 TDMA 是许可的传输方式,但为了防止对民用和军用导航系统的干扰,网络的容量和性能要适当降低,因为民用和军用导航系统对总脉冲密度和频谱功率电平特别敏感。"平时约束"主要保护民用和军用导航系统不受干扰。

当 IPF 设置为正常模式时,发射封装结构仅可以使用标准封装和双封装单脉冲(P2SP)。禁止大功率输出,不允许多网,也不允许采用可能导致同时发射导致的竞争接入。时隙利用率减少至系统容量的 40% 和终端容量的 20%。所有时隙,包括自由文电(话音)、固定格式报文和转发报文都受同样的限制。允许的时隙集有 A-0-14、B-1-14、C-0-12 和 C-4-11。这种时隙使用上的限制称为 40/20 时隙占空因子(TSDF),它限制了单位时间所能发送的脉冲数量。

端机监控自己的性能,保证符合这些限制。同时,端机还须测量脉冲宽度,监控脉冲的分布,确保在频谱上分布均匀,并且保证不在未经授权的载波上发射信号。一旦违反这些约束,就会终止端机所有的发射行为。

平时约束主要包括
(1) 仅 2A 类型的 RTT。
(2) SDT 或 P2SP 封装结构。
(3) 200W 发射功率。
(4) 非竞争时隙接入。
(5) 40/20 的 TSDF。
(6) 单网(网 0),不允许多网。
(7) 均匀的跳频分布。

12. 演习越权

相对于正常模式,演习越权只提供部分干扰保护功能。由于取消了平时约束条件,因而允许竞争接入、多网运行、100/50 的时隙占空因子以及大功率输出。舰载和 E-2C 侦察机上端机的大功率放大器能将发射功率提高到 1000W。因为正常情况下 200W 的低功率就可以满足 300 海里范围的联通性要求,HPA 的大功率主要用于抗干扰。在这种设置下,端机持续监控脉冲扩展、非法的频率、不均匀的频率分布等信号特征。

演习越权需要战斗群指挥官的授权,通常作为 OPTASK Link 军用消息的一部分,该消息提供了如何建立和操作战术数据链的详细指令。

13. 作战越权

IPF 设置成作战越权时,取消全部干扰保护措施,必须由战斗群指挥官批准。这一模式仅在系统必须继续运行的情况下使用,明知 IPF 失效,并且可能会干扰导航系统。

表 4-9 给出了工作于模式 1 的端机 IPF 各种设置下的约束条件。JTIDS 波形有可能干扰国家导航和飞行安全,训练越权和作战越权必须经战斗群指挥员授权。

表 4-9 IPF 约束条件

IPF	描 述	备 注
正常模式	运行所有监测功能(平时约束)	在近海或港口使用
演习越权	取消平时约束	允许更高的时隙占空因子和大功率输出
作战越权	取消所有的干扰保护	战场短期使用。仅在已知 IPF 失效,而又必须继续运行的情况下使用

14. 时隙占空因子

时隙占空因子(Time Slot Duty Factor, TSDF)用于衡量 JTIDS 脉冲密度,100% 的 TSDF 定义为每 12s 的帧 396 288 个脉冲。对于标准封装或双封装单脉冲封装,每时隙 258 个脉冲,每帧 1536 个时隙发射,因此每帧为 258×1536=396 288 个脉冲。对于双封装双脉冲和四封装单脉冲封装,每个时隙包含 444 个脉冲,396 288 个脉冲可近似看成每帧 892 个时隙,共计 444×892=396 048。

TSDF 通常表示为 2 个或者 3 个数字,并用斜线分割。第一个数字表示网络设计分配到所有参与者的百分比;如果中间数字存在,则表示用于转发的百分比;最后的数字表示任何单个平台可用的百分比。因此,一个标准的网络 TSDF 可以表示为 40/20 或者 100/50/20。

如果只使用标准型或者双封装单脉冲,这些百分比与使用 1536 时隙的百分比相等。因此,一个 TSDF 值为 40/20 的网络分配不超过 40% 的脉冲给所有的 JTIDS 端机,分配不超过 20% 的脉冲给任一 Link 16 单元。一个 TSDF 值为 100/50/20 的网络分配每帧 396 288 个脉冲给网络用户,但是用于转发的不能超过 50%,而且任一单元传输脉冲不能超过 20%。

由于 TSDF 的定义是按照标准封装或双封装单脉冲封装的脉冲个数计算的,而双封装双脉冲和四封装单脉冲封装每个时隙包含 444 个脉冲,因此计算的 TSDF 有可能超过 100%。例如,一个网络,分配给话音的 224 个时隙和 224 个转发时隙为四封装单脉冲,其他所有时隙都按双封装单脉冲上限分配,每帧的脉冲个数为 $1088 \times 258 + 448 \times 444 = 479\ 616$,那么这个网络的 TSDF 值为 $479\ 616/396\ 288 \times 100\% = 121\%$。

15. 联邦航空局的限制

JTIDS 工作在分配给航空无线导航设备的频段上并受联邦航空局(FAA)的约束。因此,JTIDS 要工作在离美国海岸线 200 海里以内的美国领土和领海,必须与 FAA 协调并得到批准。NAVEMSCEN 是国防部关于 JTIDS 频谱管理问题的联系机构,负责协调频率分配事宜。在给定地域内的频谱使用冲突需要进一步与地域内的频谱分配管理(GAAC)机构协调,并通过 JTIDS/MIDS 冲突解决服务器协调不同系统(服务)间的用频冲突。

典型的约束条件有以下 7 种。

- TSDF:在端机为中心的 200 海里范围内 TSDF 为 100/50/20,若有冲突,则通过 GAAC 协调和解决;E-2C 必须在 18 000 英尺以上高空转发,并与其他飞机相距大于 3 海里。
- 竞争接入:只限于 RTT、初始入网、高更新率的 PPLI 和战斗机到战斗机传输。
- 功率输出:低。
- TACAN/DME 信标:不在 0.5 海里范围内使用,7 海里以内 TSDF 限制在 50%。
- ATCRBS IFF 站点:不在 900 英尺以内的水面、地面使用。
- 模式 S 传感器:装有陷波器的 E-2C 和舰/岸单元不在 5 海里内使用,没有陷波器的战斗机不在 30 海里以内使用。
- 可用的 DME/P 信标:不在无线电视距范围内使用。

FAA 逐条审核后才会批准免责证书。由于 JTIDS 对导航系统的影响程度目前的研究还不是很充分,这些限制条件有些可能过于苛刻。充分认识这种干扰的影响后,这些限制条件或许可以放松一些。

4.4 Link 16 网络

4.4.1 概述

4.3 节主要介绍了 JTIDS 网络的物理结构,本节介绍 JTIDS 网络的逻辑结构。这里介绍由海军指挥控制和大洋监控中心(NCCOSC)的海军研发部(NRaD)设计的逻辑结构。由于JTIDS的逻辑结构是面向任务并基于舰队作战的需求，因此可以有多种不同的逻辑结构。

网络是面向军事应用，并且为满足舰队作战需求而设计的。尽管操作者不能控制如何定义网络结构，但理解它是如何设计和工作的对于操作者处理和诊断故障非常有帮助。了解网络逻辑结构方面的知识还可以帮助操作者区分JTIDS波形固有的限制和特定网络设计的限制。

4.4.2 参与群

叠加在JTIDS网络物理结构上的是一种逻辑结构，它允许网络适应特定的作战环境和需求。这种适应性是通过将网络容量分为多个"虚电路"实现的，每个"虚电路"都专用于一种功能。这些虚电路或者功能群的使用根据网络参与用户的任务和容量分配。

除了友军识别和位置报告，功能群还包括
- 战斗群监视。
- 战斗机对战斗机目标分类。
- 对空指挥引导。
- 电子战报告与协同。
- 战斗群任务管理和武器控制。
- 两路安全话音通道。

还有其他支持网络操作的功能群，包括初始入网和RTT。所有这些功能群都被称作网络参与群(NPGs)。每个NPG上传输的消息都支持它们特定的功能。

功能的结构化允许JTIDS单元(JUs)仅参与完成它们功能所必须的NPG。美国海军的指挥控制(C2) JU(舰载的和在E-2C上的)可以在任何时候参与任何NPG。最多可以有512个参与群。在这些参与群中，30个分配给各种面向主题的功能，用于传输J系列消息，22个目前已被定义，16个可用于美国海军的指挥控制单元。NPG30和NPG31指定用于IJMS消息，目前美国空军、北约组织的E-3还在使用IJMS消息。

32~511的NPG作为需求线(needline)参与群。需求线参与群是面向寻址的，需要指定目的地址，只允许在陆军内部通信中使用。需求线参与群中交换的数据包括JTIDS支持的可变消息格式中的ATDL-1消息。

512个NPGs都有指定的编号，2类端机从512个NPGs中选择32个，将64个时隙集分配给这32个参与群。所选择的NPG有一个"外部"编号，也就是所指定的参与群编号(1~511)，还有一个"内部"编号，即32个所选的参与群从1到32顺序编号。每个NPG对应一个特定的J系列消息集合，如J3系列消息在NPG 7中传输。

1. NPG

NPGs支持作战的通信需求，使得网络设计者可以区分J系列消息中实现的功能。网络容量首先分配给各个NPG，然后再将分配给NPG的容量分配给参与NPG的用户。NPG可分为两大类：一类用于交换战术数据，包括话音；另一类用于网络的维护和管理。

通常，网络都是针对特定的作战目标而设计的，目前已定义的NPG见表4-10。在给定的网络中可能有，也可能没有这里定义的这些 NPG，要看网络的设计目的和功能需求。

表 4-10　目前已定义的 NPG

NPG		功　能
1	初始入网	Initial Entry
2	往返定时 A(RTT A)	Round-Trip Timing-Addressed
3	往返定时 B(RTT B)	Round-Trip Timing-Broadcast
4	网络管理(NM)	Network Management
5	精确参与定位与识别 A	PPLI and Status A
6	精确参与定位与识别 B	PPLI and Status B
7	监视	Surveillance
8	武器协同(WC)	Weapons Coordination
9	对空指挥引导(AC)	Air Control
10	电子战	Electronic Warfa
12	话音 A	Voice Group A
13	话音 B	Voice Group B
14	间接 PPLI(海军专用)	Indirect PPLI (Navy Only)
18	战斗机-战斗机(专用)	Fighter-to-Fighter (Dedicated)
19	战斗机-战斗机(竞争)	Fighter-to-Fighter (Contention)
21	交战协同(陆军专用)	Engagement Coordination (Army Only)
27	联合 PPLI	PPLI (Joint Net Broadcast)
28	分布式网络管理(DNM)	Distributed Network Management
29	剩余消息(RM)	Residual Message
30	IJMS 位置与状态	IJMS Position & Status
31	IJMS 消息	IJMS Message

2. NPG 1：初始入网

这个 NPG 用于粗同步和入网。在这个 NPG 中，指定作为网络时间基准的单元周期性地发送入网消息，用于其他端机获取系统时间。入网消息也可以由任一个被指定为初始入网单元(IEJU)的端机发送，IEJU 也称为入网控制端机(NECT)。所有工作的中继端机也可以发送入网消息。除非另外指定入网时隙，否则 2 类端机在网络 0 的 A-0-6 时隙发送初始入网信息。A-0-6 是每帧的第一个时隙，在初始化时被优先分配。由于这个 NPG 用于粗同步和入网，因此所有网络都需要它，并且所有单元都参与这个 NPG。

3. NPG 2：RTT A（专用）

JTIDS 端机间可以在这个 NPG 中自动交换 RTT 消息，以支持精同步。这个 NPG 也可用于入网，便于相对导航的计算。这个参与群里的时隙是给专门指定的单元使用，交换的 RTT 都是寻址 RTT。若网络中没有这个 NPG，则 RTT 消息在 NPG5 和 NPG6 中抢占偶发时隙。同步过程中，2 类端机在 12s 帧内最多发送 3 个 RTT 消息，获得精同步后，每分钟交换一次 RTT 信息。

4. NPG 3：RTT B（竞争）

这个 NPG 与 NPG2 完成相同的任务，但是一组单元通过竞争方式接入共享时隙。它经常配置成层叠网，各个网的网号对应时间质量参数（0~15）。

5. NPG 4：网络管理

该 NPG 用于在网上发送命令重新分配网络容量，所有 JTIDS 端机都接收和处理网络管理消息。例如，海军的指挥控制单元可以通过发送网络管理消息改变一个空军 F-15 应答时隙，使其进入海军的对空指挥引导网络。

6. NPG 5：PPLI 和状态（A 池）

这个 NPG 与 NPG6 一起用于非指挥控制单元，端机自动产生和发送各单元的位置、身份和状态报告。快速运动的战斗机能使用分配给 NPG5 和 NPG56 的时隙，以高更新率（HUR）发送它们的位置。而舰艇不需要像飞机那样频繁地报告位置。在 PPLI 网络参与群上的各端机还自动广播端机的状态消息，如燃料、武器状态等。

7. NPG 6：PPLI 和状态（B 池）

所有单元，包括指控和非指控平台都可以使用这个 NPG，用于识别、同步和相对导航。除了识别和详细的位置信息，PPLI 还包含每个平台使用的话音和对空指挥引导的网号。所有的单元均可以显示其他单元的 PPLI。如果没有单独定义 RTT 的 NPG，则 JTIDS 端机在本 NPG 中交换 RTT。该 NPG 的数据也可以转发到 Link 11。

8. NPG 7：监视

监视包括搜索、探测、识别和跟踪目标。在该 NPG 中传输的内容包括空中航迹、水面航迹、水下航迹、防空导弹位置、基准点、反潜战点、声方位、电子战方位和固定点等消息。所有舰艇和 E-2C 都参与该 NPG。该 NPG 的数据可以转发到 Link 11。

9. NPG 8：武器协同

指定的单元通过 NPG8 协调作战集团的武器使用，下达武器交战命令；所有的指挥控制单元都通过 NPG8 报告交战状态，控制各单元的状态和战术配对。NPG8 的数据也可以转发给 Link 11。

10. NPG 9：对空指挥引导

指挥控制单元通过该 NPG 对非指控单元实施指挥引导。该 NPG 被分成上行链路和下行链路两部分，均配置为层叠网，如图 4-46 所示。每个网指定给一个作战群体，包括一个指挥引导单元和受控的作战飞机，指挥引导单元可以是舰艇或者 E-2C。指挥引导单元在上行链路的时隙中给战斗机发送任务分配、无线电引导、目标报告。对于未参与监视 NPG，不具有航迹处理能力的作战飞机（如 F-14D），可以通过上行链路接收指挥引导单元发送的经过处理和关联的战术视图。

在 NPG 9 的下行链路上，战斗机向指挥引导单元发送雷达目标、飞行员对指挥引导命令的应答和平台状态。在下行链路上，为每个受控的战斗机都指定了发送时隙，最多可以有 16 架战斗机加入 NPG9 的下行链路，也可以作为可选项，指定 4 架或 8 架战斗机。

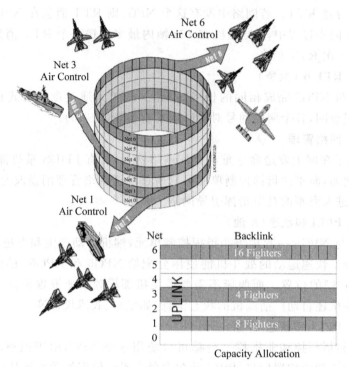

图 4-46 对空指挥引导 NPG 层叠网结构

由于装备的限制,F-14D 相互之间不能接收和处理下行链路发送的雷达数据,F-14D 之间的雷达数据交换可以通过战斗机对战斗机 NPG——NPG 19 实现。

11. NPG 10：电子战

该 NPG 用于在具有电子战能力的舰船和 E-2C 之间分发电子战命令与参数数据。由于战斗机不参与指挥控制单元之间的电子战数据交换,电子战 NPG 与战斗机 PPLI NPG 可以构成多网结构。该 NPG 的数据可以转发到 Link 11。

12. NPG 12：话音 A

这个 NPG 为所有单元提供保密、数字化的话音通道。它通常配置成层叠网结构,这样可以构成 127 个话路。若一个网络初始化编号为第 128 个网络,即网号为 127,则被认为是当前未定义的。在操作过程中,端机使用一个由操作员提供的网号,而且操作员可以根据需要改变网号。这样,初始化网号为 127 的网络就成了具有拨号能力的网络,可以根据操作员的需要进入某个话音网络。

话音群 A 可以分配给 JTIDS 端机的端口 1 或端口 2,速率为 16kb/s,无纠错编码。要注意的是,当端机被设置为数据静默时,话音通道仍保持活跃。

13. NPG 13：话音 B

该 NPG 提供与 NPG 12 特征完全相同的另一路话音通道。

14. NPG 14：间接 PPLI

该 NPG 通过转发时隙支持多链操作,JTIDS 转发单元在转发时隙向未直接加入 JTIDS 网络的 Link 11 单元(PU)和 11B 数据链单元(RU)发送包括位置及识别信息的

PPLI，这些 PU 和 RU 的数据通过 JTIDS 转发单元转发到 Link 16 中。只有美国海军使用该 NPG，并且已在模型 4 和模型 5 的 C2P 中实现。

15．NPG 19：战斗机-战斗机（专用）

像战斗机这种非 C2 单元通过该 NPG 交换雷达传感器的目标信息及状态。该 NPG 通常配置成层叠网，每个战斗机群在其中一个网络分配专用的时隙。指挥引导单元通过网络拨号功能可以访问层叠网中的任何网络。每个战斗机群最多可有 8 架战斗机，也可选择每个网络为 2 架、4 架、8 架战斗机。美国海军多采用专用访问的方式，参与这种 NPG 的典型的战机为 F-14D。

美国海军在使用这种 NPG 时，不允许 F-14D 同时使用空中管制下行链路和战斗机到战斗机的 NPG 网络。为保持美国海军指挥控制单元与一组派遣执行半自主作战任务的战斗机群之间的通信，会在该 NPG 中专门为指挥控制单元分配一些时隙，这个小的时隙子集被称为战斗机报告。

16．NPG 20：战斗机-战斗机（竞争）

该 NPG 用途与 NPG 19 相同，不过时隙的接入是竞争式的。美国空军多用竞争接入，参与该 NPG 的典型战机是 F-15。

17．NPG 21：交战协同

这种 NPG 只用于美国陆军部队爱国者（PATRIOT）与战区高空区域防空系统（THAAD）之间的交战协同。

18．NPG 27：联合 PPLI

该 NPG 用于联合作战中交换识别与定位信息。

19．NPG 28：分布式网络管理

该 NPG 目前尚未使用。

20．NPG 29：剩余消息

这是一个特殊的 NPG，用于传输未指定到其他 NPG 的消息。所谓剩余消息，是指那些未指定 NPG 的消息。如果某些消息通常与某个 NPG 相关联，但目前运行的网络中又不包含该关联的 NPG，或者某些消息就没有正常指定 NPG，这种情况下就出现了这种"剩余消息"。例如，可交换自由文电、面向字符消息的 J28 系列专用消息可能需要通过该 NPG 传送。

21．NPG 30：IJMS（临时 JTIDS 消息规范）位置与状态

该 NPG 用于传输 IJMS 位置与状态消息，或称为"P 消息"。美国空军的 2 类端机可以和装备 JTIDS 或 IJMS 设备的单元互操作，并在它们之间进行数据转发。虽然美国海军不能与装备 IJMS 设备的平台互操作，但它们能够共享相同的网络结构。如果网络设计合适，它们可以安装在同一平台上，不会相互干扰。

22．NPG 31：IJMS 消息

除了位置消息和话音以外的所有 IJMS 消息都在这个 NPG 上传输，这些消息称为 IJMS 的"T 消息"。虽然美国海军不能与装备 IJMS 设备的平台互操作，但他们能够共享相同的网络结构。如果网络设计合适，它们可以安装在同一平台上，不会相互干扰。

23. NPG 缓冲

JTIDS 端机的用户接口控制程序（SICP）最多可以缓存 3 个 NPG 的消息。通过缓存，可以在流量过高情况下降低消息的丢失率。操作员可以选择对某个 NPG 的信息做缓存处理。监视、任务管理、武器协同、电子战、对空指挥引导 NPG 的数据都可以缓存。

4.4.3 时隙分配

分配给特定 NPG 的网络容量大小取决于通信优先级，包括

- 参与者的数量与类型。
- 参与者需要访问这个 NPG 的频繁程度。
- 预期的数据量。
- 信息的更新速度。
- 中继需求。

在 NPG 中，时隙分配的数量取决于参与单元的类型及其接入时隙的方法。

1. 单元类型

JTIDS 单元有两种基本类型：指控单元和非指控单元。作为指控单元的平台应该具有必要装备、任务和实施指挥控制权的人员，指控单元指导其他平台的行动。在美国海军中，指控单元包括常规或核动力航空母舰（CV/CVN）、常规或核动力导弹巡洋舰（CG/CGN）、导弹驱逐舰（DDG）、多用途两栖攻击舰（LHD）、核潜艇（SSN）和 E-2C 预警机。非指控单元是指行动受指控单元控制或监视的平台。在美国海军中，只有 F-14D 和 F/A-18 战斗机是非指控单元。对于美国空军，指控单元是各种地面指挥所和空中指挥平台，主要非指控单元是 F-15 战斗机；而对于美国陆军，Link 16 中的指控单元主要是防空指挥平台，如前沿区域防空（FAAD）和爱国者导弹指挥控制中心等，非指控单元是防空单元。

这两种不同类型的单元有不同的任务和不同的需求，参与的 NPG 和数据更新频率也不同。主要的指控功能包括监视、电子战、武器协同、对空指挥引导和网络管理。主要的非指控功能是目标分类与交战。

2. 时隙接入模式

在每个 NPG 中，给每个单元分配的时隙在时间上是均匀分布的，通常是 3 秒一次、6 秒一次等。如前所述，时隙集指定了组、索引、重复率和网络号。时隙集的分配从 1 到 64 编号。因此端机的时隙分配最多有 64 种。

对每个时隙集而言，可以有多种不同的接入方式。目前采用的接入模式有专有接入和竞争接入两种，时隙重新分配正在开发中，尚未投入使用。

1）专有接入

专有接入就是为每个单元分配专用的发送时隙，在分配的时隙里只有指定的单元可以发送数据，不会产生冲突。如果没有数据发送，则时隙浪费。专有接入的好处在于，它给 NPG 上的每个单元分配预先确定的网络容量，确保无数据传输冲突，至少在单网环境下没有数据传输冲突。

专有接入的弊端之一在于装备不可互换。例如，一架战斗机不能简单地替换另一架战斗机。如果在作战时有这种需要，这个战斗机的端机必须按照被替换战斗机端机的配

置重新初始化,与原先端机的收发时隙一致。

专有接入在交接时也有问题。回想一下用于对空指挥引导的层叠网,战机被分配了特定的时隙,在此时隙中向其指挥控制单元回传数据。不同的战机组全用同样的时隙分配,只是处于不相同的网络。例如,网络1可能有战机1到8共8架战斗机,网络2可能也有战机1到8共8架战斗机,假设网络1的指挥控制单元1要把战机5交接给网络2的指挥控制单元2。这个"新"战机5将使用与现有的战机5同样的时隙,这就会导致在这个专用时隙上的数据冲突。除非有一个同样编号的空缺,或者战机的端机在空中就被重新初始化,否则战机不能改变所属的战斗群。

2) 竞争接入

竞争接入给一组端机分配一个时隙池,每个端机在时隙池中随机选择一个时隙发送数据。端机的发送频度取决于分配给这个端机的接入速率,一般用每帧(12s)中的时隙个数表示。

竞争接入的优势在于,每个端机对所分配时隙池采用相同的时隙使用初始化参数。这样就简化了网络设计,并且减少了网络管理负担。因为没必要给每个单元专门分配,各单元也可以互换。这种方法便于新参与者的加入,使得单元之间容易替换,这对战斗机来说尤其重要。美国空军都是采用竞争接入方法。竞争接入的缺点是不能保证每次发送一定能够成功,可能出现发送冲突。

由于时隙并非唯一分配给一个用户,在竞争接入中有可能发生同时发送的情况。同时发送的可能性取决于时隙池中时隙的数量、战斗群中的端机数目以及每个端机必须传送的频度。不管是专有接入,还是竞争接入,如果两个单元在同一网络的同一时隙同时发送数据,都称为时隙重用(time slot reuse)。通常,如果多个端机发送的信号同时到达接收端机,则这些信号会产生相互干扰,接收机无法正确接收信号,这种现象称为发送冲突。但Link 16为一个跳频系统,在每个频点上的驻留时间仅13μs。因此,如果2个发送端机与接收端机之间的距离之差足够大,发送的信号到达接收端机的时间相差13μs以上,接收单元只接收先到达的数据,13μs以后到达的信号不会对其产生干扰,如图4-47所示。这样,2个相距较远的端机在一定条件下可以同时发送数据,时隙重用还可能提供额外的网络吞吐量与连通性。

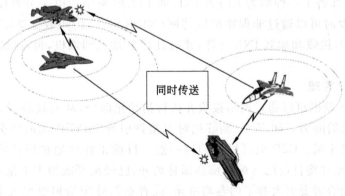

图4-47 时隙重用

视距范围内,能成功接收一个特定单元数据的可能性取决于有多少干扰单元是竞争接入,这些单元的接入速率以及它们的消息流量大小。因为有可能降低接收概率,美国海军并未广泛采用竞争接入,并且实际上也不看好竞争接入 NPG 的中继。美国海军主要采用竞争接入的是话音通信,采用 Push-to-Talk 协议防止多个单元同时占用信道。竞争接入也用于层叠网配置的 RTT。

3. 时隙重分配

时隙重分配(Time Slot Reallocation,TSR)访问模式可以依据参与者的需求动态分配 NPG 的网络容量。这种访问模式支持战斗群用户不断变动而引起的网络需求波动。TSR 周期性地从时隙池中给参与者分配时隙,将网络容量分配给所需的参与者。每个平台通过网络报告它的传送需求,然后端机按照一定的算法重新分配时隙池中的时隙,以满足各平台的需求。如果平台的需求超出可用容量,会根据各参与单元报告的需求按比例重新分配时隙,这样链路质量会有一定程度的下降,但不至于导致性能严重恶化。如果能够完全实现时隙重分配,就没有必要像现在这样重新创建选项文件,在初始化时重新分配 NPG 容量。

对于时隙重分配接入模式,需要指定的参数包括 NPG、网号、可用的时隙池大小和时隙重分配周期。

4. 网络容量分配

定义一个 JTIDS 网络的第一步是将网络的容量分配到各个 NPG;第二步,将 NPG 的容量分配到各单元,为 NPG 中的每个参与单元指定时隙集和接入模式。

为了使用这些时隙,还需要指定另外几个参数,包括 MSEC、TSEC 密钥,还包括一个在时隙中是否接收、中继接收、发送、中继发送的标志。在网络设计时就规定好这些参数。网络设计参数存储在 JTIDS 网络库(JNL)中,所有的 JTIDS 用户都可以使用。

要开通 Link 16,必须指定一个最能满足作战需求的网络设计,并具体指定所有的设计选项。把这个信息作为 OPTASK LINK 的一部分传送给战斗群。OPTASK LINK 还为层叠网指定网络号、相应的参与单元地址、每个平台的航迹号块,并指定关键的网络角色。

美军高级战术数据链系统规划办公室(the advanced tactical data links system program office)部署了一种称为 ELEX JNL 的 JTIDS 网络库电子分发设施。加装 Link 16 的舰船在需要时可以通过非保密的因特网(NIPRNET)访问数据链项目办公室网页,或者通过 E-mail,接收和加载 JNL 文件,并通过 C2P 加载到端机,也可以通过舰载计算机系统加载。

5. 动态网络管理

机载 JTIDS 端机可以通过网络接收并执行初始化命令,从而具备了有限的网络时隙资源重新初始化的能力。如 E-2C 能够把对空指挥引导 NPG 内的时隙分配给在空中请求指挥引导的战斗机。C2P 也可以做到这一点。目前正在规划扩展这些机载重新初始化命令,目的是允许将目前已分配给那些即将离开、已经离开或根本不是本网络参与单元的时隙重新分配给需要更大容量的参与单元,或者重新分配给想要加入本网络的新的参与单元。动态网络管理目前还未完全实现。

4.4.4 网络角色

网络角色是指通过初始化或由操作员输入而指派给参与单元的功能。一个网络角色可以支持一个或多个功能,包括同步、导航、多链操作。根据平台的能力与平台预期所处的位置为指挥控制单元指派角色。除了网络管理,其他所有角色都是通过赋予端机不同的功能实现的,并且端机的角色在运行时可能会因功能的改变而有所变化。网络角色包括

- 网络时间基准。
- 位置基准。
- 入网控制单元(IEJU)。
- 导航控制器。
- 辅助导航控制器。
- 主用户。
- 次用户。
- 转发单元。
- 接口控制员。

角色是在 OPTASK LINK 中指定的。一个参与单元在禁止发送或进入数据静默状态前应该将指定给它的角色移交给另外一个单元。

1. 网络时间基准

在 JTIDS 网络中,最主要的角色是网络时间基准(NTR),每个网络都有一个参与单元被指派为网络时间基准,这个单元使用的时间定义为网络系统时间。通常指定一个指控单元作为 NTR,必须保证该单元与其他单元视距连通。NTR 通过发送初始入网消息,将这个系统时间传播到网络中的所有单元。所有其他单元使用这个消息与网络进行同步。根据定义,NTR 是唯一具有最高的时钟质量等级(15)的单元,所有其他单元周期性地校正其内部时钟,以保持与 NTR 的时钟同步。一旦完成同步,网络就可以在无 NTR 的情况下连续运行数小时。

一个网络只允许有一个 NTR,但可以指定一个备份 NTR,在需要时将替代 NTR 的角色。如果一支突击队离开其战斗群并建立一个只有战斗机的网络,那么它在与战斗群其他成员分离的情况下将协调指派一个独立的 NTR。

2. 位置基准

位置基准(PR)的地理位置精度必须达到 50 英尺以内,通常只能指派给精确测量的、固定的台站。根据定义,位置基准具有最高的位置质量等级(15),为其他单元提供稳定可靠的地理基准,其他单元通过相对导航功能确定自己的地理位置。导航控制器(NC)也利用位置基准提高相对栅格的精度。不过,网络也可以在没有位置基准的情况下运行。显然,不能指派海上单元作为位置基准。

3. 入网控制单元

入网控制单元(IEJU)将系统时间分发给在网络时间基准单元视距通信范围外的单元。入网控制单元完成与网络时间基准的同步之后,也发送初始入网消息。在网络时间

基准视距通信范围之外的单元可以通过与入网控制单元的同步达到与网络的同步。所有运行的端机都可以承担这个功能，而且在任意时刻都可以有多个入网控制单元。入网控制单元的功能可以由地面、海上与空中的参与单元承担，由操作员选择。

4. 导航控制器

对于 Link 16 地理栅格导航来讲，并不需要导航控制器(NC)。如果除了地理栅格导航以外，还需要相对栅格(relative grid)导航，那么就必须指定一个导航控制器，作为相对栅格的基准单元，具有最高的相对位置质量等级(15)。相对栅格是一个三维坐标系，用于参与单元报告相对于栅格源点的位置。相对栅格源点是由导航控制器计算出的坐标原点，必然会带有一定的地理导航误差。

导航控制器应该是移动的，在整个运行期间，应该与尽可能多的端机保持视距连通。一旦静止下来，就要把导航控制器功能切换给别的端机。

一个相对栅格建立之后，端机的相对导航功能就可以为各参与单元提供相互间准确的相对位置。即使某些单元自身的地理位置定位误差较大，但并不影响各参与单元之间保持精确的相对位置。指派为导航控制器的单元必须是指挥控制单元，并且是移动的，采用主动同步方式。美国海军和空军网络通常只指派一个导航控制器，而美国陆军可能会使用多个静止的导航控制器。在可能的情况下，靠近战斗群中心的 E-2C 应该作为导航控制器，不带辅助导航控制器。

5. 辅助导航控制器

当导航控制器相对其他参与相对栅格的单元者没有足够的相对角运动时，需要利用辅助导航控制器(SNC)提高相对坐标解算的稳定性。系统中最多只能有一个辅助导航控制器单元，它必须采用主动同步方式，与导航控制器视距可达。是否使用辅助导航控制器是可选的，但要指定辅助导航控制器必须满足上述条件。移动的或固定的单元都可以作为辅助导航控制器，但与导航控制器应该有相对运动。一种可能的方法是指定两艘在视距范围内的舰只作为导航控制器和辅助导航控制器。另一种较好的组合方式是指定距离战斗群大于 50 海里的 E-2C 作为导航控制器，指定该 E-2C 视距范围内的舰只作为辅助导航控制器，它们的距离必须大于 50 海里，保证较低的相对角移动(低角动准则)。

6. 主用户

除了 NC 和 SNC 外，其他所有单元只要处于主动同步状态，都默认指定为主用户(PRU)。

除了网络时间基准、导航控制器和辅助导航控制器以外的所有参与单元，只要处于主动同步状态，正常发送 RTT 消息以达到并维持与网络的精确同步，就可作为 PRU。美国海军设计使用的网络一般支持多达 200 个 PRU。如果用户数量超过 200，其中一些用户不得不被指定为次要用户。一个单元选择为被动模式(长期禁止发射或数据静默)时，自动变成一个次用户(SU)，当重新初始化为主动参与时，重新转变为主用户。

7. 次用户

被动运行的单元称为次用户。单元可以被动进入网络，或者主动进入网络后由操作员选择为被动运行。有两种被动模式可供操作员选择。

• 长期禁止发射(LTTI)。

- 数据静默。

LTTI即无线电静默——禁止所有的发射。在数据静默模式中,话音通信保持活动状态,空中平台的 TACAN 系统正常运行,禁止中继。次用户能够接收消息,但不能发送 PPLI 和 RTT。如果一个单元禁止发送或者进入数据静默模式,端机发送最后一个 PPLI,用户标识设置为次用户。如果次用户恢复主动同步,则自动返回主用户的运行状态。

8. 转发单元

负责在不同链路间转发数据的单元称为转发单元(FJU)。在 Link 11 与 Link 16 间完成消息格式转换和数据转发的转发单元称为 FJUA(FJU-TADIL A),美国海军所有的地面和海上指控单元都具有 FJUA 功能。可以在 Link 16 与 11 号 B 数据链上通信且在它们之间转换和转发数据的称为 FJUB(FJU-TADIL B),美国海军的参与单元没有此功能。

Link 16 上的 PPLI、任务管理、武器协同、电子战以及监视 NGP 中的数据都可以由转换单元转换成 Link 11 的消息,并转发到 Link 11 上。与此类似,Link 11 的数据也可以转发到 Link 16。为了传输 Link 11 的 PPLI 消息,Link 16 还专门设有"间接精确定位与识别"参与群(NPG 14),转发单元将 Link 11 单元的 PPLI 消息自动转发到 Link 16 的 NPG 14。对于美国海军的各种系统,转发功能只能由 C2P 完成。

理想情况下,整个部队只指派一个转发单元,但可以指派一个备份的转发单元。备份的转发单元加入 Link 16 网络中并且通过 C2P 监视 Link 11 网络。一旦发现当前工作的转发单元在两个数据链上都不发送数据,便自动向操作员告警,由操作员决定是否接替转发单元的功能。

9. 接口控制员

如果一个单元被指定负责管理 Link 16 网络每分钟的运行情况,这个单元就是接口控制员(Interface Control Officer,ICO)。接口控制员角色是一种职责,而不是终端的一种功能。接口控制员监视部队构成、几何位置、网络配置、中继需求和多链需求。在网络控制和网络协调方面,接口控制员的操作包括指定网络角色、改变 IPF 的模式、激活中继与取消中继、改变参与单元的数据静默状态。

4.4.5 入网

终端处理 JTIDS 网络的入网协议。指定一个单元为系统时间基准,这个单元便称为网络时间基准(NTR)。它使用默认的 TSEC 和 MSEC 密钥在 Net 0 的 NPG 1 上发送入网消息,通常这个消息在每个帧的第一个时隙,也就是时隙集 A-0-6。

进入 JTIDS 网络的消息就是 J0.0 初始入网消息。消息的发送时机确定了系统时间。入网消息体包括时间质量、RTT 无线电静默状态和当前默认的网号。入网消息包含下一个时元默认网络上的话音、PPLI 和 RTT 的时隙分配。根据发送端机的抗干扰通信模式设置,端机自动添加消息的扩展字或连续字。

获取系统时间的过程称为同步。同步可以是主动的,也可以是被动的。每个模式都需要多个步骤。由于同步过程首先是估计当前时间,因此,如果网络时间基准使用统一的

GPS 时间，则每个用户的入网过程都可以简化。

1. 粗同步

JTIDS 是一个跳频传输、TDMA 接入的通信系统，对于新入网用户而言，只有获得同步，才能正确接收数据，但不接收系统时间信息又无法实现同步。JTIDS 采用周期性发送携带系统时间的入网消息，待入网端机提前在接收频点等待接收的方式获取系统时间。具体讲，JTIDS 在 A-0-6 时隙集中发送的入网消息携带有系统时间信息。即将进入网的端机利用对当前时间的估计和对自己时钟误差的估计，从 A-0-6 时隙集中选择一个即将到来的时隙，必须确保该时隙还没有出现。然后，根据跳频图案，端机开始在该时隙数据发送的频点等待接收入网消息。实际上，A-0-6 时隙集中的时隙每 12s 出现一次，只要端机本身时钟偏差不超过 12s，总是能接收到入网消息。如果没有接收到消息，则继续重试；如果收到了消息，则用接收到的时间修正端机的系统时间，就实现了粗同步。由于信号传输需要一定时间，传输时间取决于传输距离，因此这样校正的时间不可避免存在一定的误差，只能算是"粗"同步。要进一步提高同步精度，必须准确估计传播延时。

一旦端机接收到入网消息，就实现了粗同步。如果不考虑时间信息的处理误差，同步误差主要是信号传输延时。由于 JTIDS 的时隙结构中设置了传播延时保护时间，只要传播时间加上同步误差不超过传播延时保护时间，就可以保证数据的传输可靠。完成入网和时间粗同步后，端机就可以发送 RTT 询问，通过 RTT 过程实现精同步。

2. 精同步

进入粗同步状态后，端机向网络时间基准发送一个 RTT-I 询问。网络时间基准在同一个时隙回复，回复中包括 RTT-I 询问到达 NTR 的时间。利用测量回复到达本端机的时间和回复中携带的"询问到达 NTR 的时间"，端机可以精确估计自己的时钟偏差和 RTT 信号的传播时间，消除由于传播时间造成的时钟误差，这样端机就实现了精同步。要加入到网络的端机，必须达到精同步。

系统时间的维护主要依赖本地时钟，端机必须持续估计本地时钟的误差，甚至要考虑开机时间长短导致的端机部件温度的变化。如果当前的时钟频率能保证端机的时钟误差 15min 内不超过 $36\mu s$，就可以认为达到了精同步确认状态。如果时钟误差超过设置的 $54\mu s$ 门限，端机就会从精同步确认状态降级到精同步处理状态。处于精同步状态的端机能够在 3h 内保持足够的时间精度。

3. 主动与被动同步

通过发送 RTT，提高端机对系统时间估计的精度，这个过程称为主动同步。如果端机在网络定时基准的视距范围，它只需几秒钟就可以在网络上收发数据了。

端机也可以单纯接收，不发送任何数据，以被动方式获取系统时间。当端机处于长期禁止发送(LTTI)模式和无线电静默时，必须使用被动同步。被动同步中，端机达到粗同步之后不是发送 RTT，而是侦听 PPLI NPG 上的位置消息，利用 PPLI 中报告的单元位置和由其导航系统获取的端机自己的位置，端机能够估计出传输消息所需的时间。端机通过比较消息到达时间的期望值与实际值，校正它对系统时间的估计，以消除传播延时引起的误差。消息到达时间的测量精度为 12.5ns。

4.4.6 定位与识别

JTIDS 端机采用相对导航技术不断修正其平台的位置。位置信息与其他识别和状态信息一起通过定位与识别（PPLI）消息周期性发送。PPLI 是"友方单元报告消息"，它可用来确定链路参与者和数据转发需求，还可以发起对空指挥引导，被动同步主要也依靠 PPLI 消息。PPLI 消息由所有在网络中处于活跃状态的参与单元通过 NPG 5 和（或者）NPG 6 周期性发送。Link 11 转发单元 FJU 为 Link 11 单元生成的 PPLI 通过 NPG 14 传输。

1. 精确定位

参与单元报告的位置用三维地理坐标的点表示，包括纬度、经度、高度，还包括当前的航向与速度。这些信息及位置质量、RTT 和本地导航输入信息一起提供给接收端机的 RELNAV 功能，用于提高自己位置的估计精度。

2. 准确识别

Link 16 的每个参与者都指定了一个唯一的 JTIDS 单元编号，编号为 00001～77777。此外，JTIDS 端机本身需要一个 5 位八进制数的源航迹号（Source Track Number，STN）。因为端机本身也可能要做接收应答处理，所以源航迹号必须与参与单元的编号相同。

除了参与单元编号外，PPLI 消息还包含如 IFF 编码、平台类型、任务、位置与运动信息、链路活跃状态等信息。因为 Model 4 平台受限于其 Link 11 和 Link 4 的数据库结构，所以有些信息可能没有使用。此外，PPLI 消息还报告对空指挥引导网和话音网的网号、时间质量和位置质量。

3. 状态

PPLI 周期性地捎带详细装备与武器的状态和库存清单数据，这些消息由主机平台提供给 JTIDS 端机。报告的数据还包括舰载部队的防空反导武器的数量，以及所有相关的舰载和机载系统的状态，如可用、降级、不可用。这样可以为相应级别的指挥员自动汇总和显示完整的部队状态，以及所选定单元的概要状态信息，如处于其指挥引导下的飞机。

PPLI 中报告的状态信息还包括对空指挥引导和 JTIDS 话音网的网号，或者每个平台当前正在使用的 UHF 话音电台的频率。这些信息有助于建立话音通信或进行对空指挥引导。在航迹消息中，有一个指示符用来指示某个单元承担向非活跃的参与单元报告的职责，并且通知参与者这个身份（ID）是基于上一个收到的 PPLI 消息，该消息来自航迹号指定的参与单元。

4. 时间质量

时间质量表示一个单元对系统时间估计的精度。每个端机估计其维护的系统时间的误差，主要根据时钟稳定性、响应本端机 RTT 询问的各端机所报告的系统时间的精度，以及上一次完成 RTT 交换以来持续的时间。根据对时间精度的估计确定时间质量，取值范围是 0～15，只有网络时间基准的时间质量是 15，见表 4-11。每个端机在 PPLI 消息、RTT 消息和入网消息中向网络发送自己的时间质量。

表 4-11 时间质量及时间标准差

时间质量 Q_t	时间标准差/ns	时间质量 Q_t	时间标准差/ns
15	≤50	7	≤800
14	≤71	6	≤1130
13	≤100	5	≤1600
12	≤141	4	≤2260
11	≤200	3	≤4520
10	≤282	2	≤9040
9	≤400	1	≤18080
8	≤565	0	>18080

5. 位置质量

位置质量的取值为 0～15，它表示一个单元掌握自己地理位置和相对位置的精度（Q_{pg} 和 Q_{pr}），见表 4-12。地理位置由纬度、经度和高度表示。位置由导航源提供，系统管理员输入的值必须与平台自己的导航设备一致。地理位置质量值 15 指定为固定位置基准，标志着位置的准确性在 50 英尺之内。

表 4-12 位置质量及精度

位置质量	均方差/英尺	位置质量	均方差/英尺
15	50	7	800
14	71	6	1130
13	100	5	1600
12	141	4	2260
11	200	3	4520
10	282	2	9040
9	400	1	18080
8	565	0	>18080

有时网络使用相对坐标的导航栅格，而不使用地理坐标。这时指定一个单元作为导航控制器(NC)，所有的位置都是相对于这个基准单元。在这种情况下，导航控制器的相对位置质量值指定为 15。

位置的准确性不仅对于航迹相关和避免航迹重名很重要，同时对使用远端数据进行超视距跟踪和远程拦截控制的系统也有重要意义。

6. 被动同步

被动同步主要使用 PPLI 消息，依据 PPLI 传送的位置信息和本身的位置信息，被动同步单元可以估计消息的传输距离和传输时间。综合这些信息和实际的到达时间，并且考虑 PPLI 消息报告的时间质量和位置质量，端机可以调整其对系统时间的估计。

4.4.7 回执/同意

某些消息需要接收端确认,表明已收到该消息。有两个级别的确认,分别称为回执和同意处理。第一个级别的确认称为机器回执(MR),由系统自动完成,表明接收端已正确接收该消息;第二个级别的确认为操作员的响应,不仅表明已正确接收该消息,而且还要标明是否同意执行消息给定的指令。如果不能执行该指令,还需要给出明确的理由,如弹药、油料不足等客观原因。除了回执/同意(R/C)外,还可能有其他响应,如"不能处理"。这里,"不能处理"通常是消息编码错误(或传输错误)等原因导致消息不能正确解析,或者接收到的消息违反消息处理规则等原因导致无法处理,由机器自动应答,并在应答消息中给出无法处理的原因;而"不能执行"则是操作员给出的回复,表明消息本身是正确的,但是因为某些客观原因无法执行消息中的指令。

在 Link 11 中,由战术数据系统(TDS)计算机完成 R/C 处理的机器回执。在 Link 16 中,机器回执由 JTIDS 端机自动完成。

若没有收到机器回执,Link 11 和 Link 16 都会自动重传消息,这个过程可以重复几次。若几次重传后仍没有收到机器回执,系统就要通知相应的操作人员。

当端机发送一个需要确认的消息时,端机会拿出一个分配给自己的时隙给接收方,用于发送确认消息,该时隙称为赠与时隙。因此,无须为 R/C 处理专门分配时隙。通过这个赠与时隙,发送消息的端机接收方发送机器回执的时隙,确保该回执是对所发送消息的响应。赠与时隙的位置会在所发送信息的 R/C 重复率字段中指定,必须位于发送时隙之后的第 16~1536 个时隙。除了目的地址指定的端机外,其他端机也知道该赠与时隙的位置,保证不会在这个时隙发送数据。

4.4.8 中继

JTIDS 是 UHF 视距通信系统。空对空、舰对空,传输距离大约是 300 海里。舰对舰,视距传输距离只有 25 海里。因此,在战斗群中经常需要中继。在网络设计时就要确定中继,并为此分配专用的时隙。应该预先指定尽可能多的参与单元作为条件中继、无条件中继和挂起的中继。中继时隙的分配是网络设计的一部分,只有重新分配时隙的时候才能改变。

1. 一般要求

指定为中继的参与单元必须分配一定的容量,满足中继消息传输的需要。在一个时隙中接收到的消息,在后面一个预先指定的时隙里中继传输。原始消息和转发消息称为一个中继对。每个需要中继支持的网络参与群(NPG)都要分配成对的时隙集。需要的时隙数取决于到达目的地所需的中继跳数。美国海军目前仅采用单跳中继。

另外,时隙单元必须保持良好的同步,工作模式为正常通信距离。在转发前,中继端机还要使用 R-S 码进行纠错,无法纠错的消息不转发。

最基本的中继技术称为成对时隙中继(paired slot relay),如图 4-48 所示。原始端机发送消息,中继端机接收、存储、转发消息。发送时隙和接收时隙成对出现,中间间隔固定个数的时隙,该间隔时间叫作中继延迟。中继延迟必须大于 6 个时隙,小于 31 个时隙。

中继传输的网号不一定与接收消息的网号一样。例如，中继单元的 JTIDS 端机可以初始化为从 0 号网接收消息，6 个时隙后在 1 号网中继发送。可以将中继对的分配看作是时隙集的分配。由于使用 2 倍的时隙，因此中继网络将参与群的容量降低了 50%。

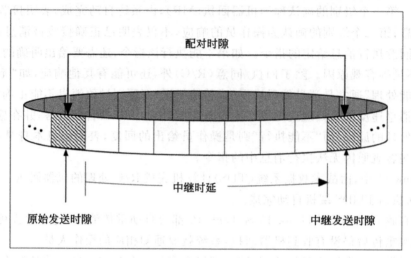

图 4-48　成对中继

问题：确定中继接收时隙集 n_0-s_0-r 和发送时隙集 n_1-s_1-r 之间的中继延迟。显然，时隙集的 RRN 值必须相同。

解：第一步，把时隙集合用数字表示，例如 $A=1,B=2,C=3$，因此，TSB B-4-12 表示为 $n=2,s=4,r=12$。

第二步，计算中继延迟，$D=(3\times s_1+n_1)-(3\times s_0+n_0)$。

第三步，如果延迟是负数，则加上修正因子 $3\times 2^{15-r}$。

例 1：中继接收的 TSB 为 A-0-12，中继发送的 TSB 为 A-4-12，计算中继延迟。

第一步，令 $n_0=1,s_0=0,n_1=1,s_1=4$。

第二步，计算 D。
$$D=(3\times 4+1)-(3\times 0+1)=13-1=12。$$

结论：延迟 12 个时隙。

例 2：中继接收的 TSB 为 B-31-10，中继发送的 TSB 为 B-23-10，计算中继延迟。

第一步，令 $n_0=2,s_0=31,n_1=2,s_1=23$。

第二步，计算 D。
$$D=(3\times 23+2)-(3\times 31+2)=71-95=-24$$

第三步，修正 $=-24+3\times 2^{15-10}=72$。

结论：延迟 72 个时隙，超过允许延迟的最大值，网络设计需要重新分配时隙集。

2. 中继类型

配对时隙中继的类型由消息本身指定，同时还给端机额外提供中继消息的相关信息。中继类型主要包括

- 主网条件/无条件中继。
- 话音条件/无条件中继。

- 对空指挥引导条件/无条件中继。
- 选择中继。
- 受控中继。
- 消息控制中继。
- 参与群中继。

主网通常是 0 号网,用于实施管理和辅助功能,包括交换 RTT 和 PPLI 消息。话音和对空指挥引导网通常设定为层叠网。选择中继可以把主网中选定的部分中继到另一个网上,这种类型必须指定中继网号。消息控制中继将特定的信息指定传送到某个网络参与群。参与群中继可以指定中继整个参与群的消息。

如果中继定义成无条件中继,端机根据接收的消息和初始化时分配的转发时隙转发消息。只要端机同步好,并且没有设置成数据静默或无线电静默,转发就一直自动执行。

另一方面,条件中继需要端机能够根据各参与单元的覆盖范围,有选择地激活或关闭中继功能。可根据各中继单元 PPLI 消息中的高度和距离数据确定该中继单元的地理覆盖范围,若大于当前中继的地理覆盖范围,则激活该单元的条件中继。通常,海拔高度高的单元更适合作为中继单元。对于话音和对空指挥引导网这样的层叠网络来说,源端机的网号和中继端机的网号必须一致。例如,在 11 号话音网的 F-14 只能在 11 号话音网上中继,而不是在所有话音网上都能中继。可以将一些单元指定为同一个 NPG 中的条件中继。可以指定一个单元在一个网上中继接收,而在另外一个网上中继发送。可以设置端机为挂起模式暂停中继功能。

3. 洪泛中继

成对时隙洪泛中继是为提高视距范围之外的单元之间的连通性而设计的一种策略,是美国海军主用的中继模式,在可能的情况下都使用这种中继模式。对于洪泛中继,如果根据网络设计,某个 NPG 需要中继,则所有单元都要中继该 NPG。它的工作过程如下:源端机在源发送时隙中发送消息,也在所有成对中继时隙中发送,所有接收到源消息的单元都会在所有剩余的中继时隙中发送该消息。对于多跳中继,在第一跳中接收到中继消息的单元将在所有剩余的中继时隙中转发该消息,转发次数不超过指定的跳数,如图 4-49 所示。洪泛中继最大化重用时隙。在 40/20 干扰保护特性(IPF)的网络里不允许洪泛中继,只能在 100/50 干扰保护特性(IPF)的网络里使用。

4. 重传中继

美国陆军 2M 类端机使用改进型重传中继。重传中继对于地面移动单元非常有用,因为到其他单元的视距连通性是不断变化的。一旦一个源端机发送,任何初始化为接收端机的单元都会在下一个时隙里中继该消息,消息头包括重传中继所需的信息,包括重传指示符、初始跳数和当前跳数。如果接收端机还没有中继过该消息,则把当前跳数减 1,在下一个时隙里转发该消息。源端机可以指定最大跳数,规定消息的转发次数。只要有连通的路径存在,消息就可以从源端机逐跳传播出去。

重传中继最多可以 9 跳。和成对时隙中继一样,重传中继每增加一跳,所需的时隙个数加倍。不同的是,第一跳发完之后,源端机可以发送另外的消息,同时第一条消息仍在中继,如图 4-50 所示。美国海军不使用简单重传中继。

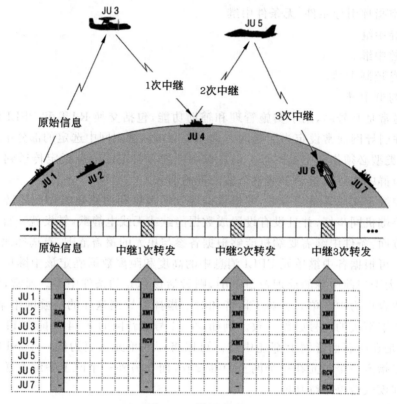

图 4-49 洪泛中继

源端发送消息：

第一个转发单元在原始消息之后的第一个时隙重传该消息：

第二个转发单元在原始消息之后的第二个时隙重传该消息。同时，源端发送一个新消息：

图 4-50 重传中继

5. 盲中继

盲中继是指中继单元不解密消息内容的中继。中继单元有正确的 TSEC 密钥,因此它能够接收、发送信息,但是它没有报文安全(MSEC)密钥确定消息的内容。

4.4.9 通信安全

由 KGV-8 安全数据单元保证通信安全,需要多层加密。

1. KGV-8

KGV-8 是安全数据单元加密装置,直接连接在端机上,可存储 8 个密钥。密钥不能直接访问,而是给它分配一个 0~127 的密钥逻辑标签(CVLL)。网络设计者为每个时隙分配逻辑标签,不同的密钥逻辑标签将网络分割成多个密码网。

安全数据设备(SDU)内有 8 个存储单元,组成 4 个"今天/明天"对。每个单元对应一个密钥逻辑标签,同时也与密码周期标志符(CPD)相关联。偶数地址单元的 CPD 为 0,奇数地址单元的 CPD 为 1。密码管理员负责把密钥加载到安全数据设备相应的单元,哪个标签对应哪个偶对不是随意的。每天指定一个 CPD,1985 年 1 月 1 日定义为 0,此后每天在 0、1 之间变化一次如今天是 0,则明天是 1,反之亦然。当前密码周期标志符(CCPD)由端机初始化的日期确定,为 0 或 1,并指定端机今天使用哪个,另外一个自动在明天使用。序列号是附加的参数,取值为 0~7,表明密钥的使用寿命,如图 4-51 所示。

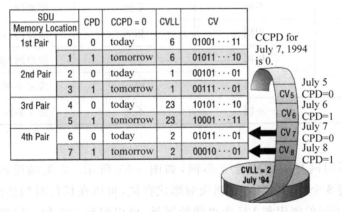

图 4-51 密钥的存储与使用

2. 报文安全和传输保密

系统提供了两层通信安全:报文安全(MSEC)和传输保密(TSEC)。报文安全密钥变码 MSEC CV(由 MSEC CVLL 指定)用来在 Reed-Solomon 编码、交织、产生脉冲之前对消息数据编码。传输保密密钥变码 TSEC CV(由 TSEC CVLL 指定)决定了一个时隙里的抖动时间和 32 码片伪随机噪声变量。传输保密密钥同网络号和时隙号联合起来确定载波的跳频图案。

两种加密模式是不同的。当 MSEC CVLL 和 TSEC CVLL 相同时,为公共变量模式;当 MSEC CVLL 和 TSEC CVLL 不同时,为分离变量模式。

为每个网络参与群分配两个 CVLL,一个用于 MSEC,另一个用于 TSEC。另外,还指定了默认网号,默认 MSEC 和默认 TSEC。当端机不发送数据时,使用这些默认参数接收。目前,海军网络一直在公共编码模式中使用 CVLL 1 作为默认的全局 MSEC 和 TSEC 加密参数。

4.4.10 多网操作

JTIDS 波形允许定义 127 种不同的网络。网号、TSEC 密钥和时隙号联合起来确定载频的跳频图案。这些不同的跳频图案保证多网络独立运行,互不干扰。为一个特定的网络参与群指定不同的网号就可以建立多个网络,不需要改变 TSEC 和 MSEC 密钥。如果改变 TSEC 和 MSEC 密钥,多网络的运行可能会发生一些变化,包括盲中继。多网络最一般的形式是层叠网和加密网,见表 4-13。

表 4-13 加密参数与多网类型

MSEC	TSEC	网号	多网类型
相同	相同	相同	非多网
相同	相同	不同	层叠网
相同	不同	相同	加密网
相同	不同	不同	加密网
不同	相同	相同	加密网(盲中继)
不同	相同	不同	加密网(多网)
不同	不同	相同	独立多网
不同	不同	不同	独立多网

1. 多网

只要指定不同网号就可以建立多网,如图 4-52 所示。2 类端机的安全数据设备(SDU)最多支持 8 个密钥,以今天/明天对形式存储,可以在任何时间使用。对任意给定的时隙集,使用不同的密钥和 127 个可能的网号,可以得到 508 种不同的跳频图案,或独立网。尽管可以有几百个网络,但一个端机在一个时隙中只能在一个网上发送或接收信息。

2. 层叠网

为同一个网络参与群(NPG)分配相同的时隙集、相同的 TSEC 参数和不同的网号,可得到一个层叠网。时隙必须是相同的组、相同的初始时隙号和相同的重复率。它们具有不同的网号、相同的加密密钥,或者不同的网号、不同的加密密钥,如图 4-53 所示。层叠网的典型实例包括话音网和对空指挥引导网。

端机上通常定义了一个网号为 127 的层叠网,这实际上是一个未定义的网络,由操作员在使用过程中指定一个网号。如果层叠网络的密钥相同,操作员可以通过输入所需的网号"拨网络号"进入所需的网络。

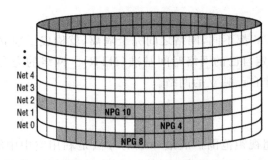

图 4-52　指定不同的网号就可以建立多网

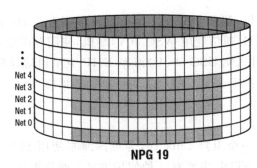

图 4-53　层叠网示例

3. 加密网

为端机的密钥设置不同的密码逻辑标签,可以实现网络之间或网络用户之间的隔离,只有授权的用户(即有正确的 TSEC 和 MSEC 密钥)能够交换信息。给不同的用户组分配不同的 TSEC 或 MSEC 密钥就得到了加密网。

如果 TSEC 密钥相同,只有 MSEC 密钥不同,无权限用户才可以接收信号、纠错和重传消息,但是不能解密,这样可以建立盲中继。由拥有正确 MSEC 的参与者组成的网络有时称为 CVLL=n(n 从 1 至 127) 的加密网。如果 TSEC 密钥不同,无权用户不能接收信号(无法得到解调的符号)。如果 TSEC CV 和 MSEC CV 都不同,网络之间就是完全隔离的。

4. 独立多网

如果 TSEC CV 和 MSEC CV 都不同,网络之间完全隔离,就构成了独立多网。每个网相对其他网是独立的,各自指定自己的网络时间基准(NTR)。网络的完全隔离使得各军兵种在同一作战区域可以构建自己独立的网络。

4.4.11 范围扩展

联合战术信息分发系统的超视距范围扩展最一般的方法是利用空中中继,但是由于缺乏空中资源或任务要求冲突,这种方法经常不可行。联合范围扩展(JRE)计划研究开发了几种用卫星通信扩展 Link 16 范围的方法(但这些方法既没有经过互操作性的验证,也没有经过作战应用评估),也开发了几种支持在陆地进行测试和训练的连接设备。

1. 卫星范围扩展

卫星资源包括军事战略和战术中继卫星(MILSTAR)、超高频后续星(UHF Follow-On,UFO)、国防卫星通信系统(DSCS)和舰队卫星(FLTSAT)。这些卫星在 3 种频段工作:UHF、SHF、EHF。

UHF 通信使用 WSC-3(V)端机,基于 DAMA 协议,信道带宽为 5kHz 和 25kHz,数据速率为 2400b/s 或 4800b/s。SHF 通信使用 WSC-6(V)端机,使用专用信道,总的数据速率大于 64kb/s。EHF 通信使用 AN/USC-38(V)海军 EHF 卫星通信计划(NESP)端机,有效载荷支持两种速率的通信:75~2400 b/s 的低速率通信和 4800b/s~1.544Mb/s 的中速率通信。

2. 卫星战术数据链

卫星战术数据链(STDL)是第一个卫星 Link 16,为英国海军使用 SHF 卫星通信系统交换 Link 16 数据提供了手段。STDL 主要有 3 种使用方式:网络模式、组模式、广播模式。在网络模式下,TDMA 体系结构最多允许 16 个卫星传输单元;在组模式下,卫星转发单元把 STDL 网络的消息转发到 Link 11 或 Link 16;在广播模式下,一个单元向其他卫星单元发送数据。在网络模式下,为了使卫星传输和 SHF 的 TDMA 时隙同步,考虑了传播和处理时延。数据速率累积可达 19.2kb/s。

3. S-TADIL-J

卫星 J 链(S-TADIL-J)是美国海军设计的一个用卫星拓展 Link 16 传输距离的方案。这种功能已经在模式 4 的指控处理器(C2P)中演示,并且会被用在模式 4 和模式 5 的 C2P 中,无须对战术系统做任何修改,指控处理器同时连接数据链网络和卫星。相对于 JTIDS 网络,卫星传输会引入较大的延迟,因此 C2P 会优先从 JTIDS 网络中接收数据。如果 60s 没有收到 PPLI 消息,即认为一个参与单元退出网络,C2P 自动并无缝地从卫星接收该单元的数据。

除网络管理、对空指挥引导和各国专用的 J 系列消息外,S-TADIL-J 实现了大部分 J 系列消息。该链使用令牌轮转的网络协议并且使用 KG-84A 加密设备,大部分标准的串行数据协议都用 KG-84A 或兼容的加密设备。S-TADIL-J 的网络循环时间取决于卫星参与单元(SJU)的数量和航迹数量。显然,卫星链路上 2400 波特或 4800 波特的数据速率远低于 JTIDS 的速率,而且数据时延也是一个问题。例如,一个 4 个单元组成的网络,以 2400 波特交换 180 个航迹数据估计要 20s，令牌环的切换时延估计为每单元 2s。如果 MILSTAR 提供的 EHFMDR 卫星通信可用时，则可以有更高的数据速率。

4. 联合范围扩展

为了克服 JTIDS 视距传输的局限性，美军首先研究利用卫星信道实现数据链信息超视距的可能性。美国陆军和空军提出的跨区域扩展 Link 16 覆盖范围的方法，称为 JTIDS 范围扩展（JRE）。通过多种网络，实现整个战场的覆盖。采用相同网络设计（如 S-TADIL-J）的单元构成了一个区域，这些用户可以在视距范围内，也可以通过飞机或卫星中继，如图 4-54 所示。

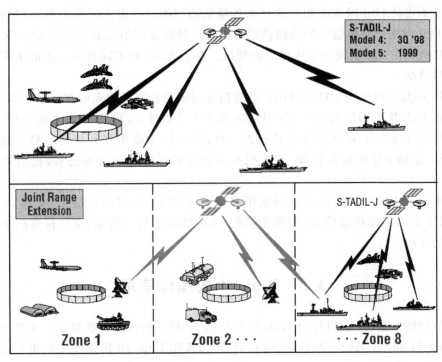

图 4-54 S-TADIL-J 和 JRE

每个区都有一个 JRE 网关，装备 JTIDS 端机、EHF 卫星通信终端和 J 链到 J 链转发的应用软件，多个区通过卫星和这些 JRE 网关互联的协议正在开发中。通过卫星实现 JTIDS 的距离扩展，还有一些问题有待进一步研究。

（1）区域内或跨区的航迹号分配。

（2）转发的 PPLI 包含位置和时间质量，与直接测量的 TOA 不一致，对相对导航会产生一些影响。

（3）如何实施应答。

在采用卫星中继的基础上，美军进一步扩展了传输信道的种类，可以利用卫星（SATCOM）、移动用户设备（MSE）、保密因特网（SIPRNET）和保密电话网（STU Ⅲ）实现数据链信息的超视距传输，并将 JRE 改为联合范围扩展，形成了联合范围扩展应用层协议（JREAP）标准。我们现在称 JRE 为联合范围扩展。

JREAP 定义了一个通用的应用层协议，可以在原来不适用于战术数据传输的数字信道或网络上传输战术数据。格式化的战术数字消息嵌入在 JREAP 的消息中，作为商用或政府协议的数据字段，如卫星和地面链路。为了传输格式化消息外的其他消息，还包含了专用的管理消息，以支持战术数据链特有的功能。包含的功能有

（1）将范围受限的战术网络扩展成超视距传输，同时减少对转发平台的依赖性。
（2）减少重负荷网络的负荷。
（3）在正常链路失效的情况下提供备份传输信道。
（4）为没有装备数据链专用传输装备的平台提供数据链连接。

对于不支持 OSI 网络层和传输层的传输信道，JREAP 提供网络和传输层功能。对于支持 OSI 网络层和传输层的传输信道，JREAP 封装在网络层和传输层中。JREAP 软件可以集成到主机系统或一个单独的处理机。在 JREAP 的不同传输信道的末端需要相应的接口终端。

利用 JRE 可以实现全球范围内任意数据链端机或者网络的互联和信息传输，形象生动地描述 JRE 优点的用例是：如果战场在几千千米以外，在没有 JRE 之前，执行作战任务的战斗机在进入 TADIL-J 工作范围约 300 海里时，才能接收到战场态势信息。应用 JRE 之后，借助卫星信道的转发，战斗机从一起飞就可以感知战场态势，提前做好战斗准备。

美军在 JRE 基础上开发了战场通用网关设备 BUG-E，可以连接 Link 16、SADL 及 SIPRNET 和卫星等传输信道，实现超视距、大范围战场信息传输，在伊拉克战争中发挥了重要的作用。

4.5 Link 16 的操作使用

本节回顾 Link 16 的设计目标，总结与 Link 16 操作使用相关的概念。主要通过与当前的 Link 11 和 4A 号链进行比较，解释其差异，说明 Link 16 操作使用的相关概念。详细的 Link 16 的操作规程可参阅 OPNAVINST C3120.43 系列。

4.5.1 设计目标

美国海军 Link 16 的设计和实现需要满足一些特殊要求，包括
- 独立运行。
- 最大程度自动化。
- 标准化。
- 实现后向兼容。

1. Link 16 的独立运行

Link 16 消息标准的设计目标是全面满足大部分作战场景下的战术信息交换要求。理想情况是，只使用 Link 16 作为唯一的对外实时战术通信手段，就足以满足作战的需要，无须依赖话音或其他形式的对外通信。因此，与 Link 11 相比，能用 Link 16 交换的信息量极大地增长。

2. 最大程度自动化

Link 16 消息标准,特别是数据交换协议的设计理念是最大程度地实现战术功能的自动化,如交战战术和作战决策。与当前 Link 11 的操作相比,这种理念使得系统的设计极大地减轻了操作员的负担。最大程度自动化理念的一个典型实例就是数字交接处理。

3. 标准化

最大程度标准化的策略在 Link 16 消息标准中主要体现在两个方面:第一,在各种作战领域(如 AAW、ASW 等)最大可能的范围中,数据元素的定义和使用标准化;第二,在所有平台最大可能的范围,海军所有数据项的实现标准化。标准化的实现目的是

- 提升平台和各军兵种的互操作性。
- 便于操作员(包括参谋人员)在各种不同类型参与舰艇之间的交叉培训。
- 大大减少操作员学习和适应各舰艇间差异的需要。
- 提高整个海军系统设计过程的效率,如方便 C2P 的引入。

4. 实现后向兼容

如果系统实现的某项 Link 16 能力等同于 Link 11 某项当前未实现的能力,则将同时实现 Link 11 和 Link 16 的能力。此外,有一些以前 Link 11 消息标准没有的 Link 16 的能力,在可行的情况下也增加到 Link 11 中。这种理念明显增强了多链的互操作能力,提高了系统设计的效益。

4.5.2 平台识别、定位和状态

美军和盟军的很多平台尚没有目前的战术数据链能力,在这些平台加装 JTIDS/Link 16,可以极大地提高友军的定位、识别和状态报告能力。JTIDS 端机采用相对导航技术连续修正其主机平台的位置,自动用 PPLI 消息在 Link 16 上周期性发送详细的位置和识别数据。

加装 JTIDS 的平台为 JTIDS 端机提供详细的装备、弹药的状态和库存数据,这些数据周期性地包含在 PPLI 数据中发送。利用这些信息可以为作战指挥人员自动汇总和显示完整的部队状态,并将所选单元的状态提供给特定的操作人员,如装备 JTIDS 飞机的空中拦截控制官(AIC)。

4.5.3 监视

监视包括搜索、探测、识别和跟踪对战斗群有战术意义的目标。这些被分配唯一航迹号的目标包括着陆地点、方位和固定点,也包括从雷达、敌我识别器(IFF)、声呐和其他传感器获得的空中、海上和水下目标。对于所发现的目标,自动处理规则只允许一个单元报告,这个报告单元称为对该航迹具有报告责任(R2)的单元。这样,每个单元跟踪所有发现的目标,而报告的航迹数量最小化。

1. 航迹报告

Link 16 航迹报告的理念与 Link 11 相同,新增加了陆地航迹。Link 16 单元采用与 Link 11 完全相同的规则,起始航迹并承担空中、海上、水下和陆地航迹的报告责任。进一步讲,在一个多链环境下具有 Link 16 单元(JU)和 Link 11 单元(PU)的部队通过

JTIDS 的转发单元(FJU)实现相互之间的通信，以相同的方式在整个部队范围实现航迹报告，任何时候，一个航迹只有一个接口单元(IU)具有报告责任，这个接口单元可以是 Link 11 单元，也可以是 Link 16 单元。

2. 电子战

Link 16 的设计支持协同电子战(EW)和数据融合的概念。电子战数据有两种类型：参数和产品。参数数据是原始的、未经评估的电子战截获数据和从类似 SLQ-32 或 LAMPS 系统接收的参数，包括固定点、概率区域(AOPs)、方位线(LOBs)等数据。电子战产品数据是经过评估的数据，通常意味着，电子战协调员或其他有资质的操作员已评估一个或多个参与者截获的信息，并生成一个被认为具有一般战术意义的产品，如图 4-55 所示。两个不同的网络参与群(NPG)支持电子战数据交换：电子战 NPG 和监视 NPG。

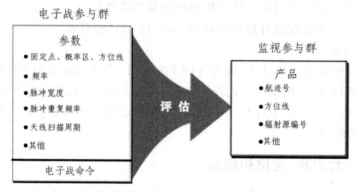

图 4-55 两个 NPG 支持 EW 参数和产品数据分发

为了实现协同电子战，所有具有无源电子战能力的 Link 16 单元都要使用电子战 NPG，交换详细的电子战探测的参数化数据，包括电子支援(ES)、无线电测向(RDF)截获和电子攻击(EA)干扰脉冲，加装 JTIDS 的平台为 JTIDS 端机实时提供详细的平台、弹药的状态和库存数据，这些数据包含在 PPLI 数据中并周期性发送。为了实现数据融合，具有处理大量不同来源电子战数据能力的系统接收、收集和评估所报告的数据，并且生成电子战产品，即经过评估的方位线、概率区和固定点。

这些评估后的产品通过广域的监视 NPG 报告给所有参与的 Link 16 单元。如果一个 Link 16 单元自己评估其电子战传感器数据，生成评估过的电子战产品数据，操作员可以选择其电子战产品在监视 NPG 上发布。

电子战 NPG 允许电子战协调员(EWC)通过一些有选择的指挥命令，协调和控制各 Link 16 参与单元报告电子战数据。Link 16 有大约 30 个不同的电子战命令，在 Link 11 上只能发送其中的 15 种。

3. 情报信息报告

尽管美国海军没有使用，但 Link 16 的情报报告能力已经在美国各军兵种使用多年了，其情报报告能力与 Link 11 基本相同。从这个角度讲，尽管 Link 16 的情报报告不是一个全新的能力，但它给海军展示了一个新的概念。

数据链情报信息报告的基本概念是利用其他情报源获取的战术信息，对链路报告的实时或非实时航迹给出更详细的信息。所谓其他情报源,是指除雷达、声呐和电子支援等传统手段以外的其他情报来源。任何情报源,不管其是否具有航迹报告责任,都可以报告获取的信息。可报告的情报信息类型为航迹的详细身份、行为,其行为包括敌方即将实施、计划实施和正在实施的行为。对于美军许多舰艇而言,只能在其舰艇信号利用空间(SSES)内获取这类信息。然而,也可以从海军、其他军兵种和盟军的各种情报源获取和发送情报信息。是否采纳情报信息,并将其包含在航迹报告中,由战术数据协调员(TDC)或代表舰艇身份的管理员等战术操作人员决定。

4. 线和区域

Link 16 具有一个新的功能,可以交换任何几何形状的线和区域。可以由一系列相连的参考点定义线和区域,通常称之为多边形的线和区域,也可以由某个点为中心的圆、椭圆、正方形、长方形等规则图形定义,如图 4-56 所示。

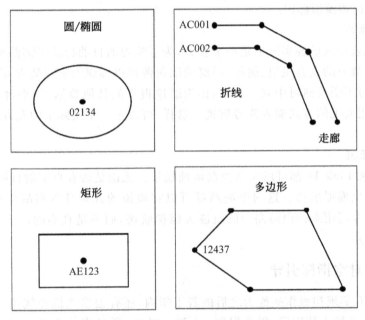

图 4-56 Link 16 的线和区域

该功能使得 Link 16 单元可以共享战术作战区域完整的视图,包括地理边界、作战区域、限制区域,空中、陆地、水面、水下通行走廊(如空中流量管制走廊),反潜战屏障边界等。指定专门的单元在其显示器和数据库中输入这些具有战术意义的线和区域,并发送给所有监视 NPG 中的单元。

5. 数据过滤器

数据过滤器可用于限制所选航迹的发送、接收端存储及转发。采用过滤器可防止受保护数据的泄露,避免出现大量数据超出个别单元的数据库、数据链路,甚至操作员的处理能力。过滤器的设定通常在链路初始化前由操作命令(OPORDER)或 OPTASK LINK 完成。考虑到现代和未来战争中必然出现极高的航迹密度,并且大量的 Link 16 单元将加入网络,为了能参与 Link 16 网络运行,必须具有多种过滤手段。

这种数据过滤能力可以根据地理区域、航迹环境或类别、航迹身份等各种组合,合理划分报告责任。进一步讲,过滤器插入的命令和报告也可以通过链路通告,但美国海军在 Link 16 初级作战能力(IOC)阶段还没有实现该功能。预规划的过滤器在 OPTASKLINK 中指定,其他过滤器可根据环境的需要在运行过程中设计、定制和报告。过滤器通常由具有定制过滤器职责的指挥控制单元定制,并向这些单元报告,具体的操作人员通常是航迹协调员。在 Link 16 上定制和报告的过滤器也可以应用于 Link 11 和数据转发。

4.5.4 部队训练

Link 16 完全支持"按照作战训练"的理念。不像 Link 11,Link 16 专门考虑了 Link 16 的培训和演习中数据链的使用问题。与 Link 16 航迹和电子战产品消息相关的是两个标识:演习标识和模拟标识。

1. 演习标识

演习标识表示该航迹实际上是一个友方,为了演习的目的扮演了链路所报告的身份。在演习中充当敌方的友方飞机、舰艇、潜艇或辐射源可以标识为演习敌方、演习可疑方、演习假设友、演习不明或演习中立。通常,作为航迹报告的其他数据(如平台、行为、特定类型)也可以采用人工的方式输入演习航迹。这样,可以把一个实际上的友方航迹完全当成一个地方航迹。

2. 模拟标识

Link 16 和 Link 11 都可以完全控制培训场景。无论是否有真实的目标,都可以基于模拟的视频产生模拟航迹。这两个链路都可以将模拟的视频分发到战斗群中的所有舰艇。模拟标识专门用来标识链路中的航迹为模拟航迹,而不是真实的。这个功能在链路测试中也很有用。

4.5.5 对空指挥引导

在 Link 16 实现初级作战能力之后的若干年内,还有很多飞机和舰艇只装有 4A 链。因此,在 Link 16 投入使用后,仍将保留 4A 链。然而,所有安装 JTIDS 的飞机都将使用 Link 16 控制,不管其是否装有 4A 链。一个控制单元可以同时控制 Link 16 中和 4A 链中的飞机。

1. 当前的设计

按照目前的规划,Link 16 对空指挥引导的概念仅是组合和扩展现有 4A 链对空指挥引导和 Link 11 空中武器协调的能力。J12 系列消息具有与 4A 链相同的任务分配、无线电引导(vector discrete)、上行和下行链路目标报告和指挥交接能力,4A 链的每个能力在 Link 16 中都有所增强。Link 16 指挥控制单元之间的数字交接请求、控制单元报告、交战状态报告和配对报告等能力实质上与 Link 11 一样。

与 4A 链和 Link 11 相比,Link 16 具有更完整的自动对空指挥引导功能,一个代表性的例子是 Link 16 的数字交接过程。为了在两个指挥控制单元之间交接一个非指挥控制单元的飞机,从当前的指挥控制单元中的飞机指挥员在控制台操作,请求新的单元接管飞机的指挥引导开始,整个交接过程自动完成。唯一非自动的过程是新的控制单元和飞机需要人工确认。Link 16 的这种新型自动交接过程通常只需要几秒钟。

2. 对空指挥引导的改进

按照初期美国海军 Link 16 对空指挥引导的概念,海军飞机严格按照 4A 链的方式形成其远程航迹视图,控制单元根据需要发送选定的目标信息。在 20 世纪 90 年代中期,Link 16 的这种对空指挥引导的概念出现了一些变化。需要受控的飞机接收 Link 16 的监视 NPG 信息,按照飞机上设定的准则和程序(如距离、航向、身份标识等)有选择地处理和显示所报告的远端航迹,自行形成其战术视图。美国海军必须接受这种变化,才能与未装备 4A 数据链的美国空军、英国空军的飞机和控制单元实现完全的互操作。

3. 第三方引导交接

Link 16 具有新的第三方引导指挥交接的能力,如区域防空指挥员(AADC),指挥引导飞机在两个控制单元之间的交接,控制单元也可以请求从当前的控制单元接管某架飞机的控制。该能力在某些场合非常有用,如一个单元没有飞机受其控制,但是,因为位置、雷达性能、责任区等原因,从交战控制上讲,它比其他控制单元处于更好的位置。

4.5.6 特殊功能

未来还可能实现类似视频影像传输这样特殊的功能。一个图像的质量取决于 4 个因素:图像的大小、彩色或灰度、压缩率以及时隙分配参数。时隙分配参数须指定是否要校验、采用编码或非编码的数据、封装结构和分配给传输单元的时隙数。

通常采用的图像标准为 JPEG,其典型的压缩率为 25∶1,可以为彩色或灰度图像。全彩色每个像素需要 16 比特,而灰度图像需要 8 比特。下面通过一个例子分析计算的方法。考虑一幅 640 像素×480 像素的灰度图像,需要多少时隙发送该图像?计算二进制数据的比特数(640×480×8＝2 457 600 比特),除以压缩比(2 457 600/25＝98 304 比特)。如果数据采用编码发送,不带校验,用 P2DP 封装结构,每个时隙可发送 450 比特,需要略大于 218 个时隙。每秒有 128 个时隙,如果其中 96 个时隙分配给一个单元作为图像回传链路,传输完整的图像大约需要 2.27s。

视频编码的国际标准为 MPEG,采用"帧间"方法,压缩帧之间的差异,典型的压缩率为 150∶1。为了估计 JTIDS 每秒可传多少帧(f/s),假设数据发送采用 RS 编码,没有校验,采用 4 封装结构,这样,每个时隙可传 900 比特。在 JTIDS 每 12s 的帧中分配 768 个时隙,可以支持 57.6kb/s 的数据速率。对于 150∶1 的压缩率,640 像素×480 像素的灰度图像为 3.5f/s;256 像素×256 像素的灰度图像为 16.5f/s。

4.5.7 网络管理

AADC 负责监视部队的组织和位置分布,维护合适的网络配置。在 AADC 的指导下,舰艇上的值更军官和飞机上的任务军官可以根据任务的变化修改运行参数。

AADC 指定一个接口控制官(ICO)维护 Link 16 上持续的数据交换。可以指定任何地面和海上指挥控制单元承担 ICO 的职责。

ICO 可以指定一个 Link 16 的管理者,在复杂的多链网络环境下管理 Link 16。ICO

在不包括盟国的美国联合接口环境下可以作为联合接口控制官（JICO）。

由 ICO 实施的 Link 16 运行管理包括动态建立、维护和中止 Link 16 个网络参与者的通信。ICO 必须时刻准备应对作战环境的变化。在实施网络控制和协调的过程中，ICO 除履行一般的链路管理职责外，必须监视部队的组成、位置分布、网络配置和多链需求，其行为可能包括为各单元指定网络责任，启动或取消中继，改变接口保护设备（IPF）的设置，改变某个单元的数据激活或静默的状态。例如，他必须确保足够的 Link 16 单元发送初始入网消息，支持网络的加入。

ICO 管理多数据链网络使用的工具是 Link 16 管理系统（LMS-16）。LMS-16 通过 MIL-STD-1553 数据总线从用于监测的 JTIDS 接收机获取 Link 16 数据，获取的数据主要包括关于多链网络性能的信号和战术信息。

其中，测量信号可以为 ICO 提供诸如封装结构、噪声与干扰、基于实际射频传输时间的距离等信息。为了评估转发性能，需要对直接发送和转发的传输信息进行处理分析。Link 11 和 11B 链单元的性能通过转发器发送的 JTIDS 消息间接获取。

网络利用率测量信息可以检验各单元的网络负荷是否合适、是否输入了合适的选项和序列号、是否有足够的容量满足其传输要求。可以图形化显示 JTIDS 网络设计库（JNL）的网络设计，并与实际使用情况比较。实时更新时隙的使用情况，并参考实际 JTIDS 网络、设计库中平台的负荷，可以确定谁是实际的发送者、谁是指定的发送者同、谁是指定的接受者，谁是指定的中继。

LMS-16 可以与时隙中的任何一个发送同步，而不是限于第一个发送，便于 ICO 检测由于不正确的平台初始化所导致的信道访问冲突。通过检验初始入网单元发送的初始入网消息 J0.0 计算各个单元的时隙负荷因子，并考虑多个授权中继转发的竞争发送，计算整个网络的时隙负荷因子。

LMS-16 显示的战术数据提供了态势感知、历史数据和变化趋势。航迹可以根据其存在时间、身份或报告单元用不同颜色标记，可以带或不带历史信息。用颜色标记不同报告单元的航迹可以立刻直观地显示报告责任单元之间的冲突和多名航迹。ICO 可以显示接收的消息，根据网络参与群、Link 16 单元、航迹号和消息标记过滤消息。消息自动作为日志记录，用于事后的数据分析。为了捕获和比较航迹信息，设置了 4 个航迹数据读出窗口。专家系统软件可以自动为 ICO 检测异常并记录告警。

综合显示屏按照航迹的标识和类型维护当前航迹负载的分发信息，识别正在发送 PPLI 消息的单元，统计转发 Link 11、11B 的转发单元个数，各单元工作的传感器数量和报告的航迹数量，正在中继数据的中继单元数量和中继转发的数据量。

利用这些信息，ICO 可以主动实施多数据链网络管理，确保所有参与者的连通性可靠、完整。利用 LMS-16 的数据硬拷贝和回放功能，ICO 可以在演习回顾或汇报时展示网络性能。

LMS-16 软件有一个专用的版本，可以作为主机或总线监视器连接到海军 JTIDS 2 类端机。

第 5 章 武器协同数据链(协同作战能力)CEC

5.1 引 言

沿海地区的作战是海军的主要作战样式,对于战区防空而言,其复杂性包括自然环境及其对传感器作用范围的影响。例如,由于管道式传播及复杂地貌导致的地面杂波会降低传感器的灵敏度,同样,海岸的山和峭壁会阻断信号的传播。由于无法及时得到传感器数据,因此减少了防卫系统可用的反应时间。此外,在有大量的舰船和飞机参战的联合作战中(图 5-1),非交战国的民用飞机和船舶的出现导致分类友方、中立方和敌对方更加困难。潜在的敌方系统会进一步引入背景噪声,如精确的机动电子战系统、新一代海面巡航导弹、降低目标可观察性技术、战区弹道导弹以及将飞机和舰船伪装隐藏在民航和商船编队中等战术行为。

图 5-1 沿海作战环境

为了更好地实施对空指挥引导和岸基火力打击任务,海军必须保护其分布在数千平方英里的作战部队和设施。每个作战单元将拥有一个或多个传感器,在整个战区,传感器可能大于 50 个,由于其固有的特性和有利的观测点,每个传感器将从不同的视角观测到整个战场态势。利用协作单元之间这些不完全相同的数据,则可以通过传统的指挥控制系统对目标航迹作相关处理,正确地识别数据,这样可以协调 20~30 个导弹发射架及大量的拦截飞机。

将这些设备的能力综合进一个作战要素需要一种系统作为新旧防空系统的补充,它可以共享各作战单元的传感器、决策支持和作战数据,而不会降低数据的时效性、数据的量和精度。即使数据来自30～40英里以外,系统必须能够像处理本地数据一样在每个单元产生相同的、较高质量的战场态势图。如果能够产生一个公共的详细数据库以提供共享的空中态势图,则可以使各作战单元使用本地看不见的目标数据,整个作战能力将提升到一个新的水平。

这种称为协同作战能力(CEC)的新系统构成了作战部队之间的网络。通过对类似北约海麻雀之类旧的、短程系统到最新的宙斯盾系统的近期试验表明,CEC可以提供更大的防御能力,甚至可以为作战部队提供全新的能力。然而,CEC并没有降低传感器、火力控制和拦截机的发展要求,相反,CEC可以使旧的作战单元共享最新系统的各种优势,在美军和联盟国家军队人数不断降低的情况下提供尽可能强的整体作战能力。

CEC概念最早是由美国霍普金斯大学的应用物理实验室(APL)于20世纪70年代末提出的。首先由应用物理实验室作为为海军防空协同开发项目的技术指导(起先称为战斗群防空协同AAW)进行需求开发和实验。1990年进行了首次海上原型评测性实验,1992年CEC成为海军采购计划,1995年5月通过具有里程碑性的测试。由于这些成功的测试,美国国会与国防部加快了计划的实施,并指示同时实施陆军和空军系统的集成。1994年10月至1995年5月,美海军第六舰队在地中海进行了初步的试验,并在20世纪90年代末形成初级作战能力。1999年,海军将在主战舰艇和E-2C AEW舰载机加装CEC,并计划在2010年完成部署。图5-2是美军CEC发展计划中一些主要的时间节点。

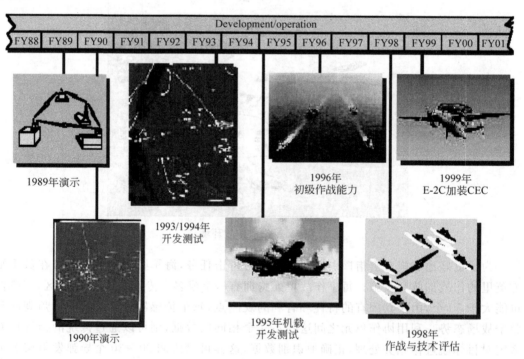

图5-2 美军CEC发展计划中一些主要的时间节点

5.2 CEC 简介

各个不同地域,带有不同传感器与武器的作战部队提供的信息具有多样性,CEC 的基本原理就是充分利用这种多样性。这种方法需要在所有的单元之间共享每个传感器的测量数据,同时保持关键数据的精度和时间特性不变。

为了有效地使用数据,数据必须汇总到每个单元的作战系统,使得数据就像是单元本地产生的一样。以这种方式组网的部队的各个作战要素可以构成一个统一的、分布式战区防御系统。

5.2.1 基本原理

1. 复合跟踪

图 5-3 给出了 CEC 的主要功能。具体讲,图 5-3(a)表示了雷达测量数据的共享,根据各个传感器输入精度的不同设置各个输入数据的权值,在每个单元独立进行处理,将各个可用的传感器数据做适当的统计组合,形成复合航迹。这样,一旦某个作战部队自身雷达一时无法收到更新数据,仍然可以依靠其他单元的数据保持航迹的连续,而不是简单地通过外推获取航迹。目前,这种功能用于雷达或 Mark XII 敌我识别(IFF)系统,如将敌我识别器的收发器响应作为正在处理的复合航迹的"测量"输入。即使每个单元独立实施跟踪,通过 CEC 自动的航迹统一编号也可以实现复合跟踪功能。同样,通过选定的网络控制单元(NCU)显控台输入复合识别规则,所有 CEC 单元都采用相同的复合识别规则联

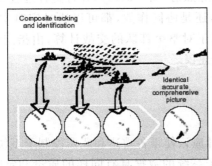
(a) 复合跟踪

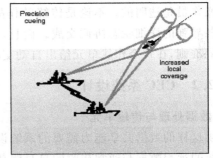
(b) 精确提示

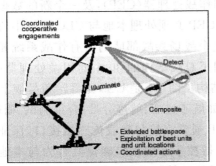
(c) 协同交战

图 5-3 CEC 的主要功能

合实现目标分类。规则逻辑上取决于速度、相对于边境的位置和航线,以及直接来自 IFF 的应答测量和编码。

2. 精确提示

为了最大程度地提高传感器对航迹的覆盖,可以采用一种特殊的提示获取方法(图 5-3(b))。如果远程雷达形成了一个 CEC 航迹,但是作战部队本地雷达尚没有形成此航迹,并且此航迹已构成对作战部队的威胁,则作战系统可以自动将远程数据作为一个提示打开雷达照射,启动本地航迹。一个 CEC 的提示可以产生一个或多个雷达照射,次数和方式由照射目标的传感器精度决定。如果网络中至少有一个达到火控精度的雷达参与对目标的复合跟踪,即使在目标获取过程中真实目标出现机动,相控阵雷达也可以利用该提示用大功率和高灵敏度对目标进行一次照射实现目标获取。对于旋转雷达,可以通过本地提高灵敏度在一次扫描中直接实现目标获取,而不需要通过多次雷达旋转扫描,然后再过渡到跟踪。研究和测试表明,由于知道目标的精确位置,不需要通常为了探测和控制虚警概率所采用的"从探测到跟踪的过渡",这样可以大大提高本地的目标获取范围。使用本地和远程传感器测量,通过精确的传感器联合"栅格锁定"处理,在 CEC 网络中的雷达可以达到较高的精度。

3. 协同交战

由于 CEC 系统具有精确的栅格锁定、极低的时延和极高的更新速率等特性,一个作战单元在自身雷达并没有捕获目标的条件下,可以使用其他 CEC 单元来的雷达数据发射导弹并且引导导弹拦截目标。这种能力就是基于远程数据交战,采用海军萨姆-2系列导弹,可以中途制导和使用远程数据末端自引导照射(图 5-3(c)),并且这种远程交战对作战系统操作员是透明的。不论是传统的作战,还是协同作战,都可以通过实时掌握 CEC 网络内各导弹的详细状态协调交战。而且,基于对整个部队的交战计算,由指定的 NCU 启动协同准则,在每个作战单元给出自动交战建议。

5.2.2 CEC 系统设计

1. 数据处理与传输单元

提供这样的数据共享能力需要的系统设计应该使得各雷达和武器控制子系统在其接口上接收的远程数据与通常接收的自身舰载子系统的数据具有同样的质量和定时关系。这种要求需要引入一个新的处理单元,即协同作战处理器(CEP),及一个新的数据传输单元,即数据分发系统(DDS)(图 5-4)。因为各 CEP 必须处理本地与 CEC 网络中所有单元的数据,所以它的处理能力和吞吐量必须与整个战场参战部队的所有作战系统相当。为了满足所需的性能,在一个加固的机箱内采用了总线结构的 30 个商用微处理器(目前是 Motorola 68040),加上独特的报文传送体系结构。图 5-5 是 USS 圣乔治角号舰上的 CEC 电子机柜,各处理器完成至少一个处理功能,如航迹过滤、航迹分批/合批测试、栅格锁定、传感器接口、协同交战支持及 DDS 接口。CEP 通常直接与舰载传感器接口,保证在严格的时间限制内完成传输数据。CEP 还与舰载指控子系统接口确保其行为与本地作战系统的运行相互协调。最后,CEP 还与武器子系统计算机连接,保证有准确的火控数据引导协同交战。

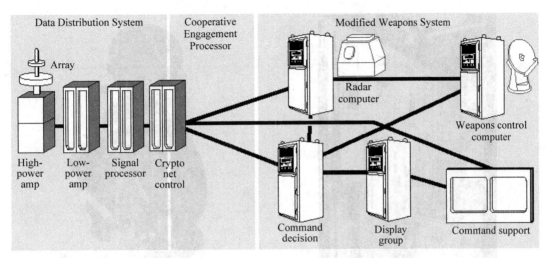

图 5-4　DDS 和 CEP 与典型的作战系统交联

DDS 必须确保在严格的时间限制内的数据传输极其可靠,但又不限制 CEC 网络内报告数据的速率与容量。首先,DDS 必须实现高速数据传输,使接收数据的武器系统能够可靠地接收,同时保证收到的数据与系统从舰载传感器和武器平台收到的数据具有相同的属性。这样,DDS 从数英里之外收到的数据与从几英尺之外的武器计算机与本地传感器计算机的接口收到的数据具有类似的时效性、容量和可靠性。因此,DDS 性能相对于传统的战术数据链来说,几乎在每个方面都有数量级的提高,如容量、循环周期、更新率、报文出错率、抗干扰能力以及传播衰减余量等。该性能要求较高的有效辐射功率、较大的扩频带宽和精确的定时。为了可靠地实现该性能,各 DDS 端机必须有一个相控阵天线,用于在不同时间发送和接收数据,以及一个大功率的行波管发射机。因为相控阵使 DDS 每次只能在相互指向的天线波束中与一个其他单元发送或接收数据,所以就需要一个高度自动化的、独特的、新的、分布式网结构。图 5-6 为 USS 圣乔治角号舰上的 DDS 相控阵天线,它是一个直径为 44 英尺,高为 14 英尺的圆柱,大约 1000 个单元。它可以操纵方位角和仰角,其下部的大型结构是一个 DDS 和 LAMPS 天线之间的电磁屏蔽罩。

2. 新型网络结构

DDS 搜索其他 DDS 的方式本质上讲与 IFF 系统类似。操作员在指定的 NCU 上输入"网络启动"命令,DDS 扫描其阵列波束并发出询问信号,其他单元以相反的方式扫描其阵列波束接收询问并给出应答,并通过对其他单元(如 NCU 视距以外的单元)的定位辅助完成询问过程。在"网络启动"过程结束后,直接或间接视距内的单元都相互知道了其他所有单元的位置,并与视距内的单元建立了连接。所有单元都独立执行一个相同的调度算法,以微波"脉冲"形式在精确的时间用精确的、加密的扩频序列向不同的指定单元发送数据。由于采用相控阵天线,各个单元都能跟踪与它直接通信的单元,位置数据的共享使 CEP 可以进行栅格锁定的校准处理。DDS 同时切换到相同的调度表(各自独立生成的),该调度表表示在任何毫秒级的时间帧内哪些单元相互通信。

图 5-5　USS 圣乔治角号舰上的 CEC 电子机柜　　图 5-6　USS 圣乔治角号舰上的 DDS 相控阵天线

在 CEC 设备中嵌入铯钟，为扩频波形、数据传输、各设备独立完成相同的处理提供精确的定时。通过 DDS 的时间同步处理，整个 CEC 网络的时钟同步可以达到微秒级精度。如果一个单元与其他单元的连通中断，网络中其他所有的 DDS 都基于共享的状态信息统一地修改其调度表，并通过数据寻由绕开断开的线路，新的连接以及新的单元可以通过全网的自动调节而加入网络中，所有单元可以根据需要自动提供中继。因此，除了更改系统状态（如开/关系统）外，不需要操作员的介入。

3. 将 CEC 集成进作战系统

与 CEC 集成的作战系统需要进行一定的修改，使远地雷达和交战数据能像本地产生的数据一样使用。原则上，一旦捕获到新目标，即使还没有起始一个新的航迹，雷达和 IFF 测量数据也必须以尽可能小的延时送给 CEP。如果一个远端单元发现一个新的目标，它的 CEP 接收到数据后，通过 DDS 向所有其他单元的 CEP 传送目标数据。本地 CEP 进行栅格锁定，将远端数据转换为本地坐标，并将新数据加入航迹处理中。本地雷达计算机可以利用这些数据调度提示驻留（通常通过波形的选择达到最优获取），实现目标的提示获取，提高本地目标的探测能力。如果本地雷达有充分的时间和可用的功率，并且目标的航迹达到了本地战场系统设置的关注准则，就产生该提示。

作为 CEC 集成的一部分，需要对现有的雷达系统作相应改进，以保证网络中的低虚假航迹率和高提示灵敏度。由于杂波而产生虚假航迹率对于一个单元或许还可以接受，但对于一个网络而言就无法忍受，所以在 CEP 中需要做进一步处理。网络控制状态、规范、远程交战状态以及本地雷达开机请求一般都与本地武器系统的指控系统相交互，可以将远程火控雷达数据以高更新率传输给武器控制子系统实现协同交战，战术数据链（如 Link 11 和 Link 16）也可以通过指控系统获取 CEC 复合跟踪数据。

4. 宙斯盾和 LHA 级作战系统

集成 CEC 的宙斯盾和 LHA 级两种作战系统，如图 5-7 所示。宙斯盾作战系统集成

(图 5-7(a))是目前典型的集成方式,它直接与子系统的相应单元相连。在下一阶段,将直接与宙斯盾武器控制系统相接,而这些已经在其他的作战系统上实现了。LHA 级两栖攻击舰(图 5-7(b))在 20 世纪 90 年代后期完成 CEC 集成,通过总线和局域网连接,在高级作战指挥系统(ACDS) Block 1 和舰艇自防御系统(SSDS)中发挥重要作用。

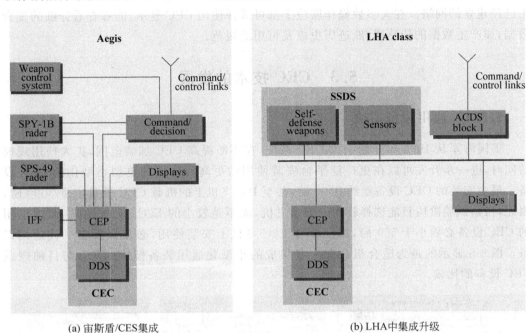

(a) 宙斯盾/CES集成　　　　　　　　(b) LHA中集成升级

图 5-7　两类作战系统的 CEC 集成

为了能与各类作战系统集成,必须开发 CEC 和作战系统各单元的适配软件,以达到全网范围最大化协同,以及最大限度地发挥本地系统的效能。目前,各种作战系统之间存在较大差异,例如,宙斯盾相控阵多功能雷达、标准导弹远程防御系统、LHA 系统先进防御系统以及支持两栖作战的指控系统,作战系统与 CEC 系统在雷达区域表示及武器协同方面的交互方式不同。它们的共同点在于所有系统都可以从所有网络成员中获取 CEC 数据,独自生成相同的、详细的复合航迹与识别图像以及所有交战的实时详细状态。已经集成或将要集成 CEC 的各类作战系统包括宙斯盾巡洋舰和驱逐舰、航空母舰和大甲板的两栖舰以及舰载 E-2C 预警机。

5. 共性软件

应用于海军作战系统的一个新的重要的概念就是采用共性软件,它在不同的系统中使用只需做少许修改,就极大地降低了开发与支持的成本。50% 以上的 SSDS 软件与 CEC 软件通用或几乎通用。共性软件主要有舰载雷达的跟踪接口、航迹过滤、舰载以及远程提示控制和显示。

尽管 CEC 和与其相接的子系统之间有大量的信息交互,但这种交互是自动的。因此,CEC 与作战系统的协同基本上是透明的,舰上的任何部门都不会因加装 CEC 而增加新的操作员。随后的战斗群评估表明,由于 CEC 提高了作战系统的自动化,反而减少了现有岗位操作员的工作量。要启动 CEC，只需要指定的 NCU 在 CEC 显示窗口菜单选择"网络启动"，而结束操作只需选择"网络关闭"。如果需要，可以由 NCU 输入网络控制、识别和交战规则，并通过 CEC 网络发送，保证全网各单元实现的一致性，也可以进一步做功能和性能的剪裁。CEC 网络的其他成员也可通过"入网"和"终端退出"登录或退出一个已经建立的网络。在大多数操作席位上都可选择使用 CEC 显示，能够查看详细的复合数据，如产生数据的传感器、航迹历史以及可用的规范。

5.3 CEC 技术的发展

5.3.1 通用装备模块

美国海军从 1996 年开始引入 CEC 系统，在不断提高 CEC 加装范围，扩大使用规模的同时，进一步开发可以在更广泛平台安装使用的更高性价比和更加小型化的 CEC 设备。最初安装的 CEC 设备重约 9000 磅，甚至 P-3 飞机上的机载 CEC 设备也重 3000 磅，因此，初始试验阶段只能选择较大的 P-3 飞机，而不是较小的 E2C。研究表明，战术应用的 CEC 设备必须小于 550 磅，以便于在 E2C 飞机上安装使用，必须开发新一代通用设备。图 5-8 显示的是为适合机载和舰载集成的小型化通用装备模块（CES）与目前舰载 CEC 设备的比较。

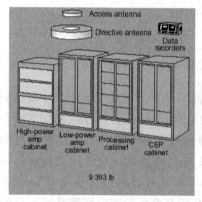
(a) 目前初级作战能力 (IOC) 阶段装备形式

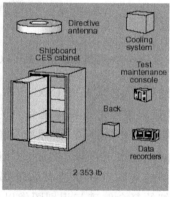
(b) 舰载 CEC 装备

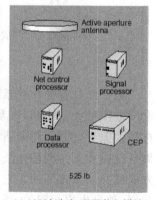
(c) 1998年年初通用装备模块机载CEC装备的基本结构

图 5-8 CEC 的主要设备单元的比较

CES 还计划适用于陆地上机动车辆的集成，制造 CES 所需的关键技术已经成熟。

（1）用于高性价比、高效的轻型相控阵天线的单片微波集成电路（MMIC）收发模块。该技术将系统重量减少 4000 磅，并且极大地降低功耗。带有 MMIC 的原型天线目前正安装在 P-3 上，各模块显示了 35% 的功率增益，是 MMIC 试生产时期世界上最高的效率。图 5-9 显示了安装在 P-3 飞机上的 CEC 圆柱相控阵天线，放大的区域显示了阵列中使用的一个 MMIC 模块原型。下一代模块的特点是大规模集成和制造技术，降低单位成本，提高产量，有效降低全期成本。

（2）专用集成电路技术不仅可以减少电路板数量的 50% 以上，还可以提高系统的可

图 5-9 机载 MMIC 相控阵天线原型

靠性和降低全期成本,同时减小尺寸和重量。

(3) 采用基于摩托罗拉 Power PC 的新一代商用微处理器以增强处理能力,可以扩展到其他各类平台,提高协同能力,同时减小尺寸和重量。使用该处理器系列可以在新一代处理器出现时灵活地升级。

在完成 CEC 设备通用化、小型化改造后,不同类型的平台具有相同的电子和处理器结构,仅在机箱、接口、外围支持设备和安装固定设备上存在差异。

5.3.2 未来系统的 CEC 集成

随着技术的成熟,CEC 将集成到 E-2C 和航空母舰上的 E-2C AEW 飞机中,不仅扩展复合视图和网络的范围(通过中继),还将在飞机拦截和导弹交战之间提供复杂的协同能力。目前,为飞行安全设立的禁飞区在防空作战中无法给出最优的飞机拦截和导弹拦截覆盖区。舰载与 E-2C 机载 CEC 设备都拥有详细的、复合的空情数据,可以在共同区域内针对每个目标进行空中拦截控制与导弹交战,基于 CEC 数据产生相应的控制信息,通过战术数据链(Link 16 和 4A 数据链)发送给 F-18 和 F-14 拦截飞机。

美国新建造的两栖舰 LPD-17 将集成正在开发的先进的作战系统单元,包括 CEC 和 SSDS,使新舰艇能成为神经中枢,链接海上和岸上的作战单元,为自身防御、协同组网和指挥/控制提供无缝连接的能力。

LAMPS Ⅲ(轻型机载多用途平台Ⅲ)是一种部署在巡洋舰和驱逐舰上,目前主要用于反舰和反潜的 SH-60 直升机。美军也在探讨如何在 LAMPS 中使用 CEC,用以提供机载中继及在舰船与 LAMPS 直升机之间实现 LAMPS 水面和水下功能的组网。

美军同时在研究在爱国者导弹、E-3 机载预警与控制系统(AWACS)和正在开发的先进陆上导弹发射系统中集成 CEC,从而提供真正的、各军兵种间战区防空与对空指挥引导的紧密协同。

5.3.3 高级 CEC 功能

通过在一个高速网络中各单元间原始测量数据的集成,可用的信息量越来越大,除了上述介绍的以外,有可能进一步引入更先进的功能。

1. 巡航导弹防御

美军在称作广域防御的一个有关 CEC 高级概念和技术的演示项目中,探讨更先进的传感器协同和舰对空导弹末端制导支持,进一步实现战场空间的拓展和无缝隙覆盖。在夏威夷的 Kokee 山上开展了一个称作"山顶Ⅰ型"(Mountaintop Phase Ⅰ)的项目实验,作为替代飞机的空中平台,山上安装有典型的传感器和末端交战照射器,并通过 CEC 与装有 CEC 的宙斯盾巡洋舰组网通信,重点演示宙斯盾对超视距掠海靶标的攻击能力。试验中,Kokee 山上的设施替代机载平台,在宙斯盾火控单元超视距范围外,作为雷达和 SM-2 导弹末端自导引照射装置,CEC 提供火控质量的数据传输演示这一先进的功能。美国陆军也参与实验期间的数据采集和分析,验证陆军通过使用机载火控传感器数据进行超视距交战和使用 CEC 及 Link 16 进行联合防空的潜能。图 5-10 给出了实验配置和新型协同交战的特点,这种新型协同交战被称为"前进通道远程照射"。

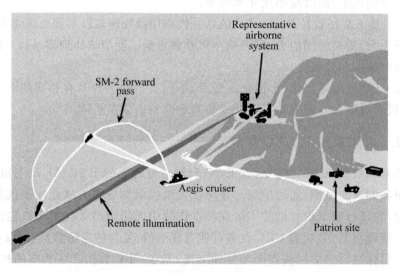

图 5-10 "山顶"超视距协同作战示意图

2. 战术弹道导弹防御

美军大量实验和分析表明 CEC 对战术弹道导弹(TBM)防御具有巨大的作用,它可以用一组传感器为导弹拦截提供一个足够质量的复合航迹,并且实时提供交战状态,还可以实时给出具有最高成功概率的部队交战建议。未来精确传感器能够支持 TBM 的精确复合跟踪,通过新的协同处理方法,人们也许可以从许多重返大气层的诱靶和碎片中分辨出重返大气层的飞行器,甚至确定目标的机动。根据这种设想,对目标范围的分辨与跟踪可以将拦截器准确地引向目标。在图 5-11 中,CEC 具有实时处理多种异构传感器数据的能力,而这些传感器可以提供某一维(如角度、距离、距离变化率等)高分辨率数据,通过传感器的协同建立精确的三维图,该精度和对映射对象的快速更新使拦截器足以对付目标的摇摆和滚动,在大量诱饵和碎片的环境下,准确地将拦截器引向重返大气层的飞行器。

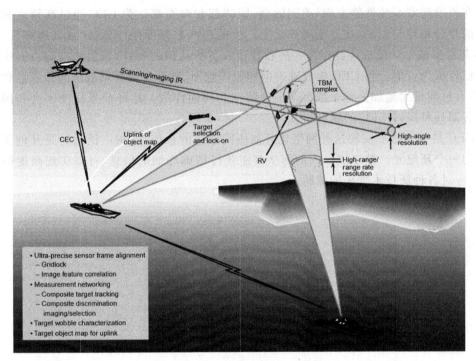

图 5-11 战术弹道导弹协同分辨

3. 小型化 CEC 单元

未来,美军设想一种低成本、轻型、小型 CEC 单元,可用于战斗/攻击飞机、攻击直升机,甚至排级作战单位,为这些作战单元提供全功能 CEC 单元处理和传输的复合图像。这样的小型单元可以有选择地提供本地区域的复合跟踪和武器提示,并向全网报告测量结果。该方法的前提条件是存在一个全功能的 CEC 单元网络,提供完整的复合数据库。美军的设计评估表明,一个 CEC 网络中可以拥有大量这种小型化单元,而不影响网络的定时和负载,甚至进一步设想利用这种方法实现远程导弹发射架与全功能 CEC 单元之间接收或发送数据,实现分布式陆地导弹部队、海军/岸基的联合防空,构建一个真正紧密耦合的联合盟军部队,甚至包括最小作战单元。

5.4 本章小结

开发 CEC 的目的是为了保证和扩展舰队防空能力,这种防空能力主要针对先进的、下一代威胁,同时完善与改进传感器与武器系统。通过测量数据的直接组网,各部队都能通过大量作战单元的传感器了解整个战区的空中态势,而各部队对空中目标的了解和拦截导弹的射程不再局限于其传感器的性能限制。这样极大地改进了区域防空,对过去无法跟踪和打击的威胁可以进行复合跟踪,并通过单元连网使用的远程数据进行拦截。在1994年《美国新闻和世界报告》的一篇文章中,时任海军水面作战主任的 Philip Coady Jr 海军少将指出:CEC 中的"复合图像的作用远大于各部分的和"。

在改进防空系统性能方面,美国国会、国防部和海军都认为 CEC 通过高精度和高可靠性的复合跟踪与识别,在各连网单元上产生的相同数据库能够驱散"战场迷雾"。正如 USS 艾森豪威尔航母战斗群指挥人员和参谋人员所认识的那样,新型的精确协同作战和战术已经成为可能。将 CEC 集成进美国和盟国空军、陆军和海军陆战队的传感器和防空系统,有可能极大地加强整个战区范围的防空和协同作战。这种前景促使国会和国防部建议各军兵种探讨 CEC 的联合引入。

CEC 是目前唯一实现这种网络化武器协同理念的系统,并被广泛认为是开创了作战领域的一个新纪元。整个战区内的部队都能获得精确详细的信息,可以实现高度协同的作战,应对各种新技术带来的威胁。

第6章 战场态势一致性技术与数据链航迹处理

6.1 引 言

战场态势是战场感知能力实现的最终结果,反映了战场空间中兵力分布和战场环境的当前状态以及未来的发展变化趋势,为指挥员作战决策和指挥控制提供支持。所谓战场态势一致,是指遂行同一作战任务的各参战单元在协同计划和协同行动中所面对的相关态势信息必须保持一致,包括对相关的态势元素时空状态的感知、理解和预测保持一致,这是达成协同计划一致和协同行动同步的关键。

早期,战场态势感知主要依赖人工情报,随着电子技术的发展和传感器技术的广泛应用,战场态势感知能力不断提升。由于电子探测数据固有的不确定性,对多源、多种形式的传感器数据进行有效地获取、综合、过滤、融合处理,提取出准确、可靠的态势信息,是有效支持战场指挥决策的必然要求。20世纪70年代,作为一种传感器数据处理技术的数据融合概念应运而生,并逐渐发展成为C4ISR系统的重要内容。到了90年代,美军在反思几场局部战争的经验教训之后,意识到在多兵种联合作战背景下解决战场态势一致性问题越来越迫切,也越来越困难,遂在接纳网络中心战为信息化转型指导思想的同时,发展了与之相适应的互操作作战图族概念。互操作作战图族中的每个成员都是数据融合处理的直接产物。

本章主要介绍美军解决战场态势一致性问题的各种技术,特别是数据链的航迹处理技术。6.2节重点介绍数据融合的概念模型、关键技术及其研究现状,6.3节介绍互操作作战图族以及战区级态势图的建立方法,6.4节结合Link 16的航迹统一技术介绍战术级态势图的构建方法,6.5节介绍美军仍在研究的武器/火力控制级态势图——单一综合空情图的构建方法。

6.2 美军数据融合模型及关键技术

6.2.1 数据融合概述

数据融合概念最早是由美国海军提出并开展研究的,当时需要对多个独立连续的声呐信号进行融合,以检测出某一海域中的敌方潜艇。此后,数据融合界一直致力于解决多传感器跟踪机动目标过程中的状态估计问题,包括位置、速度估计以及身份、属性估计。20世纪80年代后,战争逐渐趋于立体化,加之空间武器和隐身技术的应用,使目标环境越来越复杂,对探测范围要求越来越广,对数据精度和时效性要求越来越高,导致战场上传感器的数量和种类空前增加,数据融合技术的地位越来越重要。因此,美军又进一步将数据融合向决策支持领域拓展,把态势估计和威胁估计也纳入其研究范畴。近20年来,数据融合已不再局限于军事应用,逐渐发展为多学科、多部门、多领域共同关心的共性关键技术,理论和应用研究都十分活跃。

数据融合系统可以使指挥员从海量信息处理的烦琐中解脱出来,依据融合系统提供的及时准确的战场情报和态势信息,提高指挥决策的及时性和正确性。总体来说,战场环境下的多传感器数据融合作用可以归结为3个方面:减少不确定性、增加可靠性、改善可观测性,具体表现在以下7点。

(1) 支持战场空间感知范围的扩展。数据融合技术支持传感器和信息源组网,实施协同探测与侦察,在通信手段保障的前提下能使战场空间感知范围扩展到陆、海、空、天、电磁等各领域。

(2) 支持战场空间感知的时间覆盖范围的扩展。通过对依赖于不同空间环境的侦测手段感知信息的融合,实现全维、全天候战场感知。

(3) 可改进传感器的探测能力和对目标的识别水平。数据融合技术使得多传感器对目标的联合检测协同跟踪成为可能,这对于尽早发现隐形目标和弱信号目标非常重要。多介质探测信息的融合则能提供更准确、完整的目标属性。

(4) 可提高合成信息的精度和可信度。融合算法使得融合信息在精度上高于任意的单一信息源,通过对不确定信息的融合,可大大提高目标信息的可信度。

(5) 能产生和维持共用/一致的战场态势。数据融合产生的估计态势和预测态势对指挥员进行态势判断和指挥决策至关重要。

(6) 能提高战场信息的使用效率,包括能摈弃大量冗余和无用的信息,把指挥员从信息战场的汪洋中解脱出来,战场融合情报和态势的分发能实现有用的战场信息的充分共享。

(7) 能充分利用战场空间感知资源。数据融合的一项重要功能是从作战要求(指挥决策和火力打击)出发对信息感知与收集设备及融合处理过程进行反馈控制,包括对信息源协同工作的控制、传感器探测工作方式的控制、目标检测参数控制、融合判定(如关联判定、目标机动判定等)参数控制、态势与威胁估计中多元参数控制等。这就使战场感知资源和融合处理过程以最低的代价,最大限度地满足作战任务需求。

鉴于数据融合的应用范围非常广泛,一些术语常常被学术界用以限定问题的论域。例如,多传感器数据融合关注的往往是多个同构或异构传感器的数据处理问题。再如,多目标跟踪主要研究从传感器获得的量测实现对多个目标持续、精确的估计和预测,是战场态势感知技术中最重要的组成部分。随着数据融合应用层次的提高,侦察情报以及经处理过的非侦测情报、中长期情报等信息也参与融合,使信息融合一词用得比数据融合更普遍。

6.2.2 数据融合模型

数据融合的定义和模型是学术界研究的首要问题。由于数据融合所研究内容的广泛性与多样性,要给出统一的或通用的概念是非常困难的,已给出的关于数据融合的定义都是功能性的。目前普遍认可和接受的数据融合模型是由美国国防部实验室联合领导机构(Joint Directors of Laboratories,JDL)提出的JDL融合模型。JDL提出数据融合模型的目的是为了促进管理人员、理论工作者、设计人员、评估人员和数据融合技术用户之间的理解和交流,从而进行高性价比的系统设计、开发和运行。

1. 初始定义

JDL 最初于 1985 年在数据融合词典中给出的定义为:"数据融合是对来自单一和多源的数据和信息进行关联、相关和综合,以得到更精确的位置和身份估计,对态势、威胁和其重要性进行完整的、及时的评估。这一过程的特点是持续进行估计和评估优化,并且对附加信息源的需求进行评估,甚至对过程本身也不断地修正,以便获得更好的结果。"

该定义列举了数据融合技术期望达到的功能,包括低层次的战场目标状态和属性估计,以及高层次的战场态势估计与威胁估计,并给出了一个三级功能结构(图 6-1)。其中,一级为目标的状态与属性融合;二级为战场态势估计;三级为威胁估计。JDL 模型为数据融合技术的研究提供了一种较为通用的功能框架,首次从理论上对数据融合体系进行了描述,是一个开创性成果。值得注意的是,JDL 模型是一个功能模型,而不是处理流程,不应错误地认为信息流一定严格从一级到二级、三级。

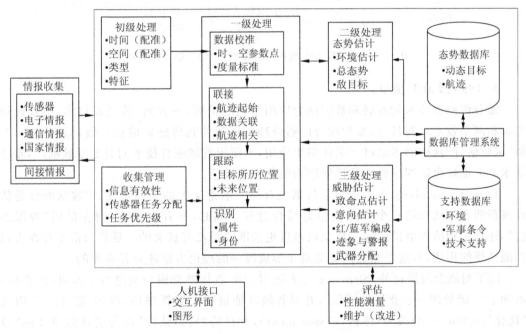

图 6-1　1985 版 JDL 数据融合模型

2. 1992 版 JDL 模型

随着理论和应用的不断发展,数据融合初始定义的一些局限性和严谨性受到质疑。例如,"位置和身份估计"应该被更宽泛的"状态估计"代替,"单一或多源"是重复定义,"完整"评估并非所有应用的必要需求,"及时"也是与具体应用相对的概念。

1992 年,JDL 推荐的数据融合的修正定义是:"数据融合是一个多级、多层面的数据处理过程,主要完成对来自多个信息源的数据进行自动检测、关联、相关、估计和组合等处理。"

除了定义上的简化，JDL将数据融合功能模型向上层作战需求延伸，增加了第4级处理——过程优化（图6-2）。

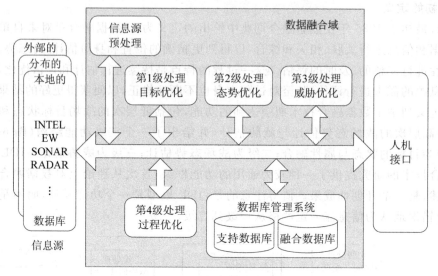

图 6-2　1992 版 JDL 数据融合模型（增加了第 4 级处理）

3. 1998 版 JDL 模型

随着传感器技术的发展和数据融合应用领域的扩展，一方面，传感器技术、信号处理技术和网络技术日新月异，希望融合能够处理向下延伸到传感器的信号级；另一方面，类似"威胁估计"这样的术语过于关注军事应用，不便于数据融合技术向其他领域推广，希望从术语上提炼出数据融合的共性问题而弱化军事特色。

1998 年，Steinberg 等人提出了数据融合最一般意义上的简洁定义："数据融合是估计或预测实体状态的一个数据或信息综合过程。"同时，作者也指出，到底是用"数据融合"，还是用别的术语描述这一概念以显得更加准确是没有意义的。尽管目前不存在大家都能接受的用法，但这个宽泛的概念对于形成统一的理论方法还是很重要的。

除了对概念的修订外，Steinberg 等人还对 JDL 数据融合模型也进行了改进（图 6-3），增加了"0 级处理——亚目标评估"，并对各级功能进行了重新描述，例如，将 1、2、3 级的"优化"（refinement）改为"评估"（assessment），并且将"威胁估计"改为更普遍意义的"效果评估"。

4. 2004 版 JDL 推荐模型

在工程实践中，大量存在的例子是一个层级的问题往往能够在另一个层级上找到技术解决方案。例如，实体识别——一个隶属于第一层的问题——经常通过评估实体与其周围环境的关系解决，而这些技术属于 2 级处理。一个目标的各个组成部分间的关系也可以用于 0 级，以提高目标识别效果。

2004 年，Steinberg 等人再次建议修订数据融合功能模型，主要目的是提供一个清晰可用的划分方法，以便最大限度地涵盖数据融合界当前的应用。因此，推荐的修订版依据信息用户感兴趣的实体划分数据融合功能。每级处理的结果都是对现实世界某些方面的

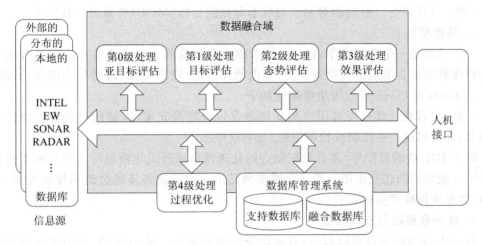

图 6-3　1998 版修订的 JDL 数据融合模型（增加了第 0 级，"优化"改为"评估"，
"威胁"估计改为"效果"，第 4 级和数据库管理系统部分处于数据融合域外）

存在或预测的估计。

功能模型图参见图 6-4，各级融合功能的定义如下。

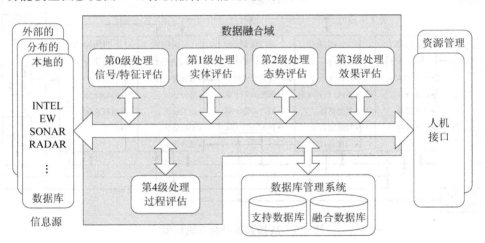

图 6-4　2004 版推荐的 JDL 数据融合模型（第 1 级改为实体评估，
数据库管理系统排除在数据融合域外）

0 级：信号/特征评估。对信号或特征状态的估计。信号和特征可以被看为从观测和量测结果中推断出的模式，它可能是静态的，也可能是动态的，并且具有可定位的或者导致其产生的源（如发射源、风向等）。

1 级：实体评估。对实体参数和属性状态的估计（如视为个体的实体）。

2 级：态势评估。对现实世界的局部结构的估计（如实体间的关系和相关实体的状态集合）。

3 级：效果评估。对信号、实体或态势状态的效用/成本的估计，包括在给定系统可选择的行动方向条件下预测效用/成本。

4级：过程评估。系统相对期望的状态和效能指标（MOE）所做的自我估计。

5. 其他模型

JDL模型是一个功能模型，包含任意数据融合系统的一些功能定义。Hall等人研究了用户在数据融合系统中的重要作用，提出增加一个"用户优化"过程作为融合处理的第5级。Blasch和Plano将该级功能描述如下。

5级：可视化。此过程将用户和其他融合过程联系起来，以便用户能够将融合结果可视化，并且通过产生反馈或控制增强/改善这些结果。

除了JDL功能模型外，还有数据融合的处理模型和形式化模型等。处理模型描述了系统中功能之间的相互作用。形式化模型则是由一组控制实体的公理和规则构成，如概率、似然和证据推理框架。

6. 战场数据融合五级模型

从JDL模型的演进可以看出，数据融合模型并不是一成不变的，其功能划分和各种术语不断地根据应用发展而调整。在具体的军事应用实践中，我们更倾向于采用如图6-5所示的五级战场数据融合模型。该模型与军事背景结合紧密，各种术语也得到了广泛认可。

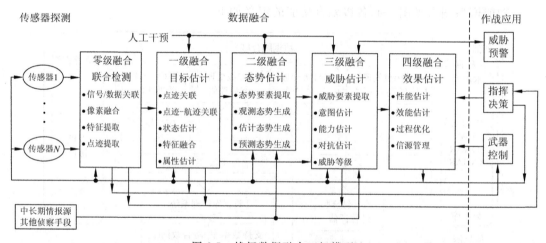

图6-5 战场数据融合五级模型

图6-5中，零级融合联合检测级的功能是对多类（多介质、多频谱）传感器原始量测信号（数据或图像）进行融合，以联合检测弱信号目标（隐身目标或机动目标）。

一级融合目标估计的主要功能包括状态估计和属性/身份识别。状态估计是直接在传感器的观测报告或测量点迹和传感器的状态估计基础上进行融合，是面向目标跟踪的融合，包括数据校准（即将各传感器的观测值变为公共坐标系，包括坐标变换、时间变换及单位变换等）、数据关联及目标跟踪。属性/身份识别的功能是对目标进行分类、表征和识别，是面向目标属性辨识的融合。

二级融合态势估计是依据一级融合获得的战场目标信息以及其他相关信息进行战场态势及其对敌、我有利程度估计的过程。JDL对态势估计的具体描述为：态势估计是建立关于作战活动、事件、时间、位置和兵力要素组织形式的一张视图，该视图将获得的所有战场力量的部署、活动和战场周围环境、作战意图及机动性有机结合起来,分析并确定发生的事件,估计敌方的兵力结构、使用特点,最终形成战场综合态势图。

三级融合威胁估计是建立在对象/目标状态、属性/身份估计以及态势估计基础上的更高层的信息融合技术。它依赖敌方的兵力作战/毁伤能力、作战企图,以及我方的防御能力,反映了敌方兵力对我方的威胁程度,其重点是定量估计敌方作战能力和敌我双方攻防对抗结果,并最终给出威胁程度的定量描述。

四级融合效果估计是指根据作战(指挥决策或武器/火力控制)对信息的要求,评估和反馈控制数据融合的多级处理过程,直至对信息源和融合处理的优化控制,其目的是提高整个实时系统的性能。

6.2.3 多目标跟踪及关键技术

多目标跟踪(Multi-Target Tracking,MTT)处于JDL模型中的第一级,是数据融合界研究最成熟、成果最丰富的领域。MTT主要研究从传感器获得的量测实现对多个目标持续、精确的估计和预测,是现代战场C^4ISR系统的重要组成部分。其中,战场空、海情监视是MTT最主要的应用场合。

MTT融合系统最主要的输出结果是航迹。有学者将航迹定义为一个动态目标按时间历程的分段数学模型或一个离散时间的(递归)数学模型。简单来说,航迹是从一组传感器量测数据估计出的目标状态轨迹。

1. MTT面临的挑战

MTT性能由于受到跟踪环境、传感器性能等多种因素的影响而变得非常复杂。这些因素包括

(1)目标数目和目标密度。

(2)传感器的探测性能。

(3)目标重现率和目标的动态特性。

(4)传感器的测量精度和过程噪声。

(5)传感器或模型偏差。

(6)背景噪声源(如空域、地面杂波、海噪声)。

(7)状态估计器性能。

从数学角度看,MTT的本质就是各种约束条件下问题的数学描述及最优化求解。同时考虑上述7个方面的因素将是一个维数极高甚至是无穷维的问题,不可能存在一种通用的数学模型或算法能够获得最优解。对于不同的应用场景,不同的跟踪环境,各种因素对融合系统的影响程度不尽相同,所要解决的主要问题也各有侧重,可以视具体情况适当简化模型。纵观50多年MTT的学术研究成果,大量工作集中在克服上述一条或多条因素的影响,以获得最佳或合理的问题解法。

2. 面向目标跟踪的融合实现结构

鉴于MTT问题本身的复杂性,人们尝试从多传感器的信息流动形式和综合处理层次上进行功能解构,形成了4种主要的实现结构:集中式、分布式、混合式和多级式结构,如图6-6~图6-9所示,其中图6-9给出的是一个三级节点的跟踪融合结构。

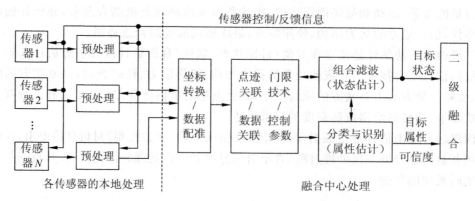

图 6-6 面向目标跟踪的集中式融合结构

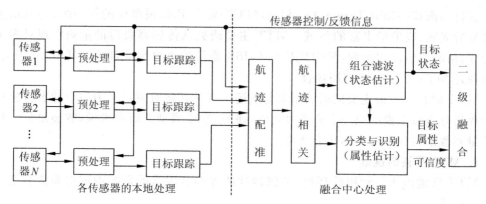

图 6-7 面向目标跟踪的分布式融合结构

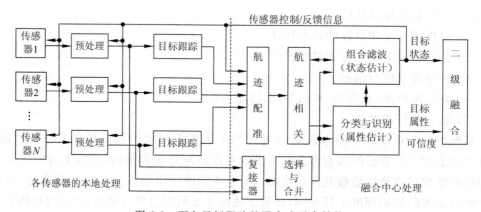

图 6-8 面向目标跟踪的混合式融合结构

(1) 集中式融合结构中,所有的传感器原始数据或经过预处理的数据都传送到融合中心,由融合中心对这些信息进行联合检测、数据配准、数据关联、航迹起始、航迹滤波与更新。该结构的优点是信息损失小,融合精度高;缺点是对硬件资源(如存储空间、计算速度和通信带宽等)要求高,系统生存能力差。

(2) 分布式融合结构中,各传感器先对各自的测量信息进行自主式处理,然后将产生

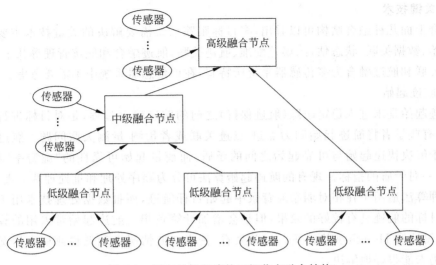

图 6-9 面向目标跟踪的三级节点融合结构

的局部航迹送至融合中心,在融合中心对各节点的航迹数据进行时空配准、航迹相关和二次融合,形成全局估计。该结构的优点是对硬件资源要求低,系统生存能力较强;缺点是各传感器在自主融合中会损失大量的信息,状态估计精度低于集中式结构。

(3) 混合式融合结构是集中式和分布式结构的结合。各传感器的测量信息和局部融合航迹均要传送到融合中心。融合中心通过复接器对原始量测信息选择接入。该结构保留了上述两种结构的优点,是跟踪性能与通信和计算能力的折中选择。

(4) 多级式融合结构是根据部队编制装备的特定需求(如雷达营、雷达团、雷达旅和相应的指挥所等)在传输速度、带宽、跟踪精度和可靠性等相互影响的各种制约因素之间取得平衡。在多级式融合结构中,目标的原始量测信息可能要经过多个级别的状态融合处理。图 6-9 是一个三级节点融合中心,其中最低级融合节点可以是集中式、分布式或混合式的局部融合中心,而中级和高级的融合节点处理来自各局部融合中心的目标航迹或直属传感器的目标点迹或航迹。该结构同集中式相比,减小了处理中心的负担,能够严格控制局部处理中心的运行。

上述是几种较常见的融合结构,目前学界的共识是集中式结构能够获得更好的理论性能,因为集中式结构直接对传感器原始量测进行处理可获得全局最优估计,而分布式或多级结构的处理对象是经过局部处理以后的数据,有不同程度的信息损失。

实际应用中采取何种结构应根据不同的实际需求和技术水平选取。在设计融合体系结构时,必须考虑诸如通信传输、组网、数据库管理、人机接口和传感器管理等诸多支撑技术,并不拘泥于某一种固定的模式。例如,协同作战能力 CEC 是一个分布式防空系统,每个 CEC 单元传感器探测的原始数据均通过相控阵天线高速分发到所有其他单元,再各自运行融合算法生成高质量的单一态势图。整个 CEC 系统不存在数据融合中心,形式上看似无中心的分布式结构,但是对于每个 CEC 单元,融合处理的对象是整个系统全部传感器的原始数据,显然属于集中式融合结构。

3. 关键技术

综合上面几种融合结构可以看出，多目标跟踪系统需要解决的关键技术主要集中在航迹起始、数据关联、状态估计、误差配准、航迹关联、航迹融合和航迹管理等几个方面，其中航迹关联和航迹融合为多传感器系统所特有，在单传感器系统中不需要考虑。

1) 航迹起始

航迹起始是未进入稳定跟踪(航迹保持)之前的航迹确立过程，是对目标进行跟踪的第一步，有些学者将航迹起始归为点迹-点迹关联或者量测-量测关联问题。航迹起始的关键在于解决快速起始与可靠起始之间的矛盾，而衡量起始可靠性的"虚警率"和"漏警率"也是一对矛盾的指标。现有的航迹起始算法可分为顺序处理和批处理两大类。通常，顺序处理算法适用于在相对弱杂波背景中起始目标航迹，而批数据处理技术用于强杂波环境下目标的航迹具有较好的效果，但是会增加计算负担。航迹起始常采用的算法有直观法、逻辑法和 Hough 变换法等。目前来看，密集杂波情况下和低检测概率情况下的航迹起始仍未能很好地解决。

2) 数据关联

数据关联问题也称为点迹-航迹关联，就是把来自一个或多个传感器的观测/点迹与已知或已经确认的事件归并到一起，即把每批目标的点迹与数据库中的航迹配对，确定观测数据源自哪个目标。广义的数据关联问题不仅包括航迹起始的量测-量测关联，也包括航迹-航迹关联。本文的数据关联仅局限于讨论点迹-航迹关联问题。数据关联算法一般采用加性高斯噪声假设，分为极大似然和贝叶斯两大类。前者的代表算法有最近邻法、航迹分叉法、联合极大似然法等，后者的代表算法有多假设法、概率数据互联类方法等。如何合理地假设概率分布模型以及降低计算复杂度是困扰数据关联的主要问题。

3) 状态估计

状态估计主要解决对目标的位置(距离、方位和高度或仰角)、速度、加速度等状态信息的准确估计和预测问题。估计处理输入的数据一般是数据关联处理的输出结果，具体表现为各种跟踪滤波算法。跟踪滤波算法的关键是对目标运动模型进行合理的假设和预测。常用的滤波算法有 $\alpha\text{-}\beta$ 滤波、卡尔曼滤波、扩展卡尔曼滤波、无迹卡尔曼滤波和粒子滤波等。常见的运动模型建模方法有可调白噪声模型、Singer 模型、Jerk 模型、当前统计模型、多模型、交互多模型等。

4) 误差配准

误差配准(bias registration)就是借助多个传感器对公共事件的量测对传感器的偏差进行估计和补偿。一般来说，传感器系统的误差包括随机误差和确定性误差。随机误差通常由噪声引起，可通过滤波方法在一定程度上抑制或消除。确定性误差也称为配准误差，是指随着时间推移不变或者变化比较缓慢的偏差，可以采用误差配准算法克服或减轻其对融合性能的影响。误差配准问题解决得好坏一定程度上决定多传感器跟踪系统的性能，如果配准误差不能被有效消除，融合系统的性能不仅不能令人满意，有时甚至不如单传感器的跟踪效果。

传感器的配准误差主要有传感器校准误差、姿态误差、位置误差和定时误差等几种类型。此外，承载传感器的平台、坐标转换、计算精度等都会引入误差。目前多数误差配准算法均假设已获得具有先验关联的公共量测数据,然后将各种需要配准的误差转换成需要估计的参数,进而采用参数估计的方法求解,如最小二乘类批处理方法和卡尔曼滤波类递推方法等。

实践中,误差配准问题是比较棘手的,主要体现在两个方面:一方面,多种配准误差往往交织在一起同时存在。单纯考虑其中一种误差,通常可以获得满意的估计性能,而涉及两种以上误差源的结果都不太确定;另一方面,误差配准算法一般假设数据或航迹关联问题已经解决,然而又往往决定关联算法的正确性,从而导致配准与关联互为前提而陷入僵局。目前学术界倾向于联合解决配准和关联问题,但一般来说这是 NP-Hard 问题,只能寻求特定场景下的次优算法。

5) 航迹关联

航迹关联也称为航迹-航迹关联,就是要判断来自不同传感器(跟踪系统)的两个航迹是否代表同一目标。一些学者把航迹关联也归为数据关联,但航迹是经过处理后的点迹序列,具有时间相关性和信息相关性,决定了航迹相关算法与数据相关算法有本质的区别。航迹关联问题的主要难点在于数据相关性、计算复杂以及配准误差的影响等。

对于来自不同跟踪系统的任意一对航迹的关联问题,首先需要定义某种衡量二者关联相似性的度量(或者代价函数),再运用一定的门限方法判决航迹是否关联。经典算法以目标状态估计的马氏距离作为检验统计量将其建模成假设检验问题。一些学者采用似然函数、似然比、最大后验概率、目标空间拓扑、目标属性等作为相似性度量改善关联性能,但是这些算法往往存在需要假设先验模型、计算复杂、门限选择及性能分析困难等问题。

对于 $S(S \geqslant 2)$ 个跟踪系统跟踪多个目标的航迹关联问题,除了要定义任意航迹对间的相似性度量外,还需要进一步构造出所有航迹对间的关联代价矩阵,并建模成所谓的 S 维分配问题进行求解。当 $S=2$ 时,经典 2-D 分配算法均可用来求解。Castanon 结合 Jonker-Volgenant 算法和拍卖算法提出的 JVC 算法因其运算速度快得到了广泛应用。当 $S \geqslant 3$ 时,由于一般的 S-D 分配问题是 NP-Hard 的,可以采用拉格朗日松弛算法、模糊聚类算法或者智能算法寻求次优解。

上述算法基本上都假设传感器数据已经过理想配准。近年来,联合解决误差配准和航迹关联问题的启发式算法受到关注,研究重点集中在确定代价函数的形式和寻找启发式搜索算法两个方面。

6) 航迹融合

航迹融合关心的问题是如何基于单传感器或本地系统的航迹信息更新全局估计信息。共同的过程噪声或者反馈机制产生共同的先验估计,会导致各传感器局部估计误差出现相关性并对融合性能产生影响,这是分布式融合算法需要解决的重点和难点。根据全局航迹是否参与融合,航迹融合通常有两种处理结构:传感器-传感器航迹融合和传感器-系统航迹融合。第一类结构中,由相互关联并外推至同一时刻的传感器航迹融合获得全局航迹估计,不需要全局航迹的历史信息。此类结构的优点是关联和估计误差不随时间传播,但其有效性略显不足。在第二类结构中,当融合中心收到新的传感器航迹估计时,将系统航迹外推至当前时刻,并与之融合,收到其他传感器的航迹估计时则重复上述过程。实现此类融合时,全局航迹与各局部航迹估计误差间的互相关性必须加以考虑。

7) 航迹管理

航迹管理是指按照一定的规则、方法实现和控制航迹起始、航迹确认、航迹保持与更新和航迹撤销的过程。航迹管理可分为两个部分:航迹号管理与航迹质量管理。航迹号是跟踪系统分配给航迹的标识,与给定航迹相关联的所有参数都以其航迹号作为参考。目前主要有单航迹号分配法和双航迹号分配法。航迹质量管理是航迹管理的重要组成部分,是起始航迹为新目标建立档案或者撤销航迹消除多余档案的主要判据。现代战场环境日益复杂,空战飞机实施交叉、编队、迂回、低空突防等各种协同和非系统战术机动,有源和无源电子对抗带来大量的不确定性,导致传感器探测形成的航迹之间呈现错综复杂的关系,航迹管理也成为多目标跟踪系统中的一个颇具挑战性的任务。

6.2.4 数据融合系统评估

数据融合系统评估是对系统设计和研究的重要内容,一方面,给定系统可以通过分析性能比较其能力的优劣;另一方面,给定要达到的性能指标可以反过来确定系统的设计实现方案。此外,系统能力的评估本身也是 JDL 模型中的第 4 级过程优化的基础。

评估的基础是指标体系。长期的研究表明,建立科学合理的效能评估指标体系是效能评估研究中最重要的环节,没有效能评估指标体系,评估无法进行。所谓效能评估指标体系,是指对效能评估中涉及的一系列评估要素按照一定的结构层次关系进行排列组合,使其成为一个有机的整体。由于观察者所处的地位不同,观察的角度不同,对系统的理解也不尽相同。效能评估指标一般分为 4 类。

(1) 尺度参数指标(Dimensional Parameter,DP),用来表征物理实体固有的属性和特征的量。

(2) 性能指标(Measures of Performance,MOP),是系统重要行为属性和功能的量化描述,它与系统的物理或结构参数密切相关,是效能指标的基础。

(3) 系统效能指标(Measures of Effectiveness,MOE),是对系统达到规定目标程度的定量表示,反映了系统在其运行环境中总体功能的发挥情况,是对系统进行评估的基本标准。

(4) 作战效能指标(Measures of Force Effectiveness,MOFE),度量系统和作战效果之间的关系是最高层次的指标,反映了在特定的战场环境下,系统与部队/武器系统结合后完成作战任务的情况。

尺度参数和性能指标一般与环境无关,取决于系统部件或分系统本身的特性,属于技术指标的范畴。系统的效能指标和作战效能指标必须在一定使用环境中考虑。一般地,系统设计者强调系统的尺度参数和性能指标,而用户强调系统效能和作战效能。数据融合系统的指标分类及评估方法见表 6-1。

表 6-1 数据融合系统的指标分类及评估方法

度 量	描 述	典 型 例 子	常用评估方法
作战效能指标（MOFE）	度量系统与作战结果之间的关系	作战结果、系统代价、损耗率、互换率	兰彻斯特方程、作战模拟、影响图方法
效能指标（MOE）	度量系统在作战环境下怎样完成其功能	目标识别率、信息时限、预警时间	SEA 方法、原型仿真、影响图方法
性能指标（MOP）	量化描述系统行为属性，与系统的物理或结构参数密切相关	检测概率、虚警率、通信延时、目标识别距离、传感器空间覆盖率	蒙特卡洛仿真、解析分析、层次分析法
尺度参数指标（DP）	度量物理实体的固有属性和特性	信噪比、误码率、分辨率、采样率、物理尺寸	由实体提供者给出

数据融合是 C^4ISR 系统的一个组成部分，如果进行效能评估甚至作战效能评估，就必须放在整个 C^4ISR 系统中，并且与武器系统结合才能进行评估，需要投入大量的人力、物力和财力。例如，20 世纪 90 年代，美国空军进行了作战特别项目（OSP）实验，比较 F-15C 飞机仅使用话音指挥和使用 Link 16 加话音两种情况下的作战效能。通过 12000 多架次和 19000 多小时的飞行试验证明使用数据链后，在白天作战平均杀伤率从 3.10∶1 提高到 8.11∶1，在夜间作战平均杀伤率从 3.62∶1 提高到 9.40∶1。就目前的研究水平看，世界各国关于作战效评估问题仍未能得到很好的解决。

就目前的研究水平看，世界各国对于复杂的数据融合系统的作战效能评估问题均未得到很好的解决。但是，针对数据融合子系统（如传感器、MTT 等）的性能评估，采用解析分析和蒙特卡洛仿真等研究方法取得了一些研究成果。解析分析法是严谨的理论分析方法，通常可以得到闭式表达，不需要大量的计算，缺点是普适性差，一般只能针对某些简单模型进行分析，往往还要给定一些比较理想的假设条件。蒙特卡洛仿真法的优点是直观、可适用于各种情况，缺点是计算量大、复杂，有时为了使结果具有说服力，还需要精心设计典型的仿真场景。

6.2.5 数据融合的研究现状

多传感器数据融合技术正在快速发展，目前研究力量主要集中在改进已有算法、开发新算法以及将这些技术与各种具体应用结合形成通用体系结构。

数据融合模型中的一级融合是目前研究最成熟的部分，即运用多传感器数据确定单个目标实体的位置、速度、属性和身份。如前所述，在密集杂波、密集目标、快速机动目标、复杂的信号传播环境等情况下，数据关联、误差配准、航迹关联等问题都很具有挑战性，如何提高目标跟踪性能仍然是学术界研究的重点。另一个棘手的问题是基于所观察的特征或属性进行自动目标识别。虽然有大量的模式识别技术可以用来完成这一任务，但是最终的成功取决于选择好的分类特征。在这个领域里，还需要进行更多的研究指导特征的选择以及明确而具体地表达目标种类知识。

二级和三级融合（态势估计和威胁估计）研究还不够成熟，目前主要采用基于知识的方法，只有一些十分简单的模拟人类完成这些功能的认知模型，很少有鲁棒的、可操作的系统。研究的主要难点在于需要建立一种包含推理规则、框架、剧本的数据库，或者其他能表示有关态势估计和威胁估计知识的方法库。开发用以进行自动态势评估和威胁评估的可靠的、基于知识的大系统，还需要做许多研究工作。

四级融合用于评估和改善数据融合过程的性能和操作，使用的方法有些较为成熟，有些还不成熟。对于单传感器的操作，已利用运筹学和控制理论开发出了一些有效的实用系统，它们甚至可用于复杂的传感器，如相控阵雷达。而在多传感器、外部任务约束、动态观测环境和多目标的情况下，开发实用系统还有很大困难。到目前为止，如何对任务目标和约束进行建模和具体描述，如何在最优性能、有限资源（如计算能力、通信带宽）和其他影响因素之间取得平衡，仍然是需要深入研究的课题。

总而言之，数据融合缺乏将理论研究成果转化为实际应用的方法，也缺乏精确的测试和评估方法。数据融合研究领域必须坚持高标准的算法开发、测试和评估，创建标准测试案例库，系统地研发能满足实际应用需要的融合技术。与数据融合有关的许多挑战和机遇决定了它是一个应用广泛的、活跃的研究领域。

6.2.6 数据融合的应用情况

在军事领域，数据融合技术应用最先进、最成熟的当属美国。20世纪80年代末，美军研制的第一代数据融合系统主要实现同类传感器数据融合或单平台内多（类）传感器数据融合，处于战术层次，如美军的海面监视信息融合（OSIF）专家系统、雷达-ESM情报关联系统等。

随着20世纪80年代后期"空地一体战"和90年代后期"联合作战"战略思想的出现，数据融合技术逐渐转向对跨军兵种和多维作战空间的多源信息融合研究，出现了以设计混合传感器和处理器为主要目标的第二代信息融合系统，形成了综合各种实时、非实时战场情报的面向战略、战术、火控等诸层面的人工智能系统，如全源分析系统（All-Source Analysis System，ASAS）作为陆军战术指控系统（Army Tactical Command and Control System，ATCCS）的5个分系统之一，对所有情报来源进行融合，每7min更新一副态势图，能及时、准确、全面地提供敌方兵力部署与作战能力，分析薄弱环节，预测可能的行动方向。联合监视与目标攻击雷达系统（Joint Surveillance Target Attack Radar Subsystem，JSTARS）具有强大的空、海情报融合功能，安装在E-8A等预警指挥机上，承担空地一体作战指控任务。CEC已安装在宙斯盾和多艘战舰上，能对战斗群内几十艘战舰进行火力控制，并可与陆基导弹、空中战机进行信息互通，其中的协同作战处理机（CEP）具有高实时、高精度数据融合功能。美军主要装备的战术数据链，如Link 11、Link 16，由于传输带宽受限，虽然具有一定的航迹综合能力，但是缺乏完整意义上的数据融合功能，航迹质量与CEC相比差距较大。据美军战斗标识评估小组（ASCIET）2001年的一项测试报告显示，CEC对一个目标会产生1.06个航迹，而Link 16为1.35个，Link 11为1.5个。Raytheon公司声称在CEC和非CEC设备的混合网络上采用其数据融合引擎，这一指标可以达到1.2航迹/目标。

当前，从解决战场空间感知信息处理的具体应用问题出发，美军数据融合技术发展水平可从下述几个方面概括。

(1) 陆、海、空、天运动目标定位与跟踪中的多传感器点迹融合技术已达到实用水平。

(2) 低可观测目标和隐形目标的检测与跟踪中的软判定传感器系统技术处于实验与应用试验阶段。

(3) 多源(包括光学、红外图像传感器)目标属性/身份识别技术在实战应用中仍存在问题,正在改进。

(4) 探测系统空间配准技术。空间配准是多传感器信息关联、融合的前提之一。对于具有定位功能的机动平台和固定平台,采用有参考曲线进行探测系统空间配准(即修正探测误差)在技术上已相当成熟,并已成功应用于探测系统空间配准。无参考曲线探测系统空间配准技术处于模型研究阶段,其只能消除不同探测源的相对误差。

(5) 机动平台多类传感器信息融合技术已达到实用水平。舰载、机载或车载平台多类传感器对目标的融合定位、识别与跟踪技术已达到实用水平。

(6) 陆战场和联合战场态势估计技术处于研究、实验、试用阶段。

(7) 人工智能、专家系统和模糊板技术在信息融合中的应用已有应用实例,但还不普遍。

(8) 信息融合仿真试验技术在功能测试、算法测试和定型算法评估等方面已达到应用水平。

6.3 互操作作战图族

6.3.1 概述

态势指战场空间中兵力分布和战场环境的当前状态以及发展变化趋势的总称。态势是战场感知能力所实现的最终结果,为指挥员作战决策和指挥控制提供支持。态势的可视化形式是态势图,其由底图(电子地图)及在其上标绘的描述各态势元素信息的一系列军标队列符号(称军队标号)构成。为达到一致性理解,态势图上通常加注一些文字说明。态势信息主要来自态势传感器和数据融合系统组成的各种目标监视、定位和跟踪系统。

为适应联合作战的需求,20世纪90年代中后期,美海军首先提出网络中心战(Network-Centric Warfare,NCW)概念,并引起了高层的关注,迅速成为美军信息化转型的指导思想。与此同时,美军发展了与之适应的态势图族概念——互操作作战图族(Family of Interoperable Operational Pictures,FIOP)。

6.3.2 NCW 与 FIOP

作为一种全新的信息优势驱动作战概念,NCW利用计算机、高速数据链和网络软件,将地理上分散的各种传感器、决策者与武器发射手联接成一个有机的作战整体,以便实现战场态势和武器资源的网络化共享,加快指挥速度和作战节奏,增强部队杀伤力和生存能力。NCW分为联合复合跟踪网(JCTN)、联合数据网(JDN)、联合计划网(JPN)3个网络层级,分别对应火力控制、战术指控和指挥决策3个层面的作战应用。与之对应的FIOP也包括单一综合图(SIP)、通用战术图(CTP)、通用作战图(COP)3个类别。NCW

的层次结构如图 6-10 所示。

第一级：JCTN。JCTN 是一个概念上的传感器及控制网络，通过数据链将战区内的所有传感器链接成网络，在网络成员之间实时地传输、共享精确的传感器数据。利用 JCTN 可以生成战区 SIP，进而实现协同作战，包括打击特定火力单元探测范围之外的目标。JCTN 使用协同作战能力（CEC）、战术目标瞄准网络技术（TTNT）等系统，网络用户数量一般在 500 个以内，信息传输时间为亚秒级，信息精度达到武器控制级。

第二级：JDN。JDN 主要完成近实时的引导和武器交战协同信息交换，以形成 CTP。典型的 JDN 为 Link 16、Link 11 等战术数据链，网络用户数量在 500 个以内，信息传输时间为秒级，信息精度达到兵力控制级。

第三级：JPN。JPN 是以全球指挥控制系统（GCCS）中的非实时网络为基础的高级指挥控制网络，用以支持战略级作战计划和情报分发。利用 JPN 可以生成战区 COP，网络用户数量在 1000 个左右，信息传输时间为分钟级，精度可以达到部队协同、调度及后勤保障的需求。

全球信息栅格（GIG）是支撑 NCW 的信息基础设施，其骨干网络主要包括联合全球情报通信系统（JWICS）、保密 IP 路由器网络（SIPRNET）、非保密 IP 路由器网络（NIPRNET）。

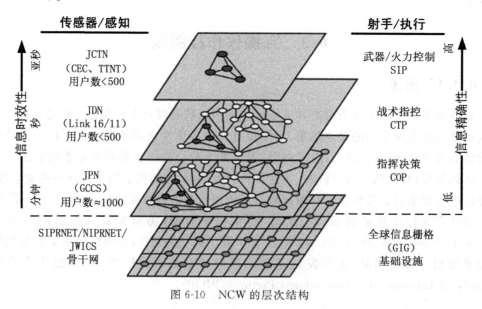

图 6-10　NCW 的层次结构

FIOP 的框架结构如图 6-11 所示。COP、CTP 和 SIP 分别通过 JPN、JDN、JCTN 连接其所属诸节点，然后通过三级网络之间的互联，实现纵向垂直连接关系。最底层的 SIP 与相应的武器系统和传感器互连。每个战区 COP/CTP 又分别与多个 CTP/SIP 连接，多个战区 COP 又与国家军事指挥中心（NMCC）连接。底层传感器信息"上传"以满足不同层次的判断/决策需求；顶层作战计划指令"下达"以贯彻各级作战意图和决心。需要注意的是，一个 COP/CTP 需要融合多个 CTP/SIP 的态势数据。为了表述简洁，图 6-11 没有反映出这种融合关系。

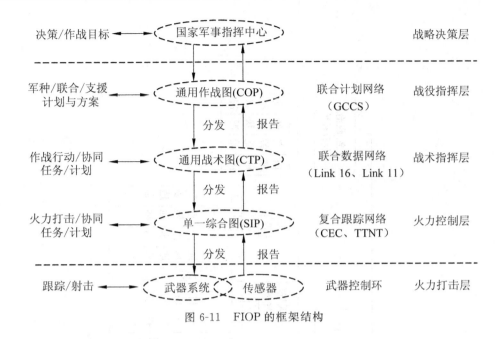

图 6-11　FIOP 的框架结构

6.3.3　战场态势要素

从总体上讲,战场态势要素大致分为以下 5 类:①兵力部署与作战能力类;②重要动态目标类;③战场环境类;④社会/政治/经济环境类;⑤对抗措施要素类。其中,对抗措施要素是指从下属 4 类要素中提取出来的,双方可能产生对抗的兵力、动态目标、地点和环境及可能的冲突样式和产生结果预测等。态势要素的层次结构如图 6-12 所示。

6.3.4　COP

1. COP 概念的演进

COP 概念最早出现在美军 1997 年版关于全球指挥控制系统(GCCS)的参联会主席令中,当时是从如何实现多个作战单元共同使用可视化的战场态势的角度提出的。美军联合作战条令中将 COP 概念描述为:"被一个以上指挥部共享的相关信息的一个单一相同显示(a single identical display)。它有利于协同规划,帮助所有层次的作战部队实现态势感知"。

最初,美军使用 COP 的目标是让所有人看到同样的战场态势图,但很快发现这个目标是不合适的。首先,不同层次的作战人员所关心的战场范围、战术对象、态势要素及内容、信息精度与时效等都存在差异;其次,同一层次的作战人员由于所处职能部门或者分管业务不同,所关心的往往是各自业务职责有关的战场态势要素,对全局态势只需要粗粒度地了解;最后,在制定协同计划时,由于协同诸方有各自的态势信息源,在共用的态势图上,只需要保证共同关心的态势元素相同即可,其他态势元素并不需要完全一致。

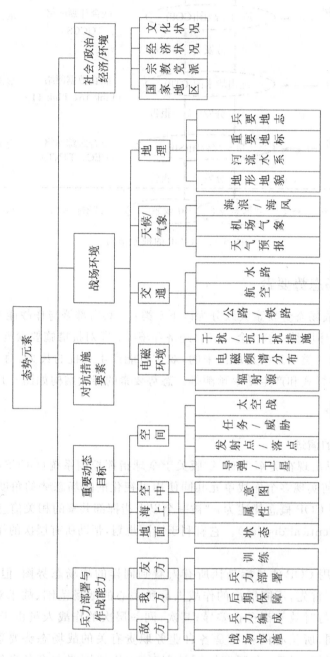

图 6-12 态势要素的层次结构

2003年,美军提出了更加切合实际应用的用户定义作战图(User Defined Operational Picture,UDOP)概念,使用户能够根据需要主动提取态势信息,而不是等待系统不加选择地分发相同的态势画面。UDOP 使 COP 得到了发展,即从"让所有人看到相同的画面"发展到"可以讨论和组合不同视角观点的协作环境",并且 COP 从态势的可视化显示发展到相关态势数据与信息的共享。UDOP 不是对态势一致性的否定,而是运用"灵巧提取(smart pull)"思想的一种相关信息共享策略,根本目的还是为了实现态势的一致理解。

UDOP 的出现使得 COP 内涵也发生了变化,2003 版《GCCS COP 需求报告》强调"COP 是一个分布式的数据处理和交换环境,用来建立战场目标的动态数据库,并允许用户按各自的责任区域和指挥角色从该数据库过滤数据或者向其贡献数据"。

总之,COP 与联合作战概念同时产生,并随着联合作战概念和作战模式的深化而不断发展。在概念上,COP 经历了态势可视化显示、相关态势数据与信息共享环境、联合 C4ISR 全维战场感知信息融合 3 个阶段;而在功能上,COP 一开始就作为共用操作环境(Common Operating Environment,COE)的一部分,纳入全球指挥控制系统。

2. COP 数据源

COP 数据源可分为下述 5 类。
(1) 监视类传感器探测到的实时/准实时数据。
(2) 单元位置或状态自动报告数据(如通过天基蓝军跟踪系统)。
(3) 其他数据库自动注入 COP 的数据。
(4) 人工输入战场态势报告、全球资源与训练状态系统数据或其他报告数据。
(5) 情报网输入的国家/战区/战术情报数据。

前两种数据源的数据时效性高,后 3 种数据源尤其是人工输入 COP 数据的时效性较低。

3. COP 的主要功能

COP 是 COE 的重要组成部分,所有需要战场态势感知功能的指挥控制系统都离不开 COP,如美军的全球指挥控制系统族(GCCS、GCCS-M、GCCS-AF、ATCCS、GCCS-A)、陆军的 21 世纪旅及旅以下战斗指挥系统(FBCB2)中皆应用 COP。COP 描述并强调当前的部署和态势,同时也包含了帮助指挥员预测和影响未来局势的信息。COP 具有以下 4 个主要功能。

(1) 态势数据管理与处理。COP 能够收集、过滤、处理(关联/融合)、分发态势要素数据以及维护历史态势数据库。

(2) 态势可视化。包括电子地图显示、更改、加载、删除以及 2D 和 3D 显示;对于不同应用系统(信息源)所提供的关于战场的不同侧面的态势信息,用特定的符号以图层方式显示在地图上。

(3) 态势数据交换。COP 可为指控系统提供信息输入输出机制,以共享/接收其他系统的信息、访问外部数据库、与其他 COP 系统进行数据同步。

(4) 战术辅助决策。COP 能够为战术指挥官提供辅助决策工具,包括目标轨迹运动分析预测、最接近点计算、生成拦截方案等;还能在地图上增加决策所需要的图层,如重要区域、边界、禁区、恶劣气象区域等；通过发送和接收空中任务组织指令（Air Tasking Order，ATO），参与空中任务信息的计划与监视；通过设置卫星数据库，决定目标轨迹易受卫星观测或受其他卫星信息影响的时限。

6.3.5 CTP

CTP 是相关战术数据完整、准确的显示，服务于战术级指挥控制。CTP 综合来自多个战术数据链网络、复合跟踪网络、情报网络和地面数据网络的战术信息，维持联合作战任务区域内的所有战术态势元素，以支持联合部队作战的指挥控制、态势感知和战斗识别等功能。CTP 是战术层面的 COP，主要功能分类与战区 COP 类似，只是具体内容涉及的是单次作战行动中指挥员职责区域范围内战场空间的当前描述，包括敌方、我方、中立方当前、预测、计划的兵力部署，采集的战术目标与兵力数据要求比 COP 更加精确与及时。CTP 与来自 JPN 的信息一同生成战区 COP，是战区 COP 实时态势数据的主要来源。

6.3.6 SIP

SIP 是面向某单一作战空间作战应用的多源探测/侦察信息融合图，服务于武器/火力控制层面。SIP 提供覆盖全维作战空间，包括地面、水面、水下、空中、空间和计算机领域的及时、融合、精确、可靠和可伸缩的作战对象信息。SIP 本身是一个态势图族，其主要成员及所含主要态势元素和用户见表 6-2。

表 6-2 SIP 态势图族成员表

成员名称	主要态势元素	主要用户
单一合成空情图（SIAP）	飞机/飞行器、导弹（弹道导弹、战术导弹、巡航弹等）、炮弹	联合部队
单一合成太空图（SISpP）	卫星、太空飞行器/物体、弹道导弹、再入飞行器/诱骗器等	国防部
单一合成地情图（SIGP）	地面指挥机构、武器平台、地面车辆、物体、运动部队等	陆军/海军陆战队
单一合成海情图（SISP）	海面舰船/平台等	海军
单一合成水下图（SIUP）	潜艇、水雷、水下其他船只/设备	海军
单一合成情报图（SIIP）	侦察/监视情报、网络部署、能力/状态、备战/后勤/计划、政治/经济指标、文化、社会指数、媒体舆论等	国防部

6.3.7 战区 COP 的建立过程

COP 报告层级是依据上下级指挥关系确定的，如图 6-13 所示。COP 报告层级结构中的 3 个要素分别是数据源、COP 融合中心（COP Fusion Center，CFC）和 COP 关联站点（COP Correlation Site，CCS）。其中，数据源为 CCS 提供构建 COP 的各种态势元素信息。数据源包括传感器、基于全球定位系统（GPS）的跟踪设备、GCCS 数据库或后勤/情报数据库、态势报告等。CFC 全面管理从下级 CCS 获得的数据，加入必要的附加信息，并扮演网关的角色，承担向 NMCC、各军兵种、机关部门、作战支持司令部传送战区 COP 的任务。CCS 负责航迹数据管理、生成作战叠加图层，并向战区 CCS 传递本地 CTP/COP。CCS 由指挥员根据作战指挥需求和节点处理能力指定，通常包括联合任务部队（JTF）司令部、军种司令部以及主要的情报节点，如联合情报中心（JIC）、联合分析中心（JAC）。

图 6-13 中，3 个关键要素是数据源、数据融合中心和 COP 关联站点（CCS），这就是 COP 生成过程的三要素。其中数据源为 CCS 提供构建 COP 的基础材料。数据源包括传感器、基于 GPS 的跟踪设备、GCCS 数据库或后勤/情报数据库、状态报告等；数据融合中心管理从下级 CCS 收集来的数据，并加入附加信息，它扮演从战区 COP 到国家军事指挥中心及各作战支持司令部传输网关的角色；CCS 负责目标轨迹管理、生成作战叠加图层和传输本地 GTP/COP 到战区 CCS，各关联站点通常位于联合特遣司令部（JTF）、军种任务部门、司令部和主要情报节点（JIC、JAC），具体由作战指挥官根据需要和节点能力确定。

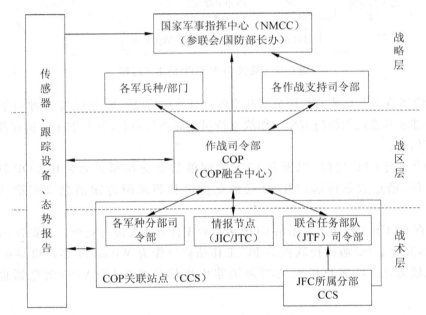

图 6-13 COP 逐级报告层次结构

战区 COP/CTP 的生成过程如图 6-14 所示。

(1) 在责任区域内调配部队以维持准确的战区 COP 是各级指挥员的职责之一。指挥员通过作战任务（Operation Task，OPTASK）消息协调/布置各种任务。CFC 具有合并、去除冲突数据，并选择合适的数据进行转发的功能。这些数据用来创建战区 COP。"顶层 COP"是指配属战区司令部作为主 COP 节点的 GCCS 服务器。

(2) 责任区域内所有具有数据合并、管理和转发目标航迹或作战单元数据的节点都被指定为 CCS。大部分的 COP 数据通过 GCCS 通信接口在战区内的 CCS 之间共享。CCS 转发本地 COP 到战区 CFC，生成整个战区的或者指挥员需要的 COP。

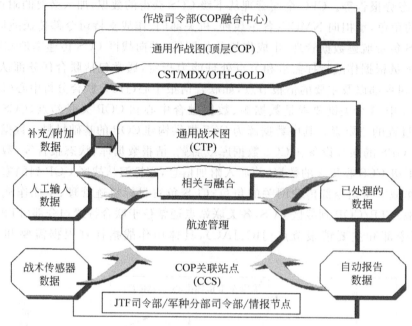

图 6-14 战区 COP/CTP 的生成过程

(3) CCS 在参与作战的指挥员间共享经过过滤的信息。NMCC、军兵种司令部、作战支持司令部和其他机关部门需要与作战支持司令部进行协调，以获取未驻留在战区 COP 中的独有信息。

(4) CCS 与 CFC 之间，以及各 CCS 之间的信息交换都需要采用 COP 同步工具 (CST) 软件、消息数据传输（MDX）点到点信道和超视距传输消息文本格式（OTH-GOLD）。

(5) 在 GCCS 工作站上显示的 COP 可以根据任务需要进行裁剪。只要有 SIPRNET 接入手段，安装了 PC 版指控软件的 PC 工作站就可作为 Windows 客户机显示 COP 信息。性能较差的 PC 客户机安装增强链路虚拟信息系统（ELVIS）浏览器也可以访问 COP。

6.4 Link 16 的航迹统一技术

6.4.1 概述

NCW 中战术级网络的典型代表是 Link 11 和 Link 16，可以生成通用战术图（CTP）。与 Link 11 相比，Link 16 的设计理念超前，技术体制先进，实现了战术数据链从单一军种到三军通用的一次跃升，对联合作战的全面支持更具代表性。

Link 16 能够为高机动性的部队提供可靠的战场态势感知能力是其最突出的特点。这主要体现在两个方面：一方面，Link 16 采用 JTIDS 作为通信接口设备，带纠错码的用户数据传输带宽达到 115kb/s，保证了态势信息的可靠共享。另一方面，Link 16 的网内成员能够利用反映自身位置、状态和身份的 PPLI 消息可靠地相互识别和定位。此外，Link 16 平台还能将其他途径获取的间接监视数据作为战场态势感知信息的一部分进行综合和传输。

在 Link 16 中，装备有 JTIDS 设备并且可以在链路上收发数据的平台称为参与单元或者接口单元，可分为两类：指控单元和非指控单元。指控单元具有指挥控制功能，一般配有传感器或情报源，可以周期地报告目标航迹，如预警机、指挥所等。非指控单元不具有指控功能，不能报告监视航迹，如战斗机、导弹艇等。所有参与单元都可以周期地报告 PPLI 消息。

接口单元从网络上接收位置报告建立起来的航迹称为远端航迹。指控单元利用本系统/平台或本地传感器探测的目标位置信息建立的航迹称为本地航迹。在联合作战背景下，目标和传感器的数量很多，各种情报来源也很丰富，为了能够利用有限的传输带宽在网内成员间分发大量的航迹信息，Link 16 采取航迹报告职责策略生成统一的航迹。接口单元在持有某一航迹的最佳位置数据时必须在其接口上持续发送（报告）该航迹数据，这一要求就是所谓的报告职责。为此，Link 16 引入航迹质量（Track Quality，TQ）衡量位置数据的优劣。航迹质量是空中、水面或者陆地目标位置信息可信度的一种度量，由航迹发送单元在建立本地航迹时确定。

报告职责策略的具体方法是：每个参与单元单独处理本地情报源报告的数据生成本地航迹，同时计算该航迹 TQ，经过航迹相关处理后，如果没有任何远端航迹与之相关，或者与之相关的远端航迹 TQ 低于本地 TQ，则承担或者接替报告职责向网内报告该航迹。这个航迹处理过程十分复杂，涉及数据配准、航迹相关、航迹管理等多个环节。

从战术指控需求角度出发，希望数据链生成的 CTP 能够做到航迹与真实目标一一对应，并且在所有网内成员间共享相同的航迹信息。实践中，由于数字滤波、数据配准或航迹相关等算法的不足，以及航迹管理、网络连通性等出现问题都可能导致指控单元无法确定是否已经给某目标分配了航迹号。一旦目标和航迹号之间的一一对应关系被破坏，CTP 就会变得混乱。经常出现的两种典型情况是多名（Dual Designation/Track Number）和重名（Duplicate Track Number）。多名是指一个目标被多个单元用不同的航迹号进行报告。重名则是指同一个航迹号被一个或多个单元用于报告多个不同的目标。

6.4.2 航迹消息

1. 航迹信息来源

Link 16 态势信息的主体是各种空中、水面、陆地目标的航迹。航迹信息不仅包含特定目标状态数据，还有与目标相关的特征数据。接口单元接收到的航迹主要有两类：一类是监视航迹，这类航迹是目标被监视类传感器（或其他情报来源）探测到的位置和属性信息通过具有报告职责的参与单元在网内通告监视类消息（J3.x）而形成的；另一类是 PPLI 航迹，这类航迹是由加装了数据链设备的我（友）方参与单元主动在网内通告 PPLI 消息（J2.x）而形成的。与监视类航迹相比，PPLI 航迹具有更精确的位置信息和准确的平台身份与状态信息，这是因为动态平台 PPLI 消息中的位置数据直接来自本平台的导航系统，而固定平台则采用事先精确勘定的位置数据。

2. 航迹/地址编号

航迹号(Track Number,TN)是接口间指示信息交换的公共引用号码。在数据或者话音通信时,这个引用号码用来指明战术信息报告或者唯一标识接口单元。需要分配航迹号的战术信息报告包括接口之间交换的所有航迹、参照点、方位线、特殊点等信息。接口单元分配的航迹号一般称为地址。实际上,航迹号和地址编号方式是有区别的,前者为19比特,后者为15比特。为了区别,前者称为监视航迹号,后者一般称为接口地址或平台编识号。但是,在 MIL-STD-6016B 文档中并未刻意区别,如 J 系列消息报头中的"源航迹号"实际上指的是参与单元地址。

3. 航迹信息

航迹状态信息包括目标位置、速度、航向的估计值以及 TQ。

航迹特征信息包括航迹环境、航迹/目标身份、敌我识别数据、航迹强度、其他航迹标识信息。其中,航迹环境共5类:空中、水面、水下、陆地和空间。航迹/目标身份共7类:未决、未知、假定我方、我方、中立方、可疑敌方和敌方。航迹强度是指组成航迹的编队目标数量。其他航迹标识信息还包括航迹平台、任务、具体型号、演习/交战状态、特别关注状态等。

4. 数值精度

PPLI 和监视航迹消息中,空中、水面、水下、陆地目标位置以 WGS-84 为参考系采用经度、纬度、海拔高度三维坐标标定,空间目标采用 WGS-84 坐标系直角坐标标定。各种目标的位置数值精度不太一样,空中目标比地面目标精度低,监视消息比 PPLI 消息精度低。以空中目标为例,PPLI 消息(J2.2)纬度字段和经度字段各占用23比特和24比特,数值精度均为0.0013分,在赤道地表误差约为8英尺(2.4m),高度字段占用13比特,数值精度为25英尺(7.6m);监视消息(J3.2)纬度字段和经度字段占用21比特和22比特,数值精度为0.0051分,在赤道地表的误差约为32英尺(9.6m),高度字段与 PPLI 消息相同。

速度是指地表(投影)速度,其数值精度为 2dm/h①,约合 3.66km/h。

航向为运动方向的真北夹角,数值精度为1°。

5. PPLI 航迹

PPLI 功能利用 J2.x 消息提供网内成员的类型、标识和接口单元的位置。

PPLI 消息中的位置信息包括经度、纬度、高度三维坐标,以及速度和航向。PPLI 中的位置信息通过相对导航功能获得,定位准确度是相对导航测量/计算误差(包括时间、位置误差)、几何精度因子(Geometrical Dilution of Precision,GDOP)和解算精度的复杂函数。在最优假设下,参与单元定位标准差为100英尺(约30m)。采用 GPS 辅助导航可大大提高平台本身的定位精度。

所有参与单元都要周期地发送 PPLI 消息,周期通常为 12s。特殊情况下,发送周期会有一些变化,例如,当 J2.2 消息中设置了跳伞指示符,或者非指控单元正在参与截击时,其 PPLI 消息发送周期为 6s。为了维持 PPLI 航迹的激活状态,参与单元每隔40~

---

① dm/h 是数据英里/小时的英文缩写,1 数据英里=6000 英尺=1828.8 米。

60s 至少要收到一条 PPLI 消息，否则将删除该 PPLI 航迹，如果是指控单元，可能还需要用一个监视航迹接替。

6. 监视航迹

所有指控单元都分配了专用的发送时隙，可以向网络内广播航迹和参考点数据报告。非指控单元可以接收态势感知信息，但不能发送。实时航迹消息的发送周期通常为 12s，非实时航迹消息的发送周期为 48s。需要注意的是，由于监视类消息没有时间戳，从获得本地航迹到向网络发送消息存在一定的时延，因此指控单元向链路发送航迹报告之前要将位置外推到发送时刻。这一要求对接收端同样适用。换句话说，从本地航迹生成之后，到最终在态势终端上显示为止，任何环节都有可能引入时延，只要下游的数据处理对航迹位置精确性敏感，上游环节就必须进行航迹外推。

6.4.3 航迹处理流程

Link 16 航迹数据是指控单元的本地传感器数据、导航系统数据与来自网络的远端航迹数据综合处理的结果，涉及数据配准、航迹质量计算、航迹相关/解相关、报告职责等过程。指控单元航迹处理功能示意图如图 6-15 所示。

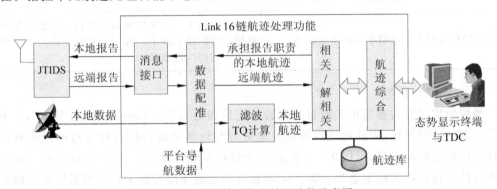

图 6-15 指控单元航迹处理功能示意图

本地传感器的数据经过数据配准、数字滤波后形成本地航迹。从数据链接收到的消息中提取的航迹信息经过数据配准后得到远端航迹。通过相关/解相关处理之后可判定本地航迹和远端航迹的关联关系。不与任何远端航迹关联的本地航迹由本单元承担航迹报告职责，向网内发送航迹消息。与远端航迹关联的本地航迹需要依据航迹质量判定是否接替报告职责。航迹综合功能剔除冗余航迹后将数据送往态势显示终端进行显示。航迹数据协调员（Track Data Coordinator，TDC）的职责是监控航迹数据的交换，执行相关的操作，以协调解决多名航迹、重名航迹，以及已判定相关的航迹之间出现环境属性冲突或者身份冲突等异常情况。

6.4.4 数据配准

数据配准是本地和远端航迹位置数据之间相对校准的一种方法，涉及测量、计算、转换、变换和调整位置数据。当不同的参与单元在链路上报告同一目标航迹时，应通过数据配准使参与单元持有的本地航迹位置数据与远端航迹位置数据的系统误差降至最低。可以通过配准算法抑制或消除的误差称为配准误差。

1. 配准误差来源

平台依据其接口特性和配置的不同,配准误差的类型和大小是有区别的。例如,精确勘定的静止参与单元较之导航能力受限的运动平台,PPLI 报告误差要小很多。数据配准误差源列表见表 6-3。

表 6-3 数据配准误差源列表

误 差 源	误 差 成 因	说 明
地理位置误差	平台相对大地模型(通常为 WGS-84)不能绝对定位	表现为地理经度误差、地理纬度误差、海拔高度误差
传感器(校正与标度)误差	JU 传感器在本地坐标系中的方位、仰角和测距偏差	表现为传感器方位误差、仰角误差和测距误差
数据处理误差	① 坐标系统; ② 变换和转换; ③ 采用的基本算法; ④ 航迹报告外推	这些误差与采用的数字滤波器、跟踪算法的实现方法、变换公式精度以及航迹时空关系等因素有关
远端接口单元误差	远端单元的剩余误差	对每个远端单元以平均转换参数和平均旋转参数等指标反映的修正因子。可用这些因子修正从这些平台接收到的位置数据

1) 地理位置误差

地理位置误差与参与单元对自身位置的定位能力有关。Link 16 采用 WGS-84 坐标系为基准的地理坐标,因此地理位置误差定义为参与单元报告位置和参与单元相对参考椭球的位置之间的差值,可以用经、纬、高 3 个维度的误差表述。静止参与单元一般通过事先对站点进行勘测确定地理位置。运动参与单元地理位置从平台导航系统和辅助导航手段(如 OMEGA、TACAN、GPS 等)实时获得地理位置。

地理位置误差会影响 PPLI 消息中的报告位置和坐标变换公式中的平台坐标系中心位置。参与单元本地切平面坐标与地理位置坐标之间需要进行坐标转换。如果地理位置误差较大,不仅报告的航迹位置存在误差,参与单元对本地和远端航迹进行相关/解相关的能力也严重劣化。

2) 传感器误差

无论是主动传感器,还是被动传感器,在操作使用过程中都需要进行传感器测量系统校准。通常校准过程事先已经完成。然而,由于基本校准过程中的误差以及测量变量的随机性,如噪声漂移、折射率等的影响,传感器可能仍然存在明显的误差。

传感器误差可以用仰角误差、方位误差、距离误差表述。此外,参与单元对正北方向的定向不准会引入正北误差。不过,这种误差可以通过传感器方位误差校正过程得到补偿。

3) 数据处理误差

采用的坐标系统、坐标系变换/转换公式、数据处理的基本算法、测量数据从观测时刻向报告时刻外推计算等过程都会产生数据处理误差。

典型的参与单元坐标系统(包括面向传感器的坐标系统)都采用距离、方位、仰角3个维度。在切平面上建立的直角坐标系则采用北、东、天3个维度。地理系统一般使用 WGS-84 坐标系。为了完成目标跟踪功能,航迹位置数据要进行坐标变换,速度和航向也需要在不同的坐标系之间进行转换。这些变换/转换公式的具体实现如果不能满足精度需求,引入的误差将不能忽略。

此外,像正弦和余弦计算库函数等算法支持软件也必须满足精度要求。数据处理方案还要考虑航迹数据外推。空间数据必须具有时间属性,否则就失去了意义,为此每个参与单元需要确保航迹位置与观测时刻准确关联。这可以通过增加时间标记完成。航迹外推和时间标记可以解决航迹相关和解相关时位置和时间的差异。

4) 远端接口单元误差

所有发出航迹位置报告的接口单元都存在上述几种误差。在理想配准的情况下,所有单元都能够使这些误差达到最小,并且所有本地和远端位置数据之间的相对偏差都小到可以接受的程度。但是,具体实现时往往一个或多个单元配准的剩余误差会导致本地和远端位置数据之间的相对偏差仍然很大。对于一个特定的远端接口单元,可以通过观察本地航迹位置和远端航迹位置估计其误差。

2. 数据配准监视与调整过程

每个可以承担监视航迹报告职责的参与单元都具有周期性地完成数据配准的能力。数据配准调整过程的一般准则如下。

(1) 采用自动或人工的方法完成数据配准过程的监视和调整。

(2) 数据配准的监视和计算应尽量减少对系统工作的干扰。

(3) 数据配准监视和调整的结果应便于操作员评估。

简化的典型数据配准过程如 6-16 图所示。传感器系统的距离、方位和仰角坐标记为 (R, AZ, EL)。(R, AZ, EL) 数据转换为接口单元本地切平面坐标系笛卡儿坐标 (X, Y, Z),其中 X-Y-Z 轴构成东-真北-天右手系。对于 JTIDS 终端接口操作,(X, Y, Z) 数据要变换为地理坐标 (ϕ, λ, H),其中 ϕ 为纬度,λ 为经度,H 为高度。

3. 地理位置配准

地理位置配准定义为参与单元监视其所报告的地理位置数据,并用从主动参与 JTIDS 相对导航功能获得的信息周期地调整这些地理位置数据的过程。地理位置配准首先要求参与单元具有确定和维持其精确的经度、纬度、高度位置坐标的能力。通过主动参与相对导航功能,参与单元可以获得自身位置报告的高精度修正值。这些修正值以纬度修正值(LATC)、经度修正值(LONC)和高度修正值(HC)的形式提供给主机平台。主机平台需要周期地使用这些修正因子,以获得精确的单元位置坐标,并应用于坐标转换计算过程。

4. 传感器配准

传感器配准是确定并保持用于测量目标位置的传感器单元正确校准的过程。通过比较 PPLI 消息报告的远端单元地理位置和从本地主动传感器观测到的远端单元位置完成配准。这一过程需要每个参与单元周期地监视远端单元,并计算出修正变量:平均方位

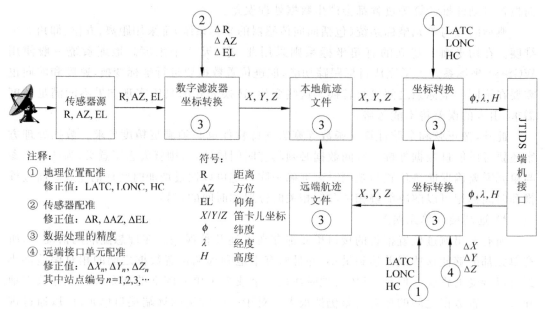

图 6-16 简化的典型数据配准过程

误差 ΔAZ、平均仰角误差 ΔEL、平均距离误差 ΔR。

参与单元依据下列准则周期地调整传感器配准：

(1) 可人工或自动选择用于传感器配准过程的远端接口单元。

(2) 确定传感器误差使用的统计方法需要考虑下列因素：①采样间隔；②确保数据可靠性所需的最少远端单元数；③PPLI 的位置、方位和时间质量值；④所选用远端接口单元的象限分布；⑤远端单元的最大和最小距离准则；⑥接收的 PPLI 消息和本地传感器数据中高度数据的可用性。

(3) 以 ΔAZ、ΔEL 和 ΔR 形式给出的传感器配准结果应便于操作员评估。

(4) 传感器配准过程检测和修正传感器误差的设计目标应达到方位/仰角误差不超过 $0.5°$，距离误差不超过 500 英尺(152.4m)。

5. 数据处理的精度

数据处理的精度直接影响 PPLI 航迹、监视航迹和本地航迹的位置数据精确性，影响航迹信息质量。当进行本地和远端航迹相关/解相关处理时，接口单元必须确保对所有的航迹位置进行了外推。为此，每个接口单元在数据处理过程中必须为航迹位置报告添加与之关联的时间标记。

除进行外推外，接口单元还要保证位置数据处理、转换和变换采用的各种公式和假设符合下列精度要求。

(1) (X,Y,Z) 坐标与 (ϕ,λ,H) 坐标互相变换的处理精度应在 ±60 英尺(18.3m)内。

(2) $(\dot X,\dot Y)$ 速度坐标与速度和航向相互转换的处理精度，线速度应在 ±0.1dm/h(0.183km/h)以内，航向应在 $\pm0.05°$ 以内。

(3) 达到上述数据处理精度要求的位置和地理范围限制如下：①从发送或接收单元到航迹的距离小于 250dm(457km)；②接口单元的纬度介于南纬 $70°$ 和北纬 $70°$ 之间；

③沿地球基准椭球地理垂线测量的航迹海拔高度介于+12万英尺(+36.5km)和-1000英尺(-0.3km)之间。

6. 远端接口单元配准

远端接口单元配准是指通过比较从指定远端接口单元接收到的远端航迹和本地数据,以此估计误差校正值,并用这些值修正从该接口接收到的位置数据的过程。每个承担航迹报告职责的接口单元应该定期监视一个选定的远端接口单元的数据,并且依照下列准则进行数据配准。

(1) 可自动或人工选择用于监视和调整数据配准的远端参与单元。

(2) 在规定的每个监视间隔内,至少自动执行一次对所选单元的配准过程。根据本单元和远端单元的类型、相对位置质量(Q_{pr})和相对方位质量(Q_{ar}),监视间隔有所差别(参见 MIL-STD-6016B)。

(3) 至少在6个更新周期内用不少于3个TQ大于或等于4的航迹自动计算出平移、旋转配准误差和修正因子的平均值,并且3个航迹的选取要求方位角间隔不小于45°。

(4) 远端参与单元配准应不干扰系统正常工作。

(5) 以X和Y方向上的平均平移误差和平均方位旋转误差形式给出的每个远端参与单元配准结果应便于操作员评估。

(6) 远端接口单元配准功能的设计目标是在X、Y方向偏差超过2dm(3.66km)和方位偏差超过0.5°之前能够及时检测并调整配准误差。

6.4.5 航迹质量与计算

航迹质量(TQ 是)参与单元确定报告责任的重要依据,也是航迹相关/解相关的重要参数。与每个 TQ 值关联的位置信息的可信度用位置精确度衡量,定义为在报告时刻实际的航迹位置以 0.95 的概率落入的区域面积。容易想到,这个区域可以有很多个,但是它们的面积存在最小值。我们把航迹真实位置以 0.95 的概率落入的面积最小的区域称为航迹当前的可信区域,其面积用 S 表示。用 S 衡量位置精确度以及 TQ 是合理的。Link 16 标准规定 TQ 用 0~15 的数值表示,数值 0 表示非实时报告值,1~15 表示位置数据可信度的不同程度,15 表示可信度最高。TQ 与 S 的对照关系参见表6-4。

表6-4 TQ 与 S 的对照关系

TQ 值	S/dm^2	S/km^2
0	非实时航迹	非实时航迹
1	>2755	>9214
2	≤2755	≤9214
3	≤686	≤2294
4	≤439	≤1468
5	≤247	≤826
6	≤110	≤367

续表

TQ 值	S/dm^2	S/km^2
7	≤27.0	≤90.3
8	≤4.4	≤14.7
9	≤1.10	≤3.68
10	≤0.0281	≤0.0940
11	≤0.0070	≤0.0234
12	≤0.0018	≤0.0060
13	≤0.0004	≤0.0013
14	≤0.0001	≤0.00034
15	≤0.00003	≤0.00010

计算 TQ 要考虑下列因素：①跟踪并报告航迹的传感器设计精度；②自最后一次传感器数据更新后过去的时间；③最新计算的航迹速度；④JTIDS 端机提供的平台当前地理位置质量。遗憾的是，MIL-STD-6016B 并未给出综合考虑所有上述因素的 TQ 算法，不过给出了由位置协方差矩阵计算 S 的计算公式。

1. 从方差/协方差到 TQ 的转换

MIL-STD-6016B 规定，参与单元接收到的目标位置要投影到以本平台为中心的本地切平面，得到二维笛卡儿坐标 (X,Y)。用 σ_x^2、σ_y^2、σ_{xy}^2 表示 X 和 Y 方向的位置方差和互协方差，则可信区域面积按式(6-1)计算。

$$S = -2\pi\ln(0.05)k(\sigma_x^2+\sigma_y^2)/(1+k^2) \tag{6-1}$$

其中

$$k^2 = (\sigma_x^2+\sigma_y^2+\sqrt{(\sigma_x^2-\sigma_y^2)^2+4\sigma_{xy}^2})/(\sigma_x^2+\sigma_y^2-\sqrt{(\sigma_x^2-\sigma_y^2)^2+4\sigma_{xy}^2}) \tag{6-2}$$

利用式(6-2)计算出 S 后，可依据表 6-4 确定航迹的 TQ 值。MIL-STD-6016B 中并未说明式(6-1)的来历，下面简要分析其原理。

令向量 $\boldsymbol{x}_s=[x_s,y_s]^T$ 和 $\boldsymbol{x}_t=[x_t,y_t]^T$ 分别代表目标的估计位置和真实位置，假定误差服从高斯分布，即 $\boldsymbol{x}_t$ 服从以 $\boldsymbol{x}_s$ 为均值的二维正态分布，记为

$$\boldsymbol{x}_t \sim N_2(\boldsymbol{x}_s,\boldsymbol{\Sigma}) \tag{6-3}$$

其中，协方差矩阵为

$$\boldsymbol{\Sigma} = \begin{bmatrix} \sigma_x^2 & \sigma_{xy}^2 \\ \sigma_{xy}^2 & \sigma_y^2 \end{bmatrix} \tag{6-4}$$

根据式(6-3)确定的二维正态分布特性，可以证明航迹当前的可信区域是以 $\boldsymbol{x}_s$ 为中心，$\boldsymbol{x}_t$ 分布密度等高线为边界的椭圆域。当 $\sigma_{xy}^2\neq 0$ 时，该椭圆域的长短轴与坐标轴有一定夹角，不便于计算面积，我们可以将其平移旋转后再进行计算。

对矩阵 $\boldsymbol{\Sigma}$，可以找到 Jacobi 正交旋转矩阵

$$\boldsymbol{J} = \begin{bmatrix} \cos\theta & \sin\theta \\ -\sin\theta & \cos\theta \end{bmatrix} \tag{6-5}$$

使得

$$P = J^T \Sigma J = \begin{bmatrix} \sigma_1^2 & 0 \\ 0 & \sigma_2^2 \end{bmatrix} \quad (6-6)$$

且 θ 满足

$$\tan 2\theta = \frac{2\sigma_{xy}^2}{\sigma_y^2 - \sigma_x^2}$$

$$\sin 2\theta = \frac{2\sigma_{xy}^2}{\sqrt{(\sigma_y^2 - \sigma_x^2)^2 + 4\sigma_{xy}^4}} \quad (6-7)$$

$$\cos 2\theta = \frac{\sigma_y^2 - \sigma_x^2}{\sqrt{(\sigma_y^2 - \sigma_x^2)^2 + 4\sigma_{xy}^4}}$$

将式(6-7)代入式(6-6),可以得到

$$\sigma_1^2 = \frac{\sigma_x^2 + \sigma_y^2 - \sqrt{(\sigma_y^2 - \sigma_x^2)^2 + 4\sigma_{xy}^4}}{2}$$
$$\sigma_2^2 = \frac{\sigma_x^2 + \sigma_y^2 + \sqrt{(\sigma_y^2 - \sigma_x^2)^2 + 4\sigma_{xy}^4}}{2} \quad (6-8)$$

令 $r = [r_1, r_2]^T = J(x_t - x_s)$,则有

$$r \sim N_2(0, P) \quad (6-9)$$

即 r_1 和 r_2 为相互独立的 0 均值正态变量,方差分别为 σ_1^2 和 σ_2^2。将参数为 n 的卡方分布记为 $\chi^2(n)$,其上 α 分为点记为 $\chi_\alpha^2(n)$,显然有

$$\frac{r_1^2}{\sigma_1^2} + \frac{r_2^2}{\sigma_2^2} \sim \chi^2(2) \quad (6-10)$$

$$P\left[\frac{r_1^2}{\sigma_1^2} + \frac{r_2^2}{\sigma_2^2} < \chi_{0.05}^2(2)\right] = 0.95 \quad (6-11)$$

其中,$P[\ ]$ 表示概率。式(6-11)表明,对于二维正态随机向量 r,椭圆方程

$$\frac{r_1^2}{\sigma_1^2} + \frac{r_2^2}{\sigma_2^2} < \chi_{0.05}^2(2) \quad (6-12)$$

所确定区域的概率为 0.95,其面积为

$$S = \pi \cdot \chi_{0.05}^2(2) \cdot \sigma_1 \sigma_2 \approx -2\pi \ln(0.05) \sigma_1 \sigma_2 \quad (6-13)$$

将式(6-8)代入式(6-13)得到式(6-1)。由于 r 是 x_t 经过平移和正交旋转得到的随机变量,变换前后椭圆面积不会改变,因此 S 就等于 x_t 以 0.95 的概率落入的椭圆区域面积,即可信区域面积。

通过上面的推导,可以断定 Link 16 TQ 的具体计算方法是:在二维正态误差分布假设下,首先计算航迹真实位置以 0.95 的概率落入以航迹位置估计为中心以分布密度等高线的边界的椭圆域面积,然后按照表 6-4 量化为 15 个数值等级。

2. 从 TQ 到方差/协方差的转换

J3.2、J3.3 和 J3.5 等消息中都包含 TQ 值。接收端收到这些航迹数据,执行航迹关联/解关联算法时,需要用到各坐标维度的方差,因此需要有一种将 TQ 转换为协方差矩阵的方法。

已知 TQ 时，在本地切平面直角坐标系中协方差矩阵按式(6-14)计算。

$$P = \begin{bmatrix} S/18.8227 & 0 & 0 \\ 0 & S/18.8227 & 0 \\ 0 & 0 & \text{var}Z \end{bmatrix} \quad (6-14)$$

其中，S 是该 TQ 值对应的最大面积（通过 TQ 值查表可得），$\text{var}Z$ 的取值需要视目标航迹消息中的高度信息确定：如果不含高度信息，则 $\text{var}Z = 685.9\text{dm}^2(2294\text{km}^2)$；如果有高度信息，则 $\text{var}Z = S/18.8227$。

6.4.6 航迹相关/解相关

一旦参与单元收到本地传感器目标报告，必须判断其他参与单元是否已报告过该目标，然后决定是否承担该航迹的报告职责。此外，每当参与单元接收到远端航迹报告，它必须判断该报告是否为目前已经跟踪的目标，决定是否发出航迹协调指令。这些判断都依赖于相关处理过程。在相关处理过程中，航迹要与其他所有邻近的航迹进行比较。这个过程可以自动完成，也可以由操作员手动执行。

1. 航迹相关

判断两条航迹是否相关时，适用的通用规则包括

(1) 位置——两条航迹离得越近，相关性越强。对于空中航迹，位置的比较还包括高度比较。

(2) 敌我识别特征——敌我识别数据是很强的相关依据。一般来说，一个敌我识别代码唯一对应一架飞机，但有时会出现同一个代码分给多架飞机的情况。

(3) 运动——假如接收航迹与本地航迹以几乎相同的航向和速度运动，则它们具备极大的相关性。

(4) 其他数据——如航迹的身份、环境类型等。

在不超过两分钟的时间间隔内，参与单元会对本地担负报告职责的每条航迹进行自动相关检验。当参与单元收到一个新的远端航迹时，就会自动把这条航迹与参与单元的本地航迹进行相关检验。Link 16 标准中给出了空中和水面航迹位置、航向、速度、高度相关检验的判定公式，有兴趣的读者可以参阅 MIL-STD-6016B。一旦判定相关时，系统自动把两条航迹的数据合并成一条航迹，根据预先确定的优选准则保留数据。即使决定丢弃本地目标航迹编号时，本地航迹位置数据仍然需要继续保留。

2. 航迹解相关

解相关是相关的逆过程。在两条航迹相关之后要定期检查，确定相关条件还是否适用，如果不适用，这两条航迹就要解相关。

只要两条航迹分开超过某一距离，就会发生两条航迹的自动解相关。该距离可根据需要设置，通常是限制相关的距离加上一定比例的裕量。例如，如果在 20 千米处限制相关并且裕量为 10%，那么自动解相关距离就是 22 千米。如果本地航迹敌我识别代码与远端航迹的不同，则会自动解相关。

参与单元进行解相关处理后，要给新目标分配一个本地航迹号并承担报告职责。

6.4.7 报告职责

采用报告职责机制的目的是希望对一个特定目标有且仅有一个参与单元向网内广播其航迹消息。报告职责是保持清晰和明确战术图的关键。通常，承担某个航迹报告职责的参与单元（简称报告单元）应具有该航迹的最佳质量的数据，然而实际操作中做到这一点并不容易，前提条件是各个单元都能够准确地计算航迹质量并且正确地进行航迹相关判定。报告单元需要周期地发出报告，以维持现有的航迹。

对于空中、水面航迹，报告职责规则如下。

（1）第一个报告某航迹的参与单元具有该航迹的报告职责。

（2）对于任何空中、水面或陆地等航迹，只有具有该航迹报告职责的单元，才能报告该航迹。

（3）如果参与单元本地 TQ 值超过远端 TQ 值 2 个（含）以上等级，就承担该共同航迹的报告职责。

（4）如果参与单元同时收到本地实时数据和远端非实时数据，则承担报告职责。

（5）如果参与单元约 40s(120s)未收到空中/水面(陆地/地面)共同航迹的远端报告，则承担报告职责。

（6）当参与单元收到关于本地持有的航迹的 J7.0（ACT＝0）航迹作废（drop track）消息时，如果本地可以胜任报告职责，并且未收到远端报告，则承担 R2 并在下一个发送时机发送报告。收到空中或水面目标的航迹作废消息接替 R2 之前，参与单元应该对该航迹作一次相关检查。

（7）如果不具有某非实时航迹 R2 的参与单元收到一条本地的非实时更新报告，则承担 R2。

（8）参与单元收到一条 PPLI 消息（网络参与状态指示置为"不活动""条件无线电静默"或者"战术数据系统故障"），并且其源参与单元具有某共同航迹的 R2，如果本地可以胜任报告职责，并且未收到远端航迹报告，则承担 R2 并在下一次发送时机发送报告。

（9）当参与单元具有某一空中、水面、陆地航迹 R2 又收到远端报告时，如果本地 TQ 小于收到的远端 TQ，或者 TQ 相同但是远端的平台地址大于本地平台地址，则放弃 R2。

（10）具有某航迹 R2 的参与单元保持该责任，直到依据上面的规则放弃，或者该航迹被丢弃。

对于陆地和空间目标的报告职责美军标 MIL-STD-6016B 中尚未明确。

6.4.8 航迹协调

1. 多名处理

战术图维持清晰的最大障碍就是多名问题。产生多名的原因是未能准确地实现航迹相关，传感器探测精度低、数据配准出错、网络连通性差等多种情况都可能导致相关失败。指控单元入网或再次入网时，必须先对所有航迹进行相关处理之才能报告航迹。出现多名问题时必须及时加以解决，更重要的是判断和纠正产生多名问题的原因。

防止出现多名的基本方法是前面讨论过的航迹相关算法。多名的识别和解决要求所有接口单元定期将远端航迹与本地航迹(可选择地包括本地共同航迹)进行比较。这种比较过程与前面提到的航迹相关过程一致。一旦判断存在多名,可以采用下列两种方法中的任何一种加以解决。

(1) 话音解决方法,即航迹数据协调员判断出现多名后,通过话音在多个报告单元间协调解决。

(2) 消息解决方法。一旦自动检测到多名,参与单元可以自动发出相关消息解决这一问题。当操作员发现多名时,也可以发出干预指令加以解决。

2. 重名处理

重名出现的概率远低于多名,但对重名的识别比较困难。导致重名的情况包括

(1) 当两个目标会合随后又分开时,多个参与单元未能正确跟踪这两个目标。

(2) 人工分配的航迹号超出分配给本参与单元的航迹号块,且没有事先正确检查该航迹号是否可用。大多数系统可以自动进行检查,但某些系统需要操作员干预。

(3) 指控单元之间的数据通信中断,导致无法把其他指控单元使用的航迹号考虑在内。

(4) 多个参与单元分配的航迹号块有重叠。

周期执行的解相关处理功能可以在出现重名问题时向操作员发出警告。只要在一个航迹号连续两次报告中检测到异常大的位置变化,就可触发解相关处理。重名问题需要操作员用话音在发生冲突的单元间协调解决。当目标比较接近时,可能无法自动触发解相关过程,需要人工进行判断。

6.4.9 应用水平

早在1991年海湾战争,多国部队的自伤成为媒体关注的焦点。此后,美军一直非常关注战术数据链的态势感知和共享能力,尤其是目标的跟踪和身份识别的质量。但是,直到1999年的科索沃战争,战场态势混乱问题仍然十分突出。

2000年2月28日至3月10日,美国和英国在乔治亚州萨凡纳共同组织了海军、海军陆战队、空军和陆军参与的全军战斗标识评估小组(ASCIET)演习,其中一项重要内容就是分析Link 16中多名和破碎航迹问题的深层原因。演习中,按照实战条件部署了大量传感器系统,数据采集范围半径达到450千米。总共50个参与单元通过Link 16网络报告位置和空中航迹,很多平台还加装了无线设备将平台真实位置向参与单元代理实时地广播。演习区域临近几个主要的机场和航线,大量民航飞机为演习提供了"航迹负荷"。在此基础上,ASCIET提供了一套针对面向目标的跟踪系统(TOTS)的跟踪和融合性能的评估方法。

根据相关文献的叙述,从3月7日的演习数据中,选取了100条最长的Link 16航迹进行多名航迹检验,其中61条始终保持唯一的JTIDS航迹号,18条航迹在任一时刻只有一个JTIDS单元负责报告,但是航迹号至少变化了一次,14条航迹由一个或多个单元以不同的航迹号同时报告,但是却对应相同的目标(有时同一个平台会分配两个航迹号)。

2001年,ASCIET的另一项测试报告中称,"CEC对一个目标会产生1.06个航迹,而Link 16为1.35个,Link 11为1.5个"。另外,Link 16航迹的连续性也不好,平均航迹寿

命只有 2 分钟,具体表现为航迹号持续变化,严重干扰了指战员的决策和判断能力。

2002 年,针对 Link 16 在使用中存在的主要问题,美国防部领导的 SIAP(Single Integrated Air Picture)系统工程任务组汇总历次演习各单位(陆军、海军、空军、海军陆战队、反导部队等)在互操作性方面提出的 70 多个具体问题,归纳了 13 个问题类,并从作战效益(operational benefit)的角度总结了 4 个改进方向(见表 6-5)。

表 6-5 Link 16 问题汇总

序号	问 题 类	改进完善方法
作战效益一:通过进一步减少多名航迹(Dual Tracks)减轻对操作员的干扰		
1	公共时间参考/标准	改进公共时间参考/标准
2	数据配准/栅格锁定	实现数据配准/栅格锁定
3	航迹质量	实现通用/功能等价的 Link 16 消息(如航迹质量(TQ)、报告职责 R2 等)
4	PPLI	实现 GPS 增强空中平台 PPLI 报告
5	跟踪/航迹管理	实现 Link 16 可变航迹报告更新率
6	分布式航迹数据库一致性	实现通用空中航迹关联算法
作战效益二:改进和使用现有作战标识能力减少友军误伤和敌方目标遗漏		
7	战斗标识 CID	在 Link 16 中集成通信情报(SIGINT) 开发并在所有友方飞机上装备低成本 PPLI 终端
8	IFF/SIF	修改/完善 IFF/SIF
作战效益三:改进数据共享/联网能力提升战斗效能		
9	Link 16 吞吐量	增加 Link 16 吞吐量 实现时隙再分配(TSR)主算法 在 JTIDS/MIDS 终端引入优化消息流控的方法
10	多链翻译/转发	落实(field)多链转换/转发能力
11	远程交战	
12	交战协调	
作战效益四:提升战区弹道导弹防御性能		
13	战区弹道导弹问题	创建并实现弹道导弹/碎片规则 创建并实现弹道导弹数据关联/航迹相关规则

表 6-5 中的任何一个问题类都包含一组具体的问题。例如,"公共时间参考/标准"问题就可以细化为

(1) 同一网络参与平台内部子单元/子系统的时间同步问题。

(2) 不同网络参与平台之间的时钟同步问题。

(3) 数据网络之间的时钟同步问题。

(4) 延时数据没有标记时间戳。

总体来看，Link 16 的基本定位是战术信息分发系统，对各种平台和情报源的态势信息进行综合、分发和共享是其遂行作战任务最重要的功能。尤其是友方目标利用 PPLI 消息在全网报告本平台位置和身份信息对于战术级的指挥控制有重要的意义。

Link-16 跟踪性能比较有限，长期受到多名航迹和航迹连续性差等问题的困扰，影响指挥人员做出正确的判断和决策。导致这一问题的技术层面的原因很多，例如，导航精度、数据配准算法、相关/解相关算法、航迹质量计算、时钟统一等方面都存在一些不足。尽管美军一直致力于分析和解决这些不足，但是也认识到跟踪性能不佳的深层次原因在于：一方面，Link 16 应用定位在战术层面，对跟踪精度需求并不迫切，配备的基本上是更新周期长、探测精度低的战术级传感器；另一方面，由于传输带宽受限，Link 16 采取了航迹报告职责策略选择性共享质量最好的航迹，并未真正实现分布式多传感器数据融合。

鉴于以战术数据链为典型代表的联合数据网生成的通用战术图(CTP)质量远不如联合复合跟踪网生成的单一综合图(SIP)，美国国防部依据互操作作战图族(FIOP)计划，开始转向 SIP 的研究，并着手由 SIP 向上延伸，以提高 CTP 的质量。

6.5 SIAP

6.5.1 概述

自"二战"结束以来，美军就一直在努力创建一个能供联合部队、海军和各军兵种共享使用的"综合空情图"，尽管花费了大量财力，仍未取得满意结果。20 世纪 70 年代，美海军提出了协同作战能力(CEC)概念，通过共享并融合所有参与单元的雷达原始数据，在舰队范围内实现火控精度的综合空情图。但是，CEC 对通信资源和计算资源的消耗非常巨大，经多年研发，直到 1996 年初始作战能力才得到验证。

随着美军以网络中心战思想为指导逐步建立和完善互操作作战图族，CEC 因其态势图的高可靠性和稳定性一度成为 SIAP 的典范，并准备向陆军和空军推广。但是，美国防御分析研究所(IDA)通过试验和分析研究认为 CEC 要成为 SIAP 的通用解决方案还相差甚远。这主要体现在两个方面：一方面，CEC 受其技术体制的制约网络规模存在瓶颈；另一方面，CEC 与 Link 16 的态势数据难以综合形成一致的态势图。美国国防部认为应采取全新的 SIAP 解决方案。2003 年年底，美海军经过论证最终决定采用 SIAP 取代价值 10 亿美元的 CEC Block 2 升级方案。

早在 1998 年的战区空中和导弹防御(Theater Air and Missile Defense, TAMD)的顶层需求文档(Capstone Requirements Document, CRD)中就对 SIAP 进行了定义："SIAP 是融合多个近实时和实时传感器数据的产物，可对监视区域内的所有空中目标生成共同、连贯和明确的航迹"。其需求可归结为 4 个方面：提供全维监视覆盖；能够生成共同、连贯和明确的战场空情图；提供战斗单元标识；提供战术级情报数据交换。具体描述如下。

(1) 所有空中目标必须被检测、跟踪和报告。

(2) 每个目标必须有且只有一个航迹标识以及相应的属性关联。

(3) 系统可升级，数据可过滤。

(4) 可合并战斗单元识别系统输出的信息。
(5) 数据来自 JDN 和 JCTN,包括非实时数据和实时数据。
(6) 对于实时数据,延时不能超过 0.5s。

2000 年,美国国防部在给国会的《网络中心战》报告中指出,"SIAP 支持网络中心战概念,通过它可以将部队单元连接成为一个虚拟网络系统执行多种作战任务",并能够提升以下能力。

(1) 增强武器射手与相关指控节点的协同。
(2) 增强被检测的空中目标的作战标识。
(3) 根据目标标识、航迹历史和关联数据,改进目标优先权。
(4) 使用分布在关键决策节点上的自动识别和交战决策辅助工具。
(5) 改进对空作战管理的态势感知。
(6) 在传感器重叠覆盖域内,鲁棒抗干扰,减少传感器损失和增强抗压制攻击。
(7) 增强分布执行联合对空防御计划。
(8) 更灵活地使用武器和传感器。
(9) 方便在联合交战区域同时使用舰对空导弹和战机对空防御,扩展联合部队武器的杀伤范围。
(10) 创建一体化兵力控制概念,如使用远程传感器交战,在提供支援的传感器间移交导弹目标。

2000 年年底,美国国防部专门成立 SIAP 系统工程任务组,授权其"对现有联合数据网(JDN)存在的问题进行定位、甄别和提出修改建议,并确保这些修改能够向形成有效的 SIAP 能力过渡",并且每年组织演习以推进相关的研发工作。这里的 JDN 主要指 Link 16。

6.5.2 SIAP 面临的挑战

按照美军的构想,互操作作战图族的 COP-CTP-SIP 3 层结构与网络中心战的 JPN-JDN-JCTN 3 层结构对应。从概念上说,COP 在 JPN 域中生成,主要内容是非时敏的战略计划数据,本质上是对联合部队司令员职责范围的完整描述。CTP 介于 JPN 和 JDN 之间,属于 COP 的一个子集,是"部队指挥员职责范围内单次作战战场空间的当前描述"。SIAP 则界于 JDN 和 JCTN 之间,属于 CTP 的一个子集,是 CTP 中的空情部分。

NCW 和 FIOP 的分层思想虽然可以对复杂问题进行功能解构,便于统一概念和分析研究,但也为工程实现带来了麻烦。首先是边界不可能划分得非常清晰。其次是层级之间的信息必须流动:一方面底层传感器信息需要"上传",以满足不同层次的感知和决策需求,SIAP 要向 CTP 延伸,同样 CTP 也要向 COP 延伸,如图 6-17 所示。另一方面,底层作战计划指令信息需要"下达",以实现指挥控制需求;另一方面,顶层作战计划指令需要"下达"到底层实现对武器/火力的控制,必须确保 CTP 与 SIP 中对战术目标的理解要一致。

1998 年之后,美军开始按照网络中心战思想进行转型建设,很快发现 JDN 和 JCTN 之间信息交换存在一系列问题。

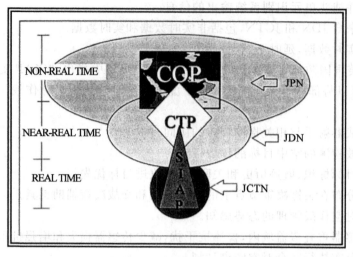

图 6-17　COP-CTP-SIAP 关系图

（1）消息格式和接口协议转换问题。Link 16、Link 11、CEC 通信接口类型和消息格式各不相同。Link 16 采用 JTIDS 和 J 系列消息标准，Link 11 采用 A 和 M 系列标准，而 CEC 使用由相控阵天线组成的 DDS 交换信息，有其独特的通信协议和消息格式。消息格式转换可能带来信息损失。

（2）航迹关联问题。由于 JDN 和 JCTN 有各自独立的传感器和情报来源，因此 CTP 和 SIAP 中的航迹关联问题必须解决。解决航迹关联的首要问题是系统参考坐标中心对准和建立公共的栅格系统并不一致，如果能够使用 GPS，问题可以大大简化，否则问题就非常麻烦。第二个问题在于 JDN 和 JCTN 的航迹信息差异很大，例如，Link 16 主要担负联合作战的指挥控制任务，受传输带宽限制，航迹的位置报告精度、连续性和实时性都不高，但是使用了大量的传感器维持正确的航迹身份标识（ID）；CEC 的主要特点是具有火控精度的目标跟踪能力，但监视范围基本局限于舰队防空区域，也不具有 Link 16 中丰富和可靠的 ID 信息，仅很有限地使用了雷达上的敌我识别器（Identification Friend or Foe，IFF）。直观的想法是，用 JCTN 高精度的航迹信息提高 JDN 的跟踪能力，同时把 JDN 的 ID 信息融入 JCTN 的航迹中。在这个过程中，正常的航迹关联和 ID 关联命令需要在两个网络中发布，而 ID 冲突、IFF 冲突等异常处理机制也需要仔细设计。

（3）航迹信息过荷问题。JDN 的覆盖范围大于 JCTN，其发现和跟踪的目标比 JCTN 要多。由于 JCTN 采用对等模式在全网内共享所有传感器的原始量测，简单地将大量无关的 JDN 航迹数据引入 JCTN 会造成数据分发系统过荷。因此，网关必须根据不同的任务阶段，有选择地、自适应地转发与当前事件紧密相关的传感器航迹。例如，根据战斗机的信息交换需求（IER）只传输感兴趣区域的数据，或者传输经过压缩的数据，甚至仅传输航迹的变化等。

（4）其他方面的问题。例如，EW 或红外传感器划归 JDN，还是 JCTN？武器控制问题到底归属 JCTN，还是 JDN，等等。

6.5.3 SIAP 评估指标体系

SIAP 系统工程任务组成立后的首要工作是对现有 JDN 的态势图进行评估并发现其中的问题,建立评估指标体系成为重中之重。SIAP 系统工程任务组仍然沿用了 TAMD 关于 SIAP 的定义,但是综合考虑了 TAMD 和 CID(combat identification)顶层设计文件,对 SIAP 的功能需求进行了整合。

1. 属性指标

SIAP 系统工程任务组重新定义了 8 个 SIAP 属性,每个属性又包含一组计算指标,由于属性指标能够直接体现出对 SIAP 的功能需求,并且具有很强的可操作性,后续的评估工作主要依据属性指标展开。具体的属性定义如下。

(1) 完备性(completeness)——SIAP 中所含真实空中目标的百分比。当监视区域内的所有目标均被检测,跟踪和报告时称为完备。

(2) 清晰性(clarity)——SIAP 中所含模糊/虚假目标的百分比。当没有模糊/虚假的航迹时称空情图为清晰。这里的模糊是指一个目标产生多个航迹,以及多个航迹段表示一个真实目标。虚假航迹是指不能指派任何目标的航迹。具体指标针对模糊航迹和虚假航迹分别统计。

(3) 连续性(continuity)——衡量 SIAP 正确维持航迹编号不随时间改变的量。当分配给目标的航迹编号不改变时称空情图为连续。具体指标包括典型航迹寿命、最长航迹段。

(4) 状态准确性(kinematic Accuracy)——衡量系统报告的航迹位置和速度准确性的量。当航迹位置和速度与相关的目标位置和速度一致时称空情图为状态准确。具体指标针对位置和速度分别统计。

(5) 标识完备性(ID completeness)——被跟踪目标处于被识别状态所占百分比。当所有被跟踪的目标均处于被识别的状态时称标识是完备的。

(6) 标识正确性(ID correctness)——被跟踪目标处于被正确识别状态所占百分比。当所有被跟踪的目标均被正确识别时称标识是正确的。

(7) 标识清晰性(ID clarity)——被跟踪目标不模糊识别所占百分比。当不存在被跟踪目标处于标识模糊状态时称标识是清晰的。

(8) 通用性(commonality)——衡量参与单元持有的空情图一致性的量。当每个参与单元的指定航迹具有相同的航迹编号、位置和标识时称空情图为通用。

2. 指标体系

SIAP 任务组重新审视了性能和效能的度量方法,在明确系统性能指标(MOP)、属性指标、效能指标(MOE)等概念的基础上,定义了一整套指标体系和关键参数以及计算方法,如图 6-18 所示。

SIAP 任务组认为,MOE 是从指战员或者说系统的使用者角度出发的衡量指标,而 MOP 反映了系统设计人员对系统的理解,属性指标可以弥补二者之间的巨大差异。所有这些指标都包含在 4 个相关的技术文档中,并适时更新版本。

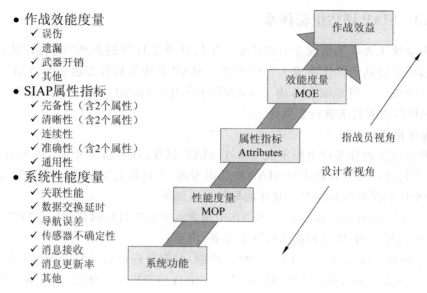

图 6-18　SIAP 指标体系层级图与关键性能参数

6.5.4　SIAP 的进展

1. 前期进展

SIAP 在美国国防部相关部门推动下，至 2004 年大致经历了 3 个阶段。

Block 0 建立了 SIAP 基本的系统工程需求，重点分析了 Link 16 支持联合作战的不足之处主要在于不同军兵种指控系统之间互操作的接口成熟度不高。主要的改进包括：时空统一、通用的航迹相关/解相关和数据配准算法、完善标识分类和符号/标识冲突解决方法等。

Block 1 着重提高联合数据网的效能。提出的改进建议包括：进一步减少多名航迹、改进作战标识能力、改进数据共享、改进战区弹道导弹防御性能。

Block 2 着重改进系统效能、系统流量和提高超视距能力。改进的能力包括：多个主机行为的一致性、分布数据库的一致性、减少网络时延、地面系统接口、单个或多个部队的导弹防御能力等。

2. 集成体系结构行为模型

2003 年以前，SIAP 的研究工作主要集中在现有系统的互操作性方面。经过一段时间的探索，美军很快发现 SIAP 涉及的单位和系统众多，是一个非常复杂的"系统的系统"（System of Systems，SoS）项目，无法采用常规的研发模式，必须将工作重心转向系统工程过程（system engineering process），以保证整个项目进展的一致性。2003 年，SIAP 系统工程任务组更名为联合 SIAP 系统工程组织（JSSEO）。此后的工作主要分为两大部分：一部分是研究制定共同工程规范，主要由 JSSEO 以集成体系结构行为模型（Integrated Architecture Behavior Model，IABM）的形式发布；另一部分则是工程实现，即将符合 IABM 的软件向各军种平台整合。

所谓的 IABM,是一种与软硬件平台独立的对等(peer)计算程序模型,采用模型驱动结构(MDA)和 xUML 对系统需求和功能进行形式化描述,是构成 SIAP 的通用软件规范。IABM 可以理解为一种计算机化的系统规范(computerized specification)或者可执行的体系结构(executable architecture),或者更通俗一点就是一种通用软件模具(software jig)。JSSEO 负责根据联合作战功能需求,生成并下发 IABM。各作战平台依据各自平台的具体情况对 IABM 进行适当裁减,便可生成可执行代码,方便地集成到系统中。通过这种基于系统工程思想的软件开发方式,JSSEO 可以确保 SIAP 开发过程中软件高度的一致性、可维护性,并且可以缩短开发周期,减少控制成本。

IABM 分为核心层、选项层和适配层 3 个功能层次,可被视为一个联合作战涉及的所有功能的超级集合(图 6-19)。核心层是所有系统实现都需要的通用功能。选项层的功能可以根据平台的具体情况进行取舍。适配层提供与各种传感器、武器、指控和通信系统的接口功能。IABM 将每个平台都视为对等实体,数据通过 P2P 对等通信网络在平台间交换。IABM 能够保证各平台运行的数据融合算法是一致的,但是不能保证态势图的质量。确保 SIAP 质量的关键在于共享传感器原始量测数据。如果某些单元只能通过数据链互联,则生成的态势图一致性将得不到保证。

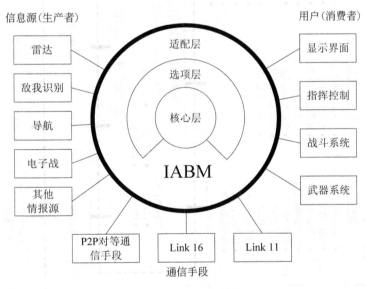

图 6-19 IABM 的结构

IABM 提供的基本功能包括航迹管理、分布式资源管理、数据分发管理、联合指控应用、通用服务以及系统接口,如图 6-20 所示。JSSEO 在 2005 年美海军海上系统司令部进行了一项称为 Configuration 05 的计算模型演示,图 6-20 中标出了每一个基本功能模块中的具体项目,以及已经演示过的功能项目。

图 6-21 为 SIAP 在 Configuration 05 演示的 IABM 功能结构和行为模型。从图 6-21 中可以看出,传感器接口模块接收全局融合航迹数据(Netted Sensor Track,NST)、远端未关联量测报告(Unassociated Measurement Report,UMR)和本地量测,执行数据关联过程,将本地量测数据分为已关联和未关联两类,向 P2P 通信管理模块发送本地关联测

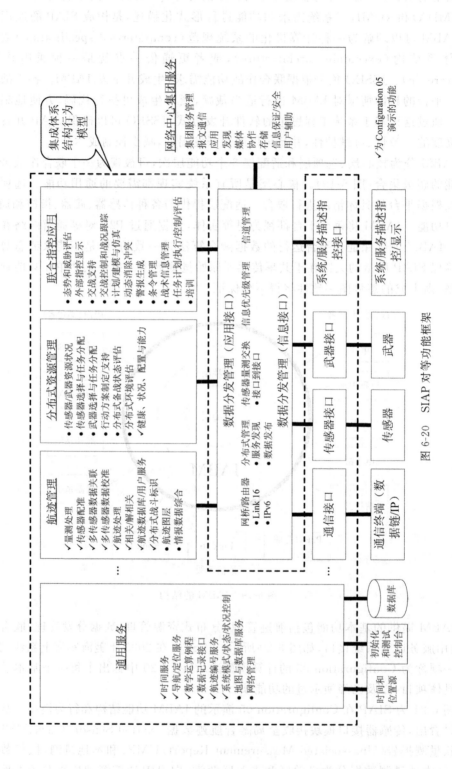

图 6-20 SIAP 对等功能框架

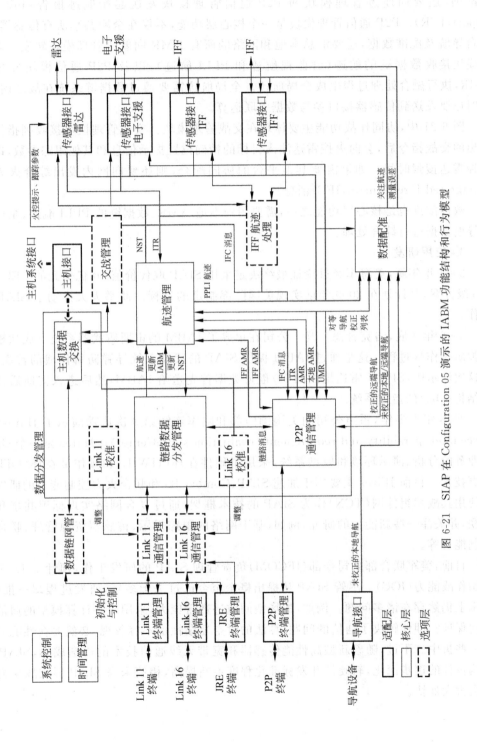

图 6-21 SIAP 在 Configuration 05 演示的 IABM 功能结构和行为模型

量报告(Associated Measurement Report，AMR)和 UMR，如果未关联的量测满足航迹起始准则，还要向航迹管理模块和 P2P 通信管理模块发送起始航迹报告(Init Track Report，ITR)。P2P 通信管理模块是一个核心层功能，不仅在全网共享所有传感器量测、平台导航及配准数据，还要汇总本地和网络的所有 AMR 向航迹管理模块转发。航迹管理模块接收数据链的航迹（含监视航迹和 PPLI 航迹），以及 P2P 通信模块发过来的 AMR，执行融合处理过程生成全局航迹。全局航迹需要通过数据链系统在战区内分发，同时还要发送到传感器接口参与数据关联运算。

图 6-21 中，协同作战功能主要体现在交战管理模块。交战管理模块接收到指控系统发出的交战指令后，会向火控雷达注入目标的精确位置提示信息和其他跟踪参数，以减少火控雷达搜索时间。如果需要其他平台的协同配合，则还要向网内发出综合火力控制(Integrated Fire Control，IFC)消息。

数据配准也是核心层功能之一，需要用到本地 AMR、数据链的 PPLI 航迹、全网平台的导航数据进行综合处理。

3. 应用研发

2003 年年底，美海军经过论证最终决定采用 SIAP 取代价值 10 亿美元的 CEC Block 2 升级方案，并计划在 2009 年前实现美国防部制定的目标。此举大大推动了 SIAP 研发工作。

2006 年年底，洛克希德·马丁公司在集成了 IABM 的宙斯盾武器系统上成功模拟了导弹防御作战过程。这是通过 IABM 提供 SIAP 的武器系统导弹防御作战的首次演示。在这次演示中，SPY-1 雷达提供的 3D 航迹数据首先送给 IABM，然后进入宙斯盾开放体系结构(OA)的指控系统。

2008 年上半年，雷声公司向美国国防部和陆军连续第 9 次成功演示了 JFires(Joint Force interoperability and requirements evaluation supraCenter)。JFires 是一个多战区、多业务的分析、演示环境和原型系统，采用了硬件在环(HWIL)和操作员在环(OITL)的仿真技术。目前 JFires 主要用于加速 SIAP、Combat ID 和联合火力控制能力的研发。雷声使用其战术组件网(TCN)作为 SIAP 的技术框架，通过复合网络实现标识共享和属性关联，并关注一些新能力的研究，例如，基于网络的跟踪提示、传感器资源管理、联合火力控制能力等。

目前，美军联合部队司令部(JFCOM)负责管理 SIAP 的研发工作，预计 2012 年形成初始作战能力(IOC)。尽管 SIAP 从提出概念至今已过去十多年，研发进程却一推再推，技术上仍然存在诸多问题。例如，战场空间航迹数量庞大，采用对等计算模型的通信带宽如何保证？即便解决了通信的问题，算法的时空复杂性也不容忽视，必然要在性能方面做出一些折中。不过，随着新型高性能传感器和宽带无线通信技术的逐渐成熟，SIAP 体系结构设计的逐步深化，软硬件开发标准化程度不断提高，相信未来 SIAP 形成战斗力的速度会大大加快。

第 7 章 Link 16 相对导航与数据配准

7.1 引 言

JTIDS 是一个同步、时分多址(TDMA)、扩频通信系统,除了具有扩频时分多址通信和识别功能外,在标准的 WGS-84 地理坐标和一个相对栅格正切平面坐标系统中,还能为网络内的用户端机之间提供被动的、高精度的相对导航。每个 JTIDS 端机都是一个精确同步用户网络的参与者,利用到达时间(TOA)测量和接收其他端机数据的方式,通过扩展卡尔曼滤波估计主机导航系统(如惯导)的位置、速度和姿态误差。

JTIDS 的导航能力来源于 JTIDS 端机对接收到的网络中其他端机的信号具有很高的 TOA 测量精度。这样,只在 JTIDS 端机计算机程序中增加一个软件模块即可实现相对导航功能,不需要额外的硬件。尽管处理过程只包括端机之间的相对距离测量,如果一些端机(如地面站点)能提供相应的地理位置信息,也可以获得绝对导航数据。JTIDS 的开发者开始就设想到了这些导航能力,在选择关键部件(如端机时钟)时已考虑其性能要求。本章介绍相对导航的原理、体系结构和软件功能,讨论观测模型、处理算法和主要误差来源,并给出导航精度的仿真结果。

7.2 相对导航原理

按照 JTIDS 相对导航的概念,一个用户逐个测量到网络中其他端机的距离,根据测量的距离以多点定位的方式确定其自身的位置。JTIDS 是一个基于单一参考时间的同步系统,所有端机都在指定的时间发送。这样,如果用户与源点良好同步,3 个测量距离就可以确定其三维位置。若用户存在同步误差或时间偏差(通常是存在的),对一些来自较高时间质量源信号的被动测距可以提供连续的位置和时间偏差的修正。时间偏差的确定也称为被动同步。这种情况下,相对导航处理的是一种伪测距,因为测距是基于其自身的时钟,而不是绝对时钟或基于环回测量,用户的时钟在不断地调整变化中。

所有主动用户每 12 秒一次周期性地发送位置和状态消息(P 消息),包含源端机的位置、速度、航向和高度,以及其位置质量、时间质量和相对栅格方位质量。相对栅格方位质量是对相对栅格北方向的自身航向的误差估计。利用这些数据并基于一定的源点选择逻辑,用户端机基于源点和用户端机质量等级选择所需的源点,计算预测的距离,与从 TOA 测量的距离比较;根据这些 TOA 测量序列,用户 JTIDS 端机采用递归滤波机制(如卡尔曼滤波)连续更新位置、速度和相对系统时的时间偏差。在大多数应用中,可以利用惯导平台、多普勒雷达、飞行数据系统、电磁船速仪和航向基准等传感器提供的推航系统数据,通过外推得到滤波器更新间隔内任一时间点的 TOA 数据,实现两类传感器数据的优化处理。

为了保证系统在较长的时间内正常运行,一些用户也可以不是很频繁地、周期性地与时间基准或最高时间质量源点实施主动的环回定时(RTT)操作,这个处理可为用户时间偏差的校准提供最好的测量值。另外,有些用户可以相对频繁地实施 RTT 操作。用这种方式,网络中的一些单元可以维持较高的时间质量,可以作为其他单元的导航源。下一节将详细讨论这种分层的同步结构。

7.3 相对导航体系结构

相对导航可以在相对栅格坐标,也可以在地理、地心绝对坐标系(纬度、精度)中实施。相对栅格坐标系由一个称为导航控制器(Navigation Controller,NC)的成员建立,所有单元都可以在这个坐标系中确定自身的位置。网络中的一个成员被指定为时间基准(Time Reference,TR),它具有最高时间质量,用于建立和维护系统时。对于相对栅格操作,导航控制器(可以是飞机或舰艇)建立切平面栅格的原点和正北方向,其原点在海平面,并假设是静止的。实际上,由于导航控制器的推航误差,栅格原点和正北方向可能缓慢变化。导航控制器被指定为具有最高相对位置质量。使用地理坐标时,拥有高精度绝对位置信息的端机被指定作为位置基准,并被指定为最高绝对位置质量。在时间基准和导航控制器下,还有主用户(PU)和次用户(SU)两类用户。PU 可以相对频繁地使用 RTT 进行时钟同步,即只要端机滤波器估计的时间质量低于设定的等级,就实施 RTT 操作。这些单元相对较少,具有很好的时间质量,用于主要的导航基准。SU 不频繁地实施 RTT 操作,必须可以被动地实施时钟同步和相对导航,不能依赖 RTT 操作。这两类用户质量等级的确定取决于端机滤波器估计的精度。可以构造源选举算法确定数据交换的方向,如仅当其他次要用户具有更高的位置和时间质量,次用户才能将其作为源点,而主要用户则遵循不同的规则。这些规则主要保证不会因为使用低质量的源而扩大用户位置和时间误差。在这种体系结构中,不在时间基准、位置基准或导航控制器视距范围内的用户可以通过被动测量与其他源的距离实现导航,这些源可以是在这些基准或其他主用户视距范围内的主用户。这样,尽管使用很高的无线电频率,JTIDS 相对导航网络的相对导航覆盖范围仍然可以很好地扩展到视距外,如图 7-1 所示。图中,主用户根据假设具有更高的质量等级,PU 和 SU 之间的单向箭头表示可以利用 P 消息做被动测距的方向(SU 可以使用

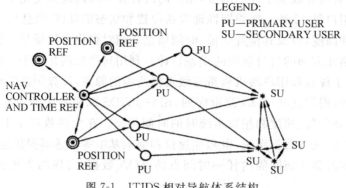

图 7-1 JTIDS 相对导航体系结构

PU 的 P 消息）。另外，假设图右侧的 SU 运行在全被动模式（无线电静默）。如果用户处于位置基准的视距范围内，它们就可以确定其位置的地理坐标。

图 7-2 给出了地理坐标、切平面栅格的相对栅格坐标和平台航向参考坐标轴的关系。图中，N 和 E 为地理北和东；U、V、W 为切平面直角坐标系东、北和天空方向；X、Y 为平台航向参考的东与北参考方向。β 为方位角或栅格偏移角，定义为北向坐标轴 V 在相对坐标系原点处与当地正北方向的夹角。平台航向参考的 Y 轴与相对栅格 V 轴的夹角称为平台相对航向误差，记为 α；平台航向参考的 Y 轴与地理北方向的夹角称为真航向误差，记为 θ_A；真实航向记为 θ_H。在相对栅格导航，所有用户都要将自己的 X-Y 航向参考轴与导航控制器建立的 U-V 坐标相配准。如果一个用户可以同时确定其位置的绝对坐标和相对坐标，就要求它在其发送的 P 消息中携带两种坐标、栅格偏移角 β 和位置质量等级。这样，对于其他不在位置基准视距范围内的网络用户，就可以通过获取栅格原点（U_O，V_O）和栅格北，确定其位置的绝对坐标。这样，利用 JTIDS 的相对导航功能，就可以进行相对和绝对双重栅格操作了。

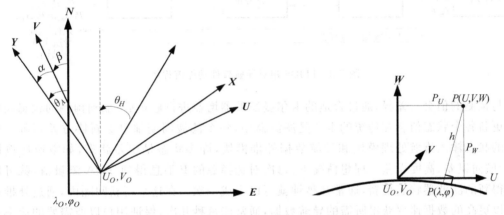

图 7-2　地理坐标与相对栅格坐标的关系

7.4　相对导航软件功能流程

相对导航功能通常为一个软件模块，驻留在 JTIDS 端机的通信处理器（CP）程序中，接口包括与信号处理器（SP）中的 TOA 测量功能接口、与 CP 中的通信处理功能的接口。基本的相对导航软件子功能包括：①初始化；②源点选择；③推航数据处理；④卡尔曼滤波；⑤数据外推；⑥质量等级变换；⑦坐标转换。也可以不使用推航数据，仅利用 TOA 测量数据实现相对导航。图 7-3 给出了一个典型的 JTIDS 相对导航软件功能流程图。

输入 P 消息中的源点数据及这些数据的 TOA 都来自 SP，首先在 CP 软件的通信处理模块处理。在源点选择模块中，将源质量等级与端机自身的质量等级相比较，以确定是否作为源点使用，所选源点的位置和 TOA 数据送往卡尔曼滤波器处理。源点质量还转换成方差，用于卡尔曼滤波，具体步骤后面将详细介绍。滤波器使用 TOA 换算的观测距

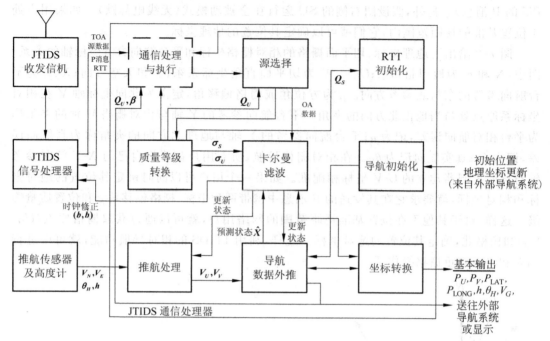

图 7-3　JTIDS 相对导航软件功能流程图

离与预测的值会有差异，通过合适的卡尔曼滤波器增益进行修正后，加到预测的状态矢量以更新各个状态值。在传统的卡尔曼滤波器中，每个滤波周期都要更新协方差矩阵。更新的状态输入推航处理模块和导航数据外推模块，许多状态是误差状态，如空速比例因子、航向误差、高度误差。理想情况下，每次对选择源的 P 消息得到 TOA 测量值，就可以获得新的滤波器状态更新，通常几秒钟就可以完成一次。在这个更新间隔内，通过外推可以以更高的数据速率获得所需的导航数据，通常能每秒几次，保证用户以所需要的速率获取数据。在笛卡儿坐标系中实施卡尔曼滤波可能更方便。考虑到相对导航的双重栅格运行，需要一些坐标转换功能，在数据交付给用户的时候进行必要的坐标转换，如 U、V、W 位置转换成纬度、经度和高度。从平台上的推航传感器接受推航（DR）数据，使用来自滤波器最新估计的状态信息进行处理，通过外推产生所需的输出，外推值也用于产生预测的状态。推航数据不只用于外推，还与根据 TOA 得到距离数据组合实现估计优化；而单纯外推只是为了克服高机动条件下的延时误差。外推的导航数据放到输出的 P 消息中，加上单元的质量等级（根据最新的滤波器方差得到），由 SP 提交给端机发送。Kalmna 滤波器同时更新时间偏差和频率偏差，送给 SP 用于修正端机的时钟。

7.5　基本相对导航算法

基本的相对导航被动测距观测模型可以表示为

$$R_O = c \times TOA = R_c + c(b_t - b) + N \tag{7-1}$$

$$R_c = \sqrt{(X_t - X)^2 + (Y_t - Y)^2 + (Z_t - Z)^2} \tag{7-2}$$

这里，b_t 表示源端与系统时间的时间偏差，对源端和用户端来讲都是未知的，每个源在发送消息之前都力争将时间偏差降为零；b 是用户（接收者）接收时间与系统时间的偏差。R_o 是到源点的观测距离；c 为光速；TOA 是根据用户自己的时钟观测到的到达时间；R_c 是计算的（预测的）到源点的距离；X_t、Y_t、Z_t 为源点（发送端机）的位置坐标；X、Y、Z 为用户（接收端机）的位置坐标；N 是量测噪声之和。相对导航滤波器包括时间偏差的更新。

因为通常接收方无法测量或估计 b_t，所以可以将其归到量测噪声 N，这样，观测模型改为

$$R_O = c \times TOA = R_c - cb + N \tag{7-3}$$

可观测的最基本的测量值就是 TOA，源点的位置坐标 X_t、Y_t、Z_t 可以从接收到的 P 消息中获得，需要估计的未知数包括用户的位置坐标 X、Y、Z 和时间偏差 b。如果没有噪声，接收 4 个点的 P 消息，就可以建立非线性方程组(7-4)，解该方程组即可求得用户的位置坐标 X、Y、Z 和时间偏差 b。

$$c \times TOA_i = \sqrt{(X_i - X)^2 + (Y_i - Y)^2 + (Z_i - Z)^2} - cb \tag{7-4}$$

但是，实际应用中，噪声（误差）是不可避免的。因此，方程组(7-4)是一个非线性矛盾方程组，无法得到精确解，只能采用优化计算的方法，尽可能得到最优的近似解。

对于式(7-4)这种形式的非线性矛盾方程组，常用的求解方法是最小二乘法，即求 X、Y、Z 和 b，使得 $f(X,Y,Z,b)$ 最小。$f(X,Y,Z,b)$ 为

$$f(X,Y,Z,b) = \sum_i \left(c \times TOA_i - \sqrt{(X_i - X)^2 + (Y_i - Y)^2 + (Z_i - Z)^2} - cb \right)^2 \tag{7-5}$$

这样，将矛盾方程组求解转化为非线性函数最小化问题，可以利用高斯-牛顿法迭代求解，感兴趣的读者可以参考最优化理论的相关书籍。如果用户端机为静止的，利用多个观测值即可较精确地估计用户位置和时间偏差。但是，对于运动用户，X、Y、Z 本身又是变化的量，无法直接建立联立方程，需要估计用户的运动参数，将多个观测值等价地推算到相同的时刻，感兴趣的读者可以参考无线电导航或卫星导航的书籍。

这里主要介绍 JTIDS 中使用的扩展卡尔曼滤波法，该方法利用单个测量值序贯地进行滤波处理。这样，根据 TOA 观测序列递归地更新用户自身的位置、时钟偏差、偏差率和其他状态。为了计算卡尔曼滤波器的增益矩阵，需要将非线性的观测方程式(7-3)线性化。

将相对栅格坐标 x、y、z 和时间偏差 b 等状态变量写成矢量形式，记为系统状态 X，则观测距离 R_O 是状态 X 的函数，记为 $R_O = R_O(X) + N$。将 R_O 在 X 的期望值（预测值）$\hat{X}$ 处做一阶泰勒展开，可得

$$R_O(X) \approx R_O(\hat{X}) + H(X - \hat{X}) + N \tag{7-6}$$

其中，$H^T = \left[\dfrac{\partial R_O}{\partial X} \right]\bigg|_{X = \hat{X}}$ 为 R_O 的 Jacobian 阵。

记 $\widetilde{R}_O(X) = R_O(X) - R_O(\hat{X}) + H\hat{X}$，则 $\widetilde{R}_O = HX + N$。

例如，假设系统状态 X 仅包含其相对栅格坐标 x、y、z 和时间偏差 b，即 $X =$

$[b,x,y,z]^T$，则 $H = \left[\dfrac{\partial R_O}{\partial b}, \dfrac{\partial R_O}{\partial x}, \dfrac{\partial R_O}{\partial y}, \dfrac{\partial R_O}{\partial z}\right]\Bigg|_{\substack{x=\hat{x}\\y=\hat{y}\\z=\hat{z}\\b=\hat{b}}} = \left[-c, \dfrac{\hat{x}-x_t}{R_C(\hat{X})}, \dfrac{\hat{y}-\hat{y}_t}{R_C(\hat{X})}, \dfrac{\hat{z}-\hat{z}_t}{R_C(\hat{X})}\right]$。

这样，可以将观测模型式(7-3)近似为线性方程：

$$\tilde{R}_O = HX_k + N \tag{7-7}$$

完成观测方程的线性化后，就可以建立基本的卡尔曼滤波方程：

$$X_k = \Phi X_{k-1} + \Gamma W \tag{7-8}$$

$$\tilde{R}_k = HX_k + V \tag{7-9}$$

这里，$\tilde{R}_k = R_O(X_k) - R_O(\hat{X}) + H(\hat{X}) = R_O(X_k) - R_O(\Phi\hat{X}_{k-1}) + H(\Phi\hat{X}_{k-1})$ 作为基本卡尔曼滤波的测量值，其中 $R_O(X_k)$ 是 k 时刻的实际测量值，$\hat{X}_{k-1}$ 是 $k-1$ 时刻的估计值；X 为总的状态矢量，如用户的坐标、速度、加速度等状态；Φ 是状态转移矩阵；Γ 是系统噪声转移矩阵；H 为线性化的观测矩阵；W 为系统噪声，其协方差矩阵为 Q；V 是量测噪声，其方差为 V_v，等于 $\sigma_{TOA}^2 + \sigma_{jitter}^2$，$\sigma_{TOA}$ 是 TOA 测量值的标准差，σ_{jitter} 是发射机抖动标准差。

预测的协方差：

$$P_{P_{k|k-1}} = \Phi P_{k-1|k-1}\Phi^T + \Gamma Q\Gamma^T \tag{7-10}$$

增益：

$$K_k = P_{p_{k|k-1}}H_k^T\left[H_k P_{k|k-1}H_k^T + V_v\right]^{-1} \tag{7-11}$$

预测的状态矢量：

$$X_{p_{k|k-1}} = \Phi\hat{X}_{k-1|k-1} \tag{7-12}$$

滤波输出的状态矢量：

$$X_{f_{k|k}} = X_{p_{k|k-1}} + K_k[R_O - \hat{R}_O] \tag{7-13}$$

滤波输出的协方差：

$$P_{f_{k|k}} = [I - K_k H_k]P_{p_{k|k-1}} \tag{7-14}$$

这里，I 为单位矩阵；$\hat{R}_O$ 是预测的距离。

$$\hat{R}_O = \sqrt{(X_t - \hat{X}_{k|k-1})^2 + (Y_t - \hat{Y}_{k|k-1})^2 + (Z_t - \hat{Z}_{k|k-1})^2} - b_{k|k-1} \tag{7-15}$$

实际使用中，滤波器利用所有状态的最佳估计和所有可用的导航数据，预测 P 消息接收时刻的状态矢量 X 和协方差 P。然后计算线性化观测矩阵 H。在滤波器进行预测的 $(k|k-1)$ 点（即接收到新的 P 消息），在按式(7-11)计算滤波器增益矩阵前，要将协方差矩阵 P 增加源点位置协方差。然后计算滤波器增益矩阵，再用增益矩阵作为信息 $(R_O - \hat{R}_O)$ 的权重，用加权信息更新状态矢量。最后更新状态的方差矩阵。这样就完成了一个 P 消息在卡尔曼滤波器中的处理，更新了所有的状态。在需要读出和发送 P 消息，或者需要预测下一个 P 消息接收时刻的状态时，都需要利用这些已有的状态数据进一步外推位置、速度。

为了提高时间同步的精度，用户端机需要在一定时间间隔内与作为时间基准的端机进行 RTT 交互，交互过程见 4.3.3 节中的 RTT 询问和 RTT 应答。在 RTT 处理过程中，用户端机在一个时隙内发送 RTT 询问消息和授时端机发送 RTT 应答消息的时间是确定的，需要测量的变量为用户 RTT 询问消息到达授时端机的时间 TOA_D 和授时端机应答到达用户端机的时间 TOA_U。其中，TOA_D 为授时端机测量得到，在应答时告知用户端机；TOA_U 为用户端机测量得到。显然，用户端机和授时端机之间的相对时差是授时端机与用户端机之间 TOA 测量值之差的函数。如果授时端机是时间基准，测量的时差就是式(7-3)中的用户时差。同样，通过观测到的 TOA_D 和 TOA_U 之和可以得到与 RTT 应答的授时端机的距离。因为在标准的 JTIDS RTT 消息中不带有位置信息，除非用户知道授时端机的位置，否则到授时端机的距离通常对用户没有用。

除了基本的位置和时钟状态外，不同的应用会选择不同的状态变量构成状态矢量，状态矢量中元素的选择取决于最重要的输出变量、所用的坐标系、所需的精度、输出数据的速率和所用的平台航位推测传感器的类型等因素。所选取的状态矢量的大小还需要考虑端机所用计算机的处理能力和存储容量。

7.6 相对导航的精度及仿真分析

JTIDS 相对导航位置的精度是下列误差源的函数。
(1) TOA 测量误差。
(2) 用户和源端的相对地理位置。
(3) 源端的位置和时间质量。
(4) 传播延时。
(5) 平台导航传感器的特性。
(6) 计算误差。
(7) 端机的时钟特性。
(8) P 消息发送频度。

TOA 的测量误差取决于带宽、信噪比和 TOD 测量电路。

用户和源端的相对几何位置带来了著名的几何精度因子(GDOP)效应。在静态条件下，GDOP 可以看成是用户和源端机之间测距误差的放大倍数，即测距误差对最终定位误差的影响程度。动态情况下，由于滤波器的处理，误差可以随时间减小。所用源端的位置和时间质量限制了最终的定位精度。然而，少部分单元频繁地交互 RTT，而其他单元无须频繁地交互 RTT，也可以维护全网较高的时间质量。平台采用的导航传感器的类型(如空速、多普勒或惯导)，也会影响最终测量位置与速度的精度。同样，用户的导航系统误差与源端(特别是导航控制器)的相关性也很重要。根据相关文献的结论，对于相对栅格导航，用户应该尽可能使用相同的推航系统。

端机时钟的短时间稳定性也影响定位的精度，影响程度取决于 P 消息数据更新率。大气中的电波传播异常和多径效应限制了最高精度。虽然可以对电波传播效果建模，但误差仍然难免。一般来讲，源端 P 消息更新率越高，用户的精度越高。最后，处理器的计算误差也是提高精度的影响因素，但以目前数字处理器的水平，可以将其控制在所需范围内。

基于上述讨论的误差源的性质，在良好的条件下(如几何位置和源端质量)应该可以达到 100 英尺的圆误差概率(CEP)。

JTIDS 和 GPS 都是同步的、L 波段、高精度定位系统，有可能以某种形式实现互操作和系统集成，网络中少部分装有 GPS 的单元可以作为其他 JTIDS 相对导航用户的位置基准。各系统可以采用共同的时间基准，这有利于各系统的作战应用，只将 JTIDS 的时间基准同步于 GPS 的系统时即可。装备 GPS 的 JTIDS 单元可以实现快速入网，高精度的时间同步可以提高相对导航的性能。另外，如果 GPS 由于干扰或其他原因出现故障，JTIDS 的相对导航也可以临时维持时间同步，提供精确的导航数据，便于 GPS 快速恢复。这样，GPS 的全球导航能力和 JTIDS 相对导航的战术能力可以互补，提高系统的整体能力。

由于相对导航的精度是几何位置关系和其他因素复杂的函数，只能采用计算机仿真的方式进行算法设计和性能评估。为此，已有多家研究机构开发了相应的计算机仿真程序，在一些任务场景下验证了相对导航算法。过去大多数工作主要集中于惯导平台、多普勒雷达、空速仪的使用和与相对导航的软件集成，包括相对导航滤波器的推航传感器建模。这里介绍的仿真算法只使用 TOA 数据，研究网内单元之间交互的效果，滤波器的状态矢量中包括了加速度状态，突出了时钟特性的建模。本节介绍仿真程序的算法、模型、仿真条件和仿真结果。

仿真程序要验证的算法采用一个 11 个状态的扩展卡尔曼滤波，加上源点位置及方差。

基本状态矢量为

$$X^T = [b, \dot{b}, X, Y, Z, \dot{X}, \dot{Y}, \dot{Z}, \ddot{X}, \ddot{Y}, \ddot{Z}]$$

根据式(7-1)～式(7-15)，观测矩阵为

$$H = [-1, 0, (X-X_t)/R_C, (Y-Y_t)/R_C, (Z-Z_t)/R_C, 0, 0, 0, 0, 0, 0]$$

状态转移矩阵 Φ 为

$$\Phi = \begin{bmatrix} 1 & T & 0 & 0 & 0 & 0 & 0 & 0 & 0 & 0 & 0 \\ & 1 & 0 & 0 & 0 & 0 & 0 & 0 & 0 & 0 & 0 \\ & & 1 & 0 & 0 & T & 0 & 0 & T^2/2 & 0 & 0 \\ & & & 1 & 0 & 0 & T & 0 & 0 & T^2/2 & 0 \\ & & & & 1 & 0 & 0 & T & 0 & 0 & T^2/2 \\ & & & & & 1 & 0 & 0 & T & 0 & 0 \\ & & & & & & 1 & 0 & 0 & T & 0 \\ & & & & & & & 1 & 0 & 0 & T \\ & & & & & & & & \rho_1 & 0 & 0 \\ & & & & & & & & & \rho_2 & 0 \\ & & & & & & & & & & \rho_3 \end{bmatrix}$$

这里，$T = t_k - t_{k-1}$，ρ_1、ρ_2、ρ_3 是 X、Y、Z 方向的加速度系数。对于匀加速机动，其加速度保持不变，ρ_1、ρ_2、ρ_3 都为 1，设定不同的加速度系数可以建模变加速机动。

设系统噪声 $W = [W_1, W_2, W_3, W_4, W_5]^T$。这里，$W_1$ 是时钟随机偏差噪声；W_2 为时钟频率噪声；$W_3 \sim W_5$ 为 X、Y、Z 方向的加速度噪声。将平台的位置噪声、速度噪声都用

加速度噪声表示,系统噪声转移矩阵为

$$\boldsymbol{\Gamma} = \begin{bmatrix} 1 & 0 & 0 & 0 & 0 \\ & 1 & 0 & 0 & 0 \\ & & T^2/2 & 0 & 0 \\ & & 0 & T^2/2 & 0 \\ & & 0 & 0 & T^2/2 \\ & & T & 0 & 0 \\ & & 0 & T & 0 \\ & & 0 & 0 & T \\ & & 1 & 0 & 0 \\ & & & 1 & 0 \\ & & & & 1 \end{bmatrix}$$

系统协方差矩阵 $\boldsymbol{Q}$ 为

$$\boldsymbol{Q} = \begin{bmatrix} \sigma_{W_1}^2 & & & & \\ & \sigma_{W_2}^2 & & & \\ & & \sigma_{W_3}^2 & & \\ & & & \sigma_{W_4}^2 & \\ & & & & \sigma_{W_5}^2 \end{bmatrix}$$

测量噪声模型 V_v 是一个标量,如下式。

$$V_v = \sigma_{TOA}^2 + \sigma_t^2$$

这里,σ_{TOA} 是 TOA 测量噪声标准差;σ_t 是发射机抖动噪声标准差。

下面讨论测量噪声、等效噪声和仿真的初始条件。TOA 测量噪声的标准差假设为零均值正态分布的标准差,采用的端机时钟模型包括时间偏差和时钟速率偏差。所有这些模型都包含一个偏移误差和一个等效噪声。时间偏差的等效噪声是一个随机游走模型,主要由频率上的白噪声引起。时钟速率(频率)等效模型也称为漂移模型,根据经验观察为一个布朗运动模型。对于除了网络定时基准以外的每个成员,初始时间偏差在[0,1.8]范围内均匀分布。初始时钟速率偏差为零均值高斯分布的随机数,其标准差为 10^{-8} s/s。时钟随机游走和漂移噪声都是基于测量的时钟数据。

初始条件的位置、速度和加速度误差根据端机的类型(地面和机载)和特定的用途而定。表 7-1 给出了初始方差的范围和机载端机的速度范围。机载端机假设以恒定的速度和 10000 英尺的恒定高度飞行。所有标准差的数值给出了随机样本的标准差。

为了减少仿真的复杂性和开销,采用了一些简化条件,包括平面地球模型和恒定高度飞行。由于这些条件的简化,可以采用笛卡儿坐标,Z 方向位置恒定,等于飞机的高度,Z 方向的速度和加速度都为 0。程序的定时设计完全遵循 JTIDS 的网络管理规则。例如,每个主动成员都在 12s 周期内随机分配一个发送时隙,所有主动成员在每个周期都以相同的相对发送间隔时隙发送一个 P 消息,其相对发送时隙间隔与第一个周期指定的一样。

表 7-1 速度与初始误差条件

成员	速度 英尺/秒	$\sigma_{X'}$	$\sigma_{Y'}$	σ_Z	$\sigma_{\dot{X}'}$	$\sigma_{\dot{Y}'}$	$\sigma_{\dot{Z}}$	$\sigma_{\ddot{X}'}$	$\sigma_{\ddot{Y}'}$	$\sigma_{\ddot{Z}}$
		英尺			英尺/秒			英尺/秒²		
G1	0	0	0	0	0	0	0	0	0	0
G2	0	10	10	0	0	0	0	0	0	0
G3	0	20	10	0	0	0	0	0	0	0
G4	0	100	100	0	0	0	0	0	0	0
A21	300	1000	1000	0	10	10	0	3	3	0
A24	300	1000	1000	0	10	10	0	3	3	0
A32	455	1000	1000	0	30	30	0	5	5	0
A23	300	1000	1000	0	10	10	0	3	3	0

每个发送的 P 消息包括端机的 X、Y、Z 位置和其最新估计的位置协方差。在任务的前两个周期,所有单元与网络定时基准交互 RTT,以建立初始定时同步,确定定时偏差。然后,主动单元每 12.8 分(一个时元)才进行一次 RTT,被动(无线电静默)成员不做 RTT。仿真场景包括 4 个地面站点(位置基准),其中一个作为网络时间基准。其他地面站点都指定一个初始位置误差,利用其自身的滤波运算,位置误差会随时间而减小。所有空中平台都指定初始位置、速度和加速度误差,每个成员都在接收到 P 消息后更新其滤波器状态。

仿真程序包括一个飞行轨迹程序,用于实施各种任务场景的飞行,包括 8 字形和圆形飞行模式。程序还包括一个"真实时间"模型,仿真实际的定时和时钟行为,用于比较滤波器输出的时钟估计偏差。仿真分析了宽基线几何和窄基线几何两种类型的场景。在宽基线几何场景中,空中平台具有良好的 GDOP 条件(图 7-4),而在窄基线几何场景中(图 7-5),有些单元的 GDOP 很好,有些却很糟糕(静态 GDOP 接近 200)。空中平台参与者可选完全参与交互(使用所有其他平台的 P 消息)和不参与交互(只使用地面站点的 P 消息)。选择较大的初始位置、速度和加速度误差,分别为 1000 英尺、30 英尺/秒和 5 英尺/秒²。

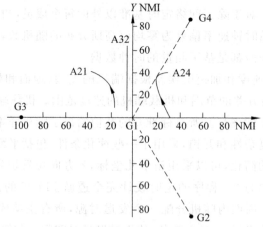

图 7-4 宽基线几何场景(1 个时元)

对于宽基线几何场景(图 7-4),无论是交互,还是非交互,相对导航卡尔曼滤波器对每个空中平台都得到了令人满意的高精度、收敛的时间和位置解,能够准确地跟踪误差和方差。例如,位置误差从 1000 英尺降低到小于 50 英尺,时间误差从 1~2ms 降低到小于 10ns。表 7-2 给出了图 7-4 宽基线几何 1 个时元(12.8 分)的仿真结果。

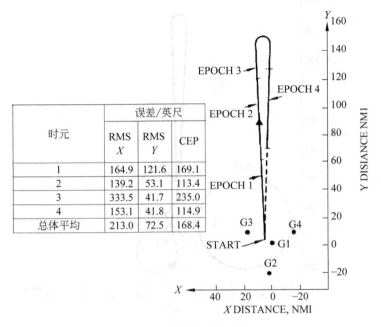

时元	误差/英尺		
	RMS X	RMS Y	CEP
1	164.9	121.6	169.1
2	139.2	53.1	113.4
3	333.5	41.7	235.0
4	153.1	41.8	114.9
总体平均	213.0	72.5	168.4

图 7-5 窄基线几何场景

表 7-2 宽基线几何性能(一个时元)　　　　　　　　　　误差单位:英尺

成员	非交互			交互		
	rms X	rms Y	CEP	rms X	rms Y	CEP
A21	56.7	63.2	70.8	53.5	56.6	65.0
A24	68.5	42.9	65.7	61.3	41.7	60.8
A32	43.6	32.0	44.6	46.8	31.4	46.2

　　经过几个滤波周期,未精确定位测量的地面站点也同样改善了其定位误差。对于窄基线几何(较差的 GDOP)非交互的节点也同样得到了收敛解。作为典型运用场景,仿真了 4 个时元(将近 1 小时)的运行,因为在 4 个时元的航线中 GDOP 明显变化。对于最坏的几何条件,如图 7-6 所示,距源点群最大大约 150 海里,而源点群为 20 海里的基线,所有定位圆概率误差(CEP)仍然小于 170 英尺。对于稍好(更典型)的 GDOP 条件,如图 7-7 所示,整个定位圆概率误差大约为 100 英尺。对于某个成员在整个任务过程中一直加速,并且除了初始 RTT 外,完全以被动方式运行,其圆概率误差仍然小于 80 英尺,如图 7-8 所示。对于特别差的 GDOP 条件,如果空中平台一直使用所有其他单元的所有 P 消息,会出现明显的发散。这说明了基于端机自身及源点的时间和位置质量分等级地选择源点的

必要性,如前面所述,在相对导航算法中都应该实现分等级地选择源点。总之,仿真结果验证了JTIDS相对导航可以达到较高的精度。

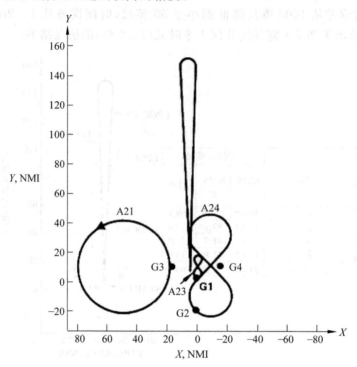

图 7-6　4 个时元窄基线几何场景

时元	误差/英尺		
	RMS X	RMS Y	CEP
1	78.2	83.5	95.4
2	74.1	101.9	103.8
3	52.1	141.5	114.2
4	48.9	93.2	83.9
总体平均	64.6	107.4	101.5

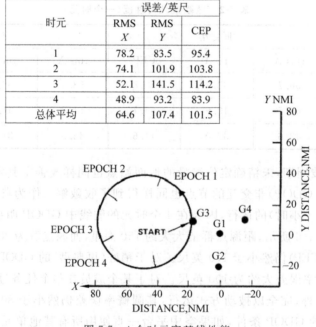

图 7-7　4 个时元窄基线性能

第 7 章 Link 16 相对导航与数据配准

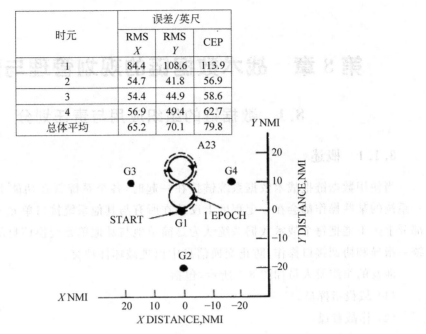

时元	误差/英尺		
	RMS X	RMS Y	CEP
1	84.4	108.6	113.9
2	54.7	41.8	56.9
3	54.4	44.9	58.6
4	56.9	49.4	62.7
总体平均	65.2	70.1	79.8

图 7-8　4 个时元全被动运行窄基线性能

第8章 战术数据链的规划管理与使用

8.1 数据链的组织应用与责任划分

8.1.1 概述

当使用数据链把战术数据系统链接在一起时,各个系统就在功能上捆绑在一起。任一系统的某些操作都会在一定程度上反映在所有与其他系统接口单元或接口单元的某些部分上。不能把每个战术数据系统认为是简单地与其他单元交换信息的自主单元。必须统一指导和协调接口操作,防止交换信息中出现破坏性冲突。

涉及的组织及人员如图 8-1 所示,包括
(1) 战役指挥员。
(2) 作战参谋。
(3) 安全保密管理员。
(4) 网络规划管理员。
(5) 网络管理员。
(6) 数据交换操作员。

图 8-1 中涉及的各种职责均为岗位设置,可根据具体编制体制指定相关人员担任相关岗位,如通信参谋可同时担任安全保密管理员、网络规划管理员、网络管理员,数据交换操作员可由情报参谋担任。

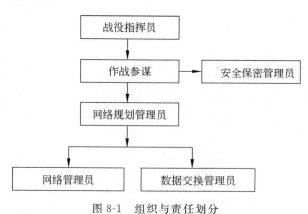

图 8-1 组织与责任划分

8.1.2 战役指挥员

战役指挥员的职责包括如下内容。

(1) 确定数据链需求,以支持联合作战。

(2) 提供作战预案及多链路接口设计所需的作战参数,组织人员设计新的网络方案。

(3) 将联合部队的作战控制权委托给作战参谋。

8.1.3 作战参谋

作战参谋的职责应包括如下内容。

(1) 协助制订和发布作战计划,并监控作战计划的执行情况。规划部队的使用和重新部署、确定系统的任务,以及研究、协调和分发用于连接指控系统、防空与导弹防御武器系统、情报系统、传感器与飞机的通信规划。

(2) 指定网络规划管理员。

(3) 根据需要准备、分发和更改网络配置参数文件。

同时,各军兵种相关部门在作战参谋的操作控制下工作,内容包括

(1) 保证采用的战术数据系统是兼容的和可互操作的。

(2) 根据作战参谋规定,组建联合作战工作组,提供物质和人力资源。

(3) 与作战参谋协调并报告可能影响联合接口操作的军兵种内部需求。

(4) 确定军兵种内部协调功能,保证军兵种内部各功能有效工作,同时对联合接口的影响最小。

(5) 保证军兵种特有的网络容量需求,并在网络请求中进行标识,把军兵种特有的网络容量分发给其参与者。

(6) 协助制定网络配置参数文件。

(7) 准备并把支持战术数据链操作的军兵种内部通信命令和计划分发给作战参谋。

(8) 管理军兵种专用数据链操作。

(9) 为其参与单元准备和分发网络设计。

8.1.4 安全保密管理员

安全保密管理员的职责应包括如下内容。

(1) 将接口加密需求分发到所有参战人员。

(2) 提供并协调密钥的使用。

(3) 在密钥丢失、怀疑丢失或因作战考虑需要更改密钥时,为加密设备重新配置密钥。

8.1.5 网络规划管理员

网络规划管理员的职责贯穿整个数据链的规划与运行阶段。

网络规划管理员在数据链规划阶段应完成下列功能。

(1) 在任务规划前考虑多链路需求。网络规划人员必须知道任务通信的优先级、战术数据链的数量和类型、连通性和安全性要求以及数据转发要求。

(2) 协助准备网络配置参数文件。

(3) 准备规划的参与者名单并监督接口单元的地址分配。

(4) 把航迹交换总需求转换成航迹编号块分配。

(5) 确定数据转发需求并分配转发单元,包括备用转发单元。

(6) 指定数据链网络管理员。

(7) 指定数据链数据交换操作员。

(8) 为可能出现的链路故障确定应急程序。

在数据链运行阶段,网络规划管理员将完成下列功能。

(1) 指导对网络进行更改或校正,以适应不断变化的作战状态。

(2) 批准采用数据过滤器。

(3) 建议和更改监视区域。

(4) 在链路故障时执行应急程序。

8.1.6 网络管理员

网络管理员负责网络的初始化、运行和终止。

网络管理员由网络规划管理员授权,具有如下职责。

(1) 协助准备网络配置参数文件。

(2) 规定可最佳地满足需求的某个网络的规划参数,协助选择网络设计以及提交新的网络设计需求。

(3) 在发生中断时,指导采取纠正措施,保证有效地进行信息交换。

(4) 对网络规划管理员的需求和指导做出响应。

(5) 协调战术数据链初始化过程。

(6) 管理单元间的连通性。

(7) 监控网络的运行状态。

(8) 评价链路性能并向网络规划管理员报告。

8.1.7 数据交换操作员

数据交换操作员由网络规划管理员指定,具有如下职责。

(1) 协助准备对网络配置参数文件的更改。

(2) 监控航迹数据的交换和相关动作。

(3) 保证数据流有效和战术图像清晰。

(4) 监督接口的异常情况,如航迹号冲突、航迹号重复、数据差异等。

(5) 需要时,传输变更数据指令,以解决数据差异。

(6) 在战术态势改变时，协调更改报告区域，以进行监视。

(7) 协调数据过滤器的使用。

(8) 协调参考点、线和区域的使用与传输。

8.2 网络规划与管理

网络规划与管理系统是战术数据链系统的重要组成部分，对战术数据链的正常运行和效率至关重要。网络规划与管理系统为每一个加入战术数据链的平台规定其唯一的网络配置参数，设置数据链网络运行参数，在战术数据链网络成员之间建立有效的数据链路，监视部队的当前位置与战场状态，控制并维护网络的正常运行。

网络规划与管理系统分 4 个阶段工作，分别为网络设计、网络规划、网络配置和网络管理。各阶段的功能要求如下。

(1) 网络设计阶段。

(a) 网络设计需求生成。

(b) 网络设计。

(c) 网络设计评估。

(d) 网络设计调整。

(e) 网络设计分发与维护。

(2) 网络规划阶段。

(a) 通信规划。

(b) 数据链网络库管理。

(c) 网络配置参数生成。

(d) 网络配置参数分发。

(3) 网络配置阶段。

(a) 从网络配置参数中提取各平台工作参数。

(b) 产生数据加载文件，对设备进行初始化。

(4) 网络管理阶段。

(a) 配置管理。

(b) 性能管理。

(c) 故障管理。

(d) 安全管理。

网络设计、规划、配置与管理的工作流程如图 8-2 所示。

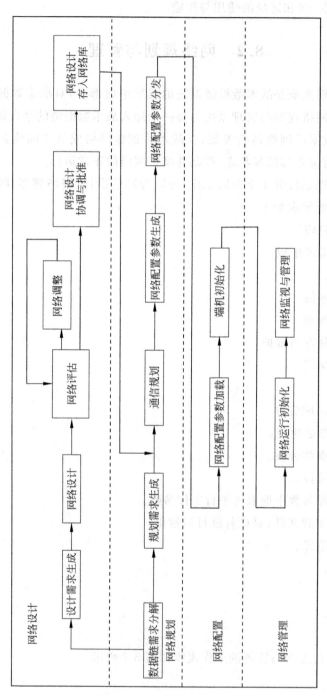

图 8-2 网络设计、规划、配置与管理的工作流程

8.3 网 络 设 计

网络设计工作站按照作战任务和训练任务的要求进行设计。网络设计要定义完成任务所需的各种信道的信息交换分配,以及在每个信道内各成员的容量分配。网络设计应根据作战指挥的要求充分利用数据链的多种通信手段,生成组网预案。

网络设计根据网络需求清单设计新的网络,需求清单应包括
(1) 网络信息。
(2) 互连互通信息交换要求。
(3) 互连互通节点信息。
(4) 成员列表。
(5) 兵力分布。

网络设计应包括如下工作。
(1) 网络设计需求生成。
(2) 根据需求进行战术数据链网络设计,生成组网预案,包括
(a) 确定互连互通节点,各互连点之间使用的信道、通信协议、频谱划分等。
(b) 确定作战区域内网络的拓扑结构、子网数量、子网间的连接关系,确定转发节点、转发路径和消息过滤规则等。
(c) 确定每个子网内的节点数量、各节点的地址、传输信道、通信频率、组网控制协议、各节点的身份(主站、备用主站或从站)、中继节点等。
(3) 根据实际需求对网络设计进行人工调整。
(4) 对网络设计进行合格性检验,检验内容包括
(a) 冲突检测。
(b) 系统通信容量需求检查。
(c) 各种信道通信能力检测。

网络设计流程图如图 8-3 所示。

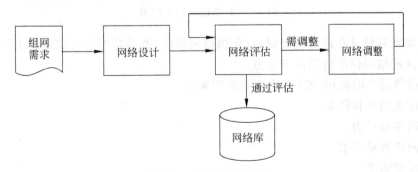

图 8-3 网络设计流程图

网络设计经过合格检验后,必须经过演习或实战验证,经作战部门批准,才能发布到数据链网络库中。

网络设计文件应包括如下内容。
(1) 信道分配表。
(2) 连通性矩阵文件。

8.4 网络规划

规划过程必须包括确定所需的信息和互通性需求,确定不同任务由哪个平台支持,提出可满足作战人员要求的数据链网络结构/接口设计,为作战单元提供必需的信息。网络规划应包括如下内容。
(1) 从网络设计库中查询、选择、匹配最合适的网络设计预案。
(2) 将网络设计中的平台与具体的参战平台关联起来。
(3) 分配和管理每个参战平台的任务和角色。
(4) 协调密钥、频率的使用。

数据链规划流程图如图 8-4 所示。

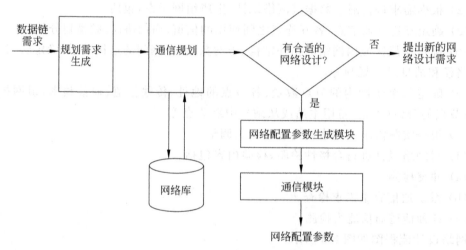

图 8-4　数据链规划流程图

网络规划管理员在进行规划时,首先浏览网络库,查看是否已有满足要求的网络可以使用。选择网络的标准包括以下 5 点。
(1) 网络设计的使用、操作、培训和维护要求。
(2) 作战地区和任务。
(3) 网络成员表。
(4) 网络容量需求。
(5) 保密需求。

如果没有可以使用的网络,就要向网络设计工作站发出新的设计网络或修改现有相似网络的请求,并提供网络设计需求信息,包括:
(1) 预计的参战平台数量与类型。

(2) 预计的兵力部署。
(3) 网络容量需求。
(4) 保密需求。
(5) 网络库中相似网络设计的不足之处。

8.4.1 规划约束

为了保证在各频段工作的设备正常工作,数据链的使用必须符合操作约束和协调约束,在满足各类约束条件下,根据数据链的作战需求设计数据链网络,使该网络能够满足作战需求的传输容量需求和节点连通性要求。典型的规划约束应包括如下6点。

(1) 视距传输约束。
(2) 组网约束。
(3) 电磁兼容约束。
(4) 可靠性、抗毁性约束。
(5) 传输时延约束。
(6) 组织关系和装备约束。

8.4.2 规划原则

网络规划原则包括以下5点。

(1) 网络容量有适当余量。
(2) 突出连通性要求。
(3) 考虑到引导交接等动态情况,网络有较强的灵活性,便于拓扑结构调整。
(4) 采取多手段、网络重迭等措施,加强网络结构的抗毁性和顽存性。
(5) 满足战术数据链的保密要求。

8.4.3 规划输入与输出

网络规划输入内容应包括

(1) 网络覆盖的地理区域。
(2) 要求的网络工作起始时间和持续时间。
(3) 参战平台数量和类型。
(4) 作战区域和预计兵力部署。
(5) 任务关系。
(6) 作战区域电磁环境:包括干扰区、干扰频段、干扰能力、干扰样式等。
(7) 可用频率资源。
(8) 保密要求。
(9) 与其他数据链的互操作需求。

网络规划输出内容包括

(1) 网络启动参数。
(2) 作战数据文件。

(3) 航迹号分配文件。

8.4.4 规划内容

1. 地址分配

接口单元地址是在接口中给各单元分配的专用编号,用于唯一标识该平台,即平台编识号。平台标识号分配应采用如下原则。

(1) 应在任务前集中分配平台编识号,统一编址。

(2) 特殊地址(如无报告值、广播地址、网络管理地址)不能作为平台编识号分配。

(3) 对于多链路单元,在不同的链路中必须分配相同的平台编识号。

2. 航迹号分配

航迹号即目标编识号,用于给接口内交换的信息和命令提供共同的参考编号,标识所有接口单元和战术信息报告。目标标识号分配应采用如下原则。

(1) 应在任务前集中分配目标编识号,统一编址。

(2) 应给能产生航迹的所有指控平台都分配一个目标编识号块。分配的块应至少比预计能产生的最大航迹数大 50%,这些航迹将同时有效。

(3) 所分配的目标编识号块中的编识号必须相邻且连续。

(4) 对于多链路单元,还必须分配转发编识号块。

3. 数据过滤器设置

数据过滤器用于阻止在数据链上传输数据或者阻止从某条数据链接收到的数据进入接口单元数据库。数据过滤应采取如下原则。

(1) 避免接口单元数据库过载(接收过滤器)。

(2) 避免数据链过载(发射过滤器与数据转发过滤器)。

(3) 避免发射缓冲器过载(发射过滤器)。

数据过滤参数的设置可通过系统加载完成,也可在任务过程中通过人机接口实现动态设置。

4. 电子战规划因素

电子战的规划过程中必须考虑以下 4 个方面。

(1) 电子战节点的指定。

(2) 电子战接口单元报告模式。

(3) 电子战数据转发模式。

(4) 电子辐射控制规划。

5. 中继需求

由于发送消息不具备从源端直接传输到目的端的条件,根据使用链路协议和消息格式情况需要采用中继。

网络中继单元按照中继方式可以分为网内中继和网间中继节点。可以在网络运行前指定,也可以在任务中根据战场态势和网络单元状态由网络管理员指定。

6. 公共参考点、线和区域

公共参考点是 2 个或多个接口单元在同一地理位置,对同一个感兴趣的目标或边界表示的点、线或区域。通常也把线和区域称为参考点。因为它们或者是用一个中心点规定,或者是用一系列相连的点规定。

采用公共参考点可消除重复并减少显示的杂波。并且在接口操作过程中,当确定了附加公共参考点时,可很容易地输入并报告。这个过程由网络规划管理员指定指控单元完成。

7. 话音协调网

为保证数据链网络有效运转,除利用数据链网络自身资源通过网管消息对网络进行动态监控外,作为辅助手段,还要建立相应的数据链话音协调网。数据链网络管理人员可通过话音协调网管理和协调多链路接口,维护网络的连通性;控制网络配置参数的变化,包括网络单元的入网和退网,使用过滤器的调整,重新构建接口,改变工作频率或链路的工作方式等。全部指挥控制节点和空中大型平台应加入该网。如果数据链网络规模很大,应该为构成超级数据链网络的部分链路建立各自的专用话音协调网,超级数据链网络管理人员可同时加入这些专用话音协调网。

可利用地面通信网、卫星通信电路或其他无线通信手段建立覆盖数据链网络主要节点的话音协调网。数据链话音协调网应尽量依托既设通信系统构建。

8.5 网络配置

网络配置是为所有数据链成员准备初始化数据、初始化终端、启动网络工作的过程。配置过程包括

(1) 准备指定的初始化数据。
(2) 为每个数据链成员生成终端初始化注入数据。
(3) 为终端注入初始化参数。
(4) 网络开通。

网络配置工作流程如图 8-5 所示。

网络初始化阶段是指在任务规划结束到数据链系统开通运行之间的阶段。在此阶段,主要完成各端机组网参数数据的初始化,由初始化数据分配设备和初始化数据注入设备完成。每个网络成员必须以一致的设置对设备进行初始化,从而建立起有效的数据链路。

初始化数据分配设备将网络规划中心生成的网络配置参数文件转化为对相关平台、网络和设备的加载数据文件,由独立于数据链的通信信道直接进行参数分发,参数生成与分发终端可与网络规划工作站一起配置,也可在相关指控平台和作战平台单独配置。它在本地或远程接收网络规划工作站生成的网络规划文件,并据此形成初始化数据文件,然后通过现有地面通信网分发到相关平台的参数注入端。初始化数据分配设备可与网络规划工作站配置在一起,也可配

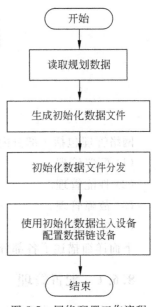

图 8-5 网络配置工作流程

置在机场或港口等作战平台集结地点,本地或远程接收网络规划工作站生成的网络配置参数文件。

初始化数据注入设备主要完成对相关平台、网络和设备的参数加载。参数加载方法有人工加载和自动加载两种方式。为实现初始化加载,视具体情况,可设计单独的或综合的参数注入设备。

8.6 网络管理

数据链网络投入运行后,为了确保网络运行的高效性和可靠性,必须监视网络的运行情况,及时发现网络故障,及时隔离故障和排除故障,网络管理提供网络拓扑视图、事件告警和动态配置网络等功能。网络管理流程如图 8-6 所示。

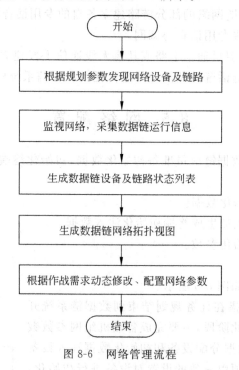

图 8-6 网络管理流程

网络管理包括 4 部分内容。
(1) 配置管理。
(2) 性能管理。
(3) 故障管理。
(4) 安全管理。

下面详细描述了各部分的主要功能。

8.6.1 配置管理

采用人工和自动化相结合的方式,实现参数的高效配置。战术数据链在使用时,可进行成员的入网、成员退网、信息转发点的设置、信息转发规则的确定与设置、地面通信网的入网方式和节点的确定等工作。

配置管理具有以下功能。

(1) 战术数据链可用资源综合管理：对各级指挥所、各级作战平台上可用通信资源的管理，例如，已注册的端机数量及种类、注销的端机数量及种类、接口的种类和数量，随可用资源的变化进行动态管理。

(2) 初始化参数注入：在数据链初始化阶段，通过网络规划与分发设备获取工作参数，利用各种通信手段将参数分发到数据链设备，并由操作人员将组网参数注入各战术数据链设备。

(3) 设备入网、退网管理：网络具有适应站点动态变化的能力，可以管理设备的入网和退网。

(4) 网络拓扑结构动态管理：能够动态管理和显示网络拓扑结构。

(5) 频率管理：为战术数据链内的短波电台、超短波电台、跳频电台和无线设备分配工作频率。如果无线设备采用跳频工作方式，则需要设计跳频点和跳频图案。

(6) 编识号管理：按照战术数据链消息标准，对网内各节点使用的源地址号、航迹号进行分配与管理。

(7) 信息过滤规则管理：对信息过滤规则进行管理，实现通用战术数据链与军兵种专用数据链间的互连互通。

(8) 信息转发路径管理：对网内不同信道数据链间的转发路径进行管理，实现通用战术数据链与军兵种专用数据链间的互连互通。

8.6.2 性能管理

性能管理用于实时检测战术数据链设备和链路的运行性能，为操作人员进行网络管理提供合理的建议。

(1) 数据链设备的工作状态监测、运行记录及报告。应能支持用户一次选择多种设备的工作状态监测，设定监测范围、周期和性能参数。

(2) 数据链信道资源的使用状态监测、运行记录及报告。

(3) 业务量统计和分析，为综合、有效地使用多种通信手段提供依据。

(4) 设备故障检测告警和统计。网管系统应能对性能参数进行分类，用户应能按有关技术标准、规定设定性能参数的门限值。对于超过性能门限值的性能参数，应产生性能告警。

(5) 性能数据应存储在数据库中，并可进行性能数据的查询。

(6) 性能统计：应能以列表、直方图、饼图、曲线等多种形式显示设备和业务的性能，并可打印输出。

8.6.3 故障管理

故障管理的内容包括故障发现和归一化处理、故障呈现、故障隔离、故障修复和故障的存储与查询。

(1) 故障发现和归一化处理：通过故障检测发现故障，对故障信息进行归一化处理，并保存在故障数据库中。网管系统定义统一的故障级别和故障显示模式。根据告警的严重程度可以将告警等级分为以下级别。

　　(a) 严重故障：急待解决的故障，否则子网或设备将无法运行。
　　(b) 重要故障：设备不能完成其主要功能，影响到部分业务的提供。
　　(c) 次要故障：设备不能完成其主要功能，但未对其他子网或设备造成影响。
　　(d) 警告：设备发生局部故障，使其性能降低，但未影响主要业务功能。
　　(e) 已清除。
　　(f) 不确定。

(2) 故障呈现：应有图形、故障列表、声音等多种呈现方式。对不同的故障级别能以不同的颜色显示。一般情况下，绿色表示正常，淡蓝色表示已清除，深蓝色表示不确定，黄色表示警告，橙色表示次要故障，粉红色表示主要故障，红色表示严重故障，灰色表示脱离管理。应支持管理人员对故障颜色的定制。

(3) 故障隔离：应提供故障诊断和综合分析功能，根据采集到的告警信息进行故障的诊断和综合，确定最终故障点或故障的原因，最后通过远程参数设置进行故障隔离。

(4) 故障修复：对可修复的故障进行人工修复；对不可修复的故障可重新分配该故障区域的参数设置。

(5) 故障的存储与查询：能够将故障设备、故障发生时间、故障修复时间、故障现象和故障可能原因保存到数据库中。此外，可以按照设备类型和故障时间进行故障的查询统计，并可以打印输出或导出到文件中。

8.6.4　安全管理

网络规划管理系统作为战术数据链的管理中枢，必须将其安全性放在非常重要的位置。网络规划管理系统应能提供完整、有效的安全管理机制，防止未授权进入系统或进行越权操作。安全管理应具备以下功能。

(1) 用户管理：为确保战术数据链网络规划管理系统安全、可靠地运行，必须加强安全管理。为避免非法用户或误操作危及系统的安全，需要对网络规划管理系统的用户进行操作权限的限制，提供灵活的用户管理、用户权限配置的手段，做到只有经过授权的用户，才能登录管理应用程序进行过授权的网络管理项目的操作。

　　(a) 应设置系统管理员，使之具有网络规划管理系统的最高权限等级，能对其他用户进行管理和任何操作。应提供系统管理员的操作密码的定期更新机制，确保系统管理员安全。

　　(b) 对于其他用户，可由系统管理员进行无级的权限授予，即以系统的全部功能、操作集为基础，根据需要对用户权限进行任意定制。

　　(c) 为便于管理人员操作，网络规划管理系统应提供权限组的定制能力，即将系统功能、操作子集定义为权限组，具有相同操作权限的用户属于同一权限组。

　　(d) 用户的口令不能被任何其他用户查看，只能被系统管理员和用户自己修改。

(2) 登录管理：主要指对用户登录系统时的管理。

(a) 登录系统时应进行用户名和口令的验证。当用户名和口令校验正确后,网络管理系统才进入操作界面。

(b) 用户在一次登录中如果连续 3 次输入错误的用户名或口令,应用程序将自动关闭。

(c) 对于每一次成功或不成功的登录,网络规划管理系统均能对用户名、登录时间、登录是否成功、登录主机地址、登录应用程序名、退出时间等进行记录,并存入安全日志。

(d) 有权用户可以对日志记录进行查询。

(e) 在日志保存期限内,日志记录不能被修改和删除。

(3) 操作管理:根据管理人员设置,网络规划管理系统应具有对每个用户的每次操作提供日志功能,对重要操作应能进行安全认证。

(a) 要求对每个用户执行的管理操作进行记录。

(b) 对于重要操作,网络规划管理系统应具备用户操作认证的能力,只有经过认证的用户,才能进行相关的操作。

(c) 每条操作记录都应包括用户名、操作时间、操作种类、操作内容等信息。

(d) 有权用户应能对操作日志库进行查询。

(e) 任何用户都不能对操作日志进行修改。

(f) 任何用户都不能对有效期内的操作日志进行删除。

(4) 数据库安全管理:网络规划管理系统的数据库存储有各类网络管理信息,必须能保证数据库安全。

(a) 应能防止非法使用者通过数据库管理系统或其他工具访问数据库或获得数据库中的数据。

(b) 应能提供数据库的备份和恢复功能。

(5) 病毒防范:网络规划系统应安装防病毒程序,以避免病毒软件从外界传播到网络管理系统并产生危害。

8.7 数据交换规程

战术数据链交换的消息类型按功能分类,一般包括
(1) 网络管理。
(2) 平台参数。
(3) 平台状况。
(4) 目标监视。
(5) 电子战(EW)/情报。
(6) 战斗协同和管理。
(7) 信息管理。
(8) 指挥控制。

8.7.1 网络管理

网络管理具有实现网络同步、定时、动态容量分配和再分配、网络控制、中继设定、中继再分配和网控站转移以及网络性能监视等功能。

8.7.2 平台参数

提供战术数据链网络中陆地、水面和空中平台的地理位置、运动状态及姿态、平台识别信息等参数。

所有单元自动定期报告平台参数信息,这种信息通常由每个单元根据各自的系统设计自动输入和修改,通常很少需要或不需要操作员操作。

平台识别信息包括

(1) 平台型号：如歼击机、轰炸机、预警机、空中指挥飞机、侦察舰、指挥舰、战斗舰艇等。

(2) 平台任务：当前的主要任务,通常要求操作员更新。

(3) 兵力：通常指控平台是一个,非指控单元可单独报告,也可由长机作一个统一的平台参数报告。

8.7.3 平台状况

平台状态主要用于提供机场、起降场状态,以及陆地、水面、空中平台和系统状态。

陆地、水面、空中平台可报告武器系统可用性、设备状态、燃料状态,指控单元可在数据链中报告机场状态,提供跑道信息、天气情况和可用的机场保障。

8.7.4 目标监视

监视包括在部队的搜寻范围内搜索、探测、识别和保持目标跟踪。采用各种传感器探测目标,包括多种雷达、敌我识别器、声呐等。目标监视操作具有传输固定点监视数据,水面、空中和陆地航迹监视数据,水下航迹监视数据,空间和弹道导弹航迹监视数据,电子战产品信息消息,紧急点消息,态势通报和目标分配,威胁警报消息,气象消息的能力。

监视操作包括
(1) 监视操作的初始化。
(2) 航迹协调。
(3) 报告责任。
(4) 航迹编号。
(5) 航迹识别。

1. 监视操作的初始化

在传输监视数据前,指控单元必须接收接口可用的所有远程航迹。要防止航迹号冲突,指控单元还要禁止报告航迹,直到完成所有远程航迹的相关,然后将收到的航迹与本地数据比较,确定共同点,监视和校正数据配准,消除冲突。

这些过程在大多数指控单元中自动进行,但通常要求操作员作一定程度的干预,完成相关后,指控单元可以常规的发射模式开始工作。

启动整个接口时,应为能报告监视航迹的所有指控单元指定发送顺序。一般而言,拥有最大航迹容量的单元先发送监视航迹,其他单元处于静默。

数据更新请求用于获取接口发送前没有频繁报告的数据。一些系统在发送前自动启动数据更新请求,但其他系统要求操作员启动。

2. 报告责任

报告责任是为了确保目标报告的准确性而在同一时间只允许一个(也只有一个)平台的数据链设备报告某个特定目标。报告责任机制在一定程度上保证了目标报告的唯一性,避免了多个不同能力的平台同时报告一个目标从而造成混乱,对于维护态势显示清晰具有重要的作用。

报告责任机制可分为两种。

(1) 基于报告责任区域。

(2) 基于航迹质量。

基于报告责任区域的报告责任机制如图 8-7 所示。

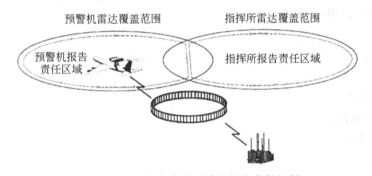

图 8-7　基于报告责任区域的报告责任机制

(1) 每个指控单元被分配一个报告责任区域,指控单元报告该区域内的所有本地航迹。航迹号从本地分配的航迹号块中分配。

(2) 指控单元接收其他指控单元发送的航迹,并形成远程航迹文件。

(3) 在报告责任区域的边缘,如果本地航迹正在退出本单元报告责任区域,本指控单元将放弃该航迹。

(4) 如果指控单元在报告责任区域边缘发现新目标,经过相关处理后确定该目标刚被其他单元放弃,则本单元使用相同的航迹报告该航迹。

基于报告责任区域的报告责任机制保证了同一目标同时仅有一个单元在链路上报告,但不能保证其具有最佳质量。如果在报告责任区域边缘交接失败,则会造成航迹号改变(新报告航迹的单元没有使用之前的航迹号)。

基于航迹质量的报告责任机制如下。

(1) 指控单元接收其他指控单元报告的航迹,并形成远程航迹文件。

(2) 指控单元自身传感器发现的目标,形成本地航迹,放在本地航迹文件内,并计算航迹质量。将本地航迹与远程航迹进行相关操作。

(3) 如果本地航迹与远程航迹不相关,则在数据链路上报告。

(4) 如果本地航迹与远程航迹相关,且本地航迹质量比远程航迹质量高出 2 级及以上(门限值可加载),则本单元使用相同的航迹号报告该航迹,否则不报告。

(5) 如果指控单元报告本地航迹一段时间后,收到以相同航迹号报告的远程航迹质量更好,则停止报告本地航迹。

基于航迹质量的报告责任机制保证了链路上报告的航迹具有最佳航迹。但是,如果相关失败,则会造成双重指定。

3. 航迹编号

航迹编号为接口内交换的信息和命令提供共同的参考编号,标识所有接口单元和战术信息报告,如在该接口上交换的航迹、方位线、坐标、点、线和区域。航迹号分配是在接口单元加入该接口之前,把航迹号块分配给可能产生上述战术信息的各接口单元的过程。当航迹源自该接口时,可从分配到的标识号块中选择航迹号分配给该航迹。

4. 航迹识别

航迹识别主要是对空中、海上、地面和空间航迹报告,并对除环境、位置、路线、速度外的一些信息进行识别,应包括

(1) 身份。

(2) 平台。

(3) 行动。

(4) 特殊类型。

(5) 国家/联盟。

(6) 特别关注。

(7) 强度。

(8) 高度。

(9) 航迹作废。

5. 威胁告警

威胁告警信息在接口上进行交换,为即将来临的敌方威胁提供直接快速的通知。这个信息应包括威胁位置、威胁环境、威胁类型、威胁形势、威胁航向、速度和高度,以及威胁针对的目标。

6. 参考点、线、区域

1) 一般点

大多数点都有特定的含义并且用于特殊的战术目的,应该尽可能避免报告没有特定意义的一般点,它对战术态势图通常没多少作用,反之,还会引起混乱,需要大量话音协调。不过,在需要报告一个参考点,而又没有合适的特殊点时,可以报告一般危险点、一般参考点、一般线或一般面,并通过话音或其他方式向所有指控单元提供这些点的特殊使用意图。

2) 报告区域与线

区域与线的报告应遵循如下要求。

(1) 主要报告走廊、缓冲区边界、搜索区、潜艇巡逻区以及其他对部队有战术意义的

区域和线。在战术战区公共图的共享得到保证后，一般线和区域对报告防御区、火力支援协同线、作战责任区等非常有用。

(2) 报告的区域可为规则区或多点区形状。规则形状有圆形、椭圆形、方形和矩形，每种图形都用纬度、经度、长轴、短轴和轴向共同描述。多点区则是由输入的一系列连接点构成的非规则区域。

(3) 可为走廊航线和所有区域分配最大高度和最小高度。

(4) 指定一个具有图形显示能力的指控单元输入并报告该接口的每条线或每个面，从而减轻了其他指控单元操作员输入分开的许多点的负担，保证共享公用图形。

(5) 出于技术原因，自动为多点的线或区域中的每个点分配不同的航迹编号用于链路传输。大多数系统只向操作员显示初始航迹编号，用于所有话音协调和其他与线或区域相关的行动。如果显示多个航迹编号，操作员必须确定哪个表示初始点。作为一个总的原则，最低的连续航迹编号是初始点。

(6) 可在多点线或区域上标注军队情况。多点线或面可以撤销。

3) 概率区域

概率区域的使用应包括如下内容。

(1) 最通常的用途是指出非实时航迹可能在的区域或敌人可能活动的区域。不需报告实时航迹的概率区域，可以用航迹质量表示。

(2) 为与非实时航迹相关的概率区域分配一个不同于此航迹的航迹编号。如果不能自动报告，应通过操作员的操作报告航迹编号组合。联合后的概率区域可服从非实时航迹或分配与此航迹相同的路线和速度。

4) 移动点、从属点

可以为一个点、线或区域独立指定一个航向和速度，或者将其从属于另一个移动的点或航迹，使一个点、线或区域在显示器上移动。

独立移动点以指定的航向和速度移动，与其他链路航迹和点无关。从属点自动保持与相对点或航迹的特定方向，随着它移动。这种能力特别适用于使部队中的工作站（如空中作战巡逻站）在适当时候随编队中心、部署中心一起移动。

5) 点时间

可以为点报告各种时间。对运动中的点总是报告其当前的位置，与时间无关。下列时间与所报告的点相关联。

(1) 激活时刻：某个点对作战使用开始生效的时刻。

(2) 去激活时刻：某个点失去作战效能的时刻。

(3) 到达时刻：指定的友军计划到达某点的时间。

(4) 离开时刻：指定的友军计划离开某点的时间。

(5) 建立点时刻：得到点位置报告的时间。

6) 紧急点

紧急点用于标志可能进行或正在进行的搜索与救援（SAR）工作的位置，包括

(1) 下降的飞机。

(2) 人员落水。

(3) 水上迫降。

(4) 跳伞。

(5) 遇险舰艇。

(6) 一般紧急情况。

7) 终止点

终止点包括

(1) 撤销：如果产生点的指控单元或报告责任单元确定一个点已经完成其使命且不再需要，则由操作员撤销该点。如果出现下列情况之一，接口单元不能仅根据收到的点"撤销航迹报告"就撤销该点。

(a) 该点已经配对或用于正在控制的航迹。

(b) 该点是本单元正在配对或使用的航迹编号之一。

(c) 操作员认为该点在战术上很重要。

(2) 清除：只是由操作员从指控单元的显示屏和数据库中清除点，除非该点已经撤销。

7. 演习航迹与模拟航迹

演习航迹主要用于

(1) 预先安排的对抗演习。在演习中，对抗部队包括友军飞机、地面部队或者是为了在演习中提供对抗而预先安排的舰船或潜艇。演习参与者知道全部预先安排的态势并确信航迹是预先安排的对抗。

(2) 临时目标。航迹不作为友军或预先安排的对抗部队演习的一部分，它由操作员决定报告为演习航迹，其目的是为了对航迹、冲突解决或模拟交战进行现场训练。

模拟航迹主要用于

(1) 在没有真实存在对抗部队的情况下实现完全真实的战斗训练场景。

(2) 模拟友方航迹，从而提供一个完整的联合部队情形。

真实存在的航迹、点、电子战数据均可被模拟。在模拟航迹的交换过程中必须注意如下内容。

(1) 模拟航迹不应与真实航迹相关联。

(2) 模拟航迹可被模拟过滤器过滤，无论"强制告知"为任何取值。

(3) 数据交换操作员必须确定所有单元都能辨别模拟航迹。

模拟航迹不应变换成真实航迹，真实航迹也不应变换成模拟航迹。如果由于操作员误操作或其他原因必须变换，则必须丢弃初始的真实或模拟航迹，并且发起一个新的航迹。

8.7.5 电子战/情报

战术数据链具有传输电子战控制/协同消息、参数信息消息和由情报收集技术获得的信息功能。

1. 电子战

电子战节点具有自动采集和分析所有类似的电子战支援数据，产生电子战产品的特殊能力。电子战产品通常是对部队具有战术意义的概率区域、位置或无源航迹。电子战产品通常由自动系统分析得出，必须由合格的电子战操作员在分发前通过评估确认。电子战数据分为参数信息和产品信息。

电子战操作控制提供了一种由选定的指控单元请求评估、控制电子战搜索、命令部队评估、相关多个报告的拦截等的方法。

2. 情报报告

接口具有交换与接口中报告的航迹有关的情报信息的能力。情报信息可由具有特殊情报收集能力的信息源发出，也就是说，情报可以是通过正常数据链（如雷达、声呐和电子战支援设备）以外获得的信息。向接口提供信息的情报源的特性和能力可能会有较大差别。

8.7.6 信息管理

1. 航迹号冲突

当同一条航迹或点用多个航迹编号报告时出现航迹号冲突，通常是没有正确相关航迹造成的。进入或再次进入接口的指控单元应确保在开始航迹报告前已完成所有相关。

一些系统自动识别航迹号冲突，操作员也可通过观察 2 条或多条具有相似航迹数据的航迹来识别。航迹号冲突是导致航迹协调错误的最常见的原因。虽然理解消除接口中航迹号冲突的解决过程非常必要，但必须首先纠正其产生根源。航迹协调员要解决航迹号冲突并且找出其根本原因，如果纠正措施超越了其权力范围，他应向接口控制官建议纠正措施。

2. 航迹号重复

若两个或多个接口单元对两个或多个不同的航迹赋予相同的航迹号，就称为航迹号重复。航迹号重复与航迹号冲突正好相反。这种情形可能由下列情况之一引起。

（1）两个或多个节点跟踪两个目标时，执行相同的合并及随后的分离操作，出现操作上的问题。

（2）链路质量太差，导致某个单元无法正常接收数据，不知道一个特定航迹编号正在使用。

（3）错误地相关（自动或人工），无法解相关。

（4）在给本方接口单元分配的航迹号块之外分配航迹号。

（5）由于过滤器阻止了部分接收数据。

（6）由于疏忽，授权多个接口单元使用同一个航迹编号块。

航迹号重复可采用自动或人工方式解决。

3. 环境冲突

跟踪环境定义了跟踪的操作环境，包括空中、海上、水下和地面，Link 16 也可以报告未知环境的航迹。报告责任单元可以改变环境，但仅用于跟踪。环境冲突出现在拥有公共航迹的平台之间，当 2 个或多个单元对同一航迹号使用不同的环境，就出现环境冲突。这种冲突可能因错误的传感器数据系统限制或操作员错误而产生。

4. 身份差异解决

航迹身份是最关键的信息，所有的战术行动都取决于正确地标识航迹。因此必须消除身份标识上的错误，尽可能快地消除身份标识上的差异。

在身份发生冲突的情况下，差异必须呈现给操作员用于评价，为了最后解决身份冲突，还可能要求进行语音协调。

5. 航迹告警

航迹告警指示符用于指示航迹的特殊重要性，并且确保所有的指控单元都了解那个航迹，迫使该航迹通过所有过滤器。确保所有指控接口单元知道该航迹的出现十分重要。

6. 威胁告警

威胁告警信息为即将来临的敌方威胁提供直接快速的通告，包括威胁位置、威胁环境、威胁类型、威胁形势、威胁航向、速度和高度，以及威胁针对的目标。

8.7.7 指挥控制

指挥控制就是为完成分配的任务对武器系统和支援平台近实时的指挥、引导和控制。

指挥控制消息包括对飞机任务分配消息、指挥引导消息、指控关系变更消息、对舰艇任务分配消息、对海指挥引导消息、水面战术要点消息等。

8.7.8 战斗协同和管理

战斗协同和管理功能传输与作战任务有关的立即任务分配/紧急请求、友方部队状态、部队合成、任务降级、任务结果、己方部队前线/战斗区域前沿/火力支援协调线，用于完成武器部署，提供引导控制单元对武器系统的控制能力，预防在战术作战中相互干扰等功能。

8.8 多链转发

多链消息转发是指将某一条数据链路接收到的消息或消息序列经过格式转换，再发送到另一条数据中。多链消息转发必须符合如下消息转换要求。

（1）在数据链网络中，保证同一时间消息只通过一个多链转发单元向一条数据链转发，不能形成消息环路，即防止消息被不断转发。

（2）网络规划时需要考虑多链转发单元的容量需求，给多链转发单元分配足够的容量，以便保证处理所有需要转接的信息。

（3）多链转发单元需要统一处理本地产生的消息和转发的消息。

（4）多链转发单元还须处理不同数据链之间存在的差异。如在 A 链中需要在一定时间间隔内发送 N 次的消息，在 B 链中可能只须发送一次，那么转接单元需识别和丢弃来自 A 链的重传消息，只在 B 链中相应发送一次。反之，转接单元将识别什么时间重复发送先前收到的来自 B 链的消息。

（5）多链转发单元可设置转发过滤器过滤转发的消息；多链转发单元必须有能力根据演习标识过滤数据；强制告知标识=1 的航迹不能被过滤；操作员设置的过滤器不能对

指控消息、作战协同、信息管理消息进行过滤。

（6）如果发生下列情况之一，多链转发单元必须禁止转发数据。

（a）从非激活单元收到的消息，或寻址非激活单元的消息不能被转发，除非转为激活状态。

（b）数据过滤规则禁止转发的数据不能被转发。

（c）非法的消息不能被转发。

（d）对于周期更新的消息而言，如果在一条消息被转发之前又收到新的消息，则旧的消息被覆盖，仅转发最新的消息。

（e）模拟标识＝1的模拟航迹不能被转发。

（7）多链转发单元需将寻址消息转发到与该地址对应的数据链，建立不同地址的映射：对于寻址消息，多链转发单元转发至被寻址单元所在链路；对于非寻址消息及广播地址消息，多链转发单元在所有链路上转发（除消息源链路）；如果寻址消息需要应答，多链转发单元将给消息源发送"应答"或"不能执行"；应答不被转发。

（8）多链转发单元应将实时航迹的位置数据外推至发送时刻，或者修改实时航迹消息中的"相对时"。

（9）多链转发单元需进行航迹管理，如目标标识号统一处理，相对坐标变换等。

第 9 章 战术数据链系统作战使用培训

9.1 引 言

数据链是为适应现代战争需要和信息技术的发展而产生的一种在传感器平台、指挥平台和武器平台之间进行数据传输与交换的标准化战术信息系统,它将传感器系统、指控系统和武器平台组成一个无缝的网络,最大限度地实现了信息资源共享,提高了部队的快速反应能力和协同作战能力。数据链系统的应用不仅为战场信息共享提供一种全新的信息传输与处理手段,为网络化作战和体系对抗能力的形成提供物质保证,同时也必将推进作战样式和指挥流程的变革。数据链系统作战效能的发挥涉及信息传输、战场信息处理、网络的管理维护等作战应用和装备使用维护的方方面面,系统的规划、设计与作战方式密切相关。因此,数据链系统的应用培训不同于传统意义上单一装备的使用教学,需要在战役、战术系统层面上对各级参战人员进行相应的培训,使得数据链系统中的各个分系统、各类人员准确、高效地融入作战/训练过程中,才能真正发挥其在信息化战争中作战平台间"黏合剂"和武器效能"倍增器"的作用。

美军对数据链系统的研究和应用已经超过 40 年,基于数据链平台的作战理念已经渗透到部队训练、演习、作战的各个方面,逐步形成一套比较完整的使用培训体系,并且成为部队任职教育的一个重要组成部分。在此培训体系中,美军除了建立三军通用联合培训机构(如 JMTS、联合多战术数据链学校),还在各军兵种建立相应的专业培训机构。培训内容涵盖数据链操作使用的各个领域,包括指挥控制、战场信息处理、系统规划设计、系统管理维护等共性的基础知识,以及各军兵种、各类作战平台特有的装备操作、使用和维护知识。在课程体系建设方面,根据各类岗位任职的知识结构和相应技能的需求制定了完善的课程体系,除基础知识等通用的课程模块外,还开设了针对专用平台、专用装备的课程模块。训练大纲和相应的训练操作规程也制定得相当全面、细致,涵盖日常的在岗训练、战术演练和联合演习。

9.2 美军数据链培训体系简介

美军对所有参加涉及数据链操作使用的部队人员制定了标准化的通用培训大纲,规定基础课程的教学内容,主要内容包括数据链概论、链路操作准备、设备配置、系统初始化程序、端机设置、数据链装备操作和故障检修。军种特有的培训模块为学员提供有针对性的教学,其重点是军兵种数据链系统及装备的操作和使用技能。在培训的最后阶段,对学员进行联合培训(多军兵种、多系统),使学员在实践中学习,进一步提高应用技能。

在美军的培训体系中,通常将培训对象分为 4 类:操作员、维护员、管理员和指挥员。操作员主要指装备的操作人员,通常由士官或特定武器平台的作战人员担任。由于此类人员在系统应用中处于末端操作的位置,且与具体武器装备有很强的绑定关系,其培训的重点偏重于操作使用技能层面。美军对操作员的训练要求主要涵盖数据链的基础知识、系统功能的使用、终端操作和常见故障检测,通常分4个阶段实施:初始阶段、第一阶段、第二阶段和第三阶段。在初始阶段,对整个数据链系统进行整体介绍,包括系统基本工作原理、系统组成、功能/性能等基础知识,其目的是让操作员对数据链系统的基本功能、系统组成、整体战术性能指标等宏观性的内容进行了解。在第一阶段的培训过程中,培训的内容偏重于数据链技术层面的知识,主要包括诸如信号波形、资源分配、组网消息以及相关的操作方法;在第二阶段的培训过程中,培训的内容偏重于数据链操作使用方面的知识,主要包括诸如OPTASK LINK、监视、电子战、武器协同与控制等功能介绍与操作使用方法;在第三阶段的培训过程中,培训内容偏重于数据链运行管理和系统维护,包括运行过程中的异常处理和常见故障诊断。

维护员主要负责装备的维护,通常由特定的专业技术人员担任,岗位职责有很强的专业技术性,其培训通常由装备提供商实施,目前更多地采用装备提供商与院校联合办学的方式实施。

管理员和指挥员则根据部队建制或任务指定。例如,美国空军在飞行中队中指派特定的飞行员担任中队管理员,在联队中指定联队管理员。中队管理员负责协调指定人员的继续教育和日常在岗的业务培训,联队管理员主要协调中队管理员的工作,并执行公共的数据链相关任务。管理员不仅要负责本级数据链装备的运行管理,还要负责组织数据链运用的培训,在安排日常训练任务时,要尽可能地将操作训练与作战训练计划融为一体。美军各级数据链管理员是数据链系统部署、使用、训练的骨干力量,要参与到系统的规划、设计、操作使用和运行维护的全过程。管理员不仅需要对系统的操作使用比较熟练,还要能够结合战役战术想定对系统进行规划、协调和部署。因此,管理员的培训内容更加系统,更加关注网络规划、设计和管理方面的内容。美国空军为确保管理员培训内容的深度和培训效果,规定管理员的培训需要在专门的培训机构进行,且必须参加佐治亚州麦克弗森堡部队司令部(FORSCOM)的培训班进行正式培训。就Link 16而言,管理员培训的内容主要包括8个部分:Link 16基础理论、网络设计、通信规划、系统初始化、运行、与战术运用相关的高级培训,以及在最后阶段参加Link 16的实装演练。管理员在数据链系统应用中起着关键的管理、组织、协调作用。因此,美军为保持一只专业素质全面的管理员队伍,要求对管理员必须进行系统性的正规课堂培训。

数据链网络规划设计是保障数据链系统正常运行和效能发挥的关键环节,涉及的人员包括相关岗位的指挥控制军官(如联合部队指挥官、区域防空指挥官)、接口控制官和各数据链(如Link 11、Link 16)的管理人员。对于数据链规划设计人员,不仅要全面掌握数据链的基本原理、系统组成、操作规程等基础知识,而且要掌握数据链系统性能分析的计算方法、网络规划、设计方法和规划设计工具的使用。因此,美军规定网络规划设计人员必须参加网络管理员所有课程的培训,还必须参加网络设计与系统管理课程和接口控制官课程的学习。各个数据链的规划设计人员除了要掌握数据链的一般原理、系统组成、多数据链操作规程和规划设计方法外,必须深刻理解所规划设计的数据链系统的工作原理及战术、技术性能,熟练掌握专用的规划设计工具和规划设计方法。

对作战指挥人员的培训通常视其工作岗位灵活设置教学内容,各军兵种对不同岗位的作战指挥人员的培训要求也有较大的差异。如美国海军舰队,对于一般作战人员的训练,要求参加"数据链基础知识""航迹协调员课程"和"多数据链互操作性课程"三门课程的正规培训,其他培训主要是在岗培训;对数据链运用相关的高级军官,则要参加"多数据链互操作性课程"和"接口控制官课程"的正规培训。

美军根据参训人员专业技能的不同发展阶段和在不同阶段上的培训重点,在培训教学的组织中主要使用如下 4 种方法。

1. 基于课堂教学的正规培训

基于课堂教学的正规培训是美军整个培训体系中的基础环节,其主要目的是保证受训人员知识技能体系的完整性。为了保证该种培训方式能够达到相应的培训效果,美军编制了一套针对性很强的教学大纲,包括模块化的专业课程和考核方法。同时,在总部级、军兵种级都设立了专业的培训机构,并保持一只相对稳定的专业教员和管理人员队伍。

2. 计算机辅助训练

为了增加正规课堂教学的灵活性,同时减少对专业教员的需求,美军开发了多种用于辅助教学和训练的计算机软件系统,配发给相应的培训机构。在学员参加培训的初期,此种训练方式是非常有效的,它一方面能够帮助学员根据自己的接受能力控制学习的进度,从整体上提高培训效果,另外也可以大大减少对专业教员和实际装备的需求数量。

3. 日常在岗训练

在岗训练是在实际的工作环境中进行的训练和培训,类似于我军的现行的分业训练,其目的是使受训人员在实际装备上实践学习,并逐步获得岗位操作的专业资质。因此,岗位训练着重于个人或者组织的熟练程度。日常在岗训练的意义不仅局限于受训人员个人专业技能的提高,它更使受训人员与指挥管理机构中的其他人员有机地融合起来,这种训练效果是前述两种培训方式不具备的。

4. 基于目标任务的战术操作演练

基于目标任务的战术操作演练是一种实践性训练,在特定目标任务环境下,受训人员应通过数据链系统实施上级具体的战役战术企图。此种训练方式是操作人员结合武器装备形成作战能力的关键环节,可以根据目标任务设定数据链系统的训练目标。简单地说,就是"为战而练,据练而战"这一训练理念在数据链应用培训中的具体体现。

数据链系统的应用是与具体的作战任务和作战形式紧密相关的,在战役战术编成结构中,处于不同指挥位置的操作人员有不同的任务和职责,而这些具体岗位职责对相应操作人员的知识结构和具体技能要求有显著的差异。因此,具体岗位人员的培训内容应根据其承担的具体职责确定。

美军作战通常是以联合特遣部队的形式进行部队派遣,在这样的部队编成结构下,通常涉及多数据链操作。美军联合特遣部队中数据链的管理机构如图 9-1 所示。

美军联合特遣部队中数据链相关人员岗位及主要职责见表 9-1(详细内容可参阅美军《多战术数据链操作规程》)。

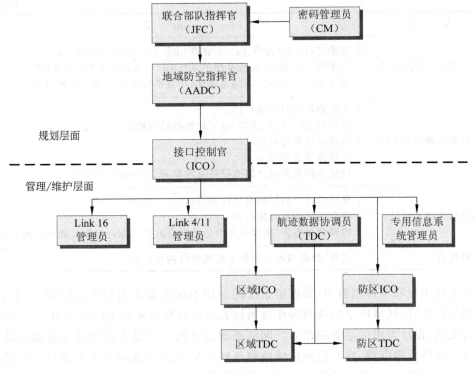

图 9-1 美军联合特遣部队中数据链的管理结构

表 9-1 美军联合特遣部队中数据链相关人员岗位及主要职责

人员	职责
联合部队指挥官(JFC)	对数据链网络总体负责; 任命空域管制机构(ACA)和战区密码主管人员; 对接口操作进行授权
密码管理员	为联合部队指挥员协调数据链密码需求; 与数据链管理员一起管理数据链密码参数及日常的密码模块和密钥的更换
区域防空指挥官(AADC)	通过制定、协调和分发满足联合接口信息交换需求的通信计划,将 C2 系统、防空反导武器系统、情报系统、传感器和飞机链接起来; 监管接口操作
接口控制官(ICO)	接口规划; 协调各国、各军兵种参与网络的接口; 指导接口修改; 为区域防空指挥员制定 OPTASK LINK
Link 16 管理员	协助准备 OPTASK LINK 中的 Link 16 部分内容; 监督 Link 16 初始化、转发和运行; 确保不违反民用电磁兼容限制; 评估 Link 16 效能

续表

人员	职责
Link 4/Link 11 管理员	协助准备 OPTASK LINK 中的 Link 4/Link 11 部分内容； 指定网络控制站、栅格基准单元(GRU)、数据链基准点(DLRP)； 确保 Link 4/Link 11 的连通性；指导系统变更及相关补救措施
航迹数据协调员(TDC)	实时协调接口战术视图； 协调点、线、区、过滤器、电子战数据转发模式； 监督解决航迹异常； 发送改变数据命令； 指定不同数据链之间的栅格基准单元，指导必要的变更
专用信息系统管理员	充当话音产品网的网络控制员； 协调通信情报收集行动； 协调情报报告，确保从多个信息源获取的数据经过相关处理后再上报
军兵种代表	实施、协调和本兵种相关的数据链网络需求

由上述岗位职责可以看出，数据链系统的运用不仅需要装备操作、使用和维护人员，联合部队指挥官、区域防空指挥官等作战指挥人员对数据链系统也同样担负重要的职责，是网络规划、设计需求的主要提出者。网络规划设计的一个重要任务就是根据作战使用需求分配网络传输资源，在有限的传输资源条件下最大限度地满足各类战场信息传输的需要。网络规划、设计需求的提出者必须了解数据链系统的运行机理和关键的功能、性能指标，保证最大程度地发挥数据链系统的作战效能。

接口控制官负责整个区域多数据链系统配置、管理和运行保障，将军事需求转化为具体的数据链系统配置参数，协调区域内多军兵种、多种数据链系统的运行维护。接口控制官应该是一个掌握战役/战术层次军事基础知识的数据链专家，不仅要掌握战役/战术层次联合作战基础知识，而且要全面了解数据链系统的基本原理、体系结构和各种数据链系统的工作原理及功能、性能指标，能够熟练运用数据链网络规划设计工具和网络管理工具完成数据链网络的规划、设计和运行管理。

Link 16、Link 11、Link 4 等具体数据链系统的管理员主要负责各数据链的操作使用和运行管理，包括网络规划设计中各数据链运行参数的确定，是数据链系统正常运行的重要保障人员。要求各数据链的管理员除具有数据链的基础知识外，必须系统深入地掌握特定数据链的技术特点和操作使用技能。

航迹数据协调员主要负责管理战场信息的交互和信息的处理，确保形成统一的战场态势。要求航迹数据协调员不仅要了解数据链系统的一般原理，掌握数据链消息格式的基础知识和消息处理规则，而且要了解雷达、电子战装备等各类传感器的原理、功能、性能及组织运用方法，熟练掌握数据融合的基础知识、战场信息处理的基本原理和相关的操作规程。

专用信息系统管理员主要负责各种情报(特别是电子战情报)的搜集和处理，管理和控制用于电子战情报搜集的话音产品网。数据链是战场电子战情报从传感器到指挥/武器平台的主要传输手段，专用信息系统管理员在了解数据链系统一般原理的基础上，必须深刻理解数据链消息格式和相关的消息处理规则,熟练掌握数据链消息处理的相关操作规程,确保来自各种传感器平台的消息经过融合处理后统一上报。

军兵种代表在联合多数据链规划管理和运行维护过程中,主要负责实施、协调和本兵种相关的数据链网络需求。要求相关人员不仅要了解本军/兵种的作战需求,而且要了解各种数据链系统的基本原理和相关的操作规程。

9.3 美军数据链接口训练规程

9.3.1 引言

数据链系统的岗位培训是数据链操作使用培训的重要环节。为了构建逼真的战术场景,适应岗位战术训练的需要,数据链系统专门设计了演习航迹和模拟航迹产生两种功能,用于支持战术单元的作战培训。本节介绍这些功能及其使用规程。

9.3.2 演习航迹

演习航迹定义为:"一条友方航迹,出于演习目的而扮演非友方的航迹"。在 Link 16 中,可以报告各种目标类型和电子战数据的演习航迹,而 Link 11/11B 只支持报告空中和水面的"演习敌方"(FAKER)和"演习可疑方"(JOKER)两种演习航迹类型。在 Link 16 上始发的演习航迹,如果不是"演习敌方"和"演习可疑方",转接到 Link 11/11B 时都作为"友方"(FRIEND)航迹。对于演习 ID,只有简短字 FAKER 或 JOKER,其他的演习 ID 都被当作"演习中立方(NERTRAL)""演习未知方(UNKNOWN)""演习假设友方(ASSUMED FRIEND)"或者"演习友方(FRIEND)"。接口上不应始发"演习未决(PENDING)"航迹。

由于 Link 16 和 Link 11 之间的差异,使用 FAKER 和 JOKER 之外的其他演习航迹时必须仔细规划,并通过航迹协调员协调,以避免在多链接口中出现混乱和错误标识。特别是水下演习航迹,除非能够确保在作为 FRIEND 航迹转接到 Link 11/11B 上时不会被错误标识为友方部队的潜艇,否则不应在 Link 16 上报告。

演习陆地点/航迹只能在 Link 16 上报告。"演习 FRIEND"和"演习 HOSTILE"导弹交战区(MEZ)可以在 Link 16 上报告,其他演习基准点不能在 Link 16 上报告。演习导弹交战区纯粹是为演习目的而报告的,相关的接口单元、航迹或点可能并不真正与导弹交战区内的目标交战,因此并不需要像实弹演习那样在演习开始前清理导弹交战区。

1. 初始演习航迹

演习航迹典型地用于以下两种情形。

(1) 预先规划的演习敌方。敌方部队由事先规划作为演习中敌方部队的友方飞机、地面部队、舰船或潜艇组成。对这些航迹的身份可以初始确定并且由演习参与者报告,这些演习参与者知道总的预先规划想定,并且确认该航迹就是演习中的敌方。在某些情况下,友方部队中"可信赖的代表"可能知道预期的航迹轮廓,且被指派监测该航迹,并且在某些情况下与规划的敌对方之间保持通信(这些代表被作为"演习安全方"或"演习控制员")。如果具备一定的链路能力,他们可以始发演习航迹,或者建议合适的战术数据系统(TDS)操作员始发演习航迹。

(2) 临时目标。那些既不是友方部队,也不是预先规划的敌方部队的航迹(也就是周围的其他目标),操作员为了进行跟踪、解决航迹冲突或模拟交战等现场训练目的,而决定将其报告为演习航迹,通常是 FAKER 或 JOKER。

演习 ID 的指定自动将这些航迹识别为"已确认的友方",不需要将该航迹在报告为演习 ID 之前而被专门报告为 FRIEND。为了最大程度地保证训练的真实性,应该避免将 ASSUMED FRIEND、UNKNOWN 或 SUSPECT 转换为"演习可疑方"(JOKER)或"演习敌方"(FAKER)。指定为演习 ID 的航迹必须是操作员能够确定是友方的航迹,否则不能将其指定为演习 ID。

2. 假想的演习航迹数据

(1) 为了最大程度地保证演习的真实性,允许在监视报告或情报报告中为某一演习航迹报告人工设置的身份数据。除了 ID,只允许人工设置以下数据。

(a) 平台。

(b) 行动。

(c) 具体类型。

(d) 国籍/同盟。

(e) 特别关注状态。

(f) 兵力/袭击规模。

(2) 操作员接收到航迹报告时,如果航迹的"状态"为演习状态,应该将上述数据看作是人为设置的,并且只用于演习目的。所有其他的数据都应看作是真实的数据。

(3) 不应报告人为设置的 IFF/SIF 代码。

3. 演习友方(只用于 Link 16)

(1) Link 16 还允许在自身报告的 PPLI 报告或航迹报告中将某一友方单元报告为"演习 FRIEND",意味着该友方单元正在参与演习。关于这些友方单元的某些状态数据,也可以人为设置,并且接收 JU 必须将其视为人为设置的数据。这些状态数据包括

(a) 水面/地面导弹类型和清单。

(b) 飞机武器类型和清单。

(c) 飞机射击能力。

(2) 因为"演习 FRIEND"只作为 FRIEND 被转接到 Link 11/11B,所以 Link 11/11B 单元并不知道上述状态信息可能是人为设置的数据。因此,参与演习的友方单元的任意状态信息都应被认为是人为设置的信息。若在辅助交战决策时需要这些状态信息,可能要通过话音协调确定其真实的状态。

4. 演习电子战数据(只用于 Link 16)

如果可以确定电子战截获是来自友方部队电子装置为了模拟辐射源(通常是威胁辐射源)而产生的辐射,则可以将此电子战截获作为带有演习 ID 的电子战产品在 Link 16 监视 NPG 中报告。例如,辐射源报告的辐射源可能是出于演习目的,由特定的电子战训练单元模拟的辐射源。接收单元应该清楚,该航迹号对应的电子战数据为模拟数据,只用

于演习目的。

演习电子战参数数据不能在 Link 16 的 EW NPG 中报告。在监视 NPG 中报告的演习 EW 产品作为"非威胁"(NONTHREAT)类型转接到 Link 11/11B。当 Link 11/11B 单元收到该信息时,电子战产品信息有可能表现为具有一定威胁的辐射源,从而导致冲突和混乱。必须通过规划和/或话音协调,确保报告的演习电子战辐射源被严格控制,并且所有接口参与者都清楚。

5. 演习状态指令(只用于 Link 16)

指挥控制单元能够控制停止演习航迹报告。这一能力使航迹协调员能够在探测到真实的敌方目标时清除演习的模拟数据,将接口回复到完全作战状态,在演习结束时也要进行该操作。所有演习状态指令都应该由航迹协调员发出。如果航迹协调员不是位于指挥控制单元,他也可以指示合适的指挥控制单元发送该指令。但其他接口单元必须清楚,如果条件允许,这种使用方式最好通过话音实现。

一旦收到演习状态指令,系统就自动采取以下行动。

(1) 通知操作员。

(2) 将全部演习航迹回复到不带有演习标记的"友方"标示。

(3) 将前面段落罗列的所有可能的人工设置数据都变更为无陈述、默认值或真实值。如果没有本地操作员的操作,并且没有收到远端非演习航迹报告,这些数据是保持不变的。

(4) (只用于 C2 JU)通过报告"中断交战"中断所有与演习航迹的交战。

(5) (只用于 C2 JU)命令对其所有已经命令进行的、包含之前演习航迹的,且其最后报告的状态为"交战/开火"的所有交战"暂停火力"(Hold Fire);命令对其已经命令进行的、包含之前演习航迹的所有其他交战"停止任务"。

由于 Link 11 没有"演习状态指令",在多链接口中,如果在预先计划结束演习之前发送演习状态指令,则航迹协调员必须在发送 Link 16 演习状态指令的同时使用话音向所有 Link 11 单元命令"停止演习航迹报告"。对于接口航迹报告,话音结束演习指令与演习状态指令具有同样的效果。对于 FAKER 和 JOKER,承担报告责任或者正在报告交战状态的 Link 11 单元的操作员必须人工采取上述动作。对于不承担报告职责的演习航迹,Link 11 单元最终将收到其非演习报告。然而,由于大多数系统不接受"其他信息无陈述",Link 11 单元的操作员需要将可能的人为设置数据回复到"对之前远端演习航迹无陈述"。

6. 演习标识冲突的解决方法

两种演习标识之间差异的解决方式与真实标识之间差异的解决方式相同,但演习标识与真实标识之间的差异是由于设置演习航迹而带来的标识冲突问题,必须由操作员通过人工干预方式解决。也就是说,不管一个航迹的标识是什么,一个关键的问题就是该航迹是否是某一友方航迹出于演习目的而充当友方之外的其他航迹,如果出现这种判断上的差异,必须由操作员手工解决。正常情况下,一条航迹报告不带演习标识,然后辨识出该航迹,并将其报告为演习航迹。当预料是演习航迹时,操作员应该迅速接受初始的演习标识,除非操作员可以肯定该航迹不是友方航迹,或者是友方航迹、但不是预期的演习参与者。

7. 演习航迹紧急状况指示符

操作员只有在要报告出现某一真实的紧急状况时,才在带有演习状态的航迹上设置紧急状况指示符,当出于训练目的需要报告某一平台处于某种紧急状况时,必须使用话音。另一方面,可以为训练目的专门设立演习紧急点。

8. 演习航迹强制通告指示符

操作员可以在带有演习状态的航迹上设置强制通告指示符。系统对强制通告指示符的处理与对真实航迹的强制通告指示符的处理一样。

9. 演习航迹特殊处理指示符

不应在带有演习状态的航迹上设置 SPI(特殊处理指示器)。

10. 演习威胁告警报告

带有演习状态的航迹的威胁告警报告只用于演习目的。当发送威胁告警报告来报告关于某一带有演习状态的航迹的威胁信息时,接收接口单元应将所有与该报告的航迹号对应的威胁数据理解为人为设置的数据,并且只用于演习目的。

11. 演习参考点/线/区域

操作员可以在接口上始发带有演习状态的盟军(ALLIED)或敌方导弹交战区(HOSTILE MEZ)消息。应认为演习导弹交战区的定义是人为设置的数据,并且只用于演习目的,其他参考点/线/区域报告都不能带有演习状态。如果之前已经建立了演习指示符取值为"非演习"的"盟军"或"敌方导弹交战区",则操作员不能将演习指示符变更为"演习"。

12. 演习紧急点

操作员可以在接口上始发带有演习状态的紧急点报告。所有与演习紧急点相关联的数据都被认为是人为设置的数据,并且只用于演习目的。如果之前已经建立了演习指示符取值为"非演习"的紧急点,则操作员不能将演习指示符变更为"演习"。

9.3.3 模拟航迹

接口支持模拟航迹的全面交换。这一能力可以在没有实际敌方部队的情况下,全面实现真实的作战训练想定。另外,为了提供全面的联合部队想定,也可以模拟产生 FRIEND 航迹,同时报告模拟航迹和真实的航迹。

1. 系统模拟能力

除了基于操作员的输入而始发模拟的太空、空中、水面和水下航迹外,接口还支持以下模拟数据的交换。

(1)可以模拟产生参考点、线和区域。然而,由于这些点一般是虚构的点,因此必须小心,确保能够明确区分打算使用的实际点和模拟产生的点。

(2)可以模拟产生陆地点和航迹。

(3)可以模拟产生电子战(EW)产品数据。一个模拟的电子战产品报告意味着该产品以及所有相关联的电子战数据都是模拟产生的,并不是基于真实的截获。尽管所有电子战数据都可以在 Link 11/11B 上模拟产生,但不能模拟在 EW NPG 中发送的电子战参数报告。

(4) 模拟航迹可以通过上行链路发送到受控飞机,而模拟的目标可以由受控飞机通过 Link 16 的控制通道下行传送。但模拟的航迹/目标不能在 Link 4A 上报告。

(5) 也可以模拟产生接口单元。当实际只有少数接口单元参与训练,同时需要模拟完整的联合部队环境时,报告模拟接口单元的功能是非常有用的。某些想定产生器可以在规定的想定中包括模拟的接口单元,同时包括由该模拟接口单元报告的航迹、点和其他数据。这可以最大限度地保证训练的真实性以及真实的、具有挑战性的考核环境。

2. 模拟过程

可以同时报告模拟的和真实的数据。真实的航迹、点、电子战产品数据和接口单元的所有规程与能力同样适用于模拟的航迹、点、电子战产品数据和接口单元,但下述情况除外。

(1) 在显示中应该明显区分模拟数据与真实数据。

(2) 模拟航迹不应与真实航迹做相关。

(3) 模拟数据可以与真实数据配对或关联,并且模拟航迹可以与真实航迹交战。

(4) 航迹告警并不强迫模拟数据通过模拟过滤器。

3. 模拟过程的约束规则

模拟航迹、点和电子战数据("模拟航迹")的能力与模拟接口单元("模拟 IU")的能力在技术上是不同的。所有 Link 16 单元都能够识别出模拟的航迹和模拟的接口单元,但有些 Link 11 单元却不能识别出模拟的航迹和/或模拟的接口单元,它们被称为"模拟航迹受限的"和"模拟接口单元受限的"Link 11 单元。这些 Link 11 单元将认为模拟的航迹或模拟的接口单元是真实的航迹或接口单元,这在实际应用中是不希望出现的。

只要接口中有 Link 11 单元,航迹协调员就必须确定它们是否是模拟航迹受限或模拟接口单元受限的。如果接口中包括这种 Link 11 单元,则航迹协调员应限制报告模拟的航迹和模拟的接口单元,如下所述。

(1) 在只有 Link 11/11B 的接口环境下:若接口中存在模拟航迹受限的 Link 11 单元,则航迹协调员应明确不准始发模拟航迹;如果接口中存在模拟接口单元受限的 Link 11 单元,则航迹协调员应明确不准始发模拟接口单元。

(2) 在多链接口环境下:模拟转接过滤器禁止转接所有模拟数据,包括航迹和接口单元。因此,如果存在模拟航迹受限的或模拟接口单元受限的 Link 11 单元,则航迹协调员应指示转发单元插入模拟过滤器,并指示依照上述第 1 条 Link 11/11B 限制执行。

(3) 不应根据模拟的视频初始真实航迹,也不应根据真实的视频初始模拟航迹。

(4) 模拟航迹不应变更为真实航迹,真实航迹也不应变更为模拟航迹。如果由于操作员失误或其他原因需要进行这种转换,则必须丢弃初始的模拟航迹或真实航迹,并初始新的真实航迹或模拟航迹。但由于 Link 11/11B 上的接收问题,初始接收的某一条真实航迹后来可能会变更为模拟航迹。

9.4 美军数据链系统的实装训练

9.4.1 概述

进行联合数据链实装训练的目的是为了提高操作员发送和识别数据链消息的熟练程度;提高操作员识别和解决降低接口操作效能问题的技能;练习使用终端软硬件设备;进行接近作战环境的实装演练。这些演练用于支持各种单元和任务的训练需要。为了充分发挥演练的效果,各参与单元的训练管理员必须进行精心的准备与协调。

1. 组织结构

部队可以选择需要的内容或步骤培训系统操作员。以下各节给出了各项实装训练科目的说明,在培训期间或操作实习时,学员可以跳过不适用的内容。实装训练包括8个科目,每个科目包括多个模拟事件和对应的操作步骤。

(1) 作战管理。
(2) 空中航迹数据管理。
(3) 面目标轨迹数据管理。
(4) 点数据管理。
(5) 情报航迹管理。
(6) 数据链过滤器管理。
(7) 复杂的综合实装训练。
(8) 控制与报告中心/控制与报告装备和战术空战中心/电子战协调员的简单综合实装训练。

2. 协调和实施

在联合作战或演习中,高级接口控制管理员(ICO)在作战行动或演习开始前应组织、协调和指导开展实装训练。对于本地部队的培训,部队接口控制员、空中监视员或负责武器控制部分的人员会指导它们所负责的实装训练部分。实装训练的协调应该在保密或受保护的网络内实施。部队将参与到指定的特定训练场景中,并完成规定的动作。完成规定动作的部队在执行下一个动作前,必须确保其他参训部队通过数据链接收到消息。

9.4.2 作战管理实装训练

该培训涵盖联合作战管理员、武器控制员、空中拦截控制员等使用的指挥和告警操作。

1. 目的

该培训用于训练和提高接口单元操作员发起、识别和响应作战管理命令和告警的能力。需要接受该培训的数据链终端操作员,应该具有管理和控制防空战斗机和武器系统的功能。

2. 需培训的人员

陆军:火力指挥中心/信息协调与控制 TD/TDA。

海军：空中拦截控制员。

空军：SC、WAO、WD、在控制与报告中心/控制与报告装备的接口控制技术员和在机载预警与控制系统的 MCC、SD、空中支援作战。

海军陆战队：战术空战中心的任务控制、SWD、武器控制员。

3. 训练实施

实装训练通常在参与培训的上级数据链接口单元的指导下实施,所有的事件和操作都需要话音确认。使用到的责任区(AOR)、航迹生成区(TPA)、扇形靶心(Bullseye)或演习空域将被指定作为实装训练的工作区域或下述各象限的中心点。如果联合训练行动需要,可以用真实航迹数据代替人工产生的航迹,指定的端机将会用以下列表中的方法按照事件和对应的操作步骤在系统里发送轨迹、点和命令。

目标编号	身份	位置象限			
1	可疑	1		1	2
2	友方	2		3	4
3	未知	3			
4	敌方	4			

事件/操作步骤：

科目	参与单元	行为
\multicolumn{3}{c}{1}		
A1-1	1	发送防空告警(ADW)白色,"可以攻击非友方"消息
	2	口头确认
A1-2	1	发送 ADW 黄色,"可以攻击非友方"消息
	2	口头确认
A1-3	1	发送 ADW 红色,"可以攻击敌方"消息
	2	口头确认
A1-4	1	发送"紧急起飞"消息
	2	发送"将要执行"(WILCO)
\multicolumn{3}{c}{2}		
A2-1	1	发送"作战结束"
	2	口头确认"作战结束"
A2-2	2	发送"作战结束"
	1	口头确认"作战结束"
A2-3	1	发送"准备/有效"
	2	口头确认"准备/有效"

续表

科目	参与单元	行为
A2-4	2	发送"准备/有效"
	1	口头确认"准备/有效"
A2-5	2	发送"热备份/冷备份导弹数目"
	1	口头确认"导弹数目"
3		
A3-1	1	针对目标1发送"覆盖"消息
	2	发送 WILCO
A3-2	2	发送"跟踪"消息
	1	口头确认"跟踪"
A3-3	1	针对目标1发送"交战"消息
	2	发送"命令无法执行"(CANTCO)
A3-4	2	针对目标1发送"交战中断"消息
	1	口头确认"交战中断"消息
A3-5	1	发送"停止交战"
	2	发送"已执行"(HAVCO)
4		
A4-1	2	针对目标2发送"跟踪"消息
	1	针对目标2发送"暂停并保持火力"消息
	2	发送 WILCO
A4-2	2	发送"交战中断"消息
	1	口头确认"交战中断"
5		
A5-1	1	针对目标3发送"调查/指定"消息
	2	针对目标3发送配对的 WILCO
A5-2	1	针对目标3发送"停止开火"
	2	发送 WILCO
A5-3	1	针对目标3发送"保留作战权力"消息
	2	发送 WILCO
A5-4	1	针对目标3发送"开火/作战"消息
	2	口头确认"开火/作战"消息

续表

科目	参与单元	行为
A5-5	2	发送"无效"消息
	1	口头确认"无效"消息
A5-6	1	发送"停止交战"消息
	2	针对目标 3 发送 WILCO 的解除消息
6		
A6-1	1	针对目标 4 发送"注意"消息
	2	发送 WILCO
A6-2	1	针对目标 4 发送"交战"消息
	2	发送 WILCO
A6-3	2	针对目标 4 发送"跟踪"消息
	1	口头确认"跟踪"消息
A6-4	2	针对目标 4 发送"开火/作战"消息
	1	口头确认"开火/作战"消息
A6-5	2	发送"有效"消息
	1	口头确认"有效"消息

9.4.3 空中航迹数据管理的实装训练

空中航迹数据管理实装训练的内容包括起始和识别数据链接口操作的空中航迹数据元素。这些培训是为两个端机而设计的,但也适用于多个端机的场景。必须指定一个端机承担认证的功能。

1. 目的

该训练用于提高接口单元操作员起始和识别空中航迹的能力。需要接受这些训练的是在各种数据链作战机构中负责起始和管理空中航迹的操作员。

2. 需培训的人员

陆军:火力指挥中心/信息协调与控制 TD/TDA。

海军:航迹管理员、监视操作员。

空军:位于控制与报告中心/控制与报告装备中的空中支援作战、对空监视技术员、接口控制技术员,及位于机载预警与控制系统中的空中支援作战、对空监视技术员、高级对空监视技术员。

海军陆战队:位于空中战术行动指挥中心的接口协调/航迹数据席位,位于空中战术行动指挥中心的 SID、SO。

3. 训练实施

实装训练通常在参与培训的上级数据链接口单元的指导下实施,所有的事件和操作都需要话音确认。使用到的 AOR、TPA、Bullseye 或演习空域将被指定作为实装训练的工作区域或下述各象限的中心点。如果联合训练行动需要,可以用真实航迹数据代替人工产生的航迹,指定的端机将会用以下列表中的方法按照事件和对应的操作步骤在系统里发送轨迹、点和命令。

目标编号	身份	位置象限		
1	可疑	1	1	2
2	友方	2		
3	未知	3	3	4
4	敌方	4		

事件/操作步骤:

科目	参与单元	行为
1		
B1-1	1	输入目标1身份:"未知/已评估一般情况"
	2	确认目标1身份改变
B1-2	1	输入目标1身份:"未知 轰炸机"
	2	确认目标1身份改变
B1-3	1	输入目标1身份:"未知 战斗机"
	2	确认目标1身份改变
B1-4	1	输入目标1身份:"未知 空中预警机"
	2	确认目标1身份改变
B1-5	1	输入目标1身份:"未知 直升机/运输"
	2	确认目标1身份改变
B1-6	1	输入目标1身份:"未知 导弹平台"
	2	确认目标1身份改变
2		
B2-1	1	输入目标3身份:"ASSUMED FRIEND 一般情况"
	2	确认目标3身份改变
B2-2	1	输入目标3身份:"ASSUMED FRIEND 轰炸机"
	2	确认目标3身份改变

续表

科目	参与单元	行为
B2-3	1	输入目标 3 身份:"ASSUMED FRIEND　战斗机"
	2	确认目标 3 身份改变
B2-4	1	输入目标 3 身份:"ASSUMED FRIEND　空中预警机"
	2	确认目标 3 身份改变
B2-5	1	输入目标 3 身份:"ASSUMED FRIEND　直升机/运输"
	2	确认目标 3 身份改变
B2-6	1	输入目标 3 身份:"ASSUMED FRIEND　导弹平台"
	2	确认目标 3 身份改变
3		
B3-1	1	输入目标 1 身份:"可疑　一般情况"
	2	确认目标 1 身份改变
B3-2	1	输入目标 1 身份:"可疑　轰炸机"
	2	确认目标 1 身份改变
B3-3	1	输入目标 1 身份:"可疑　战斗机"
	2	确认目标 1 身份改变
B3-4	1	输入目标 1 身份:"可疑　空中预警机"
	2	确认目标 1 身份改变
B3-5	1	输入目标 1 身份:"可疑　直升机/运输"
	2	确认目标 1 身份改变
B3-6	1	输入目标 1 身份:"可疑　导弹平台"
	2	确认目标 1 身份改变
4		
B4-1	1	输入目标 2 身份:"友方　一般情况"
	2	确认目标 2 身份改变
B4-2	1	输入目标 2 身份:"中立方"
	2	确认目标 2 身份改变
B4-3	1	输入目标 2 身份:"友方　非军队"
	2	确认目标 2 身份改变
B4-4	1	输入目标 2 身份:"友方　导弹"
	2	确认目标 2 身份改变

续表

科目	参与单元	行为
B4-5	1	输入目标 2 身份:"友方 返回基地"
	2	确认目标 2 身份改变

5

科目	参与单元	行为
B5-1	1	输入目标 2 身份:"友方 直升机 一般情况"
	2	确认目标 2 身份改变
B5-2	1	输入目标 2 身份:"友方 直升机 反潜战"
	2	确认目标 2 身份改变
B5-3	1	输入目标 2 身份:"友方 直升机 SAR"
	2	确认目标 2 身份改变
B5-4	1	输入目标 2 身份:"友方 直升机 作战直升飞机"
	2	确认目标 2 身份改变
B5-5	1	输入目标 2 身份:"友方 直升机 侦查"
	2	确认目标 2 身份改变
B5-6	1	输入目标 2 身份:"友方 直升机 后勤"
	2	确认目标 2 身份改变
B5-7	1	输入目标 2 身份:"友方 直升机 部队运输机"
	2	确认目标 2 身份改变
B5-8	1	输入目标 2 身份:"友方 直升机 MEDEVAC"
	2	确认目标 2 身份改变

6

科目	参与单元	行为
B6-1	1	输入目标 4 身份:"敌方 一般情况"
	2	确认目标 4 身份改变
B6-2	1	输入目标 4 身份:"敌方 导弹"
	2	确认目标 4 身份改变
B6-3	1	输入目标 4 身份:"敌方 轰炸机"
	2	确认目标 4 身份改变
B6-4	1	输入目标 4 身份:"敌方 战斗机"
	2	确认目标 4 身份改变
B6-5	1	输入目标 4 身份:"敌方 空中预警机"
	2	确认目标 4 身份改变

续表

科目	参与单元	行为
B6-6	1	输入目标4身份:"敌方 直升机/运输"
	2	确认目标4身份改变
B6-7	1	输入目标4身份:"敌方 导弹平台"
	2	确认目标4身份改变
7		
B7-1	1	输入目标2身份:"友方 空中预警机"
	2	确认目标2身份改变
B7-2	1	输入目标2身份:"友方 SAR"
	2	确认目标2身份改变
B7-3	1	输入目标2身份:"友方 电子战"
	2	确认目标2身份改变
B7-4	1	输入目标2身份:"友方 侦察"
	2	确认目标2身份改变
B7-5	1	输入目标2身份:"友方 模拟敌方 干扰台"
	2	确认目标2身份改变
B7-6	1	输入目标2身份:"友方 模拟敌方"
	2	确认目标2身份改变
B7-7	1	输入目标2身份:"模拟友方"
	2	确认目标2身份改变
8		
B8-1	1	输入目标2身份:"友方 反潜战"
	2	确认目标2身份改变
B8-2	1	输入目标2身份:"友方 加油机 一般情况"
	2	确认目标2身份改变
B8-3	1	输入目标2身份:"友方 加油机、导管型接头"
	2	确认目标2身份改变
B8-4	1	输入目标2身份:"友方 加油机、漏斗型接头"
	2	确认目标2身份改变
B8-5	1	输入目标2身份:"友方 近空支援"
	2	确认目标2身份改变

续表

科目	参与单元	行为			
B8-6	1	输入目标2身份:"友方 后勤"			
	2	确认目标2身份改变			
B8-7	1	输入目标2身份:"友方 封锁"			
	2	确认目标2身份改变			
9					
B9-1	1	输入目标2身份:"友方 战斗机 一般情况"			
	2	确认目标2身份改变			
B9-2	1	输入目标2身份:"友方 战斗机 无法获知"			
	2	确认目标2身份改变			
B9-3	1	输入目标2身份:"友方 战斗机 救援战斗空中巡逻"			
	2	确认目标2身份改变			
B9-4	1	输入目标2身份:"友方 战斗机 战斗空中巡逻"			
	2	确认目标2身份改变			
B9-5	1	输入目标2身份:"友方 战斗机 返回基地"			
	2	确认目标2身份改变			
10					
B10-1	1	输入目标1数据:			
		编队规模:	1	模式1:11	
		速度/(英里/小时)	150	模式2:1010	
		航向/度	090	模式3:1100	
		高度/米	5000	模式4:未被询问	
	2	确认数据元素的每次变化			
B10-2	2	输入目标2数据:			
		编队规模:	2(或者小于2)	模式1:22	
		速度/(英里/小时)	250	模式2:2020	
		航向/度	180	模式3:2200	
		高度/米	12000	模式4:有效应答	
	1	确认数据元素的每次变化			

续表

科目	参与单元	行为		
B10-3	1	输入目标 3 数据：		
		编队规模：	3（很多）	模式 1：33
		速度/(英里/小时)	350	模式 2：3030
		航向/度	270	模式 3：3300
		高度/米	20000	模式 4：无应答
	2	确认数据元素的每次变化		
B10-4	1	输入目标 4 数据：		
		编队规模：	1	模式 1：44
		速度/(英里/小时)	450	模式 2：4040
		航向/度	360	模式 3：4400
		高度/米	34000	模式 4：无效应答
	1	确认数据元素的每次变化		

9.4.4　面向目标航迹数据管理的实装训练

面向目标航迹数据管理实装训练的内容包括：起始和识别水面、地面目标航迹数据。这些培训是为两个端机而设计的，必须指定一个端机作为主控单元。

1. 目的

该培训用于提高接口单元操作员起始和识别面目标航迹的能力。需要接受这些培训的是在各种数据链作战机构中负责起始和管理面向目标航迹的操作员。

2. 需培训的人员

海军：航迹管理员、监视操作员。

空军：机载预警与控制系统的空中支援作战、对空监视技术员、高级对空监视技术员。

海军陆战队：位于空中战术行动指挥中心的接口协调/航迹数据席位，位于战术空战中心的 SID、SO。

3. 训练实施

实装训练通常在参与培训的上级数据链接口单元的指导下实施，所有的事件和操作都需要话音确认。使用到的 AOR、TPA、Bullseye 或演习空域将被指定作为实装训练的工作区域或下述各象限的中心点。如果联合训练行动需要，可以用真实航迹数据代替人工产生的航迹，指定的端机将会用以下列表中的方法按照事件和对应的操作步骤在系统里发送轨迹、点和命令。

目标编号	身份	位置象限		
1	未定	1	1	2
2	未定	2		
3	未定	3	3	4
4	未定	4		

事件/操作步骤：

科目	参与单元	行为
\multicolumn{3}{c}{1}		
C1-1	1	输入目标1身份："未知"
	2	确认目标1身份转换
C1-2	1	输入目标1身份："未知 航空母舰"
	2	确认目标1身份转换
C1-3	1	输入目标1身份："未知 巡洋舰"
	2	确认目标1身份转换
C1-4	1	输入目标1身份："未知 巡逻快艇"
	2	确认目标1身份转换
C1-5	1	输入目标1身份："未知 水陆两用"
	2	确认目标1身份转换
C1-6	1	输入目标3身份："未知 非军事应用"
	2	确认目标3身份转换
C1-7	1	输入目标1身份："未知 情报收集"
	2	确认目标1身份转换
\multicolumn{3}{c}{2}		
C2-1	2	输入目标3身份："假定友方 一般情况"
	1	确认目标3身份转换
C2-2	2	输入目标3身份："假定友方 航空母舰"
	1	确认目标3身份转换
C2-3	2	输入目标3身份："假定友方 巡洋舰"
	1	确认目标3身份转换
C2-4	2	输入目标3身份："假定友方 巡逻快艇"
	1	确认目标3身份转换

续表

科目	参与单元	行为
C2-5	2	输入目标 3 身份："假定友方　水陆两用"
	1	确认目标 3 身份转换
C2-6	2	输入目标 3 身份："假定友方　非军事应用"
	1	确认目标 3 身份转换
C2-7	2	输入目标 3 身份："假定友方　情报搜集器"
	1	确认目标 3 身份转换
3		
C3-1	1	输入目标 3 身份："可疑　一般情况"
	2	确认目标 3 身份转换
C3-2	1	输入目标 3 身份："可疑　航空母舰"
	2	确认目标 3 身份转换
C3-3	1	输入目标 3 身份："可疑　巡洋舰"
	2	确认目标 3 身份转换
C3-4	1	输入目标 3 身份："可疑　巡逻快艇"
	2	确认目标 3 身份转换
C3-5	1	输入目标 3 身份："可疑　水陆两用"
	2	确认目标 3 身份转换
C3-6	1	输入目标 3 身份："可疑　非军事应用"
	2	确认目标 3 身份转换
C3-7	1	输入目标 3 身份："可疑　情报搜集"
	2	确认目标 3 身份转换
4		
C4-1	2	输入目标 2 身份："友方　一般情况"
	1	确认目标 2 身份转换
C4-2	2	输入目标 2 身份："中立方"
	1	确认目标 2 身份转换
C4-3	2	输入目标 2 身份："友方　非军事应用"
	1	确认目标 2 身份转换
C4-4	2	输入目标 2 身份："友方　辅助设备"
	1	确认目标 2 身份转换

续表

科目	参与单元	行 为
C4-5	2	输入目标2身份:"友方 空中加油机"
	1	确认目标2身份转换
C4-6	2	输入目标2身份:"友方 后援"
	1	确认目标2身份转换
C4-7	2	输入目标2身份:"友方 部队运输船"
	1	确认目标2身份转换
C4-8	2	输入目标2身份:"友方 医院运输船"
	1	确认目标2身份转换
5		
C5-1	1	输入目标4身份:"敌方 一般情况"
	2	确认目标4身份转换
C5-2	1	输入目标4身份:"敌方 航空母舰"
	2	确认目标4身份转换
C5-3	1	输入目标4身份:"敌方 巡洋舰"
	2	确认目标4身份转换
C5-4	1	输入目标4身份:"敌方 巡逻快艇"
	2	确认目标4身份转换
C5-5	1	输入目标4身份:"敌方 水陆两用"
	2	确认目标4身份转换
C5-6	1	输入目标4身份:"敌方 非军事应用"
	2	确认目标4身份转换
C5-7	1	输入目标4身份:"敌方 情报搜集"
	2	确认目标4身份转换
6		
C6-1	1	输入目标2身份:"友方 巡逻快艇"
	2	确认目标2身份转换
C6-2	1	输入目标2身份:"友方 水陆两用"
	2	确认目标2身份转换
C6-3	1	输入目标2身份:"友方 非军事应用"
	2	确认目标2身份转换

续表

科目	参与单元	行　为
C6-4	1	输入目标2身份:"友方　情报搜集"
	2	确认目标2身份转换
7			
C7-1	1	输入目标2身份:"友方　航空母舰"
	2	确认目标2身份转换
C7-2	1	输入目标2身份:"友方　巡洋舰"
	2	确认目标2身份转换
C7-3	1	输入目标2身份:"友方　驱逐舰"
	2	确认目标2身份转换
C7-4	1	输入目标2身份:"友方　护卫舰"
	2	确认目标2身份转换
C7-5	1	输入目标2身份:"友方　巡逻快艇"
	2	确认目标2身份转换
8			
C8-1	2	输入目标2身份:"友方　水陆两用"
	1	确认目标2身份转换
C8-2	2	输入目标2身份:"友方　登陆平台"
	1	确认目标2身份转换
C8-3	2	输入目标2身份:"友方　登陆舰"
	1	确认目标2身份转换
C8-4	2	输入目标2身份:"友方　登陆艇"
	1	确认目标2身份转换
C8-5	2	输入目标2身份:"友方　部队运输船"
	1	确认目标2身份转换
C8-6	2	输入目标2身份:"友方　LCC"
	1	确认目标2身份转换
C8-7	2	输入目标2身份:"友方　LHA/LHD"
	1	确认目标2身份转换

续表

科目	参与单元	行为	
C9-1	1	输入目标 1 数据： 编队规模：1 速度：10 英里/小时	模式 1：10 模式 2：1111 模式 3：1010 模式 4：未询问
	2	确认数据元素的每一次变化	
C9-2	2	输入目标 2 数据： 编队规模：2 速度：20 英里/小时	模式 1：20 模式 2：2222 模式 3：2020 模式 4：有效应答
	1	确认数据元素的每一次变化	
C9-3	1	输入目标 3 数据： 编队规模：3 速度：30 英里/小时	模式 1：30 模式 2：3333 模式 3：3030 模式 4：无应答
	2	确认数据元素的每一次变化	
C9-4	1	输入目标 4 数据： 编队规模：1 速度：40 英里/小时	模式 1：40 模式 2：4444 模式 3：4040 模式 4：无效应答
	2	确认数据元素的每一次变化	

9.4.5　点数据管理的实装训练

点数据管理实装训练的内容包括起始和识别点数据。这些训练是为两个端机而设计的，必须指定一个端机作为主控单元。

1. 目的

该训练用于提高接口单元操作员起始和识别点数据的能力。需要接受这些培训的是在各种数据链作战机构中负责起始和管理点数据的操作员。

2. 需培训的人员

陆军：火力指挥中心/信息协调与控制 TD/TDA。

海军：空中拦截控制员的航迹管理员、监视操作员。

空军：位于控制与报告中心/控制与报告装备的空中支援作战、对空监视技术员、WD、接口控制官，位于机载预警与控制系统的 WD、空中支援作战、对空监视技术员、高级对空监视技术员。

海军陆战队：位于战术空战中心的 SWD、SID、STD、SO、空中拦截控制员、战术空中管制。

3. 训练实施

实装训练通常在参与培训的上级数据链接口单元的指导下实施，所有的事件和操作都需要话音确认。使用到的 AOR、TPA、Bullseye 或演习空域将被指定作为实装训练的工作区域或下述各象限的中心点。如果联合训练行动需要，可以用真实航迹数据代替人工产生的航迹，指定的端机将会用以下列表中的方法按照事件和对应的操作步骤在系统里发送轨迹、点和命令。

点编号	位置象限			
1	1	1		2
2	2		3	4
3	3			
4	4			

事件/操作步骤：

科目	参与单元	行为
		1
D1-1	1	在象限 1 启动一个指示符(Pointer)
	2	确认和删除象限 1 的指示符
D1-2	1	在象限 2 启动一个指示符
	2	确认和删除象限 2 的指示符
D1-3	1	在象限 3 启动一个指示符
	2	确认和删除象限 3 的指示符
D1-4	1	在象限 4 启动一个指示符
	2	确认和删除象限 4 的指示符

注：为熟悉系统，推荐操作员使用不同的席位进行操作。

科目	参与单元	行为
		2
D2-1	1	针对点1启动:"电子对抗 固定点"
	2	针对点1确认
D2-2	1	针对点3启动:"空军基地"
	2	针对点3确认
D2-3	1	针对点4启动:"地空导弹阵地"
	2	针对点4确认
D2-4	1	针对点1启动:"地区空中支援中心(DASC)"
	2	针对点1确认
D2-5	1	针对点2启动:"前进空中控制点(FACP)"
	2	针对点2确认
D2-6	1	针对点3启动:"空中机动师指挥所(AMDPCS)"
	2	针对点3确认
		3
D3-1	2	针对点1启动:"电子对 抗固定点"
	1	针对点1确认
D3-2	2	针对点2启动:"危险点 地面零点"
	1	针对点2确认
D3-3	2	针对点3启动:"空中作战巡逻队 基地"
	1	针对点3确认
D3-4	2	针对点4启动:"空中预警机 基地"
	1	针对点4确认
D3-5	2	针对点1启动:Strike IP
	1	针对点1确认
D3-6	2	针对点2启动:"紧急点 飞机下落"
	1	针对点2确认
D3-7	2	针对点3启动:"紧急点 人落入水中/跳伞"
	1	针对点3确认
D3-8	2	针对点4启动:"紧急点 运输机超载"
	1	针对点4确认

续表

科目	参与单元	行为
		4
D4-1	1	针对点1启动："电子对抗 固定点"
	2	针对点1确认
D4-2	1	针对点2启动："空军基地"
	2	针对点2确认
D4-3	1	针对点3启动："空中战斗巡逻队 基地"
	2	针对点3确认
D4-4	1	针对点4启动：Strike IP
	2	针对点4确认
D4-5	1	针对点1启动：TACAN
	2	针对点1确认
D4-6	1	针对点2启动："紧急点 一般情况"
	2	针对点2确认
D4-7	1	针对点2启动："紧急点 飞机下落"
	2	针对点2确认
D4-8	1	针对点4启动："紧急点 人落入水中"（或者"紧急点 跳伞"）
	2	针对点4确认
D4-9	1	针对点2启动："紧急点 运输机超载"
	2	针对点2确认
D4-10	1	针对点3启动："空军基地"
	2	针对点3确认
D4-11	1	针对点4启动："地空导弹阵地"
	2	针对点4确认
		5
D5-1	1	针对点1启动："电子对抗 固定点"
	2	针对点1确认
D5-2	1	针对点2启动："基准点 一般情况"
	2	针对点2确认
D5-3	1	针对点1启动："位置 空中战斗巡逻队"
	2	针对点1确认
D5-4	1	针对点1启动："位置 空中"
	2	针对点1确认

续表

科目	参与单元	行为
D5-5	1	针对点 2 启动：Strike IP
	2	针对点 2 确认
D5-6	1	针对点 3 启动：TACAN
	2	针对点 3 确认
D5-7	1	针对点 4 启动："紧急点　一般情况"
	2	针对点 4 确认
D5-8	1	针对点 1 启动："支援部队"
	2	针对点 2 确认
D5-9	1	针对点 2 启动："空军基地"
	2	针对点 2 确认
D5-10	1	针对点 3 启动："地空导弹阵地"
	2	针对点 3 确认

9.4.6　情报航迹管理的实装训练

识别专用信息系统(SIS)和电子战/情报(EW/I)系统提供的数据，这些数据将附着在接口单元的航迹或点迹上进行传输。该训练用于网络系统中多个接口单元的训练。指定 ASIS 单元作为训练的主导调。

1. 目的

训练接口单元操作员识别 SIS 和 EW/I 系统数据的能力；学习在攻击/防御战术战斗中利用这些数据进行空、陆、海指挥时的决策。

2. 需培训的人员

陆军：火力指挥中心/信息协调与控制 TD/TDA。

海军：位于空中拦截控制员的 TAO、情报人员。

空军：位于控制与报告中心/控制与报告装备的 SD、WAO、WD、接口控制技术员、航迹数据协调员，位于机载预警与控制系统的 MCC、SD、空中支援作战、高级对空监视技术员，情报人员和 SIS 席位操作员。

海军陆战队：位于战术空战中心的 SID、SO、电子防护官、情报人员。

3. 训练实施

这一训练将在保密话音产品网(VPN)中实施，由 SIS 席操作员指导完成，这些专用信息系统操作员在保密话音产品网中充当网络控制员。训练的实施主要依据一份加密的 OPTASK LINK 电文或其他电文，电文中规定了具体的训练场景，操作员或系统管理员依据该电文配置他们的设备，并且使用该电文和其他辅助手段解密 SIS 和 EW/I 系统中的数据内容。为加强训练效果，负责导调该训练的专用信息系统单元也可以通过保密话音产品网传送部分实际的战术报告(TACREP)信息。为了增加联合作战中协调工作的价值,参训部队中应该包括情报人员。但是应该注意:专用信息系统保密话音产品网或数据链信息是具有高度时效性的时敏信息,主要供战术用户和作战管理员使用,并不适用于情报简况。负责导调的专用信息系统席位将通过电文或保密网在他们控制的 AOR 中命令每个端机起始航迹,然后对这些航迹附加 EW/I 数据。跟踪/控制单元将在保密话音产品网中产生反馈信息,确认它们是否接收到及如何解读报文。专用信息系统席位将在数据接收失败时协助进行数据链路的排错。专用信息系统席位也将启动点数据,并给它们附加上 EW/I 信息,帮助操作员分析和排除故障现象。

9.4.7 数据链过滤器管理的实装训练

数据链过滤器管理的实装训练包括数据链接口操作中的数据链过滤器的启动和识别。该训练用于网络系统中多个接口单元的训练。

1. 目的

培养数据链操作员启动过滤器的能力,使他们充分理解过滤器的管理职责,并了解在网络单元使用过滤器后会达到的效果。接受培训的应该是负责接口单元和过滤器管理的操作员。

2. 需培训的人员

陆军:火力指挥中心/信息协调与控制 TD、航迹数据协调员。

海军:TIC、空中拦截控制员。

空军:位于控制与报告中心/控制与报告装备的 WAO、接口控制官/接口控制技术员、航迹数据协调员;位于机载预警与控制系统的空中支援作战。

海军陆战队:SID、SO、SCC、DLC。

3. 训练实施

实装训练通常在参与培训的上级数据链接口单元的指导下实施,所有事件和操作都需要话音确认。使用到的责任区(AOR)、航迹生成区(TPA)、扇形靶心(Bulleye)或演习空域将被指定作为实装训练的工作区域或下述各象限的中心点。如果联合训练行动需要,可以用真实航迹数据代替人工产生的航迹,指定的端机将会按照下列表中的方法,按照事件和对应的操作步骤在系统里发送轨迹、点和命令。

目标编号	身份	方位角/距离	目标编号	身份	方位角/距离
1	敌方	090/15	8	友方一般	330/30
2	敌方	090/40	9	进攻	270/15
3	可疑	045/15	10	进攻	270/30
4	可疑	045/30	11	未定	240/15
5	假定友方	360/15	12	未定	240/30
6	假定友方	360/30	13	未知	180/15
7	友方一般	330/15	14	未知	180/30

事件/操作步骤：

科目	参与单元	行 为
E-1	所有	产生地理位置过滤器(区域范围/变化范围：0~99)，在自己的位置为中心的25海里范围内激活过滤器收发模式
	接口控制官	确认除敌方外，每个端机的所有内部轨迹都被过滤
E-2	所有	强制报告目标3
	接口控制官	确认航迹在链路上传输
E-3	所有	改变现有的地理位置过滤器对区域外目标进行过滤
	接口控制官	确认所有端机中的航迹已被过滤
E-4	所有	激活不包括友方一般、假定友方和未定等的身份过滤器，先前的过滤器仍有效
	接口控制官	确认端机中未包括的航迹已经被滤除
E-5	所有	释放地理位置过滤器；将身份过滤器变为禁止假定友方、未定和友方
E-6	所有	释放所有过滤器

9.4.8 复杂的综合实装训练

该复杂的综合实装训练包含数据链综合规程中的所有要素。因此，采用通用术语描述，以适用于各类数据链接口单元。本训练是以两个接口单元为场景设计的，但同样适用于一个综合系统，此时必须指定一个单元作为主控单元。

1. 目的

培训和提高接口单元操作员的综合应用能力。需要接受该训练的操作员应该是负责接口单元应用的工程师和系统管理员。

2. 需培训的人员

陆军：火力指挥中心/信息协调与控制 TD/TDA。

海军：空中拦截控制员、航迹管理员、监视操作员。

空军：位于控制与报告中心/控制与报告装备的空中支援作战、对空监视技术员、WD、接口控制官和位于机载预警与控制系统的 WD、空中支援作战、对空监视技术员、高级对空监视技术员。

海军陆战队：位于战术空战中心的 SWD、武器控制员、任务控制。

3. 训练实施

实装训练通常在参与培训的上级数据链接口单元的指导下实施，所有事件和操作都需要话音确认。端机1被指定为主控单元。培训时使用到的工作区域或象限中心点被设置在参与单元的中心。在培训的配置中，接口控制官可指定多个端机作为"端2"。

点目标	位置象限		
1	1	1	2
2	2	3	4
3	3		
4	4		

事件/操作步骤：

科目	参与单元	行为
		1
F1-1	1	发送"可以攻击非友方"和"防空告警 白色"
	2	证实收到
F1-2	1	发送"可以攻击非友方"和"防空告警 黄色"
	2	证实收到
F1-3	1	发送"可以攻击非友方"和"防空告警 红色"
	2	证实收到
F1-4	1	发送"可以攻击敌方"和"防空告警 红色"
	2	证实收到

注：端机1每完成一步事件处理，将同时接收到话音确认。端机2对每个武器控制状态和防空告警事件的肯定确认，可以简化为话音的"已收到"。对收到错误的状态和告警，或接收到非预期的消息，可以用话音的"不对"表示。

科目	参与单元	行为
		2
F2-1	1	起始航迹1：位于端机2的象限1 距离：离端机2的信号接收电路40km，身份：未知
	2	报告航迹1的距离和方位角 发送位于航迹1位置的位置指示符
	1	验证位置指示符的位置和确认。删除位置指示符
F2-2	1	初始轨迹2：位于端机2的象限2 距离：离单元2的信号接收电路60km，身份：友方
	2	报告航迹2的距离和方位角 发送位于轨迹2位置的位置指示符
	1	验证位置指示符的位置和确认。删除位置指示符
F2-3	1	起始轨迹3：位于端机2的象限3 距离：离端机2的信号接收电路40km，身份：未知
	2	报告轨迹3的距离和方位角 发送位于航迹3位置的位置指示符
	1	验证位置指示符的位置和确认。删除位置指示符

续表

科目	参与单元	行为
F2-4	1	起始航迹4：位于端机2的象限4 距离：离端机2的信号接收电路70km，身份：敌方
	2	报告航迹4的距离和方位角 发送位于航迹4位置的位置指示符
	1	验证位置指示符的位置和确认。删除位置指示符
	3	
F3-1	2	起始航迹5：位于象限2 距离：30～50km　　　高度：25000米 速度：150节　　　　方位：西南 身份：未知
	1	核实航迹5的数据和确认 发送位于航迹5位置的位置指示符
	2	验证位置指示符的位置和确认。删除位置指示符
F3-2	2	启动模拟拦截导弹（根据需要） 输入拦截导弹的武器和燃料数据（根据需要）
	1	确认模拟拦截导弹收到消息 话音汇报拦截导弹的武器和燃料状态 发送拦截导弹的位置指示符
	2	验证位置指示符的位置和确认。删除位置指示符
F3-3	1	修改航迹5的身份为"敌方" 针对航迹5发送"交战"消息
	2	确认"交战"消息 发送"将要执行（WILCO）"，并与航迹5配对
	1	验证航迹5的交战标记
	2	发送火力单元/拦截者状态"跟踪/武器已分配"消息
	1	验证火力单元/拦截者状态
F3-4	2	针对航迹5依次发送： 编队规模1(1)，编队规模2(少)，编队规模3(多)
	1	确认编队规模的每次改变
F3-5	2	针对航迹5发送火力单元/拦截者"开火"消息
	1	确认收到"开火"消息 针对航迹5发送"保持火力"消息
	2	针对航迹5发送"交战中断"消息
	1	确认收到"交战中断"消息

续表

科目	参与单元	行为	
		4	
F4-1	1	起始轨迹6：位于端机2的象限1	
		距离：50~70km	高度：12000米
		速度：250节	方位：东南
		身份：未知	
	2	验证航迹的6数据和确认 发送位于航迹6位置的位置指示符	
	1	验证位置指示符和确认。删除位置指示符 修改航迹6的身份为"可疑"	
	2	确认收到航迹6的身份改变	
F4-2	2	起始航迹7：位于端机2的象限4	
		距离：50~70km	高度：10000米
		速度：350节	方位：东南
		身份：敌方	
	1	验证航迹的6数据和确认 发送位于航迹6位置的位置指示符	
	2	验证位置指示符和确认。删除位置指示符	
F4-3	1	针对航迹7发送"交战"消息	
	2	与航迹7配对。模拟对航迹7的交战	
	2	发送"跟踪"消息。发送"开火"消息	
	1	确认收到"跟踪"和"开火"消息 针对航迹7发送"终止交战"消息	
	2	验证接收到"终止交战"消息。发送"将要执行（WILCO）"	
	1	针对航迹6发送"询问/分配"消息	
	2	确认收到二次分配的任务 发送"将要执行" 针对航迹7发送"有效"消息 丢弃对航迹7的配对。丢弃航迹7	
	1	确认收到"有效"消息	
	2	针对航迹6模拟作战。与航迹6配对；发送"跟踪"消息	
	1	确认收到"跟踪"消息 发送"终止交战"消息	
	2	确认收到"终止交战"消息 发送"交战中断"消息	
	1	确认收到"交战中断"命令。丢弃航迹6	

科目	参与单元	行为
		5
F5-1	2	在象限3启动"干扰攻击 Jam Strobe" 发送"跟踪"消息
	1	确认收到"干扰攻击" 发送"交战"消息
	2	发送 CANTCO
	1	确认收到 CANTCO 发送"终止交战"消息
	2	确认收到"终止交战"消息。丢弃"干扰攻击"
		6
F6-1	1	系统配置端机1使用真实雷达数据
	2	系统配置端机2使用真实雷达数据
	1	随机选择一个目标,修改身份为"敌方" 发送"交战"消息
	2	确认收到"敌方"和"交战"消息 发送"将要执行" 确认系统航迹与雷达本地航迹的相关 如果火控单元/拦截者有效,则锁定目标 如果火控单元/拦截者无效,则发送针对目标的位置指示符 报告:高度、速度和航向
	1	确认目标被正确跟踪 确认高度、速度和航向 发送"终止交战"消息
	2	确认收到"终止交战"消息,解除对目标的锁定

9.4.9 简单的综合实装训练

这些简单的综合实装训练包括控制与报告中心/控制与报告装备和战术空战中心/电子战协调员单元确认数据链路、注册及系统的基本操作步骤。它们针对两个单元的情况而设计,但在指定上级单元的情况下也可用于综合系统中。

1. 目的

用于训练控制与报告中心、控制与报告装备、战术空战中心和电子战协调员单元操作员的基本操作技能。

2. 需培训的人员

空军：控制与报告中心和控制与报告装备的所有人员。

海军陆战队：战术空战中心和电子战协调员的所有人员。

3. 训练实施

当数据对象（如指示器、点等）被双方单元验证后，才能进入下一个数据对象的处理。双方端机必须配合工作，才能完成该实装训练。正确完成训练的关键是端机间的相互交互和协调。

事件/操作步骤：

科目	参与单元	行为
\multicolumn{3}{c}{1}			

科目	参与单元	行为
		1
G-1	所有	确认已建立 Link 11/11B 链
		2
G-2	所有	设定范围在 200 海里
	所有	确认远端在视距范围内
	所有	系统显示飞行编队模拟器（Full Flight Simulator，FFS），仅选择地图和位置指示符（所有）
		3
G-3		针对最远端位置发送一个武器指示符
		确认端机收到指示符
		删除指示符
		是否成功？如果否，则采取正确的操作
		4
G-4		只选择系统显示器上所有的点和地图
		5
G-5		起始以下 4 个点：
		紧急点（飞机下降）
		基地/空中（空中战斗巡逻队）
		危险点（地面零点）
		敌方（空军基地）
		删除起始的点
		是否成功（是/否）？如果否，则采取正确的操作
		6
G-6		选择所有系统显示器的空中航迹类型，启动围绕端机位置的 10 个辅助航迹
		选择监视 FFS，按顺序修改航迹身份

续表

科目	参与单元	行为
G-6		UNKNOWN——已评估
		——假定友方
		——假定敌人
		HOSTILE——干扰机
		——一般的
		FRIEND——常规
		——直升机
		——特殊任务
		——攻击支援
		——拦截器/战斗机
		确认远端航迹数据和身份修改的顺序
		是否成功(是/否)？如果否,则采取正确的操作
	7	
G-7		通过 FFS 和告警工作站修改自身的告警条件
		确认自身的告警条件
		是否成功(是/否)？如果否,则采取正确的操作
	8	
G-8		选择数据链控制 FFS 和执行"可以攻击敌方"的作战平台(Vehicle Fighting System, VFS)
		选择远端 PU
		确认自身告警条件
		是否成功(是/否)？如果否,则采取正确的操作
	9	
G-9		选择数据链控制 FFS
		仅高亮显示航迹执行以下命令
		交战
		终止交战
		停止开火
		覆盖
		对高亮显示航迹执行以下命令,然后一个远端 PU
		询问/分配
		保持火力

续表

科目	参与单元	行为
G-9	注意	
	齐射	
	对高亮显示航迹执行以下命令,然后一个返回基地	
	以 WILCO 对远端航迹列表中的前 5 个进行确认,后 5 个验证应答	
	是否成功(是/否)? 如果否,则采取正确的操作	
	10	
G-10	通过数据链控制 FFS 执行下述操作	
	选择强制报告	
	验证自身的航迹在远端已改变	
	是否成功(是/否)? 如果否,则采取正确的操作	
	11	
G-11	通过监视 FFS 对远端航迹进行下列操作	
	选择紧急强制报告	
	验证自身的航迹在远端已改变	
	是否成功(是/否)? 如果否,则采取正确的操作	
	12	
G-12	删除所有航迹	